Umgebung

Entdeckungen rund um
Augsburg, ab Seite 236

Stadtbachquartier

Erfindergeist und Literaturgeschichte, ab Seite 228

Domviertel

Im Schatten des Doms,
ab Seite 94

Jakobervorstadt

Lechviertel

Leben und Wohnen an den
Lechkanälen, ab Seite 134

Pilger und Profanes,
ab Seite 178

Zentrum

Pulsierendes Zentrum mit
Geschichte, ab Seite 22

Im Osten

Ulrichsviertel

Industriekultur und moderne
Kunst, ab Seite 194

Im Westen

Im Westen viel Neues,
ab Seite 206

Unterm Ulrichsmünster,
ab Seite 156

artguide AUGSBURG

art guide AUGSBURG

Kunst-, Kultur- und Stadtführer

hrsg. von
Yvonne Schülke

mit Beiträgen von
Christina von Berlin
Christoph Emmendörffer
Sebastian Gairhos
Ulrich Heiß
Jürgen Hillesheim
Heidemarie Hurnaus
Christof Metzger
Gregor Nagler
Shahab Sangestan
Yvonne Schülke
Christof Trepesch

mit Einzelbeiträgen von
Oda Bauersachs
Willfried Burgner
Valeska Feil
Vera Scheel
Natascha Zödi

Staden-Verlag Augsburg

Impressum & Inhalt

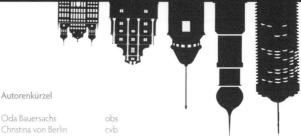

Autorenkürzel

Oda Bauersachs	obs
Christina von Berlin	cvb
Willfried Burgner	wb
Christoph Emmendörffer	ce
Valeska Feil	vf
Sebastian Gairhos	sg
Ulrich Heiß	uh
Jürgen Hillesheim	jh
Heidemarie Hurnaus	hh
Christof Metzger	cm
Gregor Nagler	gn
Shahab Sangestan	shs
Vera Scheel	vs
Yvonne Schülke	ys
Christof Trepesch	ct
Natascha Zödi	nz

Bibliografische Informationen der Deutschen Bibliothek
Die Deutsche Bibliothek verzeichnet diese Publikation in der Deutschen Nationalbi-
bliografie; Detaillierte bibliografische Daten sind im Internet über http://dnb.ddb.de
abrufbar

ISBN 978-3-935348-23-2

Lektorat	Thomas Wiercinski, Saarbrücken
Gestaltung und Satz	Thomas Ultes, Kaiserslautern
Register	Christof Metzger, Augsburg
Lithografie	Walter Becker, Hüttigweiler
Druck	Kessler-Druck + Medien GmbH & Co. KG Bobingen

STADEN
VERLAG

Kooperationspartner

Medienpartner

Inhalt

3

Liebe Leserinnen und Leser

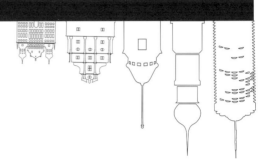

Kennen Sie Augsburg? Diese Frage steht im Zentrum des artguide augsburg, der sich als ein Führer zur Kunst- und Kulturgeschichte der Stadt Augsburg versteht. Überall im urbanen Erscheinungsbild ist die wechselvolle Geschichte der alten Reichsstadt präsent, auf Schritt und Tritt stößt man auf Zeugnisse der Kunst, ob Architektur, Skulptur, Malerei, Musik, Literatur, Theater oder Industrie- und Technikkultur. Augsburg ist eine Kunststadt, die nicht nur außergewöhnlich reich an herausragenden Monumenten ist, sondern auch an unzähligen versteckten oder weniger zugänglichen Werken der Kunst und Kultur. Der artguide augsburg ist von Kunst- und Kulturhistorikern geschrieben worden, die die jeweiligen Objekte mit großer Sachkenntnis behandeln. Gerade diese intensive und fundierte Darstellung ermöglicht ein lebendiges Erleben einer über Jahrhunderte hinweg gewachsenen Stadt. Neben der Vorstellung von Bauwerken, Museen, Industrieanlagen, Skulpturen und Plastiken im öffentlichen Raum u. v. m. werden mit den Kategorien „Tipp" und „Geheimtipp" Objekte klassifiziert, die zum genaueren Hinsehen einladen, die besondere Qualitäten oder Details aufweisen oder aber die mit dem artguide in besonderer Art und Weise verbunden sind. Eingestreute „Themenseiten" führen in bestimmte, für die Stadtgeschichte wichtige thematische Schwerpunkte ein, wie beispielsweise Luther, Fugger und Brecht, ferner die Römer, die Goldschmiedeproduktion oder das Wasser.

Ich darf an dieser Stelle allen Kooperationspartnern für Ihre tatkräftige Unterstützung und Hilfsbereitschaft danken, allen Autorinnen und Autoren, Dr. Thomas Wiercinski für das Lektorat, Ulrich Heiß für die fotografischen Aufnahmen und ganz besonders Thomas Ultes, der dem artguide ein Gesicht verlieh. Zudem gilt Dank den Anzeigenpartnern. Für Tipps und Anregungen ist Götz Beck, Peter Grab, Dr. Christof Metzger, Ursula Pickartz, Shahab Sangestan, Jürgen Schiffler, Heinz Stinglwagner, Dr. Manfred Uhl und Dr. Paul Wengert zu danken.

Yvonne Schülke

Augsburger Highlights

Rathaus

Der wichtigste und größte Renaissancebau der Stadt von Elias Holl.

Prophetenfenster

Die weltweit ältesten monumentalen Glasfenster am Ursprungsort im Augsburger Dom.

Fuggerei

Die älteste Sozialsiedlung der Welt.

Maximilianstraße

Eine der schönsten Prachtstraßen in Süddeutschland.

Brunnen

Augsburger Prachtbrunnen von Weltformat.

Damenhof

Italien in Augsburg.

Festsaal Schaezlerpalais

Authentisches Rokoko – Sinnbild für den „Augsburger Geschmack".

Synagoge

Monumentale Sternenkuppel à la Byzanz.

Maximilianmuseum

Das Schatzkästchen der alten Reichsstadt.

Puppenkiste

Jim Knopf, Urmel & Co.

St. Ulrich und Afra

Größter gotischer Sakralbau der Stadt.

St. Anna

Ältester Renaissancebau nördlich der Alpen mit
der Grablege der Fugger.

Universität

Ein Paradies moderner Kunst im öffentlichen Raum.

artguide sour

Der Cocktail nach jeder Besichtigungstour.

Kurze Geschichte der Stadt Augsburg

Die alte Reichsstadt Augsburg ist mit rund 270.000 Einwohnern heute die drittgrößte Stadt Bayerns. Als Bischofssitz, Sitz der Verwaltung des Regierungsbezirks Schwaben und des Landkreises Augsburg übernimmt sie zentrale Funktionen in Bayerisch-Schwaben. International agierende Konzerne aus Elektronik, Elektrotechnik, Maschinen-, Roboter- und Flugzeugbau haben ihren Standort in der Metropole am Lech. Seit 1970 ist Augsburg auch Universitätsstadt. Zentraler identitätsstiftender Motor ist und bleibt jedoch die Kunst und Kultur der ältesten Stadt Bayerns. Schon die Römer gründeten am Zusammenfluss von Lech und Wertach eine Siedlung: „Augusta Vindelicum", die zur Hauptstadt der Provinz Rätien wurde. Die Christianisierung entwickelte sich seit dem 4. Jh., als die Hl. Afra ihre Grabstätte an der Stelle fand, an der sich das Kultzentrum St. Ulrich und Afra entwickelte. Das schon früh entstandene Bistum Augsburg hatte in Bischof Ulrich einen kämpferischen Protagonisten, der 955 in der Schlacht auf dem Lechfeld vor den Toren der Stadt gemeinsam mit König Otto I. das Heer der Ungarn besiegte. Seit 1156 war Augsburg frei, Freie Reichsstadt, die sich spätestens mit der Verleihung des Stadtrechtes 1276 zu einem herausragenden wirtschaftlichen Zentrum aufschwang. In Augsburg fanden mehrere Reichstage statt, hier gewann die aus Italien kommende Renaissance in der Fuggerkapelle der Annakirche erstmals nördlich der Alpen Gestalt. Textilindustrie, Geld- und Silberhandel bzw. weiterverarbeitende Industrien waren die Eckpfeiler der wirtschaftlichen Prosperität, zu deren Träger das reich gewordene Patriziat wurde. Die Familien der Fugger und Welser sind gleichsam zum Synonym für Reichtum geworden, als erste Global Player der Kategorie Bill Gates. Sie beeinflussten mit ihrem Geld die Kaiserwahl ebenso wie den Ablasshandel des Papstes. Diese wirtschaftliche Sogwirkung blieb nicht ohne Nachhall auf die Kunstproduktion. Weltberühmte Künstler wie Hans Holbein d. Ä., Hans Burgkmair, Albrecht Dürer, Lucas Cranach und Tizian arbeiteten in Augsburg und schufen eine Fülle von herausragenden Kunstwerken, später folgten die Bildhauer Hubert Gerhart und Adriaen de Vries mit ihren berühmten Monumentalbrunnen. Durch Martin Luther wurde Augsburg schließlich zum Dreh- und Angelpunkt der Reformation, zweimal weilte Luther in der Reichsstadt und traf mit dem päpstlichen Legaten zusammen, ohne dass er seine Thesen widerrief. 1530 wurde die „Confessio Augustana", 1555 der Augsburger Religionsfrieden verkündet, dessen „Cuius regio, eius religio" Weltbedeutung im Miteinander der Religionen erhalten sollte. Im Jahre 1650, kurz nach dem Ende des Dreißigjährigen Krieges, wurde die Tradition des Augsburger Friedensfestes begründet, das als städt. Gedenktag (8. August) bis heute als Appell an religiöse Toleranz gefeiert wird. Im 17. Jh. nahm auch die architektonische Entwicklung der Stadt einen ungeahnten Aufschwung, der sich eng mit dem Namen des Stadtwerkmeisters Elias Holl (1573-1646) verbindet. Einhundert Jahre später wurde der „Augsburger Geschmack" zum Synonym für das süddeutsche Rokoko. Die 1710 gegründete reichsstädtische Akademie wurde zu einem Vorzeigeprojekt künstlerischer Ausbildung mit großer Wirkung. Die paritätisch besetzten Direktoren – jeweils ein protestantischer und katholischer Direktor standen der Institution vor – waren ein Antrieb künstlerischer Entwicklung, die weit über Bayern hinaus wirkte; als Protagonisten waren u. a. Georg Philipp Rugendas d. Ä. (1666-1742), Matthäus Günther (1705-1788) und Johann Evangelist Holzer (1709-1740) an der Akademie tätig. Erst mit dem Ende der freien Reichsstadt im Jahre 1805/06 ließ diese künstlerische Blüte nach. Die aufkommende Industrialisierung im 19. Jh., deren Motor die Textilindustrie war, ließ Augsburg schließlich zum „deutschen Manchester" werden, ein eigenes Textilviertel entstand. 1897 erfand Rudolf Diesel (1858-1913) in enger Zusammenarbeit mit der Maschinenfabrik Augsburg (MAN) den ersten Dieselmotor. Der Schriftsteller Bertold Brecht (1898-1956) wurde als Sohn eines kaufmännischen Angestellten der Haindl'schen Papierfabrik am 10. Feb. 1898 in Augsburg geboren und verbrachte hier seine Kindheit und Jugend. Erst mit dem Zweiten Weltkrieg versanken schließlich weite Teile des historischen Augsburg in Schutt und Asche. Vieles wurde glücklicherweise nach dem Krieg in mühevoller Kleinarbeit rekonstruiert. Das detailgerecht wiederaufgebaute Rathaus darf als ein Symbol für den rekonstruierenden Wiederaufbau gelten. Heute ist Augsburg eine lebendige Kunst- und Kulturstadt, eine geschichtsträchtige Metropole mit einer Fülle von attraktiven Museen, Kirchen, Theatern und vielen Freizeiteinrichtungen. Die Stadt veranstaltet heute ein reichhaltiges Kulturprogramm. Neben dem abc-Brecht-Festival, dem Mozartfest mit dem Leopold-Mozart-Violinwettbewerb findet anlässlich des Friedensfestes jährlich ein Pax-Programm statt, ferner verleiht die Stadt den Friedenspreis, führt Film- und Straßentheatertage durch.

Stadtwappen

Das Stadtwappen ist ein gespaltener rotweißer bzw. silberner Schild der ehem. bischöflichen Stadtherren mit einer grünen Zirbelnuss (Stadtpyr) auf einem goldenen Kapitell. 1234 wurde ein Stadtwappen erstmals erwähnt.

Partnerstädte

Die Stadt Augsburg hat sechs Städtepartnerschaften: Amagasaki und Nagahama (seit 1959), Dayton im amerikanischen Bundesstaat Ohio (seit 1964), Bourges, Hauptstadt des französischen Departements Cher im Bezirk Centre (seit 1967), das nordostschottische Inverness (seit 1979), das tschechische Liberec / Reichenberg (seit 2001) und die 3-Millionen- Metropole Jinan in China (seit 2004).

Geografische Lage

446-561 m üNN

48° 21′ nördlicher Breite, 10° 52,2′ östlicher Länge

Die Altstadt Augsburgs liegt auf einer während der letzten Eiszeit entstandenen Hochterrasse am Zusammenfluss von Wertach und Lech, der 45 km nördlich in die Donau mündet. Die geologische Basis bilden Molasse (Sande, Mergel und Ton aus dem Tertiär) sowie Schotterdecken.

Größe des Stadtgebietes: 150 qkm

Stadtbezirke: 42

ct

Stadtgeschichte im Überblick

0

15 v. Chr. > Die Stiefsöhne des römischen Kaisers Augustus, Drusus und Tiberius, erobern im Voralpenland das Gebiet der Raetier und Vindelicer und errichten die Provinz Raetia und Noricum. Zwischen Lech und Wertach wird ein Militärlager für zwei Legionen angelegt.

100

Anfang 1. Jh. > Unter der Herrschaft des Kaisers Tiberius (14-37 n. Chr.) wird die römische Zivilsiedlung Augusta Vindelicum gegründet.

121 > Kaiser Hadrian (117-138) verleiht der römischen Stadt, die sich nun Aelia Augusta nennt, das Stadtrecht.

200

260 n. Chr. > Aufstellung des Siegesaltars über die Sermonen bzw. Juthungen, die auf ihrem Rückzug aus Italien vor den Toren der Stadt besiegt wurden.

294 > Teilung Raetiens unter Kaiser Diocletian (284-305) in Raetia Prima mit der Hauptstadt Chur und Raetia Secunda mit der Hauptstadt Augsburg

300
400

304 > Bei Christenverfolgungen unter Diocletian erleidet Afra den Märtyrertod

um 450 > Die Alemannen erobern das römische Augsburg.

500
600
700

um 778 > Augsburg wird unter Bischof Sintpert (Simpert, gest. 807) Bischofsitz. Simpert wird als dritter Bistumsheiliger neben Ulrich und Afra verehrt.

800

826 > Erste Erwähnung des Stadtnamens „Augusburuc".

um 890 > Geburt von Ulrich aus dem alemannischen Adelsgeschlecht der Hupaldinger. In St. Gallen ausgebildet, wird er 923 Nachfolger von Bischof Hiltines. Er lässt sofort nach seinem Amtsantritt den durch einen Ungarneinfall 910 zerstörten Dom wieder errichten. Ulrich baut auch eine starke Befestigung um Augsburg, um künftigen Belagerungen besser begegnen zu können.

900

955 > Schlacht auf dem Lechfeld – die ungarischen Reiterscharen werden durch Kaiser Otto I. mit Unterstützung Bischof Ulrichs von Augsburg abgewehrt.

1000

um 1006 > Bischof Brun (Bruno) wandelt das Klerikerstift St. Afra am Grab der seit der Erwähnung durch Venantius Fortunatus 573/575 stark besuchten Märtyrerstätte in ein Benediktinerkloster um.

1065 > Bischof Embrico (Bischof zwischen 1063 und 1077) weiht den vergrößerten Dom. Augsburg ist eng mit den salischen Kaisern verbunden – allein Heinrich IV. hält sich nachgewiesene vierzehn Mal in Augsburg auf. Bischof Embrico steht, in guter bischöflich-augsburgischer Tradition, auf kaiserlicher Seite im Investiturstreit und stellt sich gegen Papst Gregor VII.

1100

1125 > Wahl von Lothar von Supplinburg zum dt. König. Um die Stimme des Bayernherzogs Heinrich „des Schwarzen" zu erlangen, versprach er dessen Sohn Heinrich „dem Stolzen" die Hand seiner einzigen Tochter Gertrud. Die Hochzeit fand 1127 auf dem Gunzenlee bei Augsburg statt, was den Staufer Friedrich von Schwaben verdross, da er Aspirationen auf diese Verbindung gehegt hatte. Ein Gegenkönig aus staufischem Lager wurde erhoben – Konrad von Staufen fand die Unterstützung des Augsburger Bischofs, dem die sächsisch-bayerische Verbindung nicht geheuer war.

1152 > In diesem Jahr ist der erste Aufenthalt Kaiser Friedrich Barbarossas in Augsburg belegt.

1156 > Das erste Stadtrecht tritt aufgrund eines Schiedsspruchs von Kaiser Friedrich Barbarossa in Kraft, der zwischen Vögten, Bischof und Stadt vermittelt hatte.

1200

1209 > Der Welfe Otto IV., Gegenkaiser Friedrichs II., hält einen Hoftag in Augsburg.

1212 > Seit diesem Jahr sind in Augsburg Juden nachweislich ansässig.

1237 > Das älteste Augsburger Stadtsiegel, „Sigillum cuium Augustensium", ist aus diesem Jahr erhalten.

1300

1316 > Ludwig der Bayer bestätigt den Augsburgern ihre Freiheiten und die Unveräußerlichkeit vom Reich.

1348 > Die Pestjahre beginnen, mit ihnen gingen Judenverfolgungen einher.

1368 > Es findet eine Zunftrevolution statt. Handwerker und Kaufleute übernehmen die Macht und besetzen die bis jetzt ausschließlich vom Patriziat eingenommenen Plätze im Rat.

1372-74 > Zum ersten Mal werden die Stadtfarben Rot, Grün und Weiß erwähnt.

1379 > Augsburg wird Mitglied im Schwäbischen Städtebund.

1393 > Augsburg sieht die erste Hinrichtung von Ketzern – vermutlich sind es Waldenser, die der weltlichen Gerichtsbarkeit überantwortet werden.

1400

1428 > Die Juden werden aus der Stadt gewiesen.

1467 > Der Drucker Günter Zainer (gest. 1478) nimmt Wohnsitz in Augsburg und leitet eine erste Blüte in der frühen Druckzeit ein.

1478 > Der Bürgermeister Ulrich Schwarz wird am Galgen hingerichtet. Die erheblichen wirtschaftlichen Probleme zwischen 1450/60 ließen breite Schichten verarmen und erschütterten das Vertrauen in die herrschende Kaufmannsoligarchie. Die Handwerkszünfte setzten ab 1462 politische Reformen durch und forderten die Wiederherstellung der Situation von 1368. Als Schwarz 1476 nicht vom Amt des Stadtpflegers zurücktreten wollte und 1477 der Prozess gegen die Gebrüder Vittel (die Schwarz des Eidbruchs gegenüber der Stadt bezichtigt hatte) trotz kaiserlicher Intervention mit einem Todesurteil endete, war Schwarzens Zeit gezählt.

1500

1505/06 > Ein Handelskonsortium richtet eine Fahrt nach Indien aus.

1509 > Mit der Stiftung der Fuggerkapelle in St. Anna wird der erste Renaissance-raum nördlich der Alpen gebaut.

1517 > Ulrich von Hutten wird durch Kaiser Maximilian in Augsburg zum „poeta laureatus" gekrönt.

1518 > Verhör Luthers durch den päpstlichen Gesandten Cajetan.

1521 > Urbanus Rhegius (1489-1541), ein Anhänger Martin Luthers, predigt zum ersten Mal im Dom zu Augsburg.

1525 > Truppen des schwäbischen Bundes – in dem Augsburg seit 1488 Mitglied ist – werfen den Bauernaufstand nieder.

1534 > Einzug der Reformation in Augsburg. Nur in acht Kirchen bleibt der kath. Gottesdienst weiterhin zugelassen.

1536 > Augsburg tritt dem Schmalkaldischen Bund bei.

1537 > Es findet ein Bildersturm statt und der kath. Ritus wird abgeschafft.

1547/48 > Mit dem „geharnischten Reichstag" reagiert Karl V. auf den Sieg in der Schlacht bei Mühlberg an der Elbe auf die Niederlage des Schmal-kaldischen Bundes. Augsburg muss sich unterwerfen, da es sich auf der Seite der Verlierer befindet. Die Maler Tizian und Cranach befinden sich in der Stadt, um Karl V. bzw. Johann Friedrich den Großmütigen, Kurfürst von Sachsen und Verlierer von Mühlberg, zu porträtieren. Die Zunftverfas-sung wird in Augsburg abgeschafft.

1555 > Auf dem Reichstag wird der Augsburger Religionsfrieden (Pax Augustana) verkündet.

1557 > Der span. und franz. Staatsbankrott trifft die Augsburger Handels- und Bankhäuser schwer.

1570/71 > Hungersnöte bedrohen die Stadt.

1590 > Mit etwa 45.000 Einwohnern hat Augsburg einen vorläufigen Höchststand seiner Einwohnerzahl erreicht.

1600

1627/28 > Eine Pestepidemie sucht Augsburg heim; es sind ca. 12.000 Tote zu beklagen.

1629-31 > Die Protestanten werden aus allen Ämtern entlassen, ihre Gotteshäuser geschlossen.

1632 > König Gustav Adolf von Schweden zieht in die Stadt ein.

1635 > Nach einer dramatischen Belagerung fällt Augsburg wieder in die Hand der kaiserlichen Truppen. Es werden nur noch 16.432 Einwohner gezählt.

1648 > Nach dem Westfälischen Friedensschluss wird die Parität eingeführt.

1650 > Am 8. Aug. findet das erste Friedensfest statt, das bis heute ein gesetzlicher Feiertag geblieben ist.

1689/90 > Der Sohn Leopolds I., Joseph I., wird zum Römischen König gekrönt.

1700 **1701 >** Gründung der ersten Kattunfabrik in Augsburg.

1703/04 > Augsburg erduldet die Besetzung durch bayerische Truppen während des Span. Erbfolgekrieges.

1710 > Gründung der Reichsstädt. Kunstakademie.

1719 > Geburt von Leopold Mozart (gest. 1787).

1770 > Auf ihrer Brautfahrt nach Frankreich hält sich die habsburgische Prinzessin und künftige Dauphine Marie Antoinette in Augsburg auf und weiht mit einem Ball das neu erbaute Schaezlerpalais ein.

1784/85 u. 1794/95 > Weberunruhen in der Stadt.

1799-1801 > Augsburg wird in die napoleonischen Feldzüge hineingezogen – österreichische, dann russische Truppen befinden sich in Augsburg, danach setzt sich franz. Militär fest.

1800

1802/03 > Augsburg kann als eine von sechs Reichsstädten die Selbstständigkeit vorerst bewahren, jedoch werden kirchliche Besitzungen in der Stadt säkularisiert.

1805 > Napoleon hält sich in der Stadt auf. Eine Rasierschale aus Zinn im Maximilianmuseum erinnert an diesen denkwürdigen Kurzaufenthalt.

1805/06 > Ende der reichsstädtischen Herrlichkeit – Augsburg wird dem Königreich Bayern inkorporiert. Der Regierungssitz wird in die ehem. fürstbischöfliche Residenz verlegt.

1817 > Augsburg wird zum Verwaltungssitz des bayerischen Oberdonaukreises, des späteren Regierungsbezirks Schwaben und Neuburg.

1824 > Der Verleger Cotta nimmt eine dampfbetriebene Schnelldruckpresse in Augsburg in Betrieb.

1835 > Errichtung der ersten Galerie des Bayerischen Staates in der ehem. Katharinenkirche noch vor der Eröffnung der Alten Pinakothek in München.

1837 > Gründung der Mechanischen Spinnerei und Weberei Augsburg. Ein Jahr zuvor schon hatte J. F. Merz die Nürnberger Kammgarnspinnerei nach Augsburg verlegt.

1840 > Die Eisenbahnstrecke München/Augsburg wird in Betrieb genommen.

1855 > Gründung eines städt. Museums, das 1856 nach dem bayerischen König, Maximilian II., benannt wird.

1860 > Große Teile der alten Stadtmauern werden niedergelegt.

1868 > Die Zünfte lösen sich auf und die allgemeine Gewerbefreiheit wird eingeführt.

1871 > Beim Eintritt des Königsreichs Bayern in das Deutsche Reich hat Augsburg 51.200 Einwohner.

1877 > Augsburg erhält ein neues Stadttheater.

1897 > Rudolf Diesel baut den ersten funktionstüchtigen Dieselmotor der Welt.

1900

1916 > Nach Eingemeindungen von Pfersee, Oberhausen, Lechhausen, Hochzoll und Kriegshaber hat Augsburg 146.200 Einwohner.

1919 > Massenkundgebung im Augsburger Ludwigsbau zur Ausrufung der Räterepublik. Heftige Kämpfe beim Einmarsch der „Weißen Truppen".

1933 > Mit nur einem Drittel der Stimmen übernimmt die NSDAP die Kontrolle im Stadtrat

1938 > In der Reichskristallnacht wird die Synagoge geschändet.

1944/45 > Schwere Luftangriffe auf Augsburg, die Altstadt wird zu 50 % zerstört.

1957 > Die Karl und Magdalene Haberstock-Stiftung wird nach dem Tode des Kunsthändlers Karl Haberstock (1878-1956) gegründet. Die Gemälde werden im Schaezlerpalais präsentiert.

1959 > Gründung der Altaugsburggesellschaft zur Erhaltung von Augsburger Kulturdenkmälern durch den damaligen Bürgermeister Dr. Ludwig Wegele.

1965 > Die Ausstellung „Hans Holbein d. Ä. und die Kunst der Spätgotik" wird durch die Städtischen Kunstsammlungen im Rathaus veranstaltet.

1970 > Gründung der Universität; zahlreiche Neubauten entstehen im neuen Universitätsviertel.

1971/72 > Eingemeindung von Haunstetten, Göggingen, Inningen und Bergheim; Anstieg der Einwohnerzahl auf 257.000.

1972 > Augsburg wird Austragungsort der Wildwasser-und Kanuslalomwettbewerbe der Olympischen Spiele in München; Eiskanal und Hotelturm werden gebaut.

1980 > Die Ausstellung „Welt im Umbruch. Augsburg zwischen Renaissance und Barock" findet im Zeughaus und im Rathaus statt.

1985 > 2000-Jahr-Feier. Erstmalige Verleihung des Augsburger Preises zum Friedensfest. Eröffnung der 15. Filialgalerie der Bayerischen Staatsgemäldesammlungen, Kunsthalle am Wittelsbacher Park, sowie Gründung des Sparkassen-Planetariums der Stadt Augsburg.

1987 > Papst Johannes Paul II. besucht Augsburg; ökumenischer Gottesdienst bei St. Ulrich und Afra

1993 > Das Haus der Bayerischen Geschichte verlegt seinen Sitz von München nach Augsburg.

1996 > Die Rekonstruktion des Goldenen Saales im Rathaus ist abgeschlossen

2000 > Die Ausstellung zu Adriaen de Vries „Augsburgs Glanz – Europas Ruhm" wird zu einer der erfolgreichsten Ausstellungen im Maximilianmuseum.

2001 > Gründung des Bayerischen Textil- und IndustrieMuseums (TIM), das in der früheren Augsburger Kammgarnspinnerei (AKS) untergebracht wird. Die Figur „Aphrodite" von Markus Lüpertz wird aufgrund eines Bürgervotums nicht am vorgesehenen Standort in der Maximilianstraße aufgestellt und erhält ihren Platz vor dem Gebäude der Augsburger Allgemeinen Zeitung.

2000

2004 > Die Städtischen Kunstsammlungen werden um das Naturmuseum und das Mozarthaus erweitert und nennen sich fortan Kunstsammlungen und Museen Augsburg. Die Kunsthalle am Wittelsbacher Park wird geschlossen.

2005 > Feiern zum 450. Jubiläum des Augsburger Religionsfriedens unter Anwesenheit des Bundespräsidenten Horst Köhler; der Augsburger Friedenspreis wird an Michael Gorbatschow und Christian Führer verliehen. Im Maximilianmuseum sehen 80.000 Besucher die Ausstellung „Als Frieden möglich war".

2006 > Vier Museen der Kunstsammlungen und Museen Augsburg werden wieder- bzw. neu eröffnet: Maximilianmuseum, Mozarthaus, Schaezlerpalais, H2 – Zentrum für Gegenwartskunst im Glaspalast, das um die neue Filialgalerie Moderne Kunst der Bayerischen Staatgemäldesammlungen erweitert wird. Das Jüdische Kulturmuseum öffnet in der Synagoge seine Pforten.

2007 > Das Maximilianmuseum erhält für seine Neukonzeption den Bayerischen Museumspreis.

cvb ct

Karlstraße   Leonhardsberg

H.d.Metzg.

Annastraße

Rathaus-
platz

Sterngasse

Maximilianstraße

Philippine-Welser-Str.

Hunoldsgraben

Bgm.-Fischer-Str.

Winterg.

Zeug
platz

Zeuggasse

Dominikanerg.

Königs-
platz

Katharinengasse

Maximilianstraße

Predigerberg

Hallstraße

Kapuzinergasse

Affrawald

Bäckergasse

Konrad-Adenauer-Allee

Armenhausgasse

Ulrichs-
platz

Weite Gasse

Milchberg

Kitzenmar

Augsburg für Kinde

Theodor-Heuss-
platz

Rathausplatz

Maximilianmuseum

St. Ulrich und Afra

Spaziergang durch die Maximilianstraße

Augsburg ist eine sehr alte Stadt – und vor 400 Jahren war sie die mächtigste, reichste Stadt im Zentrum von Europa. Noch heute finden wir viele Spuren und Hinweise auf die Pracht und die Macht der vergangenen Zeiten.

Die Maximilianstraße nannte man früher schon Kaisermeile, weil hier die mächtigsten Könige und Kaiser, aber auch der Papst, mit ihren prächtigen Kutschen zum Rathaus und zum Fugger-Palast vorfuhren. Von den Fuggern hast du vielleicht auch schon gehört?

Sie waren die reichste Familie damals – sie waren so reich, dass sie sogar an die Könige und Kaiser Geld verliehen. So wurden zum Beispiel auch die Schiffe von Christoph Kolumbus von den Fuggern finanziert. Kolumbus wollte eigentlich Indien entdecken, segelte dann aber über den Atlantik und entdeckte den neuen Kontinent:

Wenn du die Maximilianstraße entlang gehst, findest du noch viele alte Gebäude: An einem Ende steht die große St. Ulrich und Afra Kirche und die Kaisermeile verlief dann am Rathaus und Perlachturm vorbei bis zum Dom.

Wir schauen uns jetzt den Mittelpunkt der Stadt, den Rathausplatz, genauer an!

Das große Rathaus wurde im Stil der Renaissance vor knapp 400 Jahren gebaut. Der Augsburger Stadtbaumeister Elias Holl hatte sich auf seinen Italien-Reisen viele Ideen der dortigen Baukunst und Architektur angeschaut und mehrere Modelle für ein neues Augsburger Rathaus entworfen. Diese alten Holzmodelle kannst du heute noch im Maximilianmuseum bewundern. Im Jahr 1615 wurde dann unser prächtiges Rathaus mit Hunderten von Handwerkern gebaut!

Über dem großen Holztor finden wir das Augsburger Wahrzeichen. Was kannst du hier noch erkennen?

Legende	
Kirche	
Museum	
Profanbau	
Brunnen	

 Die Augsburger Kinder- & Jugendkunstschule PALETTE e. V. bietet regelmäßig Kurse & Workshops im künstlerischen Bereich an, museumspädagogische Veranstaltungen für Kinder & Familien, sowie Stadtrundgänge für junge Entdecker.

? *Auf dieser Seite sind die drei Fotos und Texte durcheinandergepurzelt.
Verbinde die richtigen Bilder mit den zugehörigen Erklärungen!*

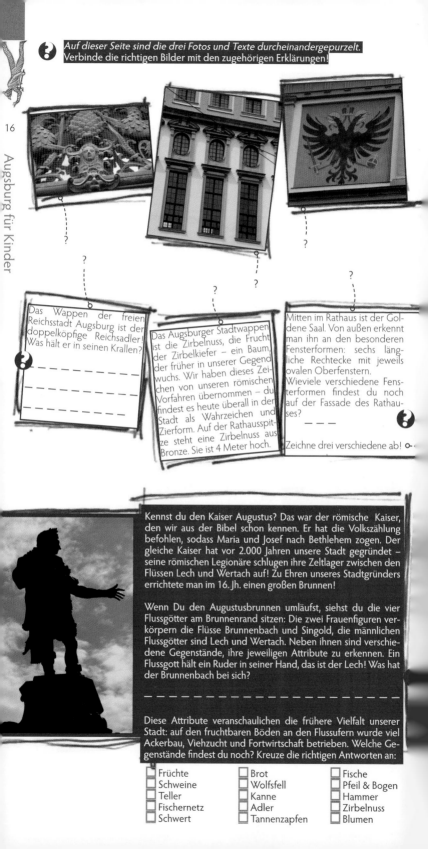

? ? ? ? ?

? Das Wappen der freien Reichsstadt Augsburg ist der doppelköpfige Reichsadler! Was hält er in seinen Krallen?

_____

_____

_____

Das Augsburger Stadtwappen ist die Zirbelnuss, die Frucht der Zirbelkiefer – ein Baum, der früher in unserer Gegend wuchs. Wir haben dieses Zeichen von unseren römischen Vorfahren übernommen – du findest es heute überall in der Stadt als Wahrzeichen und Zierform. Auf der Rathausspitze steht eine Zirbelnuss aus Bronze. Sie ist 4 Meter hoch.

Mitten im Rathaus ist der Goldene Saal. Von außen erkennt man ihn an den besonderen Fensterformen: sechs längliche Rechtecke mit jeweils ovalen Oberfenstern.
Wieviele verschiedene Fensterformen findest du noch auf der Fassade des Rathauses?

___ **?**

Zeichne drei verschiedene ab! o–

Kennst du den Kaiser Augustus? Das war der römische Kaiser, den wir aus der Bibel schon kennen. Er hat die Volkszählung befohlen, sodass Maria und Josef nach Bethlehem zogen. Der gleiche Kaiser hat vor 2.000 Jahren unsere Stadt gegründet – seine römischen Legionäre schlugen ihre Zeltlager zwischen den Flüssen Lech und Wertach auf! Zu Ehren unseres Stadtgründers errichtete man im 16. Jh. einen großen Brunnen!

Wenn Du den Augustusbrunnen umläufst, siehst du die vier Flussgötter am Brunnenrand sitzen: Die zwei Frauenfiguren verkörpern die Flüsse Brunnenbach und Singold, die männlichen Flussgötter sind Lech und Wertach. Neben ihnen sind verschiedene Gegenstände, ihre jeweiligen Attribute zu erkennen. Ein Flussgott hält ein Ruder in seiner Hand, das ist der Lech! Was hat der Brunnenbach bei sich?

_____

Diese Attribute veranschaulichen die frühere Vielfalt unserer Stadt: auf den fruchtbaren Böden an den Flussufern wurde viel Ackerbau, Viehzucht und Fortwirtschaft betrieben. Welche Gegenstände findest du noch? Kreuze die richtigen Antworten an:

☐ Früchte   ☐ Brot   ☐ Fische
☐ Schweine   ☐ Wolfsfell   ☐ Pfeil & Bogen
☐ Teller   ☐ Kanne   ☐ Hammer
☐ Fischernetz ☐ Adler   ☐ Zirbelnuss
☐ Schwert   ☐ Tannenzapfen ☐ Blumen

Der Perlachturm war früher mal ein Wachturm, sein unterster Teil ist über 1000 Jahre alt. Der Turm wurde über die Jahrhunderte immer wieder erhöht – vom Baumeister Elias Holl wurden später nochmals zwei Stockwerke aufgesetzt, damit der Turm nicht niedriger als sein damals neu gebautes Rathaus wirken sollte. Was schätzt Du, wie hoch ist der Perlachturm heute?

30 Meter   50 Meter   70 Meter   100 Meter

Der seltsame Name des Turmes hängt mit der alten Sprache im Mittelalter zusammen:
„Per" ist althochdeutsch und bedeutet „Bär", die Silbe „Lach" war früher das Wort für Tanz und Spiel. Vor dem Turm war also der Bärentanzplatz! Früher gab es ja noch keine Tiergärten oder Zirkusse, es war also eine große Sehenswürdigkeit, wenn ein fahrender Händler mit seinem zahmen Bären in die Stadt weilte und ihn hier auf dem Platz vorführte.

Wenn du mehr über diese Zeit vor 400 Jahren wissen willst, solltest du dir mal das Maximilianmuseum anschauen: hier kannst du viel von der Augsburger Stadtgeschichte erforschen. Zum Beispiel kann man auf dem großen „Winterbild" im Erdgeschoss (im Sparda Foyer) sehen, wie der Rathausplatz und die Menschen vor 450 Jahren aussahen – damals stand hier noch das alte Rathaus! Im ersten Stock findet man viele Architekturmodelle aus Holz: das alte und das neue Rathaus (und die Entwürfe, die Elias Holl zuvor gebaut hatte), den Perlachturm und vieles mehr. Klasse sind auch im Nebenraum die Modelle der Wassertürme, der Zahnräder und Pumpwerke. *obs*

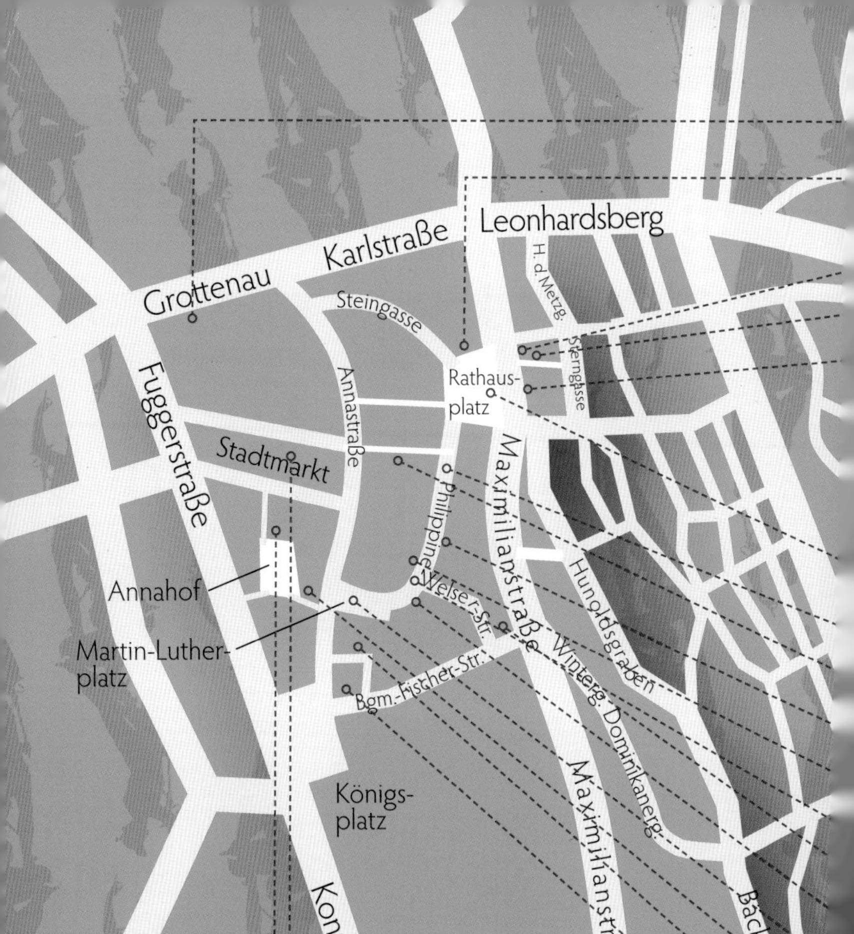

Grottenau

Karlstraße

Leonhardsberg

Steingasse

H. d. Metzg.

Pfengasse

Fuggerstraße

Annastraße

Rathaus-
platz

Stadtmarkt

Maximilianstraße

Hungoldsgraben

Annahof

Philippine-

Welser-Str.

Winterg. Dominikaneng.

Martin-Luther-
platz

Bgm.-Fischer-Str.

Königs-
platz

Maximilianstraße

Bäckergasse

Konrad-Adenauer-Allee

Ulrichs-
platz

Milchberg

Kitzenmarkt

Theodor-Heuss-
Platz

Zentrum

20 Oberpostdirektion

5 Neuer Bau

3 Perlachturm

4 St. Peter am Perlach

1 & 2 Rathausplatz / Rathaus

6 Augustusbrunnen

7 Philippine-Welser-Straße

8 Goldene Schreibstube

9 Welserhaus

11 Maximilianmuseum

10 Fuggerdenkmal

13 Weberhaus

12 Köpf-Haus

14 Goldschmiedebrunnen

16 St. Anna

15 Galerie Oberländer

19 Riegele-Haus

18 Stadtmarkt

17 Gymnasium St. Anna

Legende

Geheimtipp
Kirche
Museum
Galerie
Brunnen
Profanbau
Turm/Tor
Einkaufen

Pulsierendes Zentrum mit Geschichte

An den Türmen der Augsburger Stadtsilhouette lassen sich die Stadtgeschichte und das Zusammenwachsen aus verschiedenen Siedlungskernen noch heute gut ablesen. Die beiden spitzen Domtürme weisen auf den wohl ältesten Teil der Stadt hin: Hier liegt die römische Urzelle der Stadt, hier liefert jede archäologische Grabung reiche antike Funde. Doch der Dom ist nicht das höchste, nicht das prägende Bauwerk der Stadt, nicht das Zentrum der Stadt, denn die Macht des Bischofs innerhalb der komplexen vormodernen Stadtgesellschaft ist traditionell so gering, wie die Höhe seiner Kathedralkirche. Am südlichen Ende der Innenstadt steht der Ulrichsturm. Er markiert einen zweiten, spätantiken Siedlungskern. Aus einer Wallfahrt zur frühchristlichen Märtyrerin, der Hl. Afra, entwickelte sich ein reger Marktort. Das über dem Märtyrergrab errichtete Kloster wird bald zu einer politischen und kirchlichen Einrichtung von zentraler Bedeutung. Zwar überragt sein Turm den Dom, doch das Stadtzentrum ist auch hier nicht. Dazwischen dominieren drei grüne Kupferhauben das Stadtbild: Rathaus und Perlachturm. Spätestens seit dem radikalen Stadterneuerungsprogramm des Elias Holl signalisiert hier die Architektur eindeutig die Machtverhältnisse: Nicht der Bischof, nicht das mächtige Reichskloster, die Bürger haben das Sagen in dieser Stadt.

Der heutige Rathausplatz mit seiner dürftigen Randbebauung ist beileibe kein würdiger Rahmen für die mächtige Baugruppe von Rathaus und Stadtturm. Erst das verheerende Bombardement zum Ende des Zweiten Weltkriegs hat hier einen neuen Stadtplatz ins Herz der Stadt geschlagen. Er blieb beim Wiederaufbau frei und ermöglicht heute, dass öffentliches Leben auch im wörtlichen Sinne „Platz" findet. Doch das Einkaufszentrum läuft am Rathausplatz vorbei. Es sind die belebte Annastraße und die um 1900 freigeschlagene Bürgermeister-Fischer-Straße, die die Rolle als merkantiles Zentrum übernommen haben und die Menschenströme am historischen Zentrum vorbei zum Verkehrszentrum Königsplatz leiten. Schließlich hat die Aufhebung der vielen einzelnen, über die Innenstadt verteilten Marktplätze in den 1920er Jahren und die Schaffung eines zentralen Stadtmarktes ein neues buntes, lebendiges Zentrum für Tausend Sorten Obst, Gemüse, Fisch und Fleisch bereitet – neben dem Herz der Stadt der Bauch der Stadt. *uh*

○ Augusturbrunnen

1 Rathausplatz 🏛

Im Zentrum Augsburgs bilden die monumentalen Bauwerke an Rathaus- und Elias-Holl-Platz eine einprägsame Stadtkrone. Das aktuelle Ortsbild ist erst in jüngerer Vergangenheit entstanden, denn beide Plätze waren urspr. bebaut. Der harmonisch proportionierte Elias-Holl-Platz wurde durch den Abbruch des Reichsstädtischen Gefängnisses Ende des 19. Jhs. freigelegt, während der weitläufige Rathausplatz Produkt einer bewegten Geschichte von Umbauten und Zerstörungen ist. Im Mittelalter bildete sich vor dem Perlachturm eine dreieckige Ausbuchtung der Maximilianstraße, die Eiermarkt, der in den Fischmarkt zwischen Perlachturm und Rathaus überging. Das ehem. dreigiebelige gotische Rathaus mit zierlichem Turm und Eckerker stand nicht direkt auf dem Platz, denn die heutige Freifläche des Rathausplatzes war damals mit Kaufleute- und Herrentrinkstube überbaut.

> **Tipp >** Bilder der alten Platz- und Marktsituation sowie ein Modell des alten Rathauses sind im Maximilianmuseum zu sehen. *gn*

Mit der Stadtmetzg als direktem Anrainer war der Eiermarkt kein repräsentativer Platz. Erst der 1594 aufgestellte Augustusbrunnen setzte einen edlen „italienischen" Akzent, dem Elias Holl die passenden Platzwände hinzufügte. Er errichtete das Bäckerzunfthaus (1602, 1944 zerstört) und den sog.

Neuen Bau (1614), stockte in den Jahren 1614-16 den Perlachturm auf, ehe 1615-20 der Rathausneubau folgte. So kühn und scheinbar rücksichtslos das neue Rathaus in das Platzbild gestellt war, so fein waren die räumlichen Bezüge zu den Nachbarbauten, insbesondere aber zum Augustusbrunnen. Diese gemessenen Platzverhältnisse wurden im Zweiten Weltkrieg durch die Zerstörung der 1828-30 anstelle der Herrentrinkstube errichteten Börse und die starke Beschädigung aller umstehenden Bauwerke buchstäblich ruiniert. In einem der ersten Bürgerentscheide der Bundesrepublik (1960) plädierten die Augsburger dafür, den Platz unbebaut zu belassen und damit den frontalen Blick auf das Rathaus zu ermöglichen. *gn*

> **Tipp >** Lukas Cranachs Bild „Samson und Delila", heute in der Staatsgalerie, gehörte schon zur Ausstattung des alten gotischen Rathauses. *gn*

2 Rathaus 🏛 🏛

Rathausplatz 2 💶 für den Goldenen Saal: 2 € / 1,50 € / 1 €
🕐 tägl. 10-18 📞 0821-3240
🌐 www.augsburg.de 🅿 ja
🅿 ja

Das Augsburger Rathaus, das Elias Holl in den Jahren 1615-20 errichtete, ist eine Ikone der Architekturgeschichte und grandioser Schlussstein des großen Stadtumbaus, der Augsburg zum „Pompeji der deutschen Renaissance" (Wilhelm Heinrich Riehl) machte. Es ist ein gewaltiger Bau an der Abhangkante der Augsburger Hochterrasse. Die Rückfront zum Elias-Holl-Platz ist deshalb sogar noch um ein Stockwerk höher als die Schaufassade.

Fassade

Anhand der aufgehenden Fassaden und der markanten, beinahe sakral wirkenden Dachkreuzung von Zwerchhaus und Annexen mit ihren achteckigen Flankentürmen ist die Innenraumstruktur ablesbar: Ein kreuzförmiges Grundgerüst durchdringt einen Kubus. Denn das gewaltige Giebelhaus, das mit Mezzaningeschossen und Volutengiebeln weit über die seitlichen Balustraden herausragt, besteht im Inneren lediglich aus vier übereinander liegenden Sälen. Im Relief der Platzfassaden ist der Saaltrakt mittels flacher Risalite betont. Unter den beiden emporstrebenden Türmen führen Treppenhäuser zu den Obergeschossen. Auch sie sind – nun in den Seitenfassaden – anhand flacher Mittelrisalite mit aus der Achse gerückten Rundbogenfenstern ablesbar.
Die Wucht der in den Fassade

des Passanten den davor liegenden, ehedem kleinen Platz durch sein gewaltiges Volumen förmlich zu sprengen. Ein frontaler Blick, der Klarheit und vollkommene Symmetrie der Fassaden offenbart hätte, war nicht möglich, das Gebäude im Umschreiten nur in stetiger perspektivischer Verkürzung und Überschneidung sichtbar. So muss der Effekt des Rathauses mit seiner Balance von Vertikale und Horizontale nicht weniger bizarr und „schockierend" gewesen sein als der Theaterdonner des Zeughauses.

Drei Portale führen vom Rathausplatz ins Innere. Hinter den kleineren seitlichen Zugängen befanden sich früher Verwaltungsräume. Der Spruch im Gebälk des großen Mittelportals verrät die Bestimmung des Bauwerks: „PUBLICO CONSILIO / PUBLICAE SALUTI" (dem öffentlichen Rat / dem öffentlichen Wohl). *gn*

transparenten, harmonischen Raumverhältnisse ist durch eine sparsame, fast karge Architekturgliederung noch betont, die sich über dem Kranzgesims erneut steigert: Rustikaquader in den Eckzonen und Risaliten, ein schmales Gesims über dem Erdgeschoss, Lisenen im Mezzaningeschoss sowie Pilaster und Gebälk im Volutengiebel und an den Türmen – das ist schon fast alles. Der von dorischen Vollsäulen getragene Balkon über dem Hauptportal und die in den Giebel gestellte Ädikula (= Häuschen) betonen zusätzlich die Mittelachse.

Dass die Rathausfassade dennoch nicht monoton wirkt, liegt an der äußerst geschickten Instrumentierung der ohrengerahmten Fenster: Die Fensterhöhe steigerte Holl im repräsentativen dritten Geschoss zur Mitte hin. Lebendig rhythmisieren zudem die Fensterverdachungen die Fassade: Schließen die seitlichen Fenster mit flachen Architraven ab, tragen sie im Mitteltrakt Dreiecksgiebel und umgekehrt. Das Raster durchbrechen einzig die mit gesprengten Segmentgiebeln versehenen Okuli über den großen Fenstern im zweiten Stock, belichten diese doch den großen Saal, der indes bis in das untere Mezzanin des Zwerchhauses hineinragt. Nur an den Türmen wiederholt sich das Okuli-Motiv mit gesprengten Giebeln.

Gezielt gesetzte Machtsymbole bereichern das Äußere: das Stadtwappen im Oberlichtgitter des Hauptportals und, auf dem Giebel, der ehem. bronzene Reichsadler (1619, 1806 entfernt, heute aufgemalter Doppeladler) von Wolfgang Neidhart d. J. (1575-1632) sowie die Obelisken auf den Ecken der Balustraden.

Um die Wirkung des Rathausbaus auf die Zeitgenossen Holls zu verstehen, muss die historische Platzsituation bedacht werden. Die zweitürmige, in Holls Worten „heroische" Silhouette ragte zeichenhaft über die Dächer Augsburgs hinaus und war vermutlich deshalb stärker gegliedert. Dagegen schien das Rathaus aus der Perspektive

Innen

Ansicht des Unteren Fletz aus dem 18. Jh. – gezeichnet von Salomon Kleiner, gestochen von Wolfgang Kilian

Das Mittelportal führt geradewegs in den Unteren Fletz, eine dreischiffige Halle. Pfeiler mit Vorlagen spannen ein Kreuzgratgewölbe auf. Das mittlere der fünf Joche ist breiter, da es zu den Treppenhäusern überleitet. Einziger plastischer Schmuck von Halle und Treppenaufgängen sind die von Wolfgang Neidhart gegossenen Kaiserbüsten (nach Sueton). *gn*

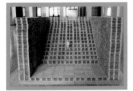

Tipp > Im Unteren Fletz befindet sich das Modell der im Sommer 2003 für sechs Wochen auf dem Rathhausplatz aufgestellten „Kulturpalette". Entworfen von dem Architekten Andy Brauneis, diente die „Kulturpalette" als Bühne für 270 Veranstaltungen mit über 100.000 Besuchern. *ys*

Tastraum

Auf Initiative des Lions-Clubs Augsburg wurde im Jahre 2007 ein Blinden- und Tastmuseum in einem Seitenraum des Unteren Fletz eingerichtet. Hier befinden sich auf Tasthöhe verschiedene in Bronze gegossene Gegenstände der Augsburger Stadtgeschichte: vom römischen Pferdekopf über ein vergoldetes Trinkgefäß aus dem Maximilianmuseum in Form eines springenden Hirsches, ein Porträt Bertolt Brechts, bis hin zu einem Robotermodell der Firma Kuka wird ein lebendiges haptisches Erlebnis ermöglicht – es darf ausdrücklich angefasst werden. *ys*

Goldener Saal

Erst mit dem Goldenen Saal und den seitlichen sog. Fürstenzimmern im zweiten Stock ist das repräsentativste Geschoss erreicht – ganz entgegen der ital. Architekturlehre der Renaissance, die das „piano nobile" grundsätzlich im ersten Stock situiert. Das Bodenniveau des Goldenen Saales liegt dadurch indes auf Traufhöhe der umliegenden Gebäude und so ist die geniale Belichtungssituation des großen stützenlosen Saales bis heute eines seiner charakteristischen Merkmale (s. Thema: Festsäle).

Nach all der Schlichtheit der großformatigen Fassaden, der Eingangshalle und der Treppenhäuser überwältigt der Goldene Saal durch seine prächtige Auszierung. An der Spitze zahlreicher Künstler und Handwerker hatte der Stadtmaler Matthias Kager (1575-1634) ein geistiges Programm des Jesuitenpaters Matthäus Rader (1575-1634) bildlich umzusetzen. Bei der Ausführung mag Kager an die seit 1574-77 neu ausgestatteten Räume des Dogenpalastes in Venedig gedacht haben. Venezianische Grandezza lässt der Goldene Saal nicht wirklich verspüren: Zwar sind die Formen der großen Portale, der Nussholzdecke und der Wandfresken ausgesprochen italienisch, werden jedoch keineswegs in theatralischer Steigerung, sondern in additiver Reihung dargeboten. Dadurch öffnen sich Wände und Decken im Goldenen Saal aber auch nicht zu grandiosen szenischen Bildpanoramen wie im

Geheimtipp > Zwischen den zwei linken Fenstern des linken Rathausecks, in Höhe des Betrachters und unter den früheren Pranger, sind seit alters her, also seit Holls Zeiten, vier in Bronze gegossene Maßstäbe angebracht. In zierlichen Frakturlettern lesen wir (von oben nach unten): „Halbe Länge Holtz Klaffter", „Leinwa(n)th Elen Läng", „Barcha(n)t Elen Läng" und „Statt Werckhschuch Länge". Die Maße unterscheiden sich nicht nur in Bezeichnung und Länge von heutigen Messsystemen, sondern auch in ihrem Bezugspunkt: Steht bei unserem metrischen System, das 1869 eingeführt wurde, eine abstrakte physikalische Größe im Zentrum (1 Meter ist nach urspr. Definition der 10-millionste Teil des Erdquadranten auf dem Meridian von Paris), war vorher der Mensch das Maß aller Dinge: Das Klafter ist definiert als das Maß zwischen den ausgestreckten Armen eines erwachsenen Mannes, traditionell 6 Werkschuh (29,62 cm), also 1,7772 m (macht halbiert 88,86 cm). Die Leinwandoder lange Elle maß ca. 60,95 cm, die Barchent-, auch kleine Elle etwa 59,24 cm, also 2 Werkschuh. Wer's nicht glaubt, kann's nachmessen.

Das stiftet heute einige Verwirrung, war damals durch den täglichen Gebrauch aber selbstverständlich – auch der uns fremde Umstand, dass vor 1800 die Eichmaße einer Stadt denjenigen einer anderen bestenfalls ähnelten. Die Normierung von Maßen und Gewichten war also ein wichtiges Element städtischer Wirtschaftspolitik, denn ohne deren strikte Einhaltung hätte das inner- und außerstädtische Handelssystem nicht funktioniert. Der eigentliche Eichstadel lag bis 1613 ganz in der Nähe, nämlich unterhalb des Perlach. Die Augsburger Maße am Rathaus haben also keineswegs Eicheigenschaft, sondern sind ein sinnfälliges Symbol: für das im wörtlichen Sinne Ausmaß der städtischen Ordnung, die strikt einzuhalten ist. Das geflügelte Wort „Das rechte Maß halten" zielt ja genau auf diese Anerkennung gesellschaftlicher Regeln. Wer aber das rechte Maß nicht hält, so lautet die unmissverständliche Botschaft des scharfen Ecks am Augsburger Rathaus, für den war eine Etage höher, am Pranger, schon ein Platz reserviert. *cm*

Die Decke des Goldenen Saals Wahrzeichen der Augsburger Prachtentfaltung

ein Großteil der ortsfesten Innenausstattung. Nur der Untere Fletz blieb verschont. Was heute zu sehen ist, wurde durch eine 1978 beschlossene Rekonstruktion wiedergewonnen. Dies gilt auch für die beiden mittlerweile ebenfalls wiederhergestellten ehem. vier Fürstenzimmer mit ihren hölzernen Wandvertäfelungen, den gefelderten Decken und getöpferten Kachelöfen, die wie phantastische Architekturen wirken. *gn*

Tipp > Die ehem. über dem Goldenen Saal liegende Modellkammer bildet heute einen Kernbereich des Maximilianmuseums. Hier lassen sich die Planungen zum Rathaus anhand großer, historischer Modelle nachvollziehen. *gn*

Bildprogramm

Dogenpalast, sondern sind mit einer unendlich reichen Scheinarchitektur überzogen, die an die zeitgleiche Augsburger Fassadenmalerei erinnert. Ihre Kleinteiligkeit gibt Kagers Stärke als Zeichner und Miniaturmaler zu erkennen. Teils etwas geziert in der Ausführung, sind die Wandfresken in Groteskenzone und höherrangige Architekturzone getrennt. Darüber setzt das hölzerne Gebälk der komplex strukturierten Decke an. Deren Bildfelder, die Kager nach Vorlagen Peter Candids (1548-

1628) fertigte, sind untypisch in Frontal- und nicht in Untersicht gegeben. Dadurch ist die Lesbarkeit der Gemälde erschwert und ihre Wirkung ein wenig steif.

Da der Goldene Saal nicht durch ein Stützensystem verstellt werden sollte, musste die gewaltige Decke an Ketten aufgehängt werden (heute: Stahlbeton als Träger). Diese technische Meisterleistung Elias Holls wurde dem Goldenen Saal im Zweiten Weltkrieg zum Verhängnis, denn die Decke stürzte ein und verbrannte, wie

Matthäus Raders Bildprogramm kreist um das mittlere Deckenbild mit dem Triumphzug der Sapientia (Weisheit) und deren positive Wirkung auf das Staatswesen, mit der Beschriftung „PER ME REGES REGNANT" (durch mich regieren die Herrschenden). Die Trabantenbilder zeigen die Architektur, umgeben von Fruchtbarkeit, Wissenschaft, Religion und Tatkraft, sowie die Wehrbereitschaft, umgeben von Heilkunst, Redlichkeit, Gerechtigkeit und Handel. In den seitlichen Deckenkartuschen sind 24 Devisen des Hauses Österreich (nach Francesco Terzio) zu lesen, beispielsweise das berühmte Motto Karls V., „PLUS ULTRA" (darüber hinaus).

Tipp > Der Goldene Saal diente Bertolt Brecht in der Erzählung „Der Augsburger Kreidekreis" (1940) als Schauplatz. *ys*

Goldener Saal in einer Ansicht von 1732 – gezeichnet von Salomon Kleiner, gestochen von Johann Georg Prinz

Während die Putten in den Sprenggiebeln der Scheinarchitek-

Die Welser – Der Traum von den Reichtümern Südamerikas

Medaillon des Bartholomäus Welser, 1530, Kunstsammlungen und Museen Augsburg

Die Welser sind in Augsburg seit 1246 nachweisbar. 1422 wird die Firma mit „Bartlome Welser und seine gesellschafft" benannt. Baumwolle und Barchent waren die Haupthandelsprodukte, man war in Venedig und Frankfurt, aber auch Ulm, Nördlingen und Nürnberg tätig. Die Heirat und Übersiedlung Antons (1451–1518) nach Memmingen leitete eine enge Zusammenarbeit mit dem dort ansässigen Handelshaus der Vöhlin ein. Wahrscheinlich fusionierten 1496 beide Gesellschaften – Welser und Vöhlin wurden eine ernst zu nehmende Konkurrenz der Fugger. Ähnlich wie bei diesen begannen sich die Geschäfte zu verlagern und neben dem eigentlichen Warenhandel wurden zunehmend Darlehens- und Kreditgeschäfte wichtig.

Codex Hieronymus Koeler, 1534/35, London, British Library

Galeone der Welser'schen Venezuela-Flotte

Unter anderen stand Konrad Peutinger seinem Schwiegervater Anton Welser als Rechtsberater zur Verfügung. Dies war auch bitter nötig, wurden doch die Monopolgesellschaften, zu denen auch die Welser gehörten, scharf angegriffen. Peutinger erstellte ein Gutachten, in dem er nachwies, dass es nur einen Monopolisten gebe und dies sei der König von Portugal mit seinem Pfefferhandel. Ebenso warnte er davor, dass dem Reich großer Schaden entstehe, wenn die Gesellschaften etwa ins Ausland abwanderten. Die Klagen wurden auf dem Reichstag von 1530 abgeschmettert und die Geschäfte konnten wieder florieren.

Philippine Welser unbekannter süddeutscher Maler, 17. Jh., Freiherrlich von Welser'sche Familienstiftung

Schon 1505 nahm die Welser-Vöhlin-Gesellschaft an einer groß angelegten Indienfahrt teil und 1508 waren neben den Adler, Fugger,

Gossem-
brot, Höchstetter und
Herwart auch die Welser wesentlich
an der ersten Konsortialanleihe an Kaiser
Maximilian I. (1459-1519) beteiligt.
Bartholomäus V. (1484-1561) war nach 1518 die prägende
Gestalt des Augsburger Unternehmens. Unter ihm erlangte die Firma
Welser ihre größte wirtschaftliche und damit auch politische Bedeutung.
Unter seine Ägide fielen 1528 auch die ersten Kolonisationsversuche Venezuelas
und damit verbunden die Ausbeutung seiner Schätze. 1556 war jedoch die Herrlichkeit
bereits zu Ende, als der span. Indienrat Venezuela der Welsergesellschaft absprach. Dies war
zwar glatter Vertragsbruch, doch Karl V. (1500-1558) hatte sich fern vom weltlichen Treiben ins
Kloster von San Yuste zurückgezogen und sein Sohn Philipp II. (1527-1598) interessierte sich nicht mehr
für die Geschäfte der Augsburger. Der langsame Abstieg des Handelshauses Welser setzte mit diesem herben
Verlust von Venezuela ein. 1532 wurde Bartholomäus zusammen mit seinen Brüdern in den erblichen Adelsstand
erhoben und zum kaiserlichen Rat ernannt. Noch zu Lebzeiten Bartholomäus' ging die Führung des Unternehmens
1552 an dessen Sohn Christoph (1517-1593) über.
Mit dem Austritt von Christoph aus dem Geschäft 1580 schied die Bartholomäus-Linie als Gesellschafter des
Handelshauses Welser aus. Die Neffen Matthäus (1553-1633), Paul (1555-1620) und Markus (1558-1614)
bekleideten in der Stadt höchste Ämter (Markus war Stadtpfleger, Matthäus Baumeister und Paul Bürgermeister)
und führten das Unternehmen bis zum endgültigen Zusammenbruch 1614 weiter. Vor allem Markus, der ein
hochgebildeter Mann war und immer wieder für seine Stadt mäzenatisch tätig wurde, war federführend
beim umfangreichen städtischen Bauprogramm, welches zwischen 1590 und 1620 der Stadt mit Rathaus
und Brunnen ein neues Gesicht geben sollte. Die Gesellschaft jedoch litt unter den geschäftlichen
Fehlentscheidungen der Brüder: Span. und franz. Staatsbankrott, Verluste aus einem von anderen
übernommenen Pfefferkontrakt und nicht zuletzt große Geldmengen, die Matthäus als
Reichspfennigmeister für den Kaiser ab 1603 beschaffte, ruinierten das Unternehmen
sukzessive. Am 1. Jul. des Jahres 1614 musste der Bankrott erklärt werden, die
Brüder wanderten in die Schuldhaft und ein lange dauernder Prozess begann.
Markus starb noch im Jahr des Konkurses, Paul erlag den Strapazen der
ungewohnten Haft und Matthäus wurde zwar aus dem Gefängnis
entlassen, jedoch unter Hausarrest gestellt und starb völlig verarmt.
Erstaunlicherweise blieb die Stellung der Familie in der Augsburger
Gesellschaft unwidersprochen.
Die Familie Welser sollte noch einmal zu Ruhm kommen,
jedoch nicht durch ein männliches Mitglied,
sondern durch Philippine (1527-1580), Tochter
des Franz Welser. „La bella Filippina" heiratete
im Geheimen 1557 Erzherzog Ferdinand II.
von Tirol (1529-1595) und gebar ihm
mehrere Kinder. Ihr Vater Franz wurde
1567 von Ferdinand in den erblichen
Freiherrnstand erhoben und so erhielt
auch Philippine rückwirkend den
Titel einer „Freiin von Zinnenburg".
Die auf Schloss Ambras bei
Innsbruck wohnende und
von ihren Untertanen
liebevoll „Mutter
von Tirol" genannte
Welserin wurde
vor allem durch
ihr Kochbuch
berühmt, in dem
in rührenden
augsburgisch
gefärbtem
Dialekt
Rezepte
aller Art
auf-
notiert
sind.
cvb

tur nur mühsam schwere Festons tragen können und so der Erheiterung der Betrachter ausgesetzt sind, haben die Herren in den Nischen inhaltliches Gewicht: Acht heidnische Kaiser sind ihren christlichen Kollegen gegenübergestellt. In den Kartuschen darüber stehen ihre Wahlsprüche. Wenn Caesar mit dem berühmten „VENI, VIDI, VICI" (ich kam, sah und siegte) auftritt, Karl V. hingegen mit „VENI, VIDI, DEUS VICIT" (ich kam, sah, Gott siegte), so soll dies auf die moralische Überlegenheit der Christen anspielen. Sie zahlt sich aus, denn während dem Heiden Alexander d. Gr. nichts genügt („NIHIL SVFFICIT PAGANO"), fehlt es dem Christen Karl d. Gr. an nichts („NIHIL DEEST CHRISTIANO"). Ergänzt wird die Ikonografie durch antike und alttestamentliche Heldinnen wie Lukrezia oder Judith in den Bildfeldern zwischen den Kaisern.

In den beiden Sprenggiebeln der Mittelportale sind große Tafeln angebracht. Das rekonstruierte Gemälde von Johannes Rottenhammer (1564-1625) stellt die Stadtgöttin Augusta mit ihren vier Flüssen vor, die für Überfluss (Abundantia) sorgen, während die Schrifttafel den zur Entstehungszeit des Rathauses herrschenden Kaiser (Ferdinand II.) und die Augsburger Stadtpfleger nennt. Auf den Giebeln sitzen die Göttinnen Minerva und Cybele (die Inschrifttafeln flankierend) sowie zwei Nymphen.

Zahlreiche weitere Gemälde von Johann Matthias Kager, Thomas Maurer (1563-1626), Johann König (1586-1642) und Hans Freyberger (1571-1632) befanden sich in den Fürstenzimmern und im Mittleren Fletz und in den Trabantenräumen. Sie wurden zwar nicht zerstört, hängen jedoch nur noch teilweise an ihren angestammten Plätzen. Diese vielen Gemälde bieten ein weites thematisches Panorama vom Jüngsten Gericht über vorbildliche Persönlichkeiten (z. B. Christus, Moses) und Tugenden bis hin zu den unterschiedlichen Staatsformen und historischen Ereignissen wie dem Reichstag von 1548 (im nordwestlichen Fürstenzimmer, gemalt von Matthäus Gundelach (1566-1653). Damit veranschaulichten die Malereien ein komplexes moralisches Gedankengefüge mit der Idee des

Perlachturm – der „Campanile" Augsburgs

weisen Herrschers im Zentrum. Dies gibt Aufschluss über den mutmaßlichen Zweck eines solch überreich ausgestatteten, weit über den Raumbedarf eines Rathauses hinausgehenden Kommunalpalastes: Vermutlich wollte der Stadtrat das neu gebaute Rathaus als Ort des immerwährenden Reichstags empfehlen. Zudem brachte das gewaltige Investitionsprogramm in der von Krisen geschüttelten Phase zu Beginn des 17. Jhs. Bauleute, Handwerker und Künstler in Lohn und Brot und machte Augsburg zur „Krone der süddeutschen Reichsstädte" (Georg Dehio). Das Rathaus ist somit nicht nur ein Meisterwerk der Kunstgeschichte, sondern Schaustück der Augsburger Gesellschaft und ihres kommunalen Repräsentationswillens am Vorabend des Dreißigjährigen Krieges. *gn*

Tipp > Weht eine gelbe „Föhnfahne" auf dem Perlachturm, sind die Alpen von hier aus zu erblicken. *gn*

3 Perlachturm

Rathausplatz 10 1 € / 0,50 € Schulklassen (gesamt) 5 € Mär.-Nov. tägl. 10-18, ausnahmsweise an Ostern und den Adventswochenenden 14-18 0821-3240 www.augsburg.de Der gut 70 m hohe Perlachturm ist mit der Kirche St. Peter das älteste Gebäude am Rathausplatz. Er war Kirch-, Wacht- und Stadtturm und im Mittelalter das bestimmende Monument im Zentrum Augsburgs.

Tipp > Im Maximilianmuseum ist ein Modell zu besichtigen, das eine freitragende Gerüstkonstruktion von Elias Holl zeigt. Er ließ sie errichten, um die Glocken des alten Rathauses in den Perlachturm zu hieven. Der Perlachturm bekam damit die Funktion des ehem. Rathausturmes und wurde nicht nur optisch, sondern auch inhaltlich an das Rathaus gebunden. *gn*

Mit „Perlach" wurde urspr. der flache Hügel zwischen St. Ulrich und Afra und Dom bezeichnet. Die Bedeutung des Wortes „Perlach" ist umstritten: Es könnte in der Rückführung auf „perdita legio" (= niedergemachte Legion) oder „Berg von Leichen" auf das traurige Ergebnis einer Schlacht hindeuten, sich aber auch von „Bär" ableiten und somit auf einen Bärentanzplatz hinweisen. Tatsächlich zeigen Ansichten des Turmes aus dem 16. Jh. oberhalb der noch bestehenden „sieben Lädele" einen Bärenzwinger in den heute zugemauerten Bögen des blockartigen Unterbaus aus dem 11. Jh.

Tipp > Der erste Text, den Bertolt Brecht 1914 in den „Augsburger Neuesten Nachrichten" veröffentlichte, gilt als eine „literarische Reminiszenz" an den Perlachturm. ys

Über diesem ehem. Westwerk von St. Peter erhebt sich der mehrfach aufgestockte (1410, 1526/27 und 1614-16) Turm. Ecklisenen und Rundbogenfriese gliedern die sparsam durchfensterten Fronten. Blickpunkte sind die großen Ziffernblätter auf allen Seiten. Erst die von Elias Holl aufgesetzten Stockwerke über der Balustrade sind in Haustein ausgeführt und architektonisch stärker durchgebildet: Den rechteckigen unteren Sockel schmückt vorgeblendetes Maßwerk, das darauf sitzende achteckige Geschoss gliedern zehn offene Arkaden mit Lisenen. Die kupferne Haube mit aufgebauter Laterne für Rats-, Schlag- und Sturmglocken bekrönt eine Wetterfahne in Gestalt der Augsburger Stadtgöttin Cisa. Seit 1622 befindet sich der Eingang des Turmes auf der Nordseite. gn

Tipp > Im genuteten Untergeschoss öffnet sich ein Fenster, aus dem seit dem 16. Jh. alljährlich am Michaelstag (29. Sept.) das „Turamichele" (Turmmichel) heraustritt, um zu den Stundenschlägen auf den Teufel einzustechen. Die Holzfigur von Christoph Murmann aus dem Jahre 1616 wurde von Elias Holl mit dem Uhrwerk gekoppelt. Sie verbrannte im Zweiten Weltkrieg und wurde 1949 ersetzt. Das „Turamichele" gilt als Schutzpatron der Freien Reichsstadt zur Abwehr ihrer Feinde (s. Zeughaus). Nicht von ungefähr wurde sein „Auftritt" am Michaelstag nach der Eingliederung Augsburgs in das Königreich Bayern zeitweilig verboten. gn

St. Peter am Perlach

4 St. Peter am Perlach

Rathausplatz 4 ⏰ tägl. 8-18
0821-5010111 ja

Versteckt hinter dem Perlachturm liegt die Kirche St. Peter am Perlach. Das genaue Gründungsdatum der Kirche ist unbekannt. Jedoch muss bereits vor 1067 an diesem Ort ein Sakralbau vermutet werden, da in diesem Jahr der Edle Schwigger von Balzhausen und Schwabegg (gest. 1073) der Kirche Ländereien schenkte, um ein Kollegiatsstift zu gründen. Der heutige Bau wurde 1182, nachdem der Vorgängerbau eingestürzt war, errichtet und gehört somit zu den ältesten erhaltenen Ziegelbauten in Süddeutschland. Im Zuge der Säkularisation wurde das Kollegiatsstift 1803 aufgehoben und vier Jahre danach die Kirche geschlossen. Der bereits geplante Abriss konnte jedoch durch das Eingreifen des 1780 gegründeten Messbundes (aus dem später der heutige Bürgerverein St. Peter am Perlach e. V. hervorging) verhindert werden. Seit 1811 ist die Kirche wieder der Öffentlichkeit zugänglich.

Außen

Das Gebäude, dessen Außenbau nur von Süden und Osten direkt sichtbar ist, ist als dreischiffige Hallenkirche über einem rechteckigen Grundriss errichtet worden. Der stark eingezogene Chor wird von zwei Kapellen flankiert, von denen nur noch die südliche ihre urspr. Apsisform bewahrt hat. Im Westen schließt das Gebäude direkt an den Perlachturm an, der somit nicht nur als Wachturm, sondern auch als Kirchturm diente. Dies erklärt auch, warum der Turm bis zu seinem Umbau im 16. Jh. nur über die Kirche zugänglich war. An die Nordseite ist die Felicitaskapelle angebaut, die heute als Sakristei genutzt wird. Die Kapelle, die man bereits 1518 auf ihre heutige Breite reduziert hatte, liegt der Hanglage entsprechend tiefer und wurde nach ihrer Zerstörung im Zweiten Weltkrieg als einfacher, flach gedeckter, längsrechteckiger Raum wiedererrichtet.

Die Außenwand des Langhauses ist, entsprechend der Jocheinteilung im Innenraum, durch Lisenen und daraufliegenden Bogenfries gegliedert. Die rustizierten Portale mit Dreiecksgiebel, die dem Süd- und Nordeingang vorgesetzt sind, wurden 1622 von Elias Holl angebracht. Die Ostseite wird vom eingezogenen Chor und den Apsiden dominiert. Diese, wie auch der sehr hohe Giebel, sind mit Rundbogenfriesen versehen.

Wallfahrtsbild „Maria Knotenlöserin" in der Südapsis von St. Peter am Perlach

Innen

Den hellen Innenraum gliedern mächtige Pfeiler, auf denen das Kreuzgratgewölbe ruht. Seitlich der Orgelempore sind die Biforien der Emporenkapelle sichtbar, die, wie auch die unterhalb liegenden Joche, bei der Erhöhung des Perlachturms 1526 zugemauert wurden. Die Orgel, datiert 1688, ist die älteste erhaltene Orgel in Augsburg. An der Decke unter der Orgelempore ist ein Engelsfresko von Christian Erhardt (1730-1805) zu sehen. Von ihm stammten auch die übrigen Deckenfresken aus dem Jahr 1773, die 1944 zerstört wurden. Dass die Kirche auch im Mittelalter freskiert war, beweisen die 1893 und 1982 freigelegten Wandmalereien an der nördlichen (um 1420) und südlichen Apsis (um 1300) sowie am südwestlichen und nordwestlichen Langhauspfeiler (um 1300).

Das ehem. aus dem Dom stammende Abschlussgitter (1656, teilweise modernisiert um 1700 bzw. 1785) wurde 1785 in St. Peter eingebaut. Neben den Bildnissen von Petrus und Felicitas (?) ist an dem Gitter das Wappen des Stifters Schwigger von Balzhausen und Schwabegg angebracht.

„Maria Knotenlöserin" von Johann Georg Melchior Schmidtner (1625 – nach 1707), zugeschrieben, Südapsis

Von besonderer Bedeutung ist das Wallfahrtsbild „Maria Knotenlöserin" in der Südapsis. Das Gemälde wurde 1700 von dem Augsburger Patrizier Hieronymus Ambrosius Langenmantel (1641-1718) gestiftet. Es zeigt die Muttergottes als Maria Immaculata, umgeben von einer Schar von Engeln. In ihren Händen hält sie ein Band, aus dem sie die Knoten löst. Eine kleine Szene am unteren Bildrand zeigt vermutlich Tobias auf dem Weg zu seiner zukünftigen Frau in Begleitung des Erzengels Raffael (Apokryphen: Buch des Tobias). Als „Knotenlöserin" wird die Gottesmutter im Werk „Gegen die Irrlehren" von Bischof Irenäus von Lyon (gest. 202) bezeichnet. In der Auslegung steht das Knotenband für die Probleme im Leben, die durch Anrufung Mariens gelöst werden können.

Weitere Ausstattung

1760-70 wurde der barocke Hochaltar errichtet, in den das von Anton Jacob Fugger 1625 gestiftete Altarblatt eingefügt ist. Das von Johann Matthias Kager angefertigte Gemälde zeigt Christus als „Guten Hirten" (Matth.18, 12-14). Das im Auszug des Altars angebrachte Petrusbildnis stammt von Johann Georg Bergmüller.

Im Altarraum ist auch die Grabplatte des Stifters Schwigger von Balzhausen eingelassen. Angefertigt in der zweiten Hälfte des 14. Jhs., zeigt sie den Edlen stehend auf seinem Wappen als Ritter mit Ausrüstung. Bis ins 18. Jh. war die Grabplatte Bestandteil des in der Kirche stehenden Hochgrabes, das im Zuge der Barockisierung abgetragen wurde. Die Gebeine des Toten ruhen noch heute unter der Kirche.

Georg Fugger (gest. 1526) stiftete das sog. Fuggerkreuz im mittleren Westgewölbe. Das Kreuz, das dem Umkreis Gregor Erharts zugeschrieben wird, besteht aus einem einfachen Holzkreuz, an dem der überstreckte Körper Christi hängt. Es ist der tote Christus dargestellt mit geschlossenen Augen und dem offenem Mund; das vorangegangene Leid ist durch die Wunden, das Blut und die fein gestalteten Gesichtszüge erkennbar. Umso kontrastreicher wirkt das goldene Lendentuch, das sich mit fast „lebensbejahender" Bewegtheit um den Körper des toten Christus legt.

„Majestas Domini", um 1182, Stein

Geradezu verschwindend klein wirkt dagegen die skulpturale Darstellung des Gottessohnes („Majestas Domini"), die im daneben gelegenen nördlichen Gewölbe auf einer Konsole steht. Das Original war urspr. im Scheitel des Ostgiebels angebracht, wo sich heute eine Kopie befindet. In der Gestalt des Weltenrichters sitzt Christus auf seinem Thron und erhebt die rechte Hand zum Segensgestus, während er in der linken Hand das Buch des Lebens (Apok. 20,12) hält. Die blockhafte Gestaltung der Figur wie auch die geometrische Ornamentierung von Gewand und Gesicht lassen eine Datierung in das 12. Jh. zu; möglicherweise gehörte sie zur Originalausstattung des Baus von 1182. Neben der oben beschriebenen Christusfigur waren vermutlich noch weitere, heute nicht mehr vorhandene Skulpturen am Giebel angebracht. *hh*

5 Neuer Bau

Rathausplatz 8

Anstelle der alten Stadtmetzg plante Elias Holl seit 1607 eine offene Stadtloggia nach dem Vorbild der „Basilica" in Vicenza (1549) von Andrea Palladio (1505-1580). Holl arbeitete hierfür mit den beiden Maler-Architekten Johann Matthias Kager (1575-1634, s. Rathaus, Weberhaus) und Joseph Heintz d. Ä. (1564-1609, s. Zeughaus) zusammen. Nachdem sich der Rat der Stadt jedoch für einen vollständigen Rathausneubau entschieden hatte, wurde 1614 nur eine sparsame und der Augsburger Witterung angepasste Variante der urspr. Pläne ausgeführt: ein zweigeschossiger Bau mit flachem Walmdach.

Fassade

Die Fassade zum Rathausplatz bildet dennoch einen wohlgestalteten Hintergrund für den Augustusbrunnen. Ihre Gliederung mit rustizierten Wandvorlagen und Blendbögen, mit ionischen Pilastern und Dreiecksgiebeln, aber auch die ausgesprochene Horizontalität vermittels kräftiger Gesimse zeigt, wie die Künstler sich hier an ital. Vorbildern orientierten: an Sebastiano Serlio (1475-1554) und Donato Bramante (1444-1514). Die damalige Nutzung als Kaufhaus bezeugen Ladeneinbauten im Erdgeschoss. So wie sich die Fassade heute präsentiert, ist sie allerdings ein rekonstruierender Wiederaufbau, den Raimund von Doblhoff 1949/50 verwirklichte. Die 1876 umgebaute Front erhielt dadurch ein am „Ursprungszustand" orientiertes Erscheinungsbild. *gn*

> **Tipp >** Die Planungsgeschichte des Bauwerks lässt sich anhand zweier großer Modelle von Joseph Heintz d. Ä. und Johann Matthias Kager im Maximilianmuseum schön nachvollziehen. *gn*

6 Augustusbrunnen

Rathausplatz

Um 1600 sollte mit einem Investitionsprogramm von unvorstellbarer Größe und Anspruch Augsburg als erste Stadt im Reich fit gemacht werden. Symbolischer Auftakt war die Errichtung eines Augustusmonuments vor dem Rathaus. Dafür wurde 1589 bei Hubert Gerhard, einem in Italien geschulten niederländischen Bildhauer, eine Kaiserstatue in Auftrag gegeben, wie sie römischer nicht sein konnte (1594 vollendet). Mit energischem Herrschergestus weist Augustus auf seine Stadt und das Rathaus, gewandet in eine archäologisch erstaunlich exakte Feldherrenrüstung und bekrönt mit einem Lorbeerkranz. In einem zweiten Schritt beauftragten die Stadtoberen den Bildhauer, das Augustusdenkmal zu einem vielfigurigen Brunnen zu erweitern. Vorbild für diesen nun geplanten Brunnen mit durchgehender Wasser-Ikonografie war der wenige Jahre vorher fertiggestellte Neptunbrunnen in Bologna, ein Werk des italo-niederländischen Bildhauers Giambologna, Lehrer Hubert Gerhards. Der zweiphasige Entstehungsprozess des Augsburger Brunnens ist noch heute spürbar, denn das Flüsseprogramm des Brunnens verlangte eigentlich einen Neptun als bekrönende Figur, wie ihn auch sein direktes Vorbild in Bologna zeigt. In Augsburg steht etwas unvermittelt Augustus zuoberst innerhalb eines reinen Wasser-Bildprogramms.

Die vier Liegefiguren wurden bereits in der Abrechnung Hubert Gerhards für sein Künstlerhonorar korrekt bezeichnet als Lech, Wertach, Singold und Brunnenbach, die vier Wasserläufe der Stadt Augsburg. Nur wer ist wer? Hier hat sich der Volksmund eine Eselsbrücke gebastelt: Die beiden Männer sind die Flüsse mit dem männlichen Artikel (der Lech, der Brunnenbach), die beiden Frauen die weiblichen Flüsse (die Wertach, die Singold). Dies ist zwar leicht zu merken, aber falsch. Vielmehr repräsentieren die beiden alten Männer die beiden großen, alten Flüsse (Lech und Wertach), die von weit her kommen; die beiden kleineren, jüngeren Flüsse mit „kurzer Laufzeit", sind in den beiden jungen Frauen dargestellt (Brunnenbach und Singold).

Brunnenbach

Der Brunnenbach ist, wie der Name verrät, ein schmales, maximal zwei Meter breites Bächlein mit kristallklarem Quellwasser. Es entspringt im Haunstetter und Königsbrunner Auengebiet im Süden der Stadt und bringt das Trinkwasser in die Stadt. Dargestellt ist dieser Bach natürlich nicht als alter Mann mit Floßruder oder Fischernetz, sondern als junges Mädchen, als Quellnymphe mit dem Trinkwasserkrug, einem Quelltopf, im Arm. uh

Tipp > Die originalen Quelltöpfe lassen sich übrigens bei einem Fahrradausflug in den Haunstetter Wald leicht erradeln. Man folge dem Brunnenbach einfach immer weiter aus der Stadt hinaus, bis das Wasser aus dem Waldboden drängt. uh

Singold

Die Singold fließt über Bobingen östlich der Wertach ins Stadtgebiet und ändert dort ihren Namen in Senkelbach. An Singold/Senkelbach reiht sich eine Mühle an die andere, denn dieser schmale Fluss oder Kanal lässt sich ideal für Mühlräder nutzen: Er fließt kontinuierlich, konstant, ruhig und fassbar. Für die Singold steht die etwas ältere Frau mit dem Mühlrad und den Kornähren. Lech oder Wertach sind als Mühlflüsse völlig ungeeignet, denn die unregulier-

ten Gebirgsflüsse lassen sich nicht in Mühlbäche zwängen.

Lech

Der Lech war früher ein kilometerbreites System aus Kiesbänken, Flussschnellen und Trockenbetten. Doch zur Schneeschmelze schwoll der Fluss an und eignete sich dann hervorragend als Floßfluss, um aus den Alpen und dem Oberland das dringend benötigte Bauholz in die Stadt zu flößen. Ab Augsburg, hinter dem Zusammenfluss mit Wertach und Singold, war der Lech das ganze Jahr hindurch floßbar und verband die Stadt über die Donau mit halb Europa. Der Lech wird deshalb durch den alten Mann mit dem Floßruder dargestellt.

Wertach

Die Wertach sammelt sich in den Moorwiesen des Allgäuer Voralpenlandes und fließt, damals noch weit verzweigt, nach Augsburg. Sie ist als Mühlfluss völlig ungeeignet, weil sie nicht fassbar ist, als Flößereifluss wenig geeignet, weil keine Hochgebirgsschneeschmelze zu ihrem Einzugsgebiet gehört, und als Trinkwasser ungeeignet, da sie aus dem eisenhaltigen Gestein und den moorigen Wiesen ihres Sammlungsgebietes stets etwas trüb und braun gefärbt ist. Aber sie ist gerade wegen ihrer Schwebstoffe ungemein fischreich. Die Wertach ist deshalb der alte Mann mit dem Fischernetz. uh

Tipp > Das Original der Augustusfigur befindet sich im kostenlos zugänglichen Viermetzhof des Maximilianmuseums. ys

7 Philippine-Welser-Straße

Der dreieckige Platz an der Philippine-Welser-Straße und die angrenzenden Gassen sind von alters her so etwas wie das Grünwald Augsburgs: der Wohnort für die alleroberstein der „Obersten 10.000". Kein Haus, das nicht mit großen Namen und großer Vergangenheit verbunden wäre: Fugger (Nr. 16), Gossembrot (Nr. 13), Hainhofer (Nr. 24), von Halder (Nr. 30), Köpf (Nr. 28), Langenmantel (Nr. 14) und Rehlinger (Nr. 14). Auf engstem Raum bietet sich hier eine Augsburger Architekturgeschichte, die von später Gotik (Reste am Fuggerhaus, Nr. 16), über Renaissance (das heutige Maximilianmuseum, Nr. 24), Barock (Köpf-Haus, Nr. 28) und Klassizismus (Welser-Haus, Nr. 13) bis zum Wiederaufbau der Nachkriegszeit reicht. Urspr. zog sich vom heutigen Rathausplatz nach Süden der „Alte Heumarkt". Da das noble klassizistische Gebäude an der Ostseite (Nr. 13) seit 1500 der Familie Welser gehörte, erhielt später der ganze Straßenzug den Namen der prominentesten Tochter des Hauses, Philippine Welser – die „Mutter Tirols", die 1527 entgegen anders lautenden Vermutungen freilich im Adler'schen Haus am Weinmarkt (hier steht heute das Schaezlerpalais) geboren wurde. cm

8 Goldene Schreibstube

Philippine-Welser-Str. 20

Wie am Köpf-Haus (Philippine-Welser-Straße 28) sind auch die Portalflügel dieses 1766 von Gottfried Schifter umgebauten Wohnhauses sternförmig strukturiert. Im Zentrum der Sterne sitzen die Türknäufe – eine elegante Form, auf funktional entscheidende Teile aufmerksam zu machen. Mit blütenbesetzter geschmiedeter Schlagleiste zwischen Türflügeln und Architrav ist das Holzportal deutlich auf den rahmenden Korbbogen bezogen. Dieser ist nochmals eingefasst: Schlanke Pilaster mit Kompositkapitellen tragen einen Segmentbogen. Unter dem Segmentbogen sitzt eine Kartusche in Rocaillenform. Prosaisch nimmt sich in diesem phantasievollen Rahmen die Litera-Nummerierung D 281 aus.

Philippine-Welser-Str. 24

Fünfzig Jahre nach dem Bau des Fuggerhauses am Rindermarkt, im Jahr 1546, waren in Augsburg ganz andere Formen in Mode gekommen, die am Eingang des Maximilianmuseums studiert werden können. Auch hier ist das Portal zwar als wichtiges Bauglied in Haustein ausgeführt, anstatt der fast pflanzlich geschwungenen spätgotischen Formen überwiegt jedoch „antikische" Klarheit: In ein Rechteck ist ein Korbbogen eingeschrieben. In den Bogen sind zierliche, stilisierte Ranken gemeißelt. Wandvorlagen und Gesimse als rahmende Elemente sind hier, aber geradlinig profiliert und gefeldert. In den Zwickeln über dem Bogen sind Halbkugeln eingesetzt. Am Architrav sind mit Zahnschnitt, Eierstab und Palmetten alle Register einer „italienischen" Architektursprache gezogen. Barock sind dagegen die hölzernen Türflügel mit eingeschriebenen Oberlichtern und Vergitterung in Rankenform.

Philippine-Welser-Str. 28

Die beiden großen sternförmig strukturierten Portale des Köpf-Hauses von 1739, schräg gegenüber dem Maximilianmuseum, sind von Pilastern und Segmentgiebeln gerahmt. Große Schlusssteine, die jedoch nur durch den Verputz angedeutet sind, vermitteln Stabilität. Wie am Maximilianmuseum sind in die großen hölzernen Flügel kleinere Haustürflügel einbeschrieben. In den Gittern der Oberlichter sind zudem Hinweise auf den Besitzer versteckt: Mit den ineinander geschlungenen Initialen CGK verewigte sich Christian Georg Köpf. Heute sind sie in den Ranken indes schwer zu erkennen, vermutlich waren sie urspr. vergoldet. *gn*

37

Tipp > Raffinierter als Hausnummern deuteten Hauszeichen auf die Besitzer hin: am Roeck-Haus z. B. durch Handelssymbole auf der mit Rocaillen besetzten Haustür. Im Oberlichtgitter des Hauses Annastraße 10 beziehen sich Lorbeerkranz und Palmwedel als Symbole des ewigen Lebens auf die Funktion als Mesnerhaus von St. Anna. Dagegen gießen auf der Holztür des Hauses Am Roten Tor 1 Putto-Tritonen Wasser aus Krügen – schließlich wohnte hier der Brunnenmeister.

Tipp > Augsburg ist voll von Oberlichtgittern in Rankenform. Ein besonders phantasievoll asymmetrisch gestaltetes Oberlichtgitter mit Blumenranken, die aus Füllhörnern wachsen, weist die Haustüre Hinterer Lech 7 auf.

Tipp > Besser zu erkennen sind die Initialen ABG im Oberlichtgitter des Wohnhauses der Anna-Barbara Gignoux (Vorderer Lech 5). Die fünfzackige Krone darüber verrät zusätzlich die Zugehörigkeit der Besitzerin zum untitulierten Adel. Das Monogrammmedaillon auf dem Dach des Gossner-Hauses (Maximilianstr. 65) ist ebenfalls deutlich auf den Eingangsbereich bezogen. Hier sind die sterngerahmten Anfangsbuchstaben von Johann Lorenz von Schaezler zu sehen. Daneben sind eine Reihe Marien-Monogramme zu entdecken, z. B. am Roeck-Haus und am Palais Greiffenclau (Hoher Weg 30). *gn*

Die Pracht der Augsburger Festsäle

38

Ein eigener Festsaal, und sei es nur ein kleiner, gehörte zu den Statussymbolen der patrizischen und bürgerlichen Oberklasse Augsburgs im 16., 17. und 18. Jh. Der „Bürger als Edelmann" verwirklichte seinen Traum von verfeinerter Lebensart, indem er auf das Repertoire höfischer Raumformen zugriff. Kabinetträume, Galerien, Garten- und Festsäle befinden sich in Augsburg hauptsächlich in Bürger- und Patrizierhäusern (z. B. auch Philippine-Welser-Str. 20 u. 26, Ludwigstr. 2, Maximilianstr. 39) – sieht man von den Sälen in Klöstern (s. Kleiner Goldener Saal), öffentlichen (s. Rathaus) und fürstbischöflichen (s. Residenz) Bauten ab. Dabei

konnte die Pracht der Innenraumgestaltung höfische Ausmaße annehmen, wenn der Auftraggeber Fugger (s. Fuggerhaus, Badstuben) oder Liebenhofen (s. Schaezlerpalais) hieß – tatsächlich stiegen diese beide Familien in den Adelsstand auf. Auffällig ist, dass einige Festsäle entgegen der ital. Architekturlehre der Renaissance im zweiten Stock liegen. Dadurch wurde jedoch die Belichtungssituation teils erheblich verbessert (z. B. Rathaus).

Philippine-Welser-Str. 24

Das große Deckenfresko des Festsaales im zweiten Stock des Maximilianmuseums (s. ebd.) entstand 1706 im Auftrag des Verlegers Elias Christoph Heiss. Es wurde von Melchior Steidl (1657-1727) geschaffen und zeigt Jupiter (mit Adler und Blitzen) und Juno im Kreise der olympischen Götter. In den Ecken der schweren Scheinarchitektur sitzen Personifikationen der Erdteile mit zugehöriger Fauna auf einem Konsolgesims. Getreu den Richtlinien der ital. Quadratura-Malerei ist die Szenerie in Untersicht konstruiert; die Säulen der Scheinarchitektur verzerren sich beim Durchschreiten des Saales und lassen ihn höher erscheinen. Durch die hervorragende Belichtung kommt die kräftige, warme Farbigkeit bestens zur Geltung: Denn wie am Rathaus ist der Festsaal mit Okuli über den Fenstern ausgestattet. Neben dem großen Deckenfresko im Saal malte Steidl einen länglichen Raum im ersten Stock aus, die sog. Äneasgalerie. Auf einem Bildspiegel ist Venus zu sehen; sie übergibt ihrem Sohn Äneas die Waffen, die ihr Gatte Vulkan geschmiedet hatte (Äneis, 8. Gesang, 610 ff.). Im zweiten Bildfeld überredet Juno Aolus, den Beherrscher der Winde, dazu, einen Sturm zu entfachen, um Äneas und seine Begleiter im Thyrrenischen Meer zu versenken (Äneis 1. Gesang, 50 ff.). In der Abseite des ersten Stocks liegt ein kleiner Kabinettraum mit üppig dekorierter Decke. Die Deckenspiegel zeigen Luna, flankiert von der Abend- und Morgendämmerung.

Philippine-Welser-Str. 26

Im zweiten Stock des Rückgebäudes dieses 1598 von Elias Holl umgebauten Wohnhauses befindet sich ein kleiner Festsaal mit reichem Deckenstuck in Akanthus-Motivik. Aus den fleischigen Blättern wachsen zwei Merkur-Köpfe mit Caducäus (Botenstab) heraus. Im gleichen Stock liegt ein Kabinett, dessen Decke ebenfalls mit Akanthusranken besetzt ist. Der mittlere Deckenspiegel öffnet einen anmutigen Blick in den Himmel; seitlich stehen untersichtig dargestellte Putten auf einer Brüstung und spielen mit einer Blumengirlande. Davon aufgeschreckt, flattert ein Papagei aus einem Korb heraus. *gn*

Maximilianstr. 48

Prunkvollster Saal des 18. Jhs. ist der Festsaal im Schaezlerpalais (s. ebd.), der 1770 mit dem Besuch von Marie Antoinette eingeweiht wurde. Der 23 m lange und 11,30 m breite und zwei Stockwerke übergreifende Rokokosaal ist von den Brüdern Feichtmayr mit überbordendem Stuck ornamentiert worden. Zwischen den Fenstern finden sich Spiegel, die den Raum vergrößern und die Wände zum Garten und zur Katharinengasse entmaterialisieren. Das Deckenfresko von Gregorio Guglielmi (1714-1773) zeigt die vier Erdteile, ebenso die Supraporten über den vier symmetrisch angeordneten Flügeltüren. Ferner sind die Tierkreiszeichen und die Planetensymbole in den Bekrönungen der Spiegel integriert. *ct*

Maximilianstr. 83

An die Wände des Saales im ehem. Palais Montgelas (s. ebd.) malte Joseph Christ um 1760-70 eine sehr zartfarbige Nischenarchitektur mit Rocaillen und Festons. In den vier Rundbogennischen posieren Putten mit den Attributen des Herkules (mit Keule), des Neptun (mit Dreizack und Krug), der Diana (mit Pfeil) und der Venus. Über den Türen sind Putten mit lukullischen Genüssen beschäftigt: Sie essen Trauben, trinken Wein und verweisen so allegorisch auf Bacchus. *gn*

Geheimtipp > Das aus der Zeit um 1750-60 stammende ehem. von Speth'sche Domherrenpalais (Hoher Weg 30 später auch Hohenleitner-Palais, heute das Haus der Domsingknaben St. Ambrosius) wurde 1944 bis auf die Fassade zerstört. Das gesamte Gebäude, wie auch das stark in Mitleidenschaft gezogene skulptural gestaltete Portal, wurden erst 1985 rekonstruiert. Die kolossale Pilasterordnung ist über dem gesprengten Giebel von einer Baldachinnische mit apokalyptischer Madonnenfigur unterbrochen. Im Garten befindet sich ein Gartenpavillon über sechseckigem Grundriss, dessen Decke Matthäus Günther 1755 mit einer allegorischen Darstellung, in deren Zentrum Flora, die Göttin des Frühlings steht, freskierte. Ein Jüngling bietet ihr einen Blumenkorb dar, aus dem Flora eine Girlande genommen hat. Links ist die Stadtgöttin Augusta (mit Mauerkrone, Schlüsseln und Füllhorn) im von Löwen gezogenen Wagen herangefahren. Hinter ihr sitzen die Flussgötter Wertach und Lech. *gn ct*

Rat und Hofkammerpräsident Herzog Albrechts V. Dem Herzog verkaufte er 1571 seine kostbare Büchersammlung, die den Grundstock der späteren Bayerischen Staatsbibliothek bildete, und auch sonst war der „Beförderer der Wissenschaft" maßgeblich am Aufbau der großen Münchner Sammlungen beteiligt. Das nach einheitlichen gestalterischen Leitlinien konzipierte Denkmalprojekt sollte einerseits geschichtliches Bewusstsein in den Landesteilen schärfen, andererseits – wo immer möglich – historische Rückbezüge über 1806 hinaus auf die junge Landeshauptstadt demonstrieren. Als Beleg für die Augsburger Ursprünge der „Kunststadt München" mag man sich die Brüskierung des Hauses Welser in Tateinheit mit großbayerischer Vereinnahmung aber gerne gefallen lassen. *cm*

11 Maximilianmuseum 🏛

Philippine-Welser-Str. 24
🕐 Mi-So 10-17, Di 10-20
📞 0821-324 4167 🌐 www.augsburg.de 🍴 ja 🅿 ja ♿ ja

Das zwischen der Philippine-Welser-Straße und der Annastraße gelegene Maximilianmuseum besteht aus zwei Bürgerpalästen der Renaissance und zählt zu den wenigen historischen Architekturensembles Augsburgs, die den Zweiten Weltkrieg unversehrt überstanden haben. 1855 wurde das Haus als eines der ältesten kommunalen Museen Bayerns eröffnet. Das Haus ist nicht nach Kaiser Maximilian I. benannt worden, sondern nach dem damaligen Schirmherrn König Maximilian II. von Bayern, dem Vater Ludwigs II., von dem noch die Rede sein wird. Heute ist das Stammhaus der Kunstsammlungen und Museen Augsburg offiziell die Abteilung für Plastik und Kunstgewerbe und hat als Schwerpunkte die Plastik Süddeutschlands, das Kunsthandwerk des Augsburger und schwäbischen Raumes sowie stadtgeschichtliche Bestände. Das Maximilianmuseum wurde Ende 2006 nach mehrjähriger Sanierung, Modernisierung und völliger Neukonzeption wieder eröffnet. Dafür wurde es 2007 mit dem Bayerischen Museumspreis ausgezeichnet. Seine Bedeutung lässt

Erker an der Fassade des Maximilianmuseums am ehem. Heumarkt

sich folgendermaßen beschreiben: Wer das Maximilianmuseum nicht gesehen hat, kennt Augsburg nicht.

Tipp > Keinesfalls sollte man sich im frei zugänglichen Museumsfoyer das innovative „Lebende Buch" entgehen lassen, ein von der Sparda-Bank gesponsertes, neuartiges Informationsmedium! Nicht nur für eilige Besucher, die wenig Zeit haben, lohnt sich ein Blick in dieses Zauberbuch, das bereits so manchen Besucher an Harry Potter denken ließ. Es informiert über die Geschichte des Hauses und seine Sammlungen. Sehenswert ist auch die Haus-Chronik im Erdgeschoss des Museums (Rückgebäude). Hier kann man sich anhand einer sehr ansprechenden Licht-Text-Installation ausführlich in die Geschichte des Hauses und seiner ehem. Bewohner vertiefen. *ce*

Patriziersitz, Armenhaus, Museum – aus der Geschichte des Hauses
Rückblickend erscheint die heutige museale Nutzung des Gebäudes als geradezu zwingend, denn bereits seine Geschichte ist eng mit der Reichsstadt Augsburg verbunden: Von 1515 bis 1519 wohnte der Augsburger Patrizier Bartholomäus Welser (1484-1561) im Haus an der Annastraße. Seit 1519 war er Kopf der Welser'schen Handelsgesellschaft. Im gleichen Jahr hatte er mit Jakob Fugger dem Reichen die Wahl Karls V. zum römischen König finanziert – eine Entscheidung von weltgeschicht-

licher Bedeutung für Europa, Deutschland und die Reichsstadt. Das majestätische Hauptgebäude an der Philippine-Welser-Straße wiederum – dieser Platz hieß bis ins späte 19. Jh. „Alter Heumarkt" – ließ zu Beginn der 1540er Jahre der Augsburger Handelsherr und Bankier Leonhard Beck von Beckenstein errichten, den Karl V. zum kaiserlichen Rat ernannt hatte. Der Katholik Beck von Beckenstein präsentierte sich mit diesem selbst für Augsburger Verhältnisse außergewöhnlich prachtvollen und kostspieligen Bau als treuer Parteigänger Karls V. Der Fassadenschmuck zeigt in rekonstruierter Sgraffitomalerei einen Diamantquadersockel im Erdgeschoss mit darauf aufsitzender Pilastergliederung im ersten und zweiten Stock. Den plastischen Schmuck der beiden Erker bilden neben renaissancetypischen Motiven wie Putten und Ranken Porträtmedaillons römischer und Habsburger Kaiser, die von der humanistischen Gelehrsamkeit ihres Erbauers zeugen. Den Höhepunkt des imperialen Bildprogramms markieren am rechten Erker der kaiserliche Doppeladler und die Devise Karls V. „plus ultra" – „immer weiter", mit den Säulen des Herkules. Das galt leider nicht für den Bauherrn, denn für Beck wurde der Bau zum Fiasko. Er hatte sich dermaßen verschuldet, dass ihn sein Geschäftspartner Jakob Herbrot (um 1493-1564), Augsburgs letzter zünftischer Bürgermeister, aus der Schuldenfalle befreien musste. Herbrot war durch den Handel mit Luxuswaren und Kreditgeschäften zu enormem Reichtum

Deckenfresko von Melchior Steidl mit der Allegorie der Nacht im ersten Geschoss des Maximilianmuseums

gelangt. Beck musste Herbrot das Gebäude überschreiben und, als er sich weigerte, das gerade erst von ihm bezogene Haus wieder zu verlassen, wurde er 1547 von Herbrot wegen Nichterfüllung des Kreditvertrages verklagt: Beck musste ausziehen. Das war schon schlimm genug. Doch Herbrot war auch noch evangelisch! Und als Augsburger Bürgermeister führte er die Reichsstadt, die sich 1537 vollständig der Reformation angeschlossen hatte, in den Schmalkaldischen Krieg gegen Karl V. Als der Kaiser 1547 in der Schlacht bei Mühlberg die Protestanten besiegt hatte, hielt er 1548 in Augsburg auf dem „Geharnischten Reichstag" über sie Strafgericht. Damals hatte Herbrot sein neues Domizil am „Alten Heumarkt", dessen Pracht auch die Reichstagsteilnehmer beeindruckte, gerade erst bezogen. Zum Verdruss des Katholiken Beck unternahm Karl V. keine Anstalten, den „Staatsfeind" Herbrot aus seinem Haus zu vertreiben. Stattdessen verurteilte der stets klamme Kaiser den Augsburger Krösus zur Zahlung eines gigantischen Lösegeldes von 60.000 Gulden! Zum Vergleich: Das waren damals mehr als 3.300 Jahreseinkommen eines gut bezahlten Maurermeisters! Herbrots Politik gegen Karl V. hatte maßgeblich dazu beigetragen, dass der Kaiser Augsburg 1548 eine neue Verfassung verordnete.

Diese entmachtete die Zünfte. Von nun an bestimmten nur die Patrizier, der Stadtadel, die Politik der Reichsstadt. Dies blieb so bis zu deren Ende 1806.

Frühe barocke Deckenmalereien von Melchior Steidl (1657-1727)

Bis ins frühe 18. Jh. diente das Haus als Wohnsitz angesehener Augsburger Patrizierfamilien. So bewohnte um 1700 der Augsburger Kupferstecher und Verleger Elias Christoph Heiß (1660-1731) das Haupthaus. Der erfolgreiche Kunstverleger ließ einzelne Räume mit Deckenmalereien ausstatten, die zu den frühesten Beispielen dieser Gattung in Augsburg und Süddeutschland zählen. Ihr Schöpfer war der Tiroler Maler Melchior Steidl. Er zählt zu den ersten Freskanten, die die hochbarocke, römische Illusionsmalerei nach Süddeutschland verpflanzten. Als Steidls Hauptwerk gilt der Kaisersaal der Bamberger Residenz. Seine großartigen Fresken im Maximilianmuseum hingegen kennen nur Insider. Der lange Saal im ersten Obergeschoss, den Heiß nach höfischem Vorbild als repräsentative Gemäldegalerie anlegen ließ, zeigt zwei Szenen aus Vergils Aeneis: „Venus erscheint ihrem Sohn Aeneas" und „Juno stachelt den Windgott Aeolus gegen Aeneas auf". Für Heiß' ehem. Schlafzimmer schuf Steidl

ein Deckenfresko mit der Allegorie der Nacht: die „Mondgöttin Luna" fährt in einem von Eulen gezogenen Wagen durch den sternenübersäten Nachthimmel. Der kleine Raum befindet sich im ersten Obergeschoss in der Abteilung der wissenschaftlichen Instrumente. Höhepunkt und Hauptwerk Steidls ist das monumentale Deckenfresko im Felicitassaal im zweiten Obergeschoss mit den „Göttern des Olymp" und den „vier Erdteilen".

Als 1706 das Ev. Armenkinderhaus das Gebäude erwarb, waren die Nachbarn davon wenig begeistert. Man hatte Angst vor Krankheiten und neidete den Armen das schöne Gebäude. 1853 bezog das Armenkinderhaus einen Neubau im Norden der Stadt. Der Augsburger Magistrat erwarb schließlich das Haus und richtete hier sein erstes städt. Museum ein.

Bronzen von Welterbe-Format

Ein

Außergewöhnliche Sammlung von Architektur- und Technik-modellen aus Renaissance und Barock in der Modellkammer des Maximilianmuseums.

wahrer Glanzpunkt des Maximilianmuseums ist der kostenlos zugängliche Viermetzhof. Er ist nach dem Augsburger Ehrenbürger Kurt F. Viermetz benannt, der mit seiner Frau Felicitas die Errichtung des spektakulären, selbsttragenden Glasdachs ermöglichte. Die mehrfach preisgekrönte Glasarchitektur schützt die restaurierten Originalplastiken der Augsburger Prachtbrunnen. In den Jahren um 1600 entstanden, gehören die von den berühmten Hofbildhauern Hubert Gerhard, Adriaen de Vries und Hans Reichle geschaffenen Bronzen zu den größten Kostbarkeiten des Maximilianmuseums – eine weltweit einzigartige Kollektion von Welterbe-Format! Das beziehungsreiche Figurenprogramm von Augustus-, Merkur- und Herkulesbrunnen verherrlicht Augsburg als römische Gründung, die damals bereits auf eine über 1600 Jahre alte Geschichte zurückblicken konnte, die als Freie Reichsstadt nur dem Kaiser untertan war und die als Metropole des Handels und der Kunst zu den führenden Städten des Reiches, ja Europas zählte. Augsburgs Brunnenfiguren sind ein einzigartiges Beispiel dafür, wie eine in der Religion gespaltene Stadtgemeinschaft Konsens und Frieden sucht, indem ihre patrizischen Regenten mittels der Kunst und einer den Fürstenresidenzen gleichkommenden Magnifizenz konfessionell unbelastete Ideen und Werte kommunizieren: stolz auf die römische Herkunft, auf die wirtschaftliche Potenz und auf eine „special relationship" zum Kaiser.

Museum im Schnelldurchlauf
Das erste Obergeschoss enthält die Skulpturensammlung mit Werken Augsburger und süddeutscher Bildhauer vom Spätmittelalter bis um 1800.

● **Tipp >** Der Hl. Alexius von Sebastian Loscher (1482/83-1551) stammt aus der Alexiuskapelle der Barfüßerkirche. Die 1513 datierte, qualitätvolle Skulptur besitzt Reste einer originalen Fassung des Malers Hans Burgkmair. Loscher wohnte sogar 1510 bei dem Maler und 1511-14 bei dessen Vater Thoman Burgkmair. ys

Glanzlichter sind hier die Kunstkammer mit kostbaren Kunstwerken aus Renaissance und Barock sowie die Galerie mit barocken Kleinplastiken der bedeutenden Sammlung Röhrer. Die kleine Kunstkammer enthält ein absolutes Spitzenstück des Museums: den Elfenbeinhumpen des genialen Augsburger Bildhauers Georg Petel. Dargestellt ist ein Bacchanal mit einem betrunkenen Silen und dem Tugendhelden Herkules. Vorbild für das um 1630 entstandene Kunstwerk war ein Gemälde des Peter Paul Rubens, der ein Freund des früh verstorbenen Augsburger Bildhauers war. Es folgt die Abteilung wissenschaftlicher Instrumente mit Werken berühmter Augsburger Instrumentenmacher wie z. B. Christoph Schißler oder

Georg Friedrich Brander. Die facettenreiche Abteilung zur Stadtgeschichte mit einer monumentalen Stadtchronik zeigt u. a. Elias Holls berühmte Entwurfsmodelle zum Rathausneubau und weitere außergewöhnliche Exponate, von denen viele erstmals präsentiert werden.

Ein echtes Highlight des neu gestalteten Museums ist die Modellkammer, die sich einst im Rathaus über dem Goldenen Saal befand. Ein Großteil der Architektur- und technischen Modelle stammt aus Renaissance und Barock, ist also mehrere hundert Jahre alt. Weltweit gibt es keine größere Sammlung an historischen Modellen! So haben sich verschiedenste Entwurfsmodelle erhalten, darunter die des Stadtbaumeisters Elias Holl für den zwischen 1615-20 realisierten Augsburger Rathausneubau, ebenso Mühlen-, bautechnische und hydraulische Modelle vornehmlich des 18. Jhs., die den hohen technischen Stand der Augsburger Wasserversorgung dokumentieren.

Die Abteilung zur berühmten Augsburger Goldschmiedekunst im zweiten Obergeschoss stellt den glänzenden Höhepunkt der

Köpf-Haus

Eingang: Philippine-Welser-Str. 28,
🕐 Im Rahmen von Stadtführungen zugänglich

Das ehem. Wohnhaus der Bankiersfamilie Köpf bildet den markanten Endpunkt der Philippine-Welser-Straße. Christian Georg von Köpf ließ 1738/39 ein älteres Gebäude durch den Architekten Johann Andreas Schneidmann (1698-1759) umbauen. Der ältere Kern in der barocken Hülle ist an den Fassaden ablesbar: Wie im Mittelalter üblich, ist das Grundstück dem Straßenverlauf angepasst.

Museumssammlung dar. Der Felicitassaal, der ehem. Festsaal des Hauses, bietet eine spektakuläre Präsentation kostbarster Silberarbeiten mit Silbermöbeln, Toilette- und Tafelservicen.

Den Abschluss des Museumsrundgangs bildet die Abteilung zum Augsburger Kunsthandwerk und zu den Zünften. Sie präsentiert in großer Fülle kunstvolle Erzeugnisse u. a. der Augsburger Hausmaler, Zinngießer, Kistler und Uhrmacher. Konzeptioneller Leitgedanke des neuen Maximilianmuseums ist die Darstellung der Reichsstadt Augsburg, die vor 200 Jahren ein Teil Bayerns wurde. Die Besucher werden bei ihrem Rundgang von einer zentralen Figur der Augsburger Geschichte an die Hand genommen, Paul von Stetten der Jüngere. Er war der letzte Stadtpfleger, wie man früher die Oberbürgermeister in Augsburg nannte. In diesem Amt diente Paul von Stetten der Reichsstadt von 1792 bis zu deren Ende 1806.

Ein spezielles Angebot für die Besucher sind die Stadtkarten, die jeweils ein zentrales Objekt der Sammlung vorstellen. Ein Stadtplan auf der Rückseite der Stadtkarte kennzeichnet die Orte, die mit den Ausstellungsstücken in Verbindung stehen. Diese Karten darf man mitnehmen, so dass jeder Besucher selbst zum Sammler wird. *ce*

Tipp > Porträts des Hausherren Christian Georg von Köpf und seiner Frau Maria Magdalena aus dem Jahre 1735 sind im Schaezlerpalais zu sehen. Sie wurden von Johann Evangelist Holzer (1709-40) gemalt. *gn*

Geheimtipp > Im zweiten Obergeschoss erwartet die Besucher ein ganz besonderes „Schmankerl": Augsburgs Hochzeitsgeschenk für den Märchenkönig Ludwig II., ein silberner, fast ein Meter hoher Tischbrunnen in Form des Augustusbrunnens. Tatsächlich verlobte sich der junge König Ludwig II. von Bayern im Januar 1867 mit Sophie Charlotte, Herzogin in Bayern, der Schwester von Kaiserin Sisi. Für die Vermählung ließ die Stadt Augsburg als Hochzeitsgeschenk den silbernen Tischbrunnen anfertigen und übertraf damit alle anderen Städte im Königreich Bayern, die dem Brautpaar lediglich Grußadressen zugedacht hatten. Der Brunnen, aus dem Wasser oder Wein sprudeln konnte, sollte mit einer Dampfmaschine betrieben werden, die von der Maschinenfabrik Augsburg (MAN) entwickelt worden war. Die Traumhochzeit des Jahres 1867 wurde immer wieder verschoben und schließlich abgesagt. Bekanntlich blieb der Märchenkönig unverheiratet – und somit das kostbare Hochzeitsgeschenk in Augsburg! *ce*

Schneidmann überzog das wuchtige Bürgerhaus mit einer für Augsburg typischen, flachen Putzgliederung. Gesimse über dem Erdgeschoss und dem zweiten Stock bilden horizontale Zäsuren. Das Untergeschoss der dreistöckigen Hauptfassade vermittelt mit genutetem Verputz Stabilität. Zwei große Einfahrtsportale mit seitlichen Wandvorlagen als Rahmung stoßen in die Zone des Gesimses vor, das deshalb mit Segmentgiebeln ausweicht – ein schwungvoll barockes Motiv. Darüber betonen kolossale Pilaster korinthischer Ordnung den Mittelteil, der zusätzlich mit einem Schweifgiebel und bekrönender Zierurne markiert ist. Im ersten, „schönen" Geschoss betonen Giebel die Fenster, im

Albrecht Dürer und Augsburg

Die „Dürerzeit" war in Augsburg die Blütezeit der Stadt schlechthin. Hier war
der Sitz florierender Handwerke, die Heimat
prosperierender, welt- umspannender Handelsge- sellschaf-
ten, und Augsburg war eine Stadt von nicht unbedeu- tendem politischen
Gewicht, da sie damals einer der Hauptsitzungsorte der großen Reichstage war. Die vielseitige
politischen und wirtschaftlichen Beziehungen eröffneten Augsburg im Bereich des Kunstschaffe
dabei Möglichkeiten, wie sie andere Städte nicht hatten. Die Liste berühmter Augs- burger Künstler
lang, ihre Werke waren und sind bis heute weit über ihren Entstehungsort hinaus begehrt und nicht zulet
übte das Potenzial reicher Kaufleute in der Wirtschafts- und Kunstmetropole auch auf auswärtige
Künstler eine enorme Anziehungskraft aus. Gerade die reichste Oberschicht – allen voran die Fugger – w
es, die Kunst als Ausweis der Zugehörigkeit zur europäischen Elite, als Ruhmestitel ihrer Persönlichkeit ur
ihrer Familien entdeckte. Dank ausgedehnter Handelsbeziehungen hatte man außerdem jederzeit v
Augen, was andernorts gemacht wurde und hielt den fruchtbaren Austausch zwischen lokaler Tr
dition und anderen internationalen Kunstzentren in ständigem Fluss. So beschäftigten die Fugg
Breu, Burgkmair, Daucher, Erhart, Holbein und Loscher, aber auch Bellini in Venedig und Giu
Romano in Rom, und schließlich mit Albrecht Dürer einen der vollendetsten Künstler al
Zeiten und den ersten international bekannten und begehrten Maler der Neuzeit überhau
Freilich ist der Nürnberger wie kaum ein anderer Künstler seiner Zeit mit „seiner" Stadt verbunde
Am 21. Mai 1471 wurde er hier geboren; mit dem 6. Apr. 1528 war die Geburtsstadt auch zu sein
Sterbeort geworden.

Albrecht Dürers Beziehungen zu Augsburg gestalten sich denn auch unregelmäßig: Während sein
beiden Reisen nach Italien (1494/95, 1505-07) streifte er Augsburg wohl nur kurz. 1505 nutzte
aber einen Zwischenaufenthalt, um die Brüder Jakob, Ulrich und Georg Fugger fast lebensgroß
zeichnen (nicht erhalten). Möglicherweise wurden bei dieser Gelegenheit nähere Absprach
zu der großen Altartafel mit der Darstellung des Rosenkranzfestes (Prag) getroffen, die Dü
für „die Deutschen" in die Kirche S. Bartolomeo in Venedig zu malen hatte und an de
Finanzierung die Fugger offenbar nicht unmaßgeblich beteiligt waren. Mitte Februar 15
passierte er Augsburg auf der Rückreise nach Nürnberg. Zu jener Zeit hatten die Fug
längst beschlossen, bei St. Anna ihre Grabkapelle errichten zu lassen, die schließ
zum ersten und anspruchsvollsten Werk der deutschen Renaissance werden so
Dürers wichtigster Beitrag dazu wurden die 1510 von ihm entworfenen
rundbogigen Epitaphien in der Westwand, deren Steinausführung wahrsch-
lich die Werkstatt Adolf Dauchers besorgte. Wie weit Dürer aber an
Gesamtkonzeption beteiligt war oder ob bereits 1505 erste Grun
gengespräche über Bau und Ausstattung der Grabkapelle stattfand
ist bis heute umstritten. Dass aber auch das Bronzegitter für
östlichen Abschluss zum Kirchenschiff hin schon vor 1506
Peter Vischer, einen Nürnberger Meister, verdingt wor
war, spricht angesichts der engen Verbindung Dürer
den Fuggern für seine führende Rolle bei der Plar
ihrer Kapelle. Wie eng die Verbindung Dürer
den Fuggern über Jahre hinweg gewesen
muss, zeigt sich schließlich darin, dass
Antwerpener Faktor der Augsbu
Handelsherrn, Bernhard Ste
den Maler schon am Ab
seines Ankun

„Auferstehung Christi" von Albrecht Dürer, 1510, Wien, Graphische Sammlung Albertina

„Rosenkranzfest" von Albrecht

um 1520, Staatsgalerie Alte Meister, Augsburg

Bildnis Jakob Fugger von Albrecht Dürer

Selbstbildnis von Albrecht Dürer, 1500, München, Alte Pinakothek

∴r
helde-
∴etropole – es
∴r der 3. Aug. 1521
∴zum Essen einlud.
∴rers Kontakte nach
∴gsburg waren auch später
∴ abgerissen. Im Sommer
∴18 hielt er sich für längere
∴t als Mitglied einer Nürnberger
∴legation hier auf. Der Maler war
∴neinsam mit dem Ratsherrn Kaspar
∴tzel und dem befreundeten Rats-
∴reiber Lazarus Spengler als Vertreter
∴rnbergs zum Reichstag nach Augsburg
∴sandt worden, der hier von Jun. bis Sep.
∴te. Jene Jahre widmete Dürer vor allem
∴ Bildniszeichnung und -malerei, und kaum
∴r der in Augsburg versammelten Großen des
∴chs, der nicht versuchte, von dem berühmtesten
∴er ihrer Zeit porträtiert zu werden: allen voran
∴ Kaiser selbst, den am 28. Jun. „Albrecht Dürer zu
∴gspurg hoch oben auff der Pfaltz [im bischöflichen
∴hof] in seinem kleinen Stüble künterfett" hat
∴mälde in Wien). Daneben sehen wir den Reichskanzler
∴recht von Brandenburg (Wien), den Grafen Ernstotto zu
∴ns-Laubach (Bayonne), der bis 1514 Vormund Friedrichs des
∴sen war, – selbstverständlich – Jakob Fugger (Berlin) und Dürers
∴erkollegen Hans Burgkmair (Oxford). Viele der in Augsburg entstan-
∴en Bildniszeichnungen waren als Grundlage für später auszuführende
∴mälde oder Grafiken gedacht. Der Erzkanzler wurde im Folgejahr in Kupfer
∴ochen (der sog. Kleine Kardinal); noch vor Ort entstand ein gemaltes Bildnis
∴b Fuggers, das Dürer auf Leinwand ausführte (Augsburg), während das (heute
∴tchollene) Tafelbild erst 1520 in Nürnberg entstand; die Studie des 59-jährigen
∴rs diente Dürer für drei Werke: ein wohl noch in Augsburg ausgeführtes
∴wandgemälde (Nürnberg), die zu Beginn 1519 entstandene Fassung auf Holz
∴n) und einen Holzschnitt.
∴r Maximilian ist wenig später, am 12. Jan. 1519, zu Wels verstorben, blieb mit
∴rs Augsburger Bildnissen aber unsterblich; sein druckgrafisches Bildnis des
∴archen ist das erste monumentale Holzschnittporträt der abendländischen
∴t. Die Anregung, in dem preisgünstigen Druckmedium ein „Staatsporträt" zu
∴fen, ging wahrscheinlich von Burgkmair aus, der bereits in den frühen 1510er
∴hren mit den Konterfeis Jakob Fuggers und Hans Baumgartners bedeutende
Bildnisse im Holzschnitt geliefert hatte. Somit
sind Dürers Aufenthalte am Lech mehr als
nur biografische Anekdote – nach
der Dürerstadt Nürnberg war es
Augsburg, das die wichtigsten
Beiträge zur „Dürerzeit"
liefern konnte. *cm*

mittleren Bereich Segmentgiebel, außen Dreiecksgiebel. Durch die Putzgliederung sind die Fenster zudem bandartig zusammengefasst. Auch die ähnlich gegliederte Seitenfassade lohnt wegen des gewaltigen Volutengiebels einen Blick.

Innenräume

Hinter dem rechten Portal verbirgt sich eine der prächtigsten Einfahrtshallen Augsburgs. Solche Hallen waren die luxuriöse Alternative zu Durchfahrten oder wurden gebaut, wenn kein Platz für eine großzügige Hofanlage bestand. Sie dienten dann als Warenumschlagplatz. Der profane Zweck ist der dreischiffigen Köpf-Halle nicht anzusehen. Schlanke kannelierte Sandsteinsäulen mit ionischen Kapitellen tragen ein Kreuzgratgewölbe auf Gurten. Konsolen an den Wänden tragen Imperatorenbüsten (nach Sueton, s. Rathaus). Die Halle wurde 1578 für Matthäus Hainhofer durch Johannes Holl (1512-94), den Vater von Elias Holl, errichtet und im 18. Jh. nur um die extravagant ausschwingende Treppe mit geschmiedetem Gitter ergänzt. Den Treppenanlauf krönt eine Sphinx. Der steile Weg hinauf lohnt sich, denn, oben angekommen, kann man gerade Merkur durch ein Gaubenfenster hereinschweben sehen. Er ist Teil eines Freskos, mit dem Gottfried Bernhard Götz (1708-1774) im Jahr 1739 dem Glück von Handel und Gewerbe huldigte und dafür die reale Lichtquelle theatralisch geschickt ausnutzte. Ein üppig dekorierter, kuppelartiger Scheinraum öffnet sich scheinbar in den Himmel. In

seiner Mitte sitzt eine edel gewandete Dame, die Personifikation des Handels, die zu dem perspektivisch kühn verkürzten Merkur und der Divina Providentia (= Göttliche Vorsehung) mit dem Auge der Dreifaltigkeit aufblickt. *gn*

Tipp > Auch das Nebenhaus links des Köpf-Hauses, das sog. Bothmer'sche Palais oder Halder-Haus (Nr. 30), zählt zu den herausragenden Zeugnissen Augsburger Bürgerhauskultur. Es gehörte seit 1804 gemeinsam mit dem Köpf-Haus dem Bankier Georg Walter von Halder. Durch die strenge klassizistische Fassade mit tempelartigem Mittelrisalit steht es im Kontrast zu den geschwungenen Formen des Köpf-Hauses. Im zweiten Stock sind ornamentale Deckenfresken des 19. Jhs. zu sehen. *gn*

---

13 Weberhaus

Moritzplatz 2 🕐 nicht zugänglich

Geschichte

Das ehem. Zunfthaus der Weber befindet sich bereits seit 1389 an dieser exponierten Stelle im Stadtzentrum. Die Zünfte spielten als genossenschaftliche Handwerksorganisationen nicht nur eine wichtige Rolle im Wirtschaftsleben Augsburgs, sie hatten seit 1368 auch ein politisches Mitspracherecht über ihre Vertreter im Großen Rat. In den Zunfthäusern waren u. a. Verwaltung und Schiedsgericht untergebracht, das Verstöße gegen die

Zunftordnung ahndete. Als zahlenmäßig größte Handwerkergruppierung in Augsburg vermittelten die Weber ihren Status auch über die ausgeschmückte Architektur ihres Zunfthauses: Peter Kaltenhoff bemalte die Holzverkleidung der Amtsstube 1456/57 mit antiken und alttestamentlichen Figuren sowie Darstellungen der Kurfürsten, ein Programm, das Jörg Breu d. J. 1537 ergänzte.

Zwei Jahrzehnte später verloren die Zünfte durch die 1548 von Karl V. erlassene sog. „Karolinische Regimentsordnung" ihre politische Funktion. Das Weberhaus ging in den Besitz der Stadt über, die dort die Oberaufsicht über das Weberhandwerk einrichtete. Im Weberhaus vollzogen sich Geschau (Qualitätsprüfung) und Verkauf. Da das Gebäude an drei Seiten frei steht, bot es sich förmlich für einen Freskenzyklus an.

In den Jahren 1605-07 bemalte Matthias Kager (1575-1634) das Weberhaus mit einem komplexen Bildprogramm, das inhaltlich im Zusammenklang mit den Bronzebildwerken und der Ausstattung des Rathauses zu sehen war. Kager spielte die Mittel der Renaissance bis zur Augentäuschung aus: Teppiche schienen vor der Fassade zu flattern, Fenster und Architekturgliederung erwiesen sich als gemalt, Fassaden öffneten sich zu perspektivischen Ausblicken (s. Thema Fassadenmalerei). Von den prächtigen Fresken waren zu Beginn des 20. Jhs. nur noch klägliche Reste übrig geblieben. Zudem war die Amtsstube 1864 an das Bayerische Nationalmuseum verkauft worden. Dennoch löste der Plan, das Weberhaus für den Durchbruch der Bürgermeister-Fischer-Straße abzubrechen, heftigen, jedoch vergeblichen Protest aus. An dessen Spitze setzte sich der Architekt und Augsburg-Liebhaber Friedrich von Thiersch. Als Kompromiss wurde 1913 ein Nachbau des Weberhauses erstellt; August Brandes rekonstruierte die Kager'schen Fresken. Bereits 1935 musste eine komplette Neubemalung vorgenommen werden, die 1944 mit dem Weberhaus in Schutt und Asche fiel. In den Jahren 1959-61 freskierte Otto Michael Schmitt die Fronten des rekonstruierten Bauwerks.

Goldschmiedebrunnen auf dem Martin-Luther-Platz

Außen

Das Weberhaus ist mit seinem steilen Dach und der unregelmäßigen Verteilung der Fenster das Abbild eines gotischen Bauwerks. Zum Standardrepertoire spätmittelalterlicher Architekten in Augsburg gehörten die auf dem Giebel sitzenden zierlichen Türmchen, die die meist glatten Fassaden akzentuierten. Wie ein Teppich aus abstrahierten Figuren und gliedernden Flächen ist die leuchtende Malerei von Otto Michael Schmitt (1904-1992) über das Bauwerk gelegt. Der Künstler versuchte, die Haltbarkeit seiner Fresken durch Beimischung von Zement zu steigern – eine Hoffnung, die sich indes nicht erfüllte.

Fassade zur Maximilianstr.

Im Giebel zur Maximilianstraße steht das Motto für das gesamte Bildprogramms: „Per multa saecula usque ad dies nostros textunt textores magnificum urbis augustae vestimentum" (viele Jahrhunderte bis heute weben die Weber das prächtige Kleid Augsburgs). Darunter ist die Lechfeldschlacht gezeigt.. In den Bildfeldern im zweiten Stock verknüpft sich die Stadtgeschichte mit der Geschichte der Weber: Hier sind die Rückkehr des Heeres aus der Schlacht (links) und die

Verleihung des Weberwappens (rechts) zu sehen, in der Mitte prangt das Augsburger Wappen. Die Stadtheiligen Ulrich und Afra freskierte Schmitt an die schon von Matthias Kager gewählte Stelle im ersten Stock.

Fassade zum Moritzplatz

Auf der linken Seite thematisieren bandartige Szenen die Vertreibung aus dem Paradies und den Beginn der Menschenmühe mit Eva am Spinnrad (unten), das Spinnen (in der Mitte) sowie die Nornen, die den Lebensfaden herstellen. Im Zentrum der Fassade sitzt eine Figur am Webstuhl, im Vordergrund

werden Tuche gewogen. Über dem Bild ist als Motto zu lesen: „Der Mensch webt seine Gewebe und die Zeit webt die ihren." Auf dem großen Bildfeld rechts gruppieren sich Personifikationen der Schönheit (mit Spiegel) der Fruchtbarkeit (mit Ähren) und der Künste (musizierend) um die Stadtgöttin Augusta (mit Mauerkrone), der Stoffe präsentiert werden. Die Szenerie verbildlicht damit die Bedeutung des Weberhandwerks für Wohlstand und Kultur.

Fassade zur Philippine-Welser-Str.

Dagegen spielt die Westfassade auf den Niedergang des Weberhandwerks an, wie die Inschrift verrät: „Zwischen Handwerk und Maschinenzeit / liegt der Weber Kampf und Leid." Als Ursache des Leids prangen Maschinen im Giebelfeld, während darunter eine mit Waffengewalt niedergeschlagene Demonstration der Weber geschildert wird. *gn*

14 Goldschmiedebrunnen ✠

Martin-Luther-Platz

Die Witwe des angesehenen Augsburger Bankiers August Bühler, Sabine Bühler, stiftete 1912 den stattlichen Betrag von 10.000 Mark, um auf dem damaligen St. Anna-Platz (heute Martin-Luther-Platz) einen Brunnen zu errichten, der an einen der bedeutendsten Handwerkerberufe in der Stadt erinnern sollte: nämlich an die Goldschmiede. Der Berliner Bildhauer Hugo Kaufmann, ein Neffe der Stifterin, wurde mit dem Werk beauftragt. Im November 1912 wurde, begleitet von Feierlichkeiten, der Goldschmiedebrunnen enthüllt. Die Figur eines Goldschmieds hält in der rechten Hand einen Pokal empor, der dem urspr., berühmten Zunftpokal der Metzger nachempfunden ist. Vermutlich gab das Material dieses Gefäßes (vergoldetes Kupfer), im Gegensatz zur bronzenen Brunnenfigur, immer wieder Anlass zum „Becherklau". Nur durch einen Zufall wurde 1950 die Figur (zusammen übrigens mit derjenigen des Prinzregenten Luitpold) auf einem Hamburger Schrottplatz wiedergefunden: Sie war während des Zweiten Weltkrieges als Metallspende aus Augsburg abtransportiert worden! *cvb*

15 Atelier-Galerie Oberländer 🏛

Färbergässchen 5

Die Galerie Oberländer ist eine renommierte Augsburger Galerie für zeitgenössische Kunst. U. a. mit der „Nationale der Zeichnung" stellte sie die grafische Kunst ins Zentrum. Gezeigt wurden z. B. Harry Meyer, Christofer Kochs, Andreas Grunert und Max Neumann. *ys*

Orgel in der Annakapelle

16 St. Anna 🏛

Fuggerstr. 8 🕐 Mo-Fr 12-17, Di-Sa 10-12:30, So Mai-Okt. 15-18 Nov.-Apr. 15-17 ✆ 0821-34371 🖱 www.st-anna-augsburg.de

Für zwei Wochen war Martin Luther im Jahr 1518 im Kloster bei St. Anna zu Gast und fast 500 Jahre später wurde der genius loci abermals beschworen, als am historischen Ort die gemeinsame Erklärung zur Rechtfertigungslehre unterzeichnet werden konnte – nach der Confessio Augustana von 1530 und dem 1555 verabschiedeten Augsburger Religionsfrieden die dritte Gebrauchsanweisung für interkonfessionellen Umgang, der im Augsburger Hohen Friedensfest alljährlich auch in praktischer Umsetzung erprobt werden kann. Den Platz vor der malerischen Baugruppe der St. Annakirche in Martin-Luther-Platz umzuwidmen (vormals St. Annaplatz), lag nur zu nahe. Weitere Begründungen, St. Anna als eine der wichtigsten prot. Kirchen außerhalb Wittenbergs anzusehen, erübrigen sich.

Aus dem bunt gewürfelten Häuserkonglomerat der Annastraße steigt in malerischer Formenvielfalt hinter einer niedrigen Mauer das gotische Chorpolygon empor, im Süden überragt vom schlanken Turm im elegant dekorierten Gewand der deutschen Spätrenaissance und nach Norden hin von der Goldschmiedekapelle mit ihrem spitz behelmten Glockentürmchen Schatten und Schutz spendend. Viel mehr ist nicht zu sehen.

Der alte Konventbau ist hinter der klassizistischen Fassade einer Buchhandlung verborgen; der Eintritt zu Kreuzgang und Kirche versteckt sich hinter der rundbogigen Durchfahrt zum sog. Annahof mit Elias Holls altem Gymnasiumsbau (1613-15) und ehem. mit der alten Stadtbibliothek (erbaut 1562; 1893 abgebrochen und durch ein Gerichtsgebäude ersetzt). Nördlich von Kirche und Kloster lagen einst patrizische Gärten, später die Lotzbeck'sche Tabakfabrik und seit 1930 der Stadtmarkt.

St. Anna wurde im 13. Jh. als Kirche eines Karmeliterklosters gegründet, im späten 15. Jh. neu errichtet, aber bereits in den 1520er Jahren reformiert. Der einzige Zugang zur Kirche erfolgt durch den vierflügeligen Kreuzgang (im Ostflügel auch Eingang zur „Lutherstiege"), der bis ins 18. Jh. einer der bevorzugten Begräbnisplätze des Patriziats war. Die Grabmäler und Epitaphien sind meist in Stein gehauen oder (seltener) in Bronze gegossen; eine Besonderheit sind die spitzbogigen Epitaphgemälde, meist des späten 16. und des 17. Jhs., die Dank ihres extravaganten Formats exakt in die Schildbögen unter die einzelnen Gewölbejoche passen.

Innen

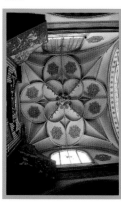

Das Gotteshaus betritt man in der Südwestecke des Chores. In den Jahren, Jahrzehnten und Jahrhunderten nach ihrer Gründung wurde die Kirche wiederholt gewandeltem Kultus und Zeitgeschmack angepasst, in ihrer spätgotischen Grundsubstanz aber bewahrt. Der Blick geht rechts in den mittelalterlichen Chor mit seinem zierlichen Kreuzrippengewölbe und den wappenverzierten Schlusssteinen, links, unter dem heute durchbrochenen Lettner hindurch, in das barockisierte Langhaus, dem im Westen die berühmte Fuggerkapelle, der Gründungsbau der deutschen Renaissance, angefügt ist.

Ausstattung

Im Chor verdienen verschiedene Gemälde genauere Betrachtung: am neugotischen Altar und an den flankierenden Wänden mehrere Tafelbilder des älteren Lucas Cranach – „Christus als Kinderfreund" (um 1531-40), Martin Luther (1529), Kurfürst Johann Friedrich von Sachsen und (aus der Schule Cranachs) eine Maria mit Kind – und an der Südwand von Jörg Breu „Christus in der Vorhölle" (um 1525) und „Auferstehung Christi" (um 1530; Zuschreibung unsicher) sowie „Die klugen und törichten Jungfrauen" von Christoph Amberger (1560; die Putten unten von Johann Rottenhammer, um 1620). Das für den ev. Predigtdienst bevorzugt genutzte Langhaus wurde erstmals in den 1680er Jahren barockisiert – damals wurden von Heinrich Eichler aus Lippstadt die hölzerne Kanzel mit dem bekrönenden vergoldeten Posaunenengel und die Empore mit Brüstungsgemälden von Johann Spillenberger und Isaak Fisches d. Ä. geschaffen –, ein zweites Mal 1747-49. Nun wurde die gotische Pfeilerhalle mit stuckiertem Marmor- und Rocailledekor und Fresken geschmückt. Den Stuck führte die Familie Feichtmayr aus, die Deckengemälde (Bergpredigt, Kreuzigung, Jüngstes Gericht) Johann Georg Bergmüller. Aus dem 16. bis 18. Jh. datieren verschiedene Gemälde, darunter die bedeutendsten die „Himmelfahrt des Elias" des Prager Hofkammermalers Joseph Heintz (1607; Ostwand des nördlichen Seitenschiffes) und unter der Südempore die zwölf Apostel des Rembrandt-Epigonen Johann Ulrich Mayr (um 1680).

Geheimtipp >
James Bond und Augsburg Blofeld: Merry Christmas, 007. Bond (alias Sir Hillary Bray): I'm Sir Hillary Bray. Blofeld: No no no, Mr. Bond. Respectable baronets from the College of Heralds ... do get their professional details right. The De Bleuchamps tombs are not in the Augsburg Cathedral, as you said, but in the St. Anna Kirche!

Wie Augsburg letztlich zu derartigen literarischen und filmischen Ehren kam, ist ungewiss. Jedenfalls verfiel Ian Flemming, Erfinder und Ur-Autor der James-Bond-Reihe, für den Auftakt von „On Her Majesty's Secret Service" auf die sehr britische Idee, seinen notorischen Bösewicht Ernst Stavro Blofeld mit einem ausgeprägtem historischen Familiensinn auszustatten, um seinen weltumspannenden kriminellen Machenschaften wenigstens einen kleinen Anflug familiärer Noblesse zu verleihen. Dass die Spur seiner Ahnen, die sich franz. De Bleuchamp nannten, ausgerechnet ins bayerische Schwaben führt, ist dabei überhaupt nicht so abwegig, da Augsburg ja seit dem späten Mittelalter ein Zentrum des internationalen Handels und der Weltpolitik war. Nur ein Beispiel für einen solchen angelschwäbischen Exotismus liefert James Lindsey, Earl of Crawford, Hofpage der Prinzessin Eleonore Stuart und „Keeper of the Privy Seal" des schottischen Königshauses, der 1457 in eine Augsburger Kaufmannsfamilie eingeheiratet hatte. Seine Nachkommen nannten sich zwar bald Kraffter, bewahrten sich aber ihr Selbstverständnis als „Nobilii scotii". Ihre Grablege wählten sie im Nordflügel des Kreuzgangs von St. Anna. Zuletzt fand der 1758 in Augsburg hingeschiedene engl. Gesandte Onslow Burrish dort seine letzte Ruhe. Leider wissen wir nicht, ob es eine letztwillige Verfü-

gung oder sogar ein Zeichen von Taktgefühl der Augsburger Obrigkeit war, ihn in der Nähe seiner Landsleute zu betten.

Jene britische Mini-Nekropole blieb im Vereinigten Königreich und darüber hinaus sicher nicht unbekannt, zumal heraldische und genealogische Forschungen im angloamerikanischen Raum bekanntlich ein besonderes Steckenpferd Vieler (und wohlgemerkt nicht nur Verbrecher) sind. Vielleicht hatten solche Recherchen auch einmal Flemming von der Insel nach Augsburg geführt. Es spricht zumindest für eine intime Kenntnis der lokalen Szene, dass der Autor einen Mitarbeiter des renommierten „College of Heralds" das Augsburger Stadtarchiv und diverse Kirchen aufsuchen lässt, um für Blofeld (in der Verfilmung von 1969 Telly Savalas) weitere einschlägige Nachforschungen anzustellen – für 007 (George Lazenby) die willkommene Gelegenheit, die Identität des schrulligen Gelehrten Sir Hillary Bray anzunehmen, um sich ungehinderten Zutritt zu dem Schurken zu verschaffen. Merke aber: Die Doppelnull bedeutet zwar die Lizenz zum Töten, in brenzligen Situationen kann aber auch solides historisches Wissen von Vorteil sein. Das zeigt wieder einmal mehr der klägliche und beinahe tödliche Fauxpas mit der Grablege der Bleuchamp: „In St. Anna, nicht im Dom, Mr. Bond!" cm

50

Martin Luthers (1483-1546) erster Aufenthalt in Augsburg geht auf das Frühjahr 1511 zurück. Er war im Sommer 1510 nach Rom gereist, um dort über eine Reform des Augustinerordens zu verhandeln. Die Ewige Stadt hatte bei Luther keinen guten Eindruck hinterlassen: Er fand alles eher provinziell und der moralische Verfall des Klerus erschien ihm mehr als bedenklich. Zusammen mit dem erfahrenen Theologen Johann Nathin trat er zu Fuß die Rückreise nach Wittenberg an. Wo sich beide in Augsburg aufhielten, als sie Ende Februar/Anfang März in der Stadt eintrafen, ist nicht belegt. Vielleicht nahmen sie bei den Augustiner Chorherren von Hl.-Kreuz Aufenthalt. Allerdings machte Luther – ob von sich aus oder nicht, steht ebenso wenig fest – einer später als Betrügerin entlarvten Frau namens Anna Laminit (um 1480-1518) einen Besuch. Diese behauptete, allein von der sonntags empfangenen Kommunion leben zu können. Sogar Kaiser Maximilian I. (1459-1519) nebst vielen hochgestellten Persönlichkeiten und angesehen Bürgern Augsburgs gehörte zu ihren Bewunderern. Auf die Frage Luthers, ob sie – Anna – nicht den Tod dem Leben vorziehe, um in die ewige Seligkeit Gottes eingehen zu können, antwortete diese: „Traun nein! Wie es dort zugehet, weiß ich nit, aber wie es hie zugehet, weiß ich!". Luther misstraute der Sache gründlich und gab ihr zur Antwort: „Schau nur, dass es recht zugehet!".

Der zweite Aufenthalt Luthers in der Reichsstadt sollte zwischen dem 7. und 20. Okt. 1518 stattfinden. Vorangegangen war der Thesenanschlag am 31. Okt. 1517 in Wittenberg, wobei die Fragen, welche der Augustinermönch aus theologischer Sicht stellte, in Bezug auf Politik und Wirtschaft eine völlig ungeahnte Sprengkraft zu entwickeln begannen. Am 7. August 1518 wurde von Rom aus gegen ihn der Ketzerprozess angestrengt und er erhielt eine Vorladung nach Rom. Kurfürst Friedrich der Weise (1463-1525) drängte jedoch darauf, die Anhörung, die jedem der Ketzerei Angeklagten zustand, in Deutschland abzuhalten. Der kaiserliche Terminplan kam der Sache ungewollt zu Hilfe: Kaiser Maximilian I. wollte ohnehin im Sommer 1518 einen Reichstag in Augsburg abhalten, zu welchem auch der päpstliche Gesandte Kardinal Thomas Cajetan (1469-1534) kommen wollte. Dieser sollte nach Abreise der Reichstagsteilnehmer noch bis in den Herbst hinein bleiben, so könne das Verhör Luthers ohne weiteres Aufsehen durchgeführt werden. Der Kurfürst, dem die Anliegen des Reformators nicht unsympathisch waren, ließ bei seiner Abreise zwei Rechtsberater in Augsburg zurück, die sich nun intensiv auf die bevorstehenden Gespräche und Verhöre vorbereiteten. Auch Kardinal Cajetan, einer der gebildetsten Männer seiner Zeit, bereitete sich detailliert auf die Verhandlungen vor.

Luther trat den Gang nach Augsburg keineswegs leichten Herzens an. Viel, wenn nicht alles stand für ihn auf dem Spiel: seine geistliche Zukunft, vor allem aber seine Freiheit oder gar sein Leben. Er schien sich zu fürchten, denn das Beispiel des

Lucas Cranachs d. Ä. (1472-1553) (Kopie), St. Anna, Augsburg
Bildnis Martin Luthers aus der Werkstatt

Reformators Jan Hus (um 1370-1415), dem man auch freies Geleit zugesichert hatte, der aber dennoch in Konstanz auf dem Scheiterhaufen geendet hatte, war noch nicht so lange her! Kurz vor Augsburg erlitt Luther einen Schwächeanfall, sodass er seine Reise nicht mehr zu Fuß fortsetzen konnte und auf einem Getreidekarren am 7. Okt. 1518 durch das Wertachbruckertor ins Karmeliterkloster St. Anna gebracht wurde. Schon unterwegs hatte er sich bei seinen Mitbrüdern in Nürnberg eine neue Kutte geben lassen müssen, da seine eigene durch die Reise sehr in Mitleidenschaft gezogen war und er so abgerissen nicht hätte in Augsburg vor dem Vertreter des Papstes erscheinen können. Nach einigen Tagen der Erholung in St. Anna, dessen Prior Johannes Frosch (um 1480-1533), ein kluger und charismatischer Prediger, Luther aus Wittenberg kannte, konnte er sich Cajetan und dessen Fragen stellen. Schon bald hatten die prominenten Bürger der Stadt mitbekommen, dass sich ein berühmter (oder besser berüchtigter?) Geistlicher in ihren Mauern aufhielt. So traf Luther innerhalb weniger Tage den Ingolstädter Theologen Johannes Eck (1486-1543) und Konrad Peutinger (1465-1547), den Augsburger Stadtschreiber, Juristen und bekannten Humanisten, in dessen Haus er am 9. Okt. 1518 zu einem Abendessen eingeladen war. Gegenseitige Achtung und Sympathie scheinen das Treffen gekennzeichnet zu haben, was dennoch nichts daran änderte, dass Peutinger ein prominenter Kritiker Luthers werden sollte.

Kardinal Cajetan, der Gesandte Papst Leos X., eines Medici (Papst 1513-1521), residierte in den Fuggerhäusern an der Maximilianstraße, dort wo nun also zwei Kleriker, die unterschiedlicher nicht sein konnten, aufeinandertreffen sollten. Beide hoch gebildet, der Rhetorik mehr als mächtig, charismatische Charaktere. Doch kein Disput unter Gleichgesinnten war vorgesehen – Luther war zum Ketzerverhör vorgeladen und sollte unter allen Umständen zum Widerruf gebracht werden! Würde er nicht widerrufen, sollte er festgenommen werden – den päpstlichen Befehl dazu gab es bereits. Da nützte auch der Brief des Kaisers nichts, den Luther in Händen hielt und der ihm freies Geleit zugestand. Am 12., 13. und 14. Okt. 1518 trafen die beiden Gegner aufeinander. Verliefen die ersten beiden Tage noch einigermaßen ruhig, so scheint es am dritten Tag zu lauten Wortgefechten gekommen zu sein. Cajetans Aufforderung zu widerrufen, prallte an Luther ab, der sich nach St. Anna zurückzog und am 16. Okt. 1518 eine Berufungsschrift verfasste, die er durch einen Notar am 22. Okt. 1518 – also bereits nach seiner Flucht aus der Stadt – am Augsburger Domportal anschlagen ließ. In der Nacht vom 20. auf den 21. Okt. 1518 wird Luther aus dem Schlaf geholt, kann sich nur notdürftig bekleiden und verlässt die Stadt heimlich über einen heute noch nicht sicher zu belegenden Durchgang, der für ihn offengehalten worden war. Er sollte nie mehr nach Augsburg zurückkehren. *cvb*

„Luther vor Kardinal Cajetan" von Ferdinand Pauwels (1830-1904) 1872, Wartburg Eisenach

Goldschmiedekapelle

Zentrum

Eine Welt für sich ist die an die Nordseite des Chors angebaute Goldschmiedekapelle, die noch ganz den Geist des ausgehenden Mittelalters atmet. Ab 1420 als Stiftung des Ehepaars Konrad und Afra Hirn errichtet, wurde sie 1429 den Goldschmieden als Zunftkapelle übergeben. Ihre Bedeutung liegt in der nahezu vollständigen Ausmalung aus der Erbauungszeit, die Heilige, Alt- und Neutestamentarisches und an der Westwand das „erst" um 1485 ergänzte Jüngste Gericht zeigt. Die bedeutendsten Szenen sind an den zwei östlichen Jochen der Südwand das Treffen der Hll. Drei Könige und, weiter westlich, die vielfigurige Kreuzigung.

Hl.-Grab-Kapelle

Eine kultur- und architekturge-schichtliche Besonderheit ersten Ranges bietet die 1508 gestiftete Hl.-Grab-Kapelle am Westende des südlichen Seitenschiffs. Die Nachbildung des Hl. Grabes in Jerusalem in Originalgröße wurde

1598 angeblich von Johann Holl, dem Stammvater der Architek-tenfamilie, erneuert. Die Porträts erinnern an Angehörige der Familie Österreicher, die hier 1656 ihr Begräbnis wählten.

Fuggerkapelle

Den kunsthistorischen Ruhm des Gotteshauses begründet freilich die Fuggerkapelle, bis heute im Besitz der Familie Fugger und eine kath. Enklave im erzv. Gotteshaus. Ihre Stiftung erfolgte um 1506 durch die Brüder Georg (gest. 1506), Ulrich (gest. 1510) und Jakob Fugger „den Reichen" (gest. 1525). Die Fuggerkapelle wird mit Recht als frühestes Denkmal der Renaissance auf dt. Boden gefeiert, verschmilzt aber, wie viele Erstlingswerke, noch spätgotische Gepflogenheiten mit ital. bzw. venez. Neuerungen: Ganz „all'italiana" sind die vertikalen Architekturglieder der lichten, offenen Halle, ihre mit Marmor verkleideten Seitenwände und der kostbare Fußboden aus verschiedenen Marmorsorten konzipiert, in heimischer Tradition hingegen steht das Schlingrippengewölbe mit der noch völlig spätgotischen Madonna auf dem mächtigen Schlussstein. Der Planverfasser ist unbekannt, doch scheint Albrecht Dürer maßgeblich an der Konzeption beteiligt gewesen zu sein.

Epitaphien

Von Dürer stammen auch die Entwürfe für die vier rundbogigen Epitaphien in der Westwand, die wahrscheinlich in der Werkstatt Adolf Dauchers in Solnhofer Stein ausgeführt wurden: die äußeren für Jakob Fugger (Variationen über das Thema „Vergänglichkeit"), das zweite von links für Ulrich Fugger („Auferstehung Christi"), das rechts

der Mitte für Georg („Simsons Kampf gegen die Philister"). *cm*

„Fronleichnamsgruppe", Hans Daucher (um 1485–1538), zugeschrieben, um 1512–17, Pappenheimer Marmor, Predella aus Solnhofer Kalkstein

Die Abgrenzung zum Kirchenschiff bildet eine 1921/22 rekonstru-ierte marmorne Brüstung, auf deren Pfeilern fünf wohl von Hans Daucher um 1530 gemeißelte vollplastische Putten an Tod und Vergänglichkeit gemahnen (der sechste Putto – und zwar der vierte von links – ergänzt). Die zentral platzierte, freiplastische Altargruppe zeigt den von Maria, Johannes und einem Engel präsentierten Leichnam des Herrn (Höhe 148 cm); die drei Sockelreliefs sind der Kreuztragung, der Kreuzabnahme und „Christus in der Vorhölle" gewidmet und teils nach Druckgrafiken Albrecht Dürers gearbeitet. Die Figurengruppe war urspr. in Richtung Epitaphien gedreht, d. h. vom Langhaus aus konnte man nur deren Rückseite sehen. Dargestellt ist die Präsentation des geschundenen Leibes Christi als eucharistische Betonung und Verbildlichung des Altarsakraments. Dieser Gedanke wurde am Fronleichnams-fest besonders in den liturgischen Mittelpunkt gestellt (daher auch Fronleichnamsaltar). Die Gruppe,

die zu den ersten freiplastischen Altargestaltungen der frühen Neuzeit zu zählen ist, zeigt Christus in kreuzförmiger Haltung, gestützt von Maria, Johannes und einem Engel, der Christus unter die Arme greift. Künstlerische Bedeutung kommt dem Leichentuch zu, das als wellenförmige, stützende Linie den Trauerausdruck der gesamten Gruppe gestisch unterstreicht. *cm ct*

Weitere Ausstattung

Das Ensemble rundete ehem. ein kunstvoll geschnitztes Chorgestühl ab, das aber 1817 abgebaut wurde und nur in wenigen Resten in Museumsbesitz (Berlin, Bodemuseum) auf uns gekommen ist. Ein in Bronze gegossenes Prunkgitter aus der Nürnberger Werkstatt der Erzgießer Vischer kam nie zur Aufstellung. Die Fugger'sche Familiengrablege war schließlich so unmäßig prächtig geraten, dass sich Jakob Fugger der Reiche – in steigender Sorge um sein Seelenheil – veranlasst sah, „armen Taglönern und hanndtwerkern zue hilff" im Jahr 1521 eine eigene Wohnsiedlung, die Fuggerei, zu stiften. Die letzte Beisetzung fand 1538 statt. Nach Übernahme der Kirche durch die ev. Pfarrgemeinde im Jahr 1548 verlegten die altgläubig gebliebenen Fugger ihre Grablege in die Dominikanerkirche und nach St. Ulrich und Afra – so mussten die Fugger in mehrfacher Hinsicht erleben: Es ist alles vergänglich!

Orgel

Die geschickt um die große Westrosette entworfene Orgel ist eine Nachbildung des 1944 teilweise zerstörten Werks, doch konnten die Flügelbilder Jörg Breus d. Ä. von 1512 gerettet werden. Die großen Flügel zeigen die Himmelfahrten Christi und Mariae, die kleinen Flügel des in die Emporenbrüstung eingelassenen sog. Rückpositivs zeigen innen „Pythagoras entdeckt das Gesetz von Gewicht und Ton" und eine „Kantorei beim Kirchengesang", außen die „Erfindung und Bewahrung der Musik". *cm*

Südfassade des Gymnasiums bei St. Anna vom Annahof aus gesehen

Gründung des Karmeliterklosters bei St. Anna

Errichtung einer Kirche

Stiftung, Errichtung und Ausmalung der Goldschmiedekapelle; Ergänzung der Malereien um 1485 (Westteil)

Verwüstung durch Brand

Errichtung des Kreuzgangs

Umbau und Erweiterung zur dreischiffigen Pfeilerkirche

Am St. Anna-Tag nehmen Maximilian I. und viele Reichsfürsten an einem Festgottesdienst teil.

Stiftung der Fuggerkapelle durch die Brüder Georg, Ulrich und Jakob Fugger; 1509-12 Erbauung; 1518 Weihe

Stiftung des Hl. Grabes

Martin Luther bezieht im Kloster Quartier

Reformation und 1534 Aufhebung des Klosters

Einrichtung einer städt. Lateinschule (das spätere Gymnasium bei St. Anna, heute in der Schertlinstr.)

Entfernung der Altargruppe aus der Fuggerkapelle und Neuaufstellung in St. Ulrich und Afra (bis 1921/22)

Turmneubau durch Elias Holl

Nutzung durch die Jesuiten; die Protestanten mussten ihren Gottesdienst unter freiem Himmel im Annahof abhalten.

Rückgabe der Gebäude an die Protestanten

Feier des ersten Augsburger Friedensfestes in St. Anna

Kanzel, Emporen im Langhaus

Umgestaltung des Langhauses

Umgestaltung der Fuggerkapelle, Abbau des Chorgestühls

Erste Restaurierung der Goldschmiedekapelle, Freilegung der gotischen Fresken; Übertragung der Stiftertumba in den Dom

Neugotischer Hochaltar

Renovierung und Teilrekonstruktion der Fuggerkapelle

Beschädigung – besonders der Fuggerkapelle – durch Luftangriff

Restaurierung der Fresken in der Goldschmiedekapelle, 1961-67 des Kreuzgangs und 1974 der Kirche

Einrichtung einer Martin-Luther-Gedenkstätte („Lutherstiege")

Gemeinsame Erklärung zur Rechtfertigungslehre des luth. Weltbundes und der kath. Kirche

Sicherung und Restaurierung der Raumschale; heute Sitz des Stadtdekans bzw. der Stadtdekanin

17 Gymnasium bei St. Anna

Im Annahof 4

Mit der Reformation wurde 1531 eine städt. Lateinschule gegründet und im aufgelösten Karmeliterkloster St. Anna untergebracht. Der Gräzist und Rektor Hieronymus Wolf (1557-1580) baute die Schule zu einem Gymnasium mit

Wochenmarkt am Stadtmarkt

neun Klassen aus. Neben Latein, Musik und Religion wurden in den höheren Klassen Griechisch, Poesie, Rhetorik und Mathematik unterrichtet. Das Annagymnasium stand unter Ratsaufsicht und war die wichtigste prot. Bildungsstätte in Augsburg, neben die 1582 das kath. Gymnasium am Jesuitenkolleg St. Salvator (ehem. in der Jesuitengasse, s. Kleiner Goldener Saal) trat. Beide Gymnasien waren bis zum Ende der Reichsstadt die bedeutendsten Augsburger Schuleinrichtungen. 1613 ließ der Augsburger Rat durch den Stadtwerkmeister Elias Holl einen Neubau des Annagymnasiums errichten.

Tipp > Seit 2006 erinnert die Installation BIBLIOTHECA PUBLICA der Künstlerin Sabine Kammerl an das erste deutsche freistehende Bibliotheksgebäude der Neuzeit – die alte Augsburger Stadtbibliothek. 1537 wurden die Bibliotheken der verlassenen Bettelordensklöster zu einer städt. Büchersammlung vereinigt, die vom Rektor des Annagymnasiums geleitet wurde. 1563 erbaute Stadtwerkmeister Bernhard Zwitzel für diese renommierte Einrichtung ein eigenes Bibliotheksgebäude mit sieben Zeltdächern als Symbole für die Sieben freien Künste und einer Sternwarte. Dieses bedeutende Gebäude wurde 1893 abgerissen und durch den Neubau der Staats- und Stadtbibliothek in der Schaezlerstraße 25 ersetzt. ce

Außen
Die Fassade des dreigeschossigen Gebäudes gliedert sich in fünf Achsen. Die Gebäudemitte mit dem zentral gelegenen Treppenhaus wird durch einen leicht vorspringenden Risalit mit flachen Lisenen und Gesimsen akzentuiert. Das Eingangsportal ist als flacher Triumphbogen gestaltet. Das darüber liegende Fenster im ersten Obergeschoss wird durch eine Ädikula ausgezeichnet. Den Abschluss bildet ein von Voluten gerahmter Ädikulagiebel mit Uhr und bekrönendem Glockenstuhl. Besonders charakteristisch sind die gekoppelten, nahezu quadratischen Fenster mit kräftigem Architrav, durch die ausreichend Tageslicht in die dahinter liegenden Klassenräume fällt. Als weitere Bauzier heben sich die rustizierten Ecklisenen ab. Die klare, kristalline Fassadenstruktur des 1616 vollendeten Annagymnasiums nimmt die strenge Formensprache der Rathausfassade vorweg, die Holl fast zur gleichen Zeit entwickelte: Der Neubau des Augsburger Rathauses begann 1615. Das funktionale Gebäude des Annagymnasiums galt lange Zeit als der Prototyp eines Schulhauses. Heute ist das Gebäude Sitz des Ev. Bildungswerks Augsburg. Die exzellente Lehrsammlung von Annagymnasium und Stadtbibliothek mit wissenschaftlichen Instrumenten u. a. von Christoph Schißler und Georg Friedrich Brander befindet sich heute im Maximilianmuseum. ce

Tipp >In den Räumlichkeiten

von Feinkost Kahn in der Annastraße ist im zweiten Stock die Plastik „Der Keil" zu sehen. Sándor Kecskeméti, geboren 1947 in Gyula/Ungarn, studierte an der Hochschule für angewandte Kunst in Budapest und ist seit 1972 freischaffender Künstler. Seit 1990 lebt und arbeitet der Bildhauer in Gundremmingen. Die türkisblaue, formal einen japanischen Torbogen aufgreifende Plastik besteht aus glasierter Keramik. In der Mitte schiebt sich dominant ein goldener Keil ein. In reduzierter Formensprache lässt der Künstler die Gegenkräfte des massiven Querbalkens und des sich in das Gebilde hineinschneidenden Keils aufeinander wirken, wobei die geschwungene Form des Querstücks sichtlich das Eindringen des Keils begünstigt. Diese Spannung macht die Dynamik der Skulptur aus. shs

18 Stadtmarkt

Fuggerstr. 12a 🕐 Mo-Fr 7-18, Sa 7-14 📞 0821-3243901 🌐 www. augsburg.de 🅿 ja
Augsburg ist eine traditionelle Marktstadt, hatte aber bis ins 20. Jh. hinein keinen zentralen Marktplatz. Vielmehr wurden die Märkte nach Warenangebot getrennt entlang der Straßen abgehalten. Einige Straßen und Plätze tragen noch heute die alten Marktbezeichnungen (Fischmarkt, Obstmarkt, Kesselmarkt). Erst in den

die Ausschankhalle befand und das heute als Ladenzone dient, ist mit einem Kreuzgratgewölbe überwölbt. *hh*

20 Oberpostdirektion Augsburg 🏛

Grottenau 1 🕑 Mo–Fr 8:30–18, Sa 8:30–13

Wer vom Stadttheater Richtung Jakobertorplatz geht und seinen Blick wandern lässt, wird unweigerlich vor der repräsentativen Eingangsfassade der Grottenau-Post stehen bleiben. 1905–08 nach einem Entwurf des Münchner Regierungsrates Hans Wicklein errichtet, ersetzte das ehem. Oberpostdirektionsgebäude das Postgebäude von 1756.

Die großflächig angelegte Architektur ist um zwei miteinander verbundene Innenhöfe gebaut, die von der Grottenau bzw. Kleinen Grottenau zugänglich sind. Die Hofsituation bewirkt eine Dreiteilung im Grundriss, bestehend aus dem an der Grottenau liegenden Hauptgebäude und dem dahinter errichteten hufeisenförmigen Rückgebäude sowie dem am Westhof befindlichen Trakt, der beide Gebäudeteile miteinander verbindet. Urspr. war die gesamte Anlage, wie noch am Rückgebäude sichtbar, als viergeschossiger Bau mit hohem Walmdach und integriertem Dachgeschoss errichtet worden. Nach Kriegszerstörung wurde jedoch 1949/50 am Hauptgebäude die repräsentative Dachkonstruktion zugunsten eines fünften Stockwerkes aufgegeben, welches 1973–75 größtenteils zu einem modernen, unpassenden Dachgeschoss mit Flachdach umgewandelt wurde.

Bei der Fassadengestaltung wurden gezielt Architekturelemente, wie Vor- und Rücksprünge, abgerundete Ecken oder auch Erkeranbauten eingesetzt, um einem klotzartigen Aussehen des Gebäudekomplexes entgegenzuwirken. Der deutliche Kontrast von rustizierter zu verputzter Wandfläche bewirkt eine horizontale Zweiteilung der Gesamtfassade, die dennoch durch gleiche Fensterformen den Gebäudekomplex als Einheit erscheinen lässt. Hingegen tritt das Hauptgebäude durch seine dekorative Fassadengestaltung in den

Jahren 1927–30 konnte schließlich auf dem Gelände der ehem. Lotzbeck'schen Tabakfabrik an der Annastraße ein Zentralmarkt mit Fleisch- und Viktualienhalle eingerichtet werden. Diese Anlage wurde nach den Beschädigungen von 1944 wieder aufgebaut und mit einstmals schickem offenem Parkhaus und Kino am Ernst-Reuter-Platz versehen. Eingeteilt in Gassen für Blumen, Obst, Gemüse, Brot und Fisch zwischen den zentralen Hallen erfreuen sich Stadtmarkt und daran anschließender Bauernmarkt ungebrochen großer Beliebtheit. Seit 2004 wird der in die Jahre gekommene Zentralmarkt gemeinsam mit seinem baulichen Umfeld am Ernst-Reuter-Platz (Bau einer neuen Stadtbibliothek) und Annahof (Annaforum) sukzessive saniert, wovon die neuen Stände in der Obst- und Gemüsegasse zeugen. *gn*

Tipp > Schnell, preisgünstig und gut sind die zur Mittagszeit in der Viktualienhalle angebotenen Mittagsgerichte. *gn*

19 Riegele-Haus 🏛

Bürgermeister-Fischer-Str. / Annastr.

Fast gleichzeitig mit dem Neubau in der Frölichstraße beauftragte die Firma Riegele 1912/13 den Augsburger Architekten Hans Schnell mit der Errichtung einer Bierhalle an der Bürgermeister-Fischer-Straße. Der zu seiner Länge verhältnismäßig schmale Bau ist als Eckbau konzipiert. Der infolge der einheitlichen Rustizierung des Erdgeschosses von Gesimsen und Fensterbändern strengen horizontalen Gliederung, wird durch Erker-, Turm- und Giebelaufbauten, Vor- und Rücksprünge sowie durch die betonte Eckabrundung entgegengewirkt, sodass ein bewegtes Fassadenbild entsteht. Vereinzelt finden sich Reliefverzierungen in Form von Blumengirlanden und Masken über den Eingängen und Fenstern im Erdgeschoss. Drei Reliefs mit Darstellungen von Putten mit Bierkrügen sowie einem Pferd weisen auf die Nutzung des Gebäudes hin. Besondere Betonung erfährt der Eingang an der Südseite mit seinem hohen Giebelaufbau, von wo der Hl. Ulrich die Besucher der Bierhalle begrüßt. Das Erdgeschoss, in dem sich urspr.

Vordergrund. Die Fassade gliedern Pilaster, deren Kapitelle Blumen- und Blätterkränze schmücken. Eine aufwendig gestaltete Verdachung bekrönt die Fenster des zweiten Stockwerks gleich einer Beletage, was durch die Anbringung des Balkons über dem Eingang noch betont wird.

Der an der Grottenau gelegene Eingangsbereich ist als flacher Mittelrisalit hervorgehoben, in dessen Mitte das schmiedeeiserne Portal liegt, gerahmt von einer Säulenarchitektur. Der darüber angebrachte geschwungene Balkon ist mit einem Relief verziert, das eine Postkutsche, flankiert von zwei reitenden Postillionen, zeigt. Figurative Unterstützung erhält der Balkon durch die beiden unterhalb angebrachten Atlanten, die den Besucher einmal frontal, einmal in Rückansicht empfangen. Skulpturaler Dekor findet sich auch unterhalb des polygonal geformten Erkers: Dort halten an der Ecke Grottenau/Kleine Grottenau ein dicker Nöck und eine Nixe gemeinsam das mit einem Lorbeerkranz gerahmte bayerische Wappen. Im Gegensatz zu den eher furcht-einflößenden Meereswesen, wirkt das kleine, sehr plastisch gestaltete Relief mit drei Vögeln am östlichen Hofeingang fast lieblich. Liebe zum Detail auch in dem von der Grottenau zugänglichen Hof: So fällt bereits am Eingang, an einem verwinkelten Treppenaufgang, der Blick auf einen Wandbrunnen, der mit Meerestieren verziert und von einer Jünglings- und einer Mädchengestalt flankiert ist.

Schalterhalle

Besondere Aufmerksamkeit gebührt auch der Schalterhalle im Hauptgebäude, deren Vorbild in den großen Bankhallen des frühen 20. Jhs. zu finden ist. Vorgelagert ist ihr ein Vestibül mit breit angelegtem Treppenaufgang, an dem Merkur und Venus (?) als überlebensgroße bronzene Liegefiguren, modelliert von dem Münchner Bildhauer Ludwig Mühlbauer 1909, den Besucher begrüßen. Pfeilerarkaden und eine darüber liegende Galerie verleihen dem nach oben hin offenen Raum der Schalterhalle mit Glaskuppel repräsentativen Charakter; Reliefs an den Wänden mit Putten, die Postdienste verrichten, weisen auf die Funktion des Raumes hin. *hh*

Österreichisches Staatsarchiv, Wien

vom 25. Sept. 1555

Augsburger Religionsfrieden

Augsburger Religionsfrieden – PAX AUGUSTANA von 1555

Im Jahre 1555 ließ Karl V. (1500-1558) auf den 5. Feb. einen Reichstag nach Augsburg einberufen. Karl war persönlich nicht anwesend, dafür sein Bruder Ferdinand I. (1503-1564). Wiederum ging es um die Glaubensspaltung, welche das Reich immer mehr zu trennen drohte. Man verhandelte über ein halbes Jahr und rang um einen praktikablen Kompromiss. Dieser wurde schließlich am 25. Sept. erreicht: Der Friede zwischen den Konfessionen sollte damit auf ein politisches Fundament gestellt werden. Keiner der Reichsstände durfte wegen der Zugehörigkeit zum Augsburger Bekenntnis (28. Grundlageartikel der ev. Lehre) benachteiligt werden, aber auch den Altgläubigen (Katholischen) durfte durch die Angehörigen des Augsburger Bekenntnisses kein Schaden entstehen.

Die Abschlusserklärung enthielt eine großartige Neuerung: Der Landesherr sollte ab jetzt nach dem Motto „Cuius regio, eius religio" (wessen Land, dessen Religion) die Konfession seiner Untertanen bestimmen, wobei auch die protestantisch-lutherische Lehre gewählt werden konnte. Der sog. Geistliche Vorbehalt bestimmt, dass ein geistlicher Reichsfürst nur privat seine Konfession wechseln durfte, allerdings unter Verlust seiner Ämter. Wenn sich Untertanen nun durch die obrigkeitliche Wahl in ihrem Glauben eingeschränkt fühlten, so durften sie auswandern, ohne ihres Hab und Guts verlustig zu gehen. Augsburg betraf besonders Paragraph 27 des Reichsgesetzes, der eine Sonderregelung für die Reichsstädte enthielt, die von beiden anerkannten Konfessionen bestimmt waren. Auch in Zukunft sollten hier beide Glaubensrichtungen vertreten sein, Vorschriften garantierten ein Miteinander der Gläubigen, was teilweise juristisch durchgesetzt werden musste, da es vielfach zu tätlichen Auseinandersetzungen kam. Dass mit der

Pax Augustana aber plötzlich der große allgemeine Frieden ausgebrochen wäre, ist nun freilich nicht anzunehmen!

Viele Gläubige mussten jetzt Konfessionswechsel erdulden, etwa wenn sie umzogen oder der Landesherr wechselte. Ein religionsbedingter Wegzug kostete meist viel Geld, da auf den Verkaufserlös des Besitzes hohe Steuern erhoben wurden. Andere reformatorische Bewegungen, die am Augsburger Religionsfrieden nicht beteiligt waren, wie etwa der Calvinismus, wurden nach wie vor behindert. Augsburg wurde für viele Protestanten interessant, die aus kath. Gebieten auswanderten; und für Augsburg wiederum waren diese Einwanderer interessant, da sie oft ein beträchtliches Vermögen in die Reichsstadt mitbrachten. Der Augsburger Religionsfrieden brachte für die Konfessionen eine gewisse Entspannung, er zementierte jedoch einerseits die Glaubensspaltung und markierte andererseits die territoriale Trennung der Konfessionen deutlich.

Die territoriale Abkapselung war Ursache einer immer größer werdenden Entfremdung, die schließlich im Dreißigjährigen Krieg mündete. Erst nach diesen für das gesamte Europa entsetzlichen Auseinandersetzungen, die 1648 durch den Westfälischen Frieden beendet wurden, sollten die Protestanten im Jahre 1650 in Augsburg das Hohe Friedensfest ins Leben rufen, das noch heute an jedem 8. Aug. in der Stadt zum Gedenken an die Erniedrigungen der davorliegenden Zeit begangen wird: in Erinnerung der Ausweisung aller Protestanten am 8. Aug. 1629 und die teilweise Zerstörung ihrer Kirchen. Strenge Parität wurde durchgesetzt – damit waren alle wichtigen Ämter der Stadt bis 1806 mit je einem kath. und prot. Vertreter besetzt. *cvb*

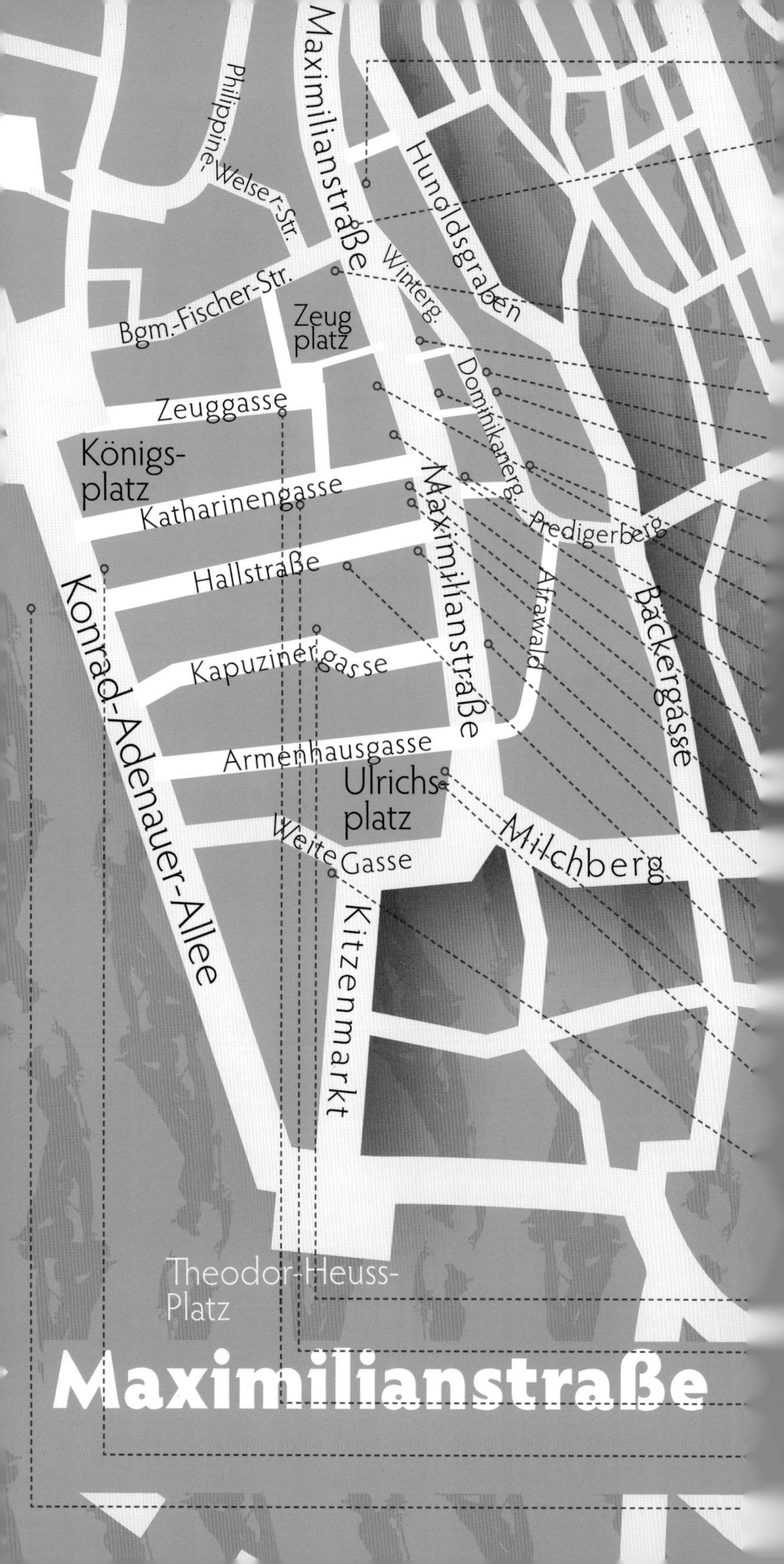

Maximilianstraße

Philippine-Welser-Str.

Maximilianstraße

Hunoldsgraben

Bgm.-Fischer-Str.

Winterg.

Zeug platz

Domikanerg.

Zeuggasse

Königs-platz

Katharinengasse

Maximilianstraße

Prediger berg

Bäckergasse

Konrad-Adenauer-Allee

Hallstraße

Afrawald

Kapuzinergasse

Armenhausgasse

Ulrichs-platz

Weite Gasse

Milchberg

Kitzenmarkt

Theodor-Heuss-Platz

Gesellschaftliche Hauptschlagader

Der Straßenraum ist nicht geplant, sondern gewachsen. Ausgehend von einem vorgeschichtlichen Nord-Süd-Trampelpfad zu den Alpen, über den römische Militär- und Handelsweg der Via Claudia Augusta zur mittelalterlichen und neuzeitlichen Magistrale Richtung Brenner und Reschenpass, in die Schweiz, nach Italien, über Venedig und Genua in die ganze Welt. An diesem Wegstück siedeln sich die großen Handelshäuser an. Die Fugger sind dabei nur die bekanntesten. Zahllose, heute vergessene Familien nehmen die Häuser rund um den ehem. Weinmarkt am Herkulesbrunnen als ihre Stützpunkte. Das Siegelhaus von Elias Holl hinter dem Herkulesbrunnen war das eigentliche Handelszentrum Augsburgs. Der Weinmarkt vor dem Brunnen war das eigentliche politische Zentrum. Hier, nicht etwa im Rathaus, fanden die Reichstage statt, hier thronte der Kaiser bei seinen offiziellen Staatsakten, den Belehnungen und Proklamationen. Das Heilige Römische Reich Deutscher Nation, das keine Residenz, keine Hauptstadt, keinen gebauten Reichstag kennt, hatte hier in Augsburg unter freiem Himmel einen seiner wichtigsten politischen Identifikationsorte. Zahlreiche, in Öl gemalte Ansichten dieser Open-Air-Politik hängen in den Nebenräumen des Rathauses.

So viel reichsstädtische Eigenständigkeit konnten die neuen bayerischen Herren nach 1806 nicht ertragen. Eine der ersten politischen Taten war daher der Abriss des Siegelhauses, ein hochsymbolischer Akt, kastrierte man doch so ehem. autonome Stadt um ihr bestes Teil, ihr Recht auf eigene Steuererhebung für Handelsgüter. Diese staatengleiche Souveränität mussten die Bayern bildhaft abschaffen. Im freigeräumten, nach dem bayerischen König Maximilian I. Joseph benannten neuen Straßenraum paradierten mit klingendem Spiel die bayerischen Truppen im Zug von der Kaserne im Ulrichskloster zum freigeschlagenen Paradeplatz vor dem Dom.

Die Wunden sind verheilt, stillschweigend wurde 1957 die Maximilianstraße des bayerischen Königs in Maximilianstraße nach Kaiser Maximilian I. umbenannt, ein letzter stummer Protest. Doch an guten Sommertagen bricht gegen Abend am alten Weinmarkt der Durchgangsverkehr zusammen, weil viele Menschen die Verkehrsinsel rund um den Herkulesbrunnen bevölkern. *uh*

2 Merkurbrunnen

Moritzplatz

Der Merkurbrunnen auf dem Moritzplatz ist der kleinste der drei sog. Augsburger Prachtbrunnen. Adriaen de Vries (1556-1626), Schüler Giovanni da Bolognas, entwarf die Brunnenanlage mit der bekrönenden Hauptfigur des Götterboten und lieferte die Modelle. Nachdem der Augsburger Gießer Wolfgang Neidhart d. J. (1575-1632) die Figuren gegossen hatte, konnte die gesamte Anlage 1599 eingeweiht werden. Sowohl der Merkurbrunnen als auch der benachbarte Herkulesbrunnen gehören zu den Hauptwerken von de Vries.

1 Capitol

Maximilianstr. 25

Das ehem. am Hang zum Judenberg gelegene Bürgerhaus mit einer Giebelfassade zur Maximilianstraße wurde im 16. und 17. Jh. erbaut und mehrfach umgestaltet. 1617 befand sich hier die Bierschänke „Zum goldenen Löwen". Um 1920-25 erhielt das Gebäude durch Paul Gerne sein heutiges Aussehen. Im getreppten Giebel findet sich noch die urspr. Werbung „Capitollichtspiele" für das dort eingerichtete Kino, dessen großer Saal im Innern erhalten ist. Die Fassade ist mit dünnen Wandvorlagen gegliedert, die Kapitelle mit Figuren tragen. Auch die in der Formensprache der 1920er Jahre gehaltene schlichte Eingangsfront mit zentraler Werbefläche ist ganz auf den Zweck des Kinos hin zugeschnitten und folgt in der geraden Verdachung und den Gewänden den Prinzipien des Neuen Bauens. Seit 2001 befindet sich hier das „Capitol" – Café, Bar, Restaurant und Lounge zugleich. Der schöne Vorführsaal ist nun zum Loungeambiente umgenutzt. Das „Capitol" versteht sich als kultureller Teil der Stadt und so werden neben Live-Konzerten (u. a. Jazz und Swing), Clubbing-Nights auch Sonderausstellungen zeitgenössischer Künstler gezeigt. ys ct

artguide Sour

„Mercurio volante" von Giambologna (1529-1608), um 1586, Bronze, Staatliche Kunstsammlung Dresden – das Vorbild für Adrian de Vries

In der Mitte des zehneckigen Brunnenbeckens aus rötlichem Marmor befindet sich das mehrfach profilierte Pfeilerpostament, auf dem sich die überlebensgroße Figurengruppe von Merkur und Amor erhebt. Merkur ist in breiter Schrittstellung mit weit nach oben gespanntem Körper dargestellt. Mit seinem linken Arm weist er im Zeigegestus entschieden nach oben, während er sich mit seinem Haupt dem zwischen seinen Beinen hockenden Amor dialogisch zuwendet. Ausgestattet mit Caduceus (Botenstab), Petasos (Flügelhut) und Talaria (Flügelschuhen) ist die Figur ein herausragendes Beispiel manieristischer Plastik. Inspiriert vom „Mercurio volante", der berühmten Merkur-Figur seines Lehrers Giambologna, zeigt der de Vries'sche Merkur die charakteristische Vielansichtigkeit und das Serpentinata-Thema manieristischer Kunst, die in sich geschraubte Figur.

Im Umschreiten der Brunnenanlage wird in unterschiedlichen Ansichten das Thema des Drängens anschaulich. Zwei verschiedene Deutungen zu der Gruppe haben sich etabliert: Zum einen sei Amor damit beschäftigt die Flügelschuhe des Gottes des Handels zu binden, das heißt der Moment kurz vor dem Wegfliegen sei gemeint. Zum anderen würde Amor gerade die Flügelschuhe lösen, um Merkur zum Hierbleiben zu bewegen. Das Drängende der Merkurgestalt wie auch die aufhaltende bzw. „bremsende" Kraft von Amor werden in jeder Ansicht aufs Neue entwickelt.

Dass eine Merkurfigur in Augsburg als Hauptfigur einer Brunnenanlage auf dem damaligen zentralen Handelsplatz aufgestellt wurde, ist als Zeichen für die Handels- und Wirtschaftsmacht der Stadt Augsburg zu deuten; zugleich aber erscheint dieser antike Gott hier als Schutzpatron der Stadt. Gerade die Hinzunahme von Amor und dessen „bremsende" Kraft findet in der ehem. Inschrift „INDUSTRIAE RECTI AMORE TEMPERATAE" (der durch die Liebe zum Rechten gezügelten Betriebsamkeit) als Motto für den gerechten und guten Handel eine Entsprechung. Zudem ist mit Merkur auf die antike Tradition der Aelia Augusta angespielt (ganz ähnlich wie bei dem Augustus- und dem Herkulesbrunnen), denn Merkur wurde zu dieser Zeit eine besondere Verehrung zuteil. In St. Ulrich fand man um 1500 ein Weiherelief mit einer Merkurdarstellung aus dem 2. Jh. n. Chr.

Wasserspeier in Form eines Hundekopfes

Urspr. waren insgesamt acht Wasserspeier am Brunnenpfeiler angebracht: zwei Hunde- und zwei Medusenköpfe sowie vier Adlerköpfe. Die beiden Löwenköpfe gehören hingegen nicht zum Originalbestand. Aus verkehrstechnischen Gründen verlegte man 1936 die gesamte Anlage um ein paar Meter von ihrem urspr. Aufstellungsort. *ys*

Tipp > Die Originalbronzen befinden sich im kostenlos zugänglichen Innenhof (Viermetzhof) des Maximilianmuseums; dort ist auch eine 20-minütige Filmdokumentation über Adriaen de Vries zu sehen. *ys*

Bildnis des Adriaen de Vries von Simon Wynouts Frisius (ca. 1580–1629), ca. 1610, Kupferstich und Radierung

1556 wurde Adriaen de Vries in Den Haag geboren und lernte zwischen 1581-88 bei Giovanni da Bologna in Florenz. 1588 wurde er Hofbildhauer von Karl Emanuel von Savoyen in Turin. Nach Aufenthalten in Prag, Den Haag und Rom erhielt de Vries die großen Aufträge für die Prachtbrunnen (Merkur- und Herkulesbrunnen) in Augsburg und prägte hiermit maßgebend das Stadtbild der Reichsstadt. Diese beiden Großaufträge verhalfen ihm letztlich zur Anstellung als Hofbildhauer bei Kaiser Rudolf II. in Prag. De Vries war einer der angesehensten Bildhauer seiner Zeit. *ys*

3 St. Moritz 🕆

Kath. Stadtpfarrkirche, ehem. Kollegiatsstift, Moritzplatz 5 ⏰ Mo-Fr 9-12, 13-18, Sa 9-18, So 11-18 📞0821-2592530 ♿ www.moritzkirche.de 🅿ja

Dem Kirchenbau, der mit seinem schlichten und steilen Chor den Platz am Merkurbrunnen bestimmt, ist an der Nordseite die rekonstru-

Das Roeck-Haus – auch unter dem Namen Tonella-Haus bekannt – mit seinen charakteristischen konvex ausgebuchteten Scheiben

ierte Kornschranne vorgelagert, in der seit dem 14. Jh. wöchentlich der Getreidemarkt stattfand (heute Straßenbahnhaltestelle). Am Chor zeigt ein 1927 von Rudolf Hotter gefertigtes Wandbild den Patron der Kirche, den Hl. Moritz (Mauritius). Der als gerüsteter Krieger mit Fahne dargestellte Heilige erlitt als römischer Anführer der Thebäischen Legion im 3. Jh. n. Chr. das Martyrium.

Das Innere der Kirche folgt der dreischiffigen, basilikalen Anlage des Vorgängerbaus mit vier Jochen und einschiffigem Chor. Heute dominiert die geradezu asketische Strenge des Wiederaufbaus der Nachkriegszeit durch Dominikus Böhm, die 2007/08 nochmals überformt wurde.

Ausstattung

Von der einst reichen Ausstattung sind einige herausragende Werke erhalten: neben verschiedenen Marmorepitaphien im Chor ein Bronzerelief mit der Taufe Christi, den Hll. Georg und Bartholomäus und dem Stifter Kanonikus Fischer, um 1520, ferner Hauptwerke des wichtigsten süddeutschen Barockbildhauers Georg Petel, den „Christus Salvator" für den ehem. Pfarraltar am Lettner (um 1630-34), ferner den Hl. Christophorus und den Hl. Sebastian (beide um 1629/30); ein Hl. Rochus wird einem Nachfolger Petels, wohl Ferdinand Murmann zugeschrieben (um 1640-50). Von dem im Langhaus erhöht aufgestellten Figurenzyklus der zwölf Apostel sowie Christus und Maria, um 1695 von Ehrgott Bernhard Bendel (um 1660-1738) aus Lindenholz gefertigt, sind acht Werke erhalten, die restl. vier sind in der Wiederaufbauphase von Toni Rückel nachempfunden. *ct*

Tipp > In der Moritzkirche findet über das Jahr verteilt ein reichhaltiges Kulturprogramm statt: So werden gleichermaßen Lesungen, Konzerte, Ausstellungen und speziell für den Kirchenraum erarbeitete Installationen und Medienarbeiten - zeitgenössischer Künstler angeboten. Jährlich findet auch das „Klangnachtprojekt" statt (Informationen unter www. moritzkirche.de). *ys*

4 Roeck-Haus

Maximilianstr. 51 ⏱ Gang und Treppenhaus nicht zugänglich

Das elegante Bürgerhaus wurde 1768-70 durch den fürstbischöflichen Hofbaumeister Johann Martin Pentenrieder errichtet. Josef Tonella, der Bauherr, mag sich ein kleines Schaezlerpalais gewünscht haben. Denn das „Durchhaus" mit Mansardendächern (s. Höfe), kleinem Innenhof und Zufahrt von der reduziert gestalteten Rückfront an der Wintergasse erhielt zur Maximilianstraße eine auffällige Rokokofassade in der Manier eines Palais. Über dem rustizierten Erdgeschoss mit nachträglich eingefügten Schaufensterbögen gliedern Lisenen die beiden Obergeschosse. Die mittlere Achse ist durch ein kleines Zwerchhaus und die Eingangstür betont. Eine Besonderheit sind die Fensterscheiben, die sich konvex ausbuchten. Während die Fenster im zweiten Stock flach abschließen, tragen sie im Geschoss darunter Segmentgiebel. Die mittleren drei Fenstergie-

Der Damenhof als Atrium des Fuggerpalastes – Ein Stück Italien in Augsburg

bel sind durch Masken betont, als läge im Innern das zentrale, repräsentative Mittelzimmer einer Beletage. Tatsächlich verbergen sich hinter der symmetrischen Fassade aufgrund der begrenzten Platzverhältnisse asymmetrisch verteilte Wohnräume, ganz anders als bei der reinen Palaisarchitektur des Schaezlerpalais. Dennoch musste Tonella nicht auf Selbstdarstellung verzichten: Schon die Haustüre weist mit Winkel, Anker, Merkurstab und Warenballen links, Fass, Waage, Geschäftsbuch, Brief und Kielfedern rechts auf die Profession des Hausherren hin. Dieser stellte sich unter den Schutz der Maria, wie die verschlungenen Buchstaben im Oberlichtgitter zeigen. Das 1769 von Vitus Felix Rigl (1717-1779) geschaffene Fresko „Jakobs Traum" im Treppenhaus ist nicht zu besichtigen. gn

5 Fuggerhäuser 🏛

Eingang: Maximilianstr. 36/38, Zeugplatz 7 🕐 Mo-Sa 9-19, die Höfe sind in der Regel tagsüber geöffnet, die Badstuben aus konservatorischen Gründen nicht zugänglich

Nachdem Jakob Fugger der Reiche 1511 das Wohnhaus seiner Schwiegermutter Sibylle Arzt erworben hatte, ließ er es 1512-15 gemeinsam mit dem Nachbargebäude durch Hans Hieber oder Jakob Zwitzel umbauen. Im Jahre 1523 folgte die Eingliederung des südlichen Nachbarhauses in den Baukomplex, 1531/32 kaufte Anton Fugger schließlich einige Anwesen am Zeugplatz hinzu, die jedoch erst auf Betreiben seiner Söhne Marx und Hans Fugger 1560/63 vereinheitlicht und nochmals 1568 durch Hans Fugger ausgebaut wurden. Nach den schweren Beschädigungen im Zweiten Weltkrieg wurde der Palast durch Raimund von Doblhoff (1914-1993) 1945-55 wiederaufgebaut. Von den preziös ausgestatteten „appartamenti a ll' italiana", die Antonio de Beatis, Sekretär des Kardinals Luigi von Aragon, 1517 bewunderte, und von den Kunstsammlungen der Fugger, die der Humanist Beatus Rhenanus 1530 rühmte, ist indes nichts erhalten.

Fassade zur Maximilianstr.

Bereits die 68 m lange Front zur Maximilianstraße verrät einiges über die komplizierte Baugeschichte, denn die zusammengefassten Bürgerhäuser sind anhand wechselnder Stockwerkshöhen in der Fassade sichtbar. Symmetrie, Regulierung und Architekturgliederung wurden in Augsburg erst mit Elias Holl die Regel. Dennoch zeigten sich die Fuggerhäuser zum Weinmarkt durchaus repräsentativ: Die nach dem Zweiten Weltkrieg mit gefeldertem Verputz versehenen Wände waren im 16. Jh. mit einer freskierten Scheinarchitektur von Jörg Breu d. Ä. geschmückt. Ziertürmchen saßen als Akzente auf der Traufe. Unter Anton Fugger wurde das steile Dach mit Kupfer gedeckt, was die Sehgewohnheiten seiner Augsburger Zeitgenossen durchbrach. Im 19. Jh. versuchten die Fugger an die Freskentradition anzuknüpfen: Von 1860-63 fasste Ferdinand Wagner (1819-1881) die inzwischen veränderte Front mit Szenen aus der Geschichte Augsburgs und der Fugger.

Großer Hof

Im Anwesen Maximilianstraße 38 liegt der nicht zugängliche „Große Hof" mit Erdgeschossarkaden auf toskanischen Säulen und Freskenresten, die von Jörg Breu d. Ä. oder seinem Sohn gefertigt wurden. In diesem Gebäudeteil ist bis heute die Fürst-Fugger-Privatbank mit kreuzgratgewölbter Eingangshalle beheimatet. gn

Tipp > Am 22. Okt. 1777 gab Wolfgang Amadé Mozart im heute nicht mehr erhaltenen Konzertsaal der Fuggerhäuser am Zeugplatz sein öffentliches Konzert (gemeinsam mit Johann Michael Demmler, Johann Stein und einem Orchester), das, so die Charakterisierung seiner Mutter, „unvergleichlich" ausgefallen sei. ys

Mittelhof

Durch das nördliche (rechte) Portal ist der zentrale Mittelhof erreichbar, ein schlichter Wirtschaftshof mit Arkaden und Konsolen in Form von Widderköpfen. Die umliegenden Wohnräume Jakob Fuggers wurden 1518 zum historischen Schicksalsort, als Kardinal Cajetan Martin Luther zum Widerruf seiner 95 Thesen bewegen sollte. gn

Maximilianstraße

64

Damenhof

Der um 1515 entstandene sog. Damenhof ist der beeindruckendste Innenhof Augsburgs, bei dessen Betreten man sich nach Italien versetzt glaubt. Über trapezoidem Grundriss entfaltet sich ein Arkadenhof mit toskanischen Säulen aus Rotmarmor. Tonrippen begleiten die Bogenlaibungen und zeigen teilweise noch Groteskenmalerei. Abgeschlossen wird das Ensemble durch eine Altane mit tönernen Balustern (diese erneuert). Im Zentrum des Hofes befindet sich ein Bassin, ferner ist der Bodenbelag mit Lechkieseln belegt, sodass im Sommer ein angenehmes Mikroklima entsteht. Der Damenhof wurde zuletzt 2008 restauriert und beherbergt im Sommer eine Gastronomie. *ys*

Serenadenhof

Über den Mittelhof ist auch der große Serenadenhof erreichbar. Im Süden lagen die Stallungen, der Flügel mit der Durchfahrt zum Zeugplatz war das Wohnhaus Hans Fuggers. Nur mit einem kleinen Erker gibt sich das „kaiserliche Palatium" im Osten des Hofes zu erkennen. Es wurde von Anton Fugger für den Kaiser eingerichtet und üppigst ausgestattet. Tatsächlich wohnte Karl V. während der Reichstage 1547/48 und 1550/51 in seinem Haus. Bei dieser Gelegenheit ließ er sich selbst und seinen Sohn Philipp von Tizian (1487-1576) porträtieren. Die Gemälde befinden sich heute in der Münchner Pinakothek und im Museo del Prado in Madrid.

Badstuben (nicht zugänglich)

Seit dem 16. Jh. legten Augsburger Bürger wie Konrad Peutinger oder Raymund Fugger in fürstlicher Manier Sammlungen von Malerei, Kunsthandwerk, Antiken oder Naturalia an. Auch Hans Fugger ließ sich 1569-73 in seinem Gebäudeflügel am Zeugplatz zwei Sammlungskabinette aufs kunstvollste von Friedrich Sustris (1540-1599), Antonio Ponzano (gest. 1602), Alessandro Scalzi (gest. 1596) und Carlo Palagio (1538-1598) ausstatten. Um mehr Raumhöhe zu gewinnen, wurden die repräsentativen Räume unter das Bodenniveau der offenen Halle am Serenadenhof gelegt, was vermutlich zur irrigen Bezeichnung „Badstuben" führte. Die bildneri-

Entwurf zum Altarbild der ehem. Hauskapelle im Antoniushof von Johann Evangelist Holzer (1709-1740)

sche Ausstattung ist eine virtuose Inszenierung von Luxus, die inhaltlich durch die Kombination eines Musen- mit einem Zodiakussaal bewirkt ist. *gn*

Tipp > Wenn der Damenhof verschlossen ist, wird man auf Anfrage durch die Buchhandlung an der Maximilianstraße eingelassen. Dabei lohnt auch ein Blick auf die ionisierenden Säulen der schönen, kreuzgratgewölbten Halle. *gn*

6 Antoniushof

Maximilianstr. 57 ● www.antoniushof-augsburg.de ● Ja ● Ja

Die Augsburger Geschichtsschreibung vor allem des 19. Jhs. hat die Augsburger Familiengeschichten stark auf die Fugger, allenfalls noch die Welser reduziert. Andere, zu ihrer Zeit nicht minder bedeutende Familien und deren Wohnsitze sind weitgehend aus dem kollektiven Gedächtnis verschwunden. Ein solches Haus, das bereits Jahrhunderte vor den Fuggerhäusern Wohnstatt der jeweils reichsten Familien der Stadt war, ist die Maximilianstraße 57. Hier residierten im 14. Jh. die Familie Langenmantel, die sich als Nachfolger der römischen Patrizier „Longotabaro" nannten und höchste politische Ämter der Stadt bekleideten, im 15. Jh. dann die Familie Egen, später geadelt von Argon, mit Lorenz Egen, dem Stifter der An-

tonspfründe, und dem märchenhaft reichen und stolzen Peter von Argon, der aus seinem Haus eine Königsherberge machte. Im 16. Jh. erwarben die Nachfahren schottischer Landedelmänner das Haus, die Familie Lindsay, die sich nach ihrem schottischen Heimatort Crawford nannte, was in Augsburg zum Namen Kraffter wurde. Kraffters hatten in Italien Bankniederlassungen, wickelten für die Fugger die Geschäfte mit den Medici ab und brachten dadurch einen Hauch von ital. Renaissance in ihr eigenes Haus.

Reste einer römischen Kaiserkopfgalerie nach Vorlagen Hans Sebald Behams (1500-1550) von 1533 finden sich noch im Innenhof. In der Barockzeit bewohnte die vom Comersee stammende Familie Brentano das Haus und drückte ihm eine grundkath. Pracht auf. Die zweistöckige Hauskapelle im Vorderhaus zur Maximilianstraße ist leider untergegangen, doch der Entwurf zum Altarbild von Johann Evangelist Holzer (1709-1740) ist gleich schräg gegenüber im Schaezlerpalais ausgestellt. Die Brentanos, mit familiären Verzweigungen und Verästelungen über ganz Europa, bildeten als Händler und Finanzjongleure im transalpinen Geschäft zwischen Italien und Nordeuropa eines der erfolgreichsten ital. Netzwerke innerhalb der Legalitätgrenzen. Es folgten die Rembolds, die Obwexer und der Baron von Eichtal, dessen Familie als jüdische Bankiers unter dem Namen Seligmann das bayerische und das europäische Bankwesen mitgestaltete.

Kaiserkopf-Medaillon von 1533

Der ehem. Innenhof des Hotels „Drei Mohren" von 1945

Reste aus allen Epochen haben sich im Erdgeschoss und im Innenhof des Hauses erhalten und sind heute wieder wahrnehmbar, nachdem die letzte Renovierung die alten Strukturen des Gebäudes aus den Umbauten in ein Geschäftshaus herausgeschält hat. *uh*

Touristeninformation
Apr.-Okt. Mo-Fr 9-18, Sa 10-17, So 10-14 Nov.-März Mo-Fr 9-17, Sa 10-14 0821-502070
www.regio-augsburg.de
ja ja
Im Herzen der Maximilianstraße ist die Touristeninformation der Regio Augsburg Tourismus GmbH untergebracht, die Besuchern und Bürgern der Region gleichermaßen Auskunft beispielsweise über Stadtrundgänge und -rundfahrten gibt. Hier kann man auch die gelben Fahrräder für Erkundungstouren mieten. *ys*

7 Drei Mohren

Maximilianstr. 40 ja ja
Das Studium hochwertiger Barockplastik aus Augsburgs Goldenem Zeitalter lässt sich in Augsburg vielerorts betreiben, in vielen Kirchen oder im Maximilianmuseum. Aber nirgendwo so angenehm und stilvoll wie hier, in der Bar des Hotels „Drei Mohren". Getaucht ins milde Schummerlicht der Cocktailbar hängen gleich beim Flügel drei Büsten mit orientalisch gewandeten Männern. Es sind die namensgebenden „Drei Mohren" und sie stammen aus der Hand des zu Recht gerühmten Augsburger Bildhauers Ehrgott Bernhard Bendel (um 1722). Betrübt mag stimmen, dass die drei Büsten die letzten Zeugen des ehem. Palasthotels „Zu den drei Mohren" sind, der Rest der alten Pracht ist durch Kriegsbomben und Nachkriegseifer ausgelöscht worden.

Noch gut erkennbar ist an der Maximilianstraße der alte stadträumliche Zusammenhang.

Das „Drei Mohren" schließt nicht nur lückenlos an die Fuggerhäuser an, es war urspr. integraler Bestandteil einer Fugger'schen Stadt in der Stadt. Ein ganzes Quartier zwischen Moritzkirche und Katharinengasse hatten sich die Fugger innerhalb eines Jahrhunderts zusammengekauft. Immer länger wurden die aneinandergereihten Fassaden ihrer Familienhäuser, über ehem. Gassen hinweg setzten sie Hof an Hof und Haus an Haus.

Den südlichen Abschluss dieser „Fuggerstadt" bildeten zwei Häuser, die 1714 durch Brand stark beschädigt wurden. Die Familie Fugger, die damals ihren Lebensmittelpunkt längst auf ihre Landsitze fern der Großstadt verlegt hatte, beließ die Brandruine zuerst ungenutzt. Schließlich griff 1721 ein Augsburger Hotelier zu, der bis dahin schräg gegenüber ein Gasthaus betrieb. Er nutzte die vornehme Nachbarschaft und plante ein Hotel für vornehmste Ansprüche, eine „Fürstenherberge". Keiner der Augsburger Barockbaumeister schien ihm für eine solche Bauaufgabe geeignet. Es musste schon der kurbayerische Vizehofbaudirektor Johann Baptist Gunetzrhainer sein, der für den nötigen höfischen Glanz sorgte. Gunetzrhainer entwarf eine monumentale, über zwei Geschosse gehende Prachtfassade mit Mittelbalkon. Der Balkon war wichtig, sollten die gekrönten Gäste doch zur Benediktion der jubelnden Masse, zur Teilnahme an Prozessionen und Volkbelustigungen auf dem Weinmarkt oder als Zuschauer bei etwaigen Reichstagen vor die Fassade treten können. Ein Balkon war aber im bürgerlichen Augsburg in

„Basilika San Paolo fuori le mura", Hans Holbein d. Ä., um 1504, Staatsgalerie Alte Meister Augsburg

Hans Holbein d. Ä. (um 1465-um 1524)

Die Quellen über das Leben und die Persönlichkeit Hans Holbein d. Ä. sind nicht besonders
auskunftsfreudig. Vermutlich war Michel Holbein
sein Vater, ein Gerber, der von 1464 bis 1487/88
in Augsburg nachweisbar ist. Seine Mutter, Anna
Holbein, die ihren Mann bis 1503 überlebte, war
die Schwester des Malers Hans Mair aus Freising (im
Münchner Steuerbuch von 1490 mit „Mair Maler
von Freysing" bezeichnet) und die Nichte des Peter
Mair, einflussreicher Zunftmeister der Loderer und
Geschlachtgewander in der Reichsstadt Augsburg.
Ab 1498 ist sie im Haushalt ihres Sohnes Hans
wohnhaft nachgewiesen. Für ein Geburtsjahr um
1465 spricht die Heirat des Vaters vor 1464 – in
diesem Jahr nämlich erscheint dieser das erste Mal
im Augsburger Steuerverzeichnis. Die in verschiedenen Urkunden genannten Geschwister Sigmund,
der ebenfalls Maler wurde, und vier Schwestern
waren alle jünger.

Das erste malerische Werk Hans Holbeins, der mit
1490 auf der Marientod-Tafel datierte Afra-Altar
(heute Öffentliche Kunstsammlung Basel und Bischöfliche Kapelle Eichstätt), dürfte nicht vor seinem
fünfundzwanzigsten Lebensjahr entstanden sein.
Wo Hans Holbein d. Ä. seine Lehr- und anschließende Gesellenzeit verbrachte, ist nicht geklärt
– wahrscheinlich in Augsburg und evtl. zeitweise in
Ulm. Seine Gesellenwanderung hatte ihn vielleicht
über Köln in die Niederlande geführt, denn in seinem Werk ist ein starker niederländischer Einfluss zu
bemerken. 1492 stellt er, vermutlich noch vor Ostern, die vom Kloster St. Ulrich und Afra in Auftrag
gegebenen zwei ganzseitigen Darstellungen in der
Simpert-Handschrift fertig, die Kaiser Maximilian I.
(1459-1519) am 23. Apr. übergeben wurden. 1493
arbeitet er mit Michel Erhart (1440/45-nach 1522)
in Ulm zusammen am Weingartner Altar (Tafeln
heute im Dom von Augsburg) und wird als Bürger
dieser Stadt geführt. Doch schon 1494 ist er wieder

in Augsburg nachgewiesen. Man vermutet für
dieses Jahr die Ernennung zum Meister und seine
Heirat – den Namen seiner Frau kennt man nicht,
sie war aber sicherlich Augsburgerin. Für 1494 oder
1495 wird die Geburt seines Sohnes Ambrosius
(gest. um 1519 in Basel) angenommen, dem 1497
Hans d. J. (gest. 1543 in London) folgt.

Ab 1499/1500 arbeitet Holbein d. Ä. zusammen
mit Hans Burgkmair d. Ä. (1473-1531) an den
„Basilikatafeln" für das Dominikanerinnenkloster
St. Katharina in Augsburg. Zahlreiche Aufträge für
Kirchen in Augsburg und Umgebung sowie von
privater Seite für Porträts beschäftigen ihn gut.
1496 kauft er am Vorderen Lech 20 für 70 Gulden
ein Haus, das bis 1516 sein Wohnsitz bleibt (1944
zerstört und wieder aufgebaut).

Beide Söhne, Ambrosius und Hans d. J. scheinen ihre
Ausbildung in der Werkstatt des Vaters erhalten zu
haben. 1514 tritt Ambrosius Holbein mit einem
Madonnenbild für den Konstanzer Domherrn
Johann von Botzheim erstmals in Erscheinung und
zum Jahresende 1515 sind beide Brüder, nun auch
Hans d. J., in Basel nachgewiesen. Ob der erfolg-
reiche Basler Aufenthalt seiner Söhne den Vater Hans
Holbein d. Ä. dazu bewogen haben mag, ebenfalls
seinen Tätigkeitsbereich an den Oberrhein
auszudehnen, lässt sich nicht mit Sicherheit sagen.
Jedenfalls ist im Jahre 1517 auch ein „Meister Hanns
Holbein" Mitglied der Luzerner Malerzunft.

Nachdem die Augsburger Kopfsteuer für Hans
Holbein d. Ä. in den Jahren 1517/18 durch die
Herren von St. Martin bezahlt wird, befindet er sich
vermutlich im Jahr darauf wieder in Augsburg, wo
er das großformatige Spätwerk des „Lebensbrun-
nens" (Museu Nacional de Arte Antiga Lisboa) zu
malen beginnt, denn eine Klage wegen Schulden ist
Ende Jan. 1521 gegen den Künstler anhängig, der
sich damals nicht in Augsburg aufhält, aber dann
doch im folgenden Jahr wieder für die Stadt einen
Bildnisauftrag ausführt. Das Leben des Künstlers

„Basilika San Giovanni in Laterano", Hans Burgkmair d. Ä., 1502 Staatsgalerie Alte Meister Augsburg

scheint in den letzten Lebensjahren relativ unruhig verlaufen zu sein. Für 1524 ist Hans Holbein d. Ä. im Zunftbuch der Maler als verstorben eingetragen – wo allerdings (evtl. in Colmar oder Isenheim im Elsass), ist nicht näher bekannt. Vielleicht unter dem Einfluss von Burgkmair suchte der Künstler einen eigenen Weg in der Lösung von der spätgotischen Malweise hin zu neuem Reichtum an Farbe und Form; so erschließt dieser Maler der Renaissance sich (und damit seinem Auftraggeber) eine neue Bildwelt. Der Druckgrafik, die etwa im Werk seines Zeitgenossen Dürer einen wichtigen Stellenwert einnimmt, hatte sich Holbein nie gewidmet. Gleichwohl war er ein bedeutender Zeichner, der seine Gemälde mittels dieses Mediums vorbereitete.

Hans Burgkmair d. Ä. (1473-1531)

Seine erste Ausbildung erhielt Hans Burgkmair bei seinem Vater Thoman Burgkmair (1444-1523) in Augsburg. Ab 1488 verbrachte er wohl zwei Jahre bei Martin Schongauer (1445/50-1491) entweder in Colmar oder Breisach. Nach seiner Rückkehr in die Heimatstadt Augsburg entsteht mit dem Porträt des Straßburger Münsterpredigers Geiler von Kaysersberg (1445-1510) 1490 sein erstes datiertes und signiertes Werk (Staatsgalerie in der Katharinenkirche Augsburg). Ab 1491 ist der Künstler längere Zeit beim Augsburger Drucker Erhard Ratdolt (1442-1528) beschäftigt und übt dort die Tätigkeit des Reißers für den Holzschnitt – hauptsächlich liturgische Drucke – aus. 1498 erwirbt er das Meisterrecht, wird damit in die reichsstädtische Malerzunft aufgenommen und heiratet noch im selben Jahr Anna Allerley. Auf dem Reichstag 1500 lernt er Kaiser Maximilian I. (1459-1519) kennen. 1501 ergeht ein erster Großauftrag an ihn: Zusammen mit Hans Holbein d. Ä. malt er die sog. „Basilikatafeln" für das Dominikanerinnenkloster St. Katharina in Augsburg. 1503 scheint der Künstler eine Reise nach Köln unternommen zu haben, die

ihn evtl. bis in die Niederlande führte. 1505 malt er für den Kurfürsten Friedrich den Weisen von Sachsen (1463-1525) ein Triptychon (GNM Nürnberg), das die Nothelfer darstellt. Die Bedeutung dieses Auftrags zeigt, dass Burgkmair zu den bedeutenden Malern seiner Zeit gezählt wurde. Seit 1507 orientiert er sich, inspiriert von einer Reise, die ihn nach Oberitalien und Venedig führte, zunehmend an der Formenwelt und dem Kolorit der Kunst Italiens. 1508 beginnt sich der Künstler dem Farbholzschnitt zuzuwenden. In diesem Jahr nimmt er auch zusammen mit anderen Künstlern seine Arbeit an grafischen Zyklen im Dienste Kaiser Maximilians I. auf, die durch den Augsburger Humanisten Konrad Peutinger (1465-1547) vermittelt worden waren (1509 „Genealogie des Hauses Habsburg", 1511-18 „Theuerdank", „Weiskunig" und „Triumphzug Maximilians"). Zum Dank für seine Mitarbeit verlieh ihm der Kaiser 1516 den Wappenbrief. Höhepunkte seiner kirchlichen Malerei sind der Johannesaltar von 1518 und ein Jahr später, der Kreuzigungsaltar (beides Alte Pinakothek München). Ein ernstes Figurenideal und tiefe „italienische" Farbigkeit mit durchgehend komponierten Landschaftshintergründen kennzeichnen diese Werke. Neben rund 800 Holzschnitten haben sich auch annähernd 80 Zeichnungen des Künstlers erhalten. 1526 kaufte Burgkmair für sich und seine Frau ein sog. Leibgedinge (Verpflichtung, die Versorgung einer Person in Form von Naturalleistungen in Notzeiten zu übernehmen), um für das Alter vorzusorgen. Sein Wohnhaus in Augsburg befindet sich am Mauerberg 31. Zwischen Mai und Ende Aug. 1531 stirbt Hans Burgkmair in Augsburg. Sein Sohn Hans d. J. (1500-1562) kann das künstlerische Erbe des Vaters nicht fortsetzen. *cvb*

den Baugepflogenheiten nicht vorgesehen und musste vom Bauherrn beim Magistrat extra genehmigt werden.

Die Bombenangriffe von 1944 legten das Hotel in Schutt, wobei die Augsburger vor allem den großzügigen Erweiterungen des 19. Jhs., der sog. Teehalle, einer zeittypischen Eisen-Glas-Konstruktion, hinterhertrauerten. Stehen blieb nur die Barockfassade. Doch genau die war den Hauptanteilseignern der Drei Mohren AG ein Dorn im Auge. Die MAN nutzte das Hotel als vornehmes Geschäftshotel und wollte in den 1950er Jahren ein modernes, den technischen Standards der Zeit angepasstes Hotel. Die alte Fassade mit ihren gewaltigen Geschosshöhen passte da nicht dazu. Gegen den Protest der Augsburger wurde die Fassade niedergelegt und das Hotel in gemäßigt modernen Formen neu erbaut. Nur die „Drei Mohren" wurden im Original ins Innere gerettet und schlummern seitdem in der Bar des Hauses und als Kopie an der Fassade. *uh*

Tipp > Berühmte Gäste des Hotels „Drei Mohren" waren u. a. Friedrich Wilhelm I. von Preußen, sein Sohn Friedrich II., Casanova, Kaiser Franz I., die Mozarts, Johann Wolfgang von Goethe, Fürst Metternich, Richard Wagner, Franklin D. Roosevelt und Michail Gorbatschow. *ys*

---

8 Schaezlerpalais 🏛 🏰

auch: von Liebert'sches Haus, Maximilianstr. 46 💶 7€ / 5,50€ Garten: frei 🕐 Mi-So 10-17, Di 10-20 Höfe und Garten tägl. 10-17 📱 0821-3244118 🌐 www.augsburg.de ⬤ nein ⬤ ja ⬤ ja

Das Schaezlerpalais ist das bedeutendste bürgerliche Stadtpalais des 18. Jhs. in Augsburg. Heute wird das Palais als Museum genutzt. Untergebracht sind hier die Deutsche Barockgalerie, die Grafische Sammlung, ferner die Karl und Magdalene Haberstock-Stiftung mit ihrem bedeutenden europäischen Gemäldebestand sowie die Verwaltung der Kunstsammlungen und Museen Augsburg.
Das Schaezlerpalais befindet sich am ehem. Weinmarkt, in dessen Mitte 1602 der monumentale Herkulesbrunnen von Adriaen de Vries (1545-1629) errichtet wurde.
Das Schaezlerpalais wurde zwischen 1765-70 nach Plänen des Münchener Architekten Carl Albrecht von Lespilliez (1723-1796) als Wohn- und Geschäftshaus für den Bankier und Silberhändler Benedikt Adam von Liebert, Edler von Liebenhofen (1731-1810), und seine Frau Katharina Barbara, geb. Laire, errichtet. Lespilliez, Schüler des berühmten Münchner Baumeisters François Cuvilliés (1695-1768), gelang mit dem Stadtpalais ein großartiger Wurf privater Rokoko-Architektur, an deren Ausstattung der ital. Wandermaler Gregorio Guglielmi (1714-1773) für die Deckenfresken ebenso beteiligt war wie der kurbayerische Hofstuckateur Franz Xaver Feichtmayr d. J. (1735-1803) und dessen Bruder Simpert (1732-1806), der Bildhauer Placidus Verhelst (1727-1778) sowie Joseph Christ (1731-1788) als Maler der 67 in beiden Stockwerken erhaltenen Supraporten.

Historische Ansicht des Weinmarkts mit dem 1809 abgebrochenen Weinsiegelhaus

Auslöser für Lieberts außergewöhnliche Prunkentfaltung war seine 1763 erfolgte Aufnahme in den Reichsadelsstand und damit auch in das Augsburger Patriziat. Er erwarb 1764 das Sulzer'sche Haus am Weinmarkt, in dem 1527 Philippine Welser (gest. 1580) – spätere Gemahlin Erzherzog Ferdinands von Österreich – geboren wurde. Nach Teilabbruch und Neubau, bei dem die mittelalterliche Grundrissdisposition mit dreigeschossigem Kopfbau, Zwischentrakt, zwei Innenhöfen und Garten weitgehend beibehalten wurde, entstand im ersten Stock eine großzügige Enfilade, die in einem zwei Geschosse umfassenden Festsaal endet (23 Meter lang).
Das Palais ging etliche Jahre nach Lieberts Tod in den Besitz seines ebenfalls im Bankgeschäft tätigen Schwiegersohnes Johann Lorenz von Schaezler (1762-1826) über, der zu den wichtigen Kreditgebern des Königsreichs Bayern zählte und der hier u. a. im Jahre 1824 den Bayerischen König empfing. Seine Nachfahren stifteten das in der Familie stets so bezeichnete Stadthaus 1958 der Stadt Augsburg mit der Auflage, dieses nur zu kulturellen Zwecken zu nutzen. So sind hier seit 1964 die von dem damaligen Museumsdirektor Bruno Bushart gegründete Deutsche Barockgalerie und die Karl und Magdalene-Haberstock-Stiftung (gegr. 1957) sowie die Verwaltung der Kunstsammlungen und Museen Augsburg beheimatet. Eine Neukonzeption erfolgte im Rahmen einer umfangreichen Gebäudesanierung in den Jahren 2005/06, die u. a. auch vom World Monuments Fund unterstützt wurde.

Marie Antoinette kam zur Einweihung
Am Sonntag, dem 28. Apr. 1770, um 10 Uhr abends, fuhr Ihre königliche und kaiserliche Hoheit,

Erzherzogin Marie Antoinette, mit ihrer sechsspännigen Kutsche ins von Liebert'sche Haus ein, um das Gebäude mit einem Ball einzuweihen. Der Hausherr empfing den hohen Gast an der Treppe stehend und führte ihn zum festlich illuminierten Saal, wo ihn ein Orchester mit 24 Musikanten erwartete. Die Prinzessin tanzte mehrere Menuette und äußerte ihr „besonders gnädiges Wohlgefallen" über den prunkvollen Saal.

Geheimtipp > Potzblitz! Der historische Blitzableiter des Augsburger Schaezlerpalais.

Erst ein Sturm im Frühsommer 2007 brachte ihn ins Wanken, nach fast 250 Jahren, den ältesten Blitzableiter der Stadt, ja vielleicht den ältesten im ganzen Land. Auf dem Schaezlerpalais steht ein fast drei Meter hohes, fünfspitziges Eisenungetüm. Bei aller Größe war er jahrhundertelang niemandem aufgefallen und hatte still seinen Dienst getan. Ganz anders war es in den Jahren seiner Aufstellung. Im Jahr 1782 besuchte Johann Jakob Hemmer, der Leiter des kurfürstlichen Kuriositätenkabinetts in Mannheim, die Stadt Augsburg. Hemmer war ein großer Förderer der neuen Idee, mit Hilfe von Eisenstangen, Blitze vom Himmel in den Erdboden abzuleiten. Und er propagierte dafür den „Hemmer'schen Fünfspitz", eben genau ein solches Modell, wie es bis heute auf dem Dach des Schaezlerpalais steht.

Die Blitzableiter hatte in den 1750er Jahren Benjamin Franklin, amerikanischer Staatsmann und Allroundwissenschaftler, erforscht und bei einer seiner Europareisen 1762 auch auf dem alten Kontinent publik gemacht. Aufgeklärte Zeitgenossen begeisterten sich für diese Idee, doch das traditionell gottesfürchtige Milieu lehnte die neue Erfindung vehement ab. 1791 kommt es auch in Augsburg zu großem Streit in der Bürgerschaft, denn der Blitzableiter auf dem Schaezlerpalais wird verdächtigt, ein starkes Gewitter unnatürlich lange über der Stadt festgehalten zu haben. Die Ortszeitungen sind voller wütender Pamphlete, anonyme Streitschriften befehden sich gegenseitig. Doch die Erfindung bricht sich Bahn. Vor allem der Augsburger Fürstbischof, Clemens Wenzeslaus, eine schillernd changierende Figur zwischen prunksüchtigem Absolutismus und wissenschaftlicher Aufklärung, sorgt für Klarheit, indem er auf seine eigene Kathedrale Blitzableiter stellen lasst. Aus den ehem. verfluchten, gotteslästerlichen Stangen werden Signale für eine moderne Gesellschaft. *uh*

„Besuch Marie Antoinettes im Festsaal des Schaezlerpalais am 28. Apr. 1770" von Franz Thomas Weber (1761-1828), 1819

„Augustus und Cleopatra" von Anton Raphael Mengs (1728-1779), 1758 – Eine Inkunabel des Klassizismus

Außen

Das zentrale Portal der dreigeschossigen und mit sieben Fensterachsen gegliederten Hauptfassade ist durch einen Balkon sowie einen zentralen Dreiecksgiebel mit dem Liebert'schen Wappen und bekrönendem goldenen Morgenstern betont. Der Balkon ist mit einem aufwendigen, teils vergoldeten Gitter ausgestattet. Über ein einschiffiges Vestibül mit toskanischen Säulen erfolgt der Hauptzugang in das Palais, rechter Hand befanden sich die Kontore (heute Kasse und Cafeteria), linker Hand erschließt das Haupttreppenhaus, das mit dem ovalen Deckenfresko von Gregorio Guglielmi aus dem Jahre 1766 (sign.) überwölbt ist, die beiden oberen Stockwerke. Das Fresko stellt „Apoll und Merkur mit den Sieben freien Künsten" dar. Hinter dem Vorderhaus, das das Treppenhaus, und in den oberen Stockwerken, jeweils drei Empfangsräume enthält, sind zwei durch den Küchentrakt getrennte Innenhöfe angelegt: der vordere, der Küchenhof, und der hintere, der Stallhof. Der sich anschließende Garten ist durch einen langen, ehem. als Orangerie verglasten Ar-

kadengang zu erreichen. Auf der Straßenseite erstreckt sich der Bau entlang der Katharinengasse über rund 110 Meter mit insgesamt 32 Fensterachsen. Am Ende vermittelt ein schräg gestellter Bauteil mit zwei sog. Dreieckszimmern zur anschließenden Katharinenkirche. *ct*

Deutsche Barockgalerie

Blick in die über 100 m lange Enfilade des Schaezlerpalais

Die Deutsche Barockgalerie ist nach thematischen Einheiten gegliedert. Im ersten Geschoss befindet sich ein Vorzimmer, in dem auf einer Tafel die Geschichte des Hauses dokumentiert ist; es folgen das Balkonzimmer (Mitte), das Kaminzimmer (rechts) und das Eckzimmer (links), das zur großen Enfilade überleitet. In diesen Räumen sind Reste der ehem. Raumausstattung erhalten, mehrere Trumeau-Spiegel und Konsoltische an der Außenwand zum Herkulesbrunnen hin, ebenso vergoldete Glaslüster mit Vögeln. Die weißen, rekonstruierten Öfen (Balkonzimmer und Eckzimmer) stammen aus der ersten Hälfte des 19. Jhs. und sind im Zuge der letzten Restaurierung zu Heizzwecken eingebaut worden. Das Kaminzimmer ist der Familiengeschichte gewidmet. Die große Raumflucht (Enfilade) besteht aus

Der prachtvolle Festsaal im Schaezlerpalais, in dem schon Marie Antoinette Menuette tanzte.

verschieden großen Räumen mit jeweils einer den Fenstern gegenüber liegenden Doppelflügeltür, die in den dahinter liegenden Dienergang führt (für Besucher nicht zugänglich). Über den Türen befinden sich die zur urspr. Raumausstattung gehörenden Supraporten mit Darstellungen aus den Metamorphosen des Ovid. Der letzte, längsrechteckige Raum war der ehem. Speisesaal. Er ist noch mit Spiegeln und Konsoltischen zwischen den Fenstern sowie original gerahmten Supraporten eingerichtet. Von hier aus betritt man den großen Festsaal, den überraschenden Höhepunkt der Raumflucht.

Der Festsaal – ein Muss

Beim Betreten besticht der Festsaal durch seine gewaltige Dimension: 23 m lang und 10,30 m breit. Herausragend ist der außergewöhnliche Erhaltungszustand, denn 95 % seiner Oberfläche ist im Original erhalten. Die Längswände sind mit je sieben Fensterachsen mit zwei übereinander liegenden Fenstern gegliedert, dazwischen reich vergoldete Spiegel mit Konsoltischen und Kanapees, die einzigen Möbel des Raumes. Die fünfachsigen Schmalwände nehmen einen zentralen Kamin und seitliche Flügeltüren auf.

Malereien

Die Decke öffnet sich durch ein Fresko als „trompe l'oeil": Gregorio Guglielmi malte das große Deckenoval „Der Handel verbindet die vier Weltteile". Zum Hauptzugang hin ist die Personifikation Amerikas zu erkennen, mit einem Schiff, auf dem das Medici-Wappen angebracht ist; im Zentrum die auf einer Wolkenbank sitzende Europa, und der schwebende Merkur, sein Füllhorn über dem Besucher ausschüttend; rechts der beflügelte Chronos, als Hinweis auf die Vergänglichkeit, und links die Posaune blasende Fama, die den Ruhm verkündet. Allerlei Exotismen kennzeichnen die Erd-

Porträt der Dominica Martha Grassi von Johann F. A. Tischbein (1750-1812), 1800

„Die Heiligen des Benediktinerordens" von Johann Evangelist Holzer (1709-1740), um 1737

teile Asien und Afrika, darunter Strauße und ein schillerndes Krokodil. Die vier Weltteile sind darüber hinaus auch in den Sophonias de Derichs (1712-1773) zugeschriebenen Supraporten in Gestalt ihrer Flora und Fauna repräsentiert. Dieses weltumspannende Thema wird in den vergoldeten Bekrönungen der Spiegel durch verschiedene Symbole wiederum aufgegriffen und weitergeführt: An der Schmalseite befinden sich die vier Jahreszeiten, an den Längsseiten die Symbole der Tage, Wochen und Tierkreiszeichen, die die kosmische Ordnung als Ganzes reflektieren. Der Festsaal wird so zum Abbild des gesamten Universums, das sein Naturkorrelat im geometrischen Garten findet, der durch die Südfenster zu sehen ist. ct

„Stillleben mit Brot, Fisch, Ingwer und Muskatnuss" von Georg Flegel (1566-1638), um 1630-38

Tipp > Aus der Nähe betrachtet fällt die gelungene Restaurierung auf: Die Oberfläche der Stuckierungen, die ehem. vollständig vergoldet waren, erhielten bei Fehlstellen eine Schließung in einem Gelbton: Das Auge ergänzt aus der Entfernung automatisch Gold! ys

Karl und Magdalene Haberstock-Stiftung
Im Vorzimmer des zweiten Geschosses ist seit 2007 die mit EU-Mitteln restaurierte Papiertapete von 1829 mit Szenen aus den Feldzügen Napoleons wieder an-

Geheimtipp > Kleine, unscheinbar wirkende „Löcher" in der Decke des Festsaals haben große Wirkung: Es handelt sich hierbei um Belüftungskanäle aus dem 18. Jh. noch mit den originalen Lederklappen versehen. Betrachtet man deren Anzahl und Größe, so ist es umso erstaunlicher, dass der Festsaal hiermit tatsächlich eine ausreichende Durchlüftung erhielt. ys

gebracht (Paris, Manufaktur Joseph Dufour und Leroy). Sie wurde in einer aufwendigen Drucktechnik mit Holzmodeln in Grisaille gedruckt. In den drei vorderen Räumen zum ehem. Weinmarkt hin befinden sich die Gemälde der Karl und Magdalene Haberstock-Stiftung. Der in Augsburg gebürtige Kunsthändler Karl Haberstock (1878-1956) betrieb in der ersten Hälfte des 20. Jhs. einen florierenden Kunsthandel und vertrat zunächst zeitgenössische dt. Malerei, ehe er sich auf den Altmeisterhandel konzentrierte. Im Dritten Reich stieg er zu einem wichtigen Lieferanten für das Linzer Führermuseum auf, viele Nazigrößen zählten zu seinen Kunden. Seine Privatsammlung umfasst rund 40 Meisterwerke europäischer Malerei von Paolo Veronese bis hin zu Giovanni Battista Tiepolo, Jacob Jordaens, Jacob van Ruisdael und Canaletto.

„Satyr bei der Bauernfamilie" von Jacob Jordaens (1593-1678) und Werkstatt, 1620

„Tarquinius und Lucrecia" von Giovanni Battista Tiepolo (1696-1770), 1749/50

„Venus und Adonis" von Paolo Veronese (1528-1588), 1563/65

Rokoko-Garten

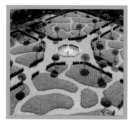

Der 1.150 qm große Garten wurde 2006 nach dem ältesten erhaltenen Gartenplan von 1808

Geheimtipp > Die drei Meter hohe sog. Schaezleruhr steht heute an der Stirnwand des ehem. Speisezimmers. Sie stammt aus dem Besitz der Familie von Schaezler, die sie wohl aus dem Nachlass des Trierer und Augsburger Fürstbischofs Clemens Wenzeslaus erworben hatte. Das Luxusmobel wurde in der Werkstatt David Roentgens (1743-1807) in Neuwied gefertigt, sein Uhrwerk stammt von Achenbach & Schmidt. Über dem Ziffernblatt befindet sich eine Mondphasenanzeige und eine Melodienskala mit den Bezeichnungen Andante, Menuet, Polonoise und Allegro. Die kostbare Uhr, die 2006 mit Hilfe der Siemens Kunststiftung erworben werden konnte, vertritt einen klassizistischen Uhrentypus, der nur noch in zwei weiteren Beispielen nachweisbar ist (Neuwied, Bonn). ct

Innenhöfe an der Maximilianstraße

Die meisten der Höfe sind tagsüber unter der Woche geöffnet; das Vhs-Führungsnetz bietet Rundgänge zu den Höfen an, www.vhs-augsburg.de

72

Kunstwerke seien sie, die Augsburger Bürgerhäuser, schrieb der schweizerische Reisende Taponier mit dem verklärten Blick des 19. Jhs.; und sein berühmter Vorgänger Michel de Montaigne fand sie schlicht größer und „schöner" als in den franz. Städten. Zu einem „richtigen" Augsburger Großbürgerhaus gehört ein Hof, im günstigsten Fall mit anschließendem Garten. Bis heute tragen zahlreiche Innenhöfe zum stadträumlichen Reiz der Maximilianstraße bei. Höfe anzulegen hatte jedoch zunächst rein funktionale Gründe: Sie gewährleisteten in der engen, brandgefährdeten Stadt eine ausreichende Belichtung und Belüftung der Wohnräume. Großzügige Einfahrtsbereiche und Aufzugsgiebel in den Dachgeschossen lassen erkennen, dass die Innenhöfe zudem als Warenumschlagplätze dienten. Durchfahrt, Innenhof und hofseitiges Treppenhaus bildeten deshalb eine funktionale Einheit zur Erschließung der Bürgerhäuser.

Eine schematisch wiederkehrende Hofform gibt es in Augsburg nicht, denn die Grundstücke sind dafür zu unregelmäßig. Bestimmte Merkmale kehren jedoch immer wieder: An das Vorderhaus ist mindestens ein schmaler Flügel, die sog. Abseite, für Gesinderäume oder Ställe angebaut. Der Hof kann nach einer oder zwei Seiten offen sein oder in einen Garten übergehen. Gerade an der Ostseite der Maximilianstraße war jedoch zu wenig Platz für die Anlage von Gärten. Dies hatte indes auch Vorteile: Die Hofanlagen sind durch zusätzliche Hinterhäuser geschlossen, als sog. Durchhäuser können die Gebäude von zwei Straßen aus erschlossen werden. Der Charakter der Höfe änderte sich: Waren sie anfangs funktional und schlicht, so wurden sie seit dem Ende des 15. Jhs. zunehmend auch aufwendig gestaltet. Vorbildlich wirkte in dieser Hinsicht das rein repräsentative Damenhöfchen (s. Fuggerhäuser): Italienische Formen wie Arkadenbögen, toskanische Säulen oder Pilaster, Tondi, Profilierungen oder Diamantquader kamen v. a. an den Abseiten zum Einsatz; im Inneren der Seitentrakte fanden nun auch Kabinetträume Platz. Hofbrunnen bildeten Blickpunkte. Die meisten Innenhöfe waren aber trotz ihrer architektonischen Durchbildung immer noch ganz auf die funktionalen Bedürfnisse ihrer Bewohner zugeschnitten.

Nr. 39

Das Haus von Hieronymus Harter ist 1598/99 von Elias Holl 1598/99 errichtet worden. Die Abseiten zieren hier besonders feine Felderungen und Profile. Das Haus liegt direkt an der Abhangkante der Augsburger Hochterrasse. An den heute noch erhaltenen oberen Hof schloss sich in früherer Zeit ein Unterer Wirtschaftshof an (vgl. auch Wintergasse 7 mit offenem Treppenhaus mit Laubengang).

Nr. 48

Der Innenhof des Höhmannhauses entspricht beinahe dem Idealbild: Schmale Abseiten rahmen den Hof seitlich, der anschließende Garten ist mit einer aufwendigen Brunnenwand des Elias Holl abgetrennt. Unter den eigenen Füßen ist hier der traditionelle Augsburger Bodenbelag – Lechkiesel – zu spüren.

Nr. 57

Der Innenhof des großzügigen Durchhauses zeigt nach der Sanierung eine gelungene Neunutzung als stimmungsvollen Rahmen für Geschäfte und ein Café. Anhand der Hoffassaden ist die geschichtete Geschichte des Bauwerks ablesbar: Reste historischer Bemalung sind ebenso transparent wie die Eingriffe des 2007 abgeschlossenen Umbaus – Holzverschalungen in Grautönen sowie die schlanken Eisenstützen des Laubengangs.

Nr. 58

Die von der Kapuzinergasse aus sichtbare Abseite des Bosch-Hauses gehört zu den aufwendigsten in Augsburg. Die Arkadenwand wurde 1550 für Melchior Hainhofer errichtet und ist mit ihren Profilen und den Tondi mit Profilbildnissen von Brunelleschis (1377-1446) Findelhaus (1419) in Florenz inspiriert.

Nr. 59

Die gleichen Platten wie am Brunnen des Gossner-Hauses (Nr. 65) schmücken auch das Becken (1734) im ansonsten schlichten Innenhof im Haus des Antonio Brentano Mezzegra, allerdings ergänzt um das Allianzwappen Rehlinger-Ilsung.

Nr. 65

Wie das Höhmannhaus exemplarisch für eine Anlage mit Garten stehen kann, so zeigt der unregelmäßige Binnenhof des Gossner-Hauses die typische Durchhaus-Form. Das Gebäude kann komplett durchfahren werden, die Hofanlage ist relativ schlicht, einziger Akzent sind der Brunnen mit 5/8-Schluss und seine Rahmung: Zwei ionisierende Säulen tragen einen kleinen Balkon. Auf den gusseisernen Platten des Brunnens ist Neptun zu sehen, der auf einem Fisch reitet.

Nr. 79

Natürlich ließen sich gegen 1600 reiche Bürger auch Höfe von Elias Holl errichten, der wesentlich plastischere Architekturglieder zum Einsatz brachte. Auf den Innenhof des Garben-Hauses (1599/1600) mit seinen Diamantquadern scheint er besonders stolz gewesen zu sein, denn er bezeichnet ihn als „gewaltig schön zuegericht und außgebaut".

Nr. 81

Der Hof des Eser-Hauses ist besonders extravagant mit Kragbalkonen und Holzbalustern versehen. Blickfänger ist die Brunnenwand. Sie führt mit Pilastern, verkröpftem Gebälk und einem Volutengiebel mit zentral eingestellter Poseidon-Figur manieristische Gliederungselemente vor. Im Architekturrahmen sitzt ein Kupferbild von 1630 in der Art Johann Rottenhammers (1564-1625), das Poseidon in Begleitung der Nymphe Thetis zeigt und damit das Element Wasser thematisiert.

Ulrichsplatz 12

Eine Besonderheit unter den Höfen an der Maximilianstraße bildet das Martini-Haus mit seinem erst 1896 von Jean Keller gestalteten Kutschenhof mit Treppenturm, gusseisernen Stützen und neubarocker Ornamentierung. *gn*

rekonstruiert. Die annähernd quadratische Vierfelderanlage mit zentralem Brunnen weist die Binnengliederung mit ornamentalen Schlängelwegen auf. Die Felderbegrenzungen sind mit geschnittenen Buchshecken und hochstämmigen Kornellkirschen ausgeführt.

Im hinteren Bereich befand sich ein parallel zur Außenmauer angelegter Nutzgartenstreifen, in dem heute fünf Großskulpturen aufgestellt sind. Vier Skulpturen von Joseph Michael Haff (1773-1823), um 1807, waren vormals auf der Balustrade des Zollamtsgebäudes in der Hallstraße (dahinter sichtbar) aufgestellt: Personifikationen des Reichtums (abundantia), des Glückes (fortuna), des Fleißes (industria) sowie eine Merkurfigur. Die Marmorfigur einer Trauernden von dem Augsburger Bildhauer Ignaz Ingerl (1752-1800), um 1785, stammt urspr. aus dem Schlossgarten von Schloss Aystetten. In der hinteren Ecke des Gartens befindet sich das ehem. Hühnerhaus. ct

Geheimtipp > Es lohnt sich ein Besuch in der Cafeteria (neben der Kasse). Hier kann man auf originalen Biedermeiermöbeln Platz nehmen. Die Möbel wurden 2007 von der Familie Siedler von Schaezler zur Verfügung gestellt, restauriert und neu gepolstert. Neben Kaffee und Kuchen kann man in ganz Augsburg ausschließlich hier das originale Schaezlerpils genießen. Wie das Mobiliar so stammt auch das Schaezlerpils von dem Nachfahren, Dr. Siedler von Schaezler, und wird in der Brauerei in Schloss Scherneck bei Rehling gebraut. Es ist mit einem schön gestalteten exklusiven Schaezler-Label versehen und darüber hinaus sehr schmackhaft. Ein Ausflug nach Schloss Scherneck in Rehling (ca. 15 Minuten mit dem Auto) rundet den Besuch des Schaezlerpalais ab. ys ct

9 St. Katharina ✝ 🏛

Votivbild des Ulrich Schwarz von Hans Holbein d. Ä. (um 1465-um1524), um 1508

Katharinengasse 9, Eingang über das Schaezlerpalais, Maximilianstr. 46 🕐 wie dort

Als das Dominikanerinnenkloster St. Katharina seit 1498 auf Betreiben der Priorinnen Anna Walther und Veronika Welser tiefgreifend umgebaut wurde, existierte es bereits seit über 200 Jahren. Ermöglicht wurde der Umbau durch eine Stiftung von Ulrich und Anna Walther. Burkhard Engelberg (1447-1512) erstellte zunächst die Klausur mit Kreuzgang und Kapitelsaal in schlichter Architektursprache neu. Die 1516/17 vielleicht von Hans Hieber (gest. 1522) und Hans Engelberg erbaute zweischiffige Klosterkirche mit Polygonalchor erhielt, wie für Bettelordenskirchen typisch, keinen Turm, sondern nur einen zierlichen Dachreiter. Im 18. Jh. erfolgte eine Barockisierung, an der Johann Georg Bergmüller (1688-1762) mit einem Chorfresko beteiligt war. Mit der Säkularisierung 1803 endete die Geschichte des Klosters, nicht jedoch die der Gebäude: Nach einer Nutzung als Warenlager wurden Konventsgebäude und Kirche 1833-35 durch Joseph Pertsch (1806-1841) umgebaut. Seitdem dient die Katharinenkirche als Gemäldegalerie, das Kloster als Schule.

Tipp > In den ehem. Klostergebäuden wurden z. B. Franz von Lenbach (1836-1904) und Rudolf Diesel (1858-1913) unterrichtet. gn

Das ehem. Kirchenschiff von St. Katharina wurde durch eine Decke auf Höhe der einstigen Nonnenempore in zwei Stockwerke und drei Galerieräume unterteilt, der

Chor nach außen kastenartig ummantelt. Mit ihrer schlichten, streng symmetrischen Putzgliederung ist die Fassade zur Katharinengasse eines der wenigen Beispiele des sog. „Rundbogenstils" in Augsburg.

Innen

Trotz der Umbauten des 19. Jhs. ist der Charakter der Dominikanerinnenkirche noch nachvollziehbar: Die drei Galerieräume entsprechen in etwa der alten Einteilung in Polygonalchor, Laienschiff und Nonnenempore. Auffällig ist die Zweischiffigkeit der von Licht durchfluteten Räume, die, wie bei St. Magdalena, auf die Ursprungskirche der Dominikaner in Toulouse hindeutet. Die Bauweise beider Dominikanerkirchen zeigt die Vorliebe der nach 1500 in Augsburg tätigen Baumeister für schlanke Stützen und weiträumige „spätgotische" Hallen (s. Kath. Hl.-Kreuz). In St. Katharina bestimmte aber zudem ein „italienischer" Dekor den neuartigen Charakter der Kirche: Wie im hintersten Galerieraum zu sehen, waren Gurtbögen und Schlusssteine des Kreuzrippengewölbes mit Blüten besetzt, venez. Kompositkapitelle markierten schon zur Erbauungszeit den Übergang vom Gewölbe in die Stützen. Durch die vielleicht bewusst eingesetzte „Zweisprachigkeit" lässt sich diese Architektur stilistisch weder der ital. Renaissance noch der Spätgotik zuordnen. Vielleicht gerade deshalb galt St. Katharina offenbar als ein Musterbau seiner Epoche, da Albrecht Dürer von Caritas Pirkheimer gebeten wurde, Visierungen der Kirche als Vorbild für den Neubau der Nürnberger Clarissenkirche anzufertigen. Der mutmaßliche Schöpfer der Katharinenkirche, Hans Hieber, bleibt indes ein Phantom der Architekturgeschichte: Ihm sind nur wenige Bauten zweifelsfrei zuzuordnen. So gilt als sein „Hauptwerk" lediglich ein aufwendiges Modell für die Kirche „Zur Schönen Maria" in Regensburg. gn

Staatsgalerie Alte Meister in der Katharinenkirche, Zugang über das Schaezlerpalais 🕐 wie dort

Die Augsburger Staatsgalerie Alte Meister in der ehem. Katharinenkirche gehört zu den ältesten Filialmuseen der Bayerischen Staatsgemäldesammlungen. Am

Innenansicht der Katharinenkirche

22. Dez. 1805 hatte das Kurfürstentum und nachmalige Königreich Bayern von Augsburg Besitz ergriffen und schon ein halbes Jahr später formulierte der Münchner Zentralgaleriedirektor Christian von Mannlich (1741-1822) die Absicht, für den vor allem durch die Säkularisation inflationär angewachsenen Gemäldebestand des jungen Königreichs auch in Augsburg adäquate Räumlichkeiten einzurichten. Ein Platz war bald mit dem von jeher viel zu weitläufigen Holl'schen Rathaus gefunden, und im Dez. gab es die ersten Transporte dorthin. Freilich war die Unterbringung der Bilderschätze dort nur provisorisch, sodass Mannlich sich bald nach geeigneteren Lokalen umschauen musste, bis seine Wahl auf die seit 1807 leerstehende Kirche des Dominikanerinnenordens bei St. Katharina fiel. Weil aber die finanziellen Mittel – wie so oft – begrenzt waren, dauerte die Umsetzung der ehrgeizigen Galeriepläne noch ein Vierteljahrhundert.

Wie viele Provisorien erwies sich dasjenige im Rathaus daher als zählebig: Die Zahl der im Goldenen Saal und den angrenzenden Fürstenzimmern ausgestellten Gemälde und derjenigen, die im Katharinenkloster zunächst lediglich deponiert waren, betrug bald über 1.000. Der Ausbau der Katharinenkirche zur Galerie konnte, nach Konsolidierung des Staatshaushalts, endlich zwischen 1833-35 in Angriff genommen werden. Der bewährte Magistrats-Bauinspektor Joseph Pertsch (1806-1841) plante dafür, das zweischiffige Kirchenschiff des frühen 16. Jhs. mittels einer Zwi-

schendecke in zwei Stockwerke – ein niedriges Erdgeschoss und ein hohes, lichtes Obergeschoss – zu unterteilen. Das neu gewonnene Untergeschoss nahm ein staatliches Weinlager auf; im oberen Stock wurden durch Zwischenwände drei hohe Säle gewonnen, wobei leider die barocken Deckengemälde Johann Georg Bergmüllers (1688-1762) im ehem. Chor der Kirche verloren gingen. Zwecks museumsgerechter Lichtführung wurden die Fenster der Südseite vermauert und in die Zellen über dem Kreuzgangnordflügel Kabinette eingebaut. Durch eine spätklassizistische Fassadengliederung sollte auch im Äußeren der sakrale Charakter des Gebäudes so weit als möglich eliminiert werden. Am 12. Okt. 1835, dem Tag der silbernen Hochzeit des bayerischen Königspaares, wurde die „Königliche Filial=Gemäldegallerie Augsburg" mit einem „dreymaligen Lebehoch für das Wohl der königl. Majestäten" und „unter dem Schmettern der Trompeten" eröffnet.

Die Galerie präsentierte zunächst als eine Art „Kleine Alte Pinakothek" mit über 700 Gemälden einen Querschnitt durch alle alten Malerschulen. Zu ihren vielen Höhepunkten zählten Spitzenwerke wie die „Nilpferdjagd" des Peter Paul Rubens oder Michael Pachers „Kirchenväteraltar" aus Kloster Neustift bei Brixen. Von jeher bildeten aber auch Hauptwerke der Schwäbischen bzw. der Augsburger Malerei einen Schwerpunkt der Sammlung, der mehr und mehr ausgebaut wurde. Der große Neuanfang wurde nach dem Zweiten Weltkrieg unternommen: 1951 konnte die Galerie an das mittler-

weile von den Städtischen Kunstsammlungen genutzte Schaezlerpalais räumlich angeschlossen werden; als man die Hängung 1961-64 einer erneuten Revision unterzog, wurde durch Tausch mit dem Holbeingymnasium der heutige Raum I gewonnen, während die Kabinette an der Südseite aufgegeben und Schulzwecken zugeführt wurden.

Exponate

„Samson und Delila" von Lucas Cranach d. Ä., 1529

Die Staatsgalerie Augsburg präsentiert heute mit etwa 100 Gemälden ausnahmslos Werke der Malerei um 1500 mit Bezug zur ehem. Reichsstadt oder zu Schwaben. Leihgaben der Augsburger Kunstsammlungen oder kirchlicher und privater Eigentümer bereichern den kostbaren Bestand und manches wichtige Stück. Viele der ausgestellten Bilder sind alte Stiftungen Augsburger Bürger und nicht wenige zählten zum historischen Kunstbesitz des Katharinenklosters, darunter die sechs Darstellungen der römischen Basiliken (1499-1504) von Hans Holbein d. Ä. (1460/65-1524), Hans Burgkmair (1473-1531) und dem Monogrammisten LF (Raum III), die somit wie in kaum einem anderen Museum ihrem alten Bestimmungsort verbunden blieben. Andere bedeutende Werke stammen aus der Dominikanerkirche St. Maria Magdalena (heute Römisches Museum), dem bevorzugten Begräbnisort des Patriziats: Leonhard Becks „Stetten'sche Anbetung", Bartholomäus Zeitbloms „Rembold'sche Valentinstafeln" (beide Raum II) oder Ulrich Apts „Rehlinger'scher Kreuzigungsaltar" (Raum IV). Viele Porträts lassen die Stifter, ihre Familien und die Geschichte ihrer Stadt im wörtlichen Sinn lebendig werden: Hans Burgkmairs „Füstbischof Friedrich von Zollern", Albrecht Dürers „Jakob Fugger der Reiche" (beide Raum III) oder Christoph Ambergers Bildnispaar „Konrad Peutinger und seine Gemahlin Margarete Welser" (Raum IV). In die Frühzeit der Schwäbischen Tafelmalerei führen die drei Passionsbilder des anonymen Meisters von Schloss Lichtenstein, der monumentale Kalvarienberg des „Meisters von 1477" benannt nach der Datierung dieses Bildes (in der Mitte des Vordergrundes), und die Altarflügel des Meisters der Landsberger Geburt Christi (die Vedute der Stadt am Lech ziert den Hintergrund der beiden Tafeln) aus der Augsburger St. Moritzkirche. Die bedeutenden Malerschulen der benachbarten Reichsstädte Ulm, Memmingen und Nördlingen vertreten Werke Martin Schaffners („Drachenkampf des Hl. Georg", Wettenhauser Altarflügel [Raum IV]), Bernhard Strigels (Tafeln des „Buxheimer Altars" [Raum I], Bildnis König Maximilians [Raum IV]) und Hans Schäufelins (Tafeln vom „Christgartner Altar", Bildnis des Abts Alexander Hummel von Deggingen [Raum IV]). Der enge Provinzbezug der Bildauswahl erbrachte somit alles andere als eine provinzielle Galerie: In der Katharinenkirche steht heute eine der bedeutendsten Galerien altdeutscher Malerei vor Augen, die Gemälde von Weltrang versammelt. *cm*

10 Herkulesbrunnen ⚓

Maximilianstr.,
beim Schaezlerpalais

Herkules im Kampf mit der Hydra

Der 1602 vollendete Herkulesbrunnen ist das Hauptwerk des holländischen Bronzeplastikers Adriaen de Vries (1556-1626), eines Schülers des berühmten Hofbildhauers der Medici, Giovanni da Bologna. Schon die Zeitgenossen rühmten den Herkulesbrunnen, der sofort durch Kupferstiche in ganz Europa bekannt gemacht wurde, als „opus stupendum" – als staunenerregendes Werk.
Im Verkehrsgetümmel der Maximilianstraße kann man sich heute nur noch schwer die urspr. Wirkung dieses grandiosen Brunnenmonuments vergegenwärtigen. Besonders störend ist seine jetzige Insellage. Einst gab ihm das dahinter stehende städt. Siegelhaus optischen Halt, denn es schuf einen Platz mit dem Herkulesbrunnen als dessen Mitte. Zwar hatte Adriaen de Vries, der sich in der ambitionierten Signatur der Hauptgruppe zudem als „ARCHITECTVS" bezeichnete, den Brunnen als allansichtiges Kunstwerk konzipiert, doch hatte der Herkulesbrunnen eindeutig eine Hauptansicht, die nicht der heutigen Aufstellung entspricht: Bereits im 18. Jh. wurde der Brunnen zu seinem ästhetischen Nachteil um 60 Grad gegen den Uhrzeigersinn gedreht. Urspr. wies die Schmalseite des Brunnenpfeilers mit der tuchwringenden Grazie zur Straßenmitte. So hatte man, vom Merkurbrunnen kommend, eine wesentlich effektvollere Ansicht: Die Hauptgruppe wirkte dynamischer und man erblickte alle drei Grazien zugleich. Schließlich wurde nach dem Zweiten Weltkrieg das neue Brunnenbecken zu groß dimensioniert, sodass das barocke Eisengitter des 18. Jhs. nicht wieder aufgestellt wurde.

Figurenprogramm

Der sechseckige Brunnenpfeiler wird von der fast 3,5 m hohen Bronzegruppe „Herkules im Kampf mit der Hydra" bekrönt. Wie alle Bronzen wurde auch diese riesige Plastik in einem Stück im sog. Wachsausschmelzverfah-

Gründung der Colonia Augusta

Triumphzug der Stadtgöttin Augusta

Concordia (Eintracht) der Stadtgöttin Roma und Augusta

ren im städt. Gießhaus (heute Stetten-Institut) vom Stadtgießer Wolfgang Neidhardt gegossen – eine technische Meisterleistung! Herkules bekämpft die Hydra mit einer brennenden Keule. Im antiken Mythos wird er dabei von seinem Gefährten Iolaos unterstützt. Adriaen de Vries verdichtete die Handlung und fokussierte sie auf das dramatische Ringen der monströsen Bestie mit dem in klassischer Nacktheit agierenden Heros. Die komplexe Figurenkomposition nimmt die Sieg des Halbgotts optisch bereits vorweg. Die Löwenmasken am oberen Pfeilergesims verweisen auf Herkules' erste Heldentat, die Tötung des Nemeischen Löwen, dessen Fell der Heros fortan trug. Auf halber Höhe des Brunnenpfeilers sitzen die drei „Grazien", Personifikationen der Anmut und des Liebreizes wie auch Sinnbilder von Schönheit und Reinheit: Sie sind nackt und gehen verschiedenen Tätigkeiten der Körperpflege nach: Die eine wringt ein Tuch aus, die andere gießt aus einer Kanne Wasser über Bein und Fuß, die dritte streicht das Wasser aus ihren Haaren. Ihre Füße ruhen auf Muscheln, die das Wasser auffangen und es in das große Brunnenbecken laufen lassen. Als Stützfiguren der Muschelbecken dienen Tritonen, bei denen es sich laut antikem Mythos um wollüstige Seewesen handelt, die mit Vorliebe Frauen nachstellen. Ihre Fischleiber rollen sich zu Konsolen für die Muscheln auf. Neben diesen architekturgebundenen Wesen stehen freiplastische Figuren geflügelter Eroten. Sie eifern Herkules nach, denn sie bändigen junge Schwäne, Attribute

der Liebesgöttin Venus. Sie tun dies bezeichnenderweise mit Pfeil, Bogen und Augenbinde. Dieser Teil des Bildprogramms handelt von der Überwindung des Lasters durch die Tugend. Der antike Heros erscheint als exemplum virtutis, als Tugendheld, der sich gegen das Laster entschieden hat, das hier in mythologisch-allegorischer Bildsprache als triebhafte Wollust vorgestellt ist. Für seinen Tugendweg wurde der sterbliche Heros mit der Unsterblichkeit belohnt. Die „an klaren Wassern" sitzenden Grazien waren nach antikem Mythos die ersten, die den vergöttlichten Herkules im Olymp begrüßten. Die urspr., heute nicht mehr erhaltene Widmungsinschrift am mehrfach erneuerten Brunnenpfeiler lautete: „VIRTVTI ET GRATIIS" (Der Tugend und den Grazien gewidmet).

Wo ist der Bezug zu Augsburg? Eine Reichsstadt, wie es Augsburg bis 1806 war, war keinesfalls der

demokratische Gegenentwurf zur fürstlichen Autokratie. Innerhalb der Augsburger Bürgerschaft gab es eine tiefe Kluft: Die Patrizier, der Stadtadel, regierten die Stadt zusammen mit der reichen Kaufleuteschaft. Das waren knapp zehn Prozent der Stadtbewohner, deren große Mehrheit die Handwerker, Geistlichen, Krämer und Tagelöhner bildeten. Diese sog. Gemeine war faktisch politisch machtlos. Die heutige Maximilianstraße, insbesondere der einst Weinmarkt genannte Bereich zwischen Merkurbrunnen und Herkulesbrunnen, war hingegen das Zentrum patrizischer Lebenswelt. Hier stehen die berühmten Fuggerhäuser oder das Liebert'sche Wohnhaus, das heutige Schaezlerpalais. Hier feierte sich der Stadtadel und hier feierte er: z. B. auf den Reichstagen oder bei den Besuchen des Kaisers und anderer hoher Fürsten. Der Weinmarkt war ein öffentlicher, patrizischer, also aristokratischer Festraum, auf dem man z. B. „Ritterspiele", Turniere, abhielt. So entfaltet der Herkulesbrunnen ein betont höfisches Bildprogramm, wie es an Residenzen vielfach anzutreffen ist, denn man kultivierte hier die gleichen aristokratischen Ideale. Das Patriziat orientierte sich vor allem an München und Prag, den bedeutenden Residenzen der Wittelsbacher und der Habsburger. Mit ihnen wollte und konnte man konkurrieren: Zuerst leistete man sich den Hofbildhauer der Wittelsbacher, Hubert Gerhard, der den 1594 fertiggestellten Augustusbrunnen schuf. Da dieser nicht länger zur Verfügung stand, holte man Adriaen de Vries, der bereits für Kaiser Rudolf II.

gearbeitet hatte, aber noch nicht fest gebunden war, so dass er von 1596 bis 1602 für Augsburg verpflichtet werden konnte. Noch 1602 ernannte ihn dann Rudolf II. zum Kammerbildhauer und holte de Vries nach Prag. Nichts lag den Patriziern ferner, als sich mit der Gemeine „gemein" zu machen, auch wenn gerne erzählt wird, der Herkulesbrunnen verherrliche die Augsburger Handwerker, die das in der Hydra symbolisierte Wasser nutzbringend bändigten und mit dem Feuer Gutes und Schönes schafften – natürlich eine herzige, aber nicht haltbare Erfindung.

Vergoldete Reliefs

Im Gegensatz zum Augustus- und Merkurbrunnen schmücken den Pfeiler des Herkulesbrunnens keine Inschrifttafeln, sondern drei vom Goldschmied David Altenstetter vergoldete Reliefs mit historisch-allegorischen Darstellungen (Originale im Maximilianmuseum). Sie wurden vom Augsburger Humanisten und späteren Stadtpfleger Markus Welser konzipiert und schildern zum Teil wortgetreu seine 1595 erschienene Beschreibung der Gründung Augsburgs durch die Römer. Das historisierende Gründungs-Relief zeigt die römische Neugründung der Stadt vor den Mauern der alten rhaetischen Stadt Cisara. Das allegorische Triumphzug-Relief mit dem Einzug der Stadtgöttin Augusta verherrlicht Augsburg als wohlhabende Handelsmetropole, die unter dem Schutz des Handelsgottes Merkur steht. Das allegorische Concordia-Relief verweist mit dem vor der Statue des Kaiser Augustus vollzogenen Bündnis der Stadtgöttinnen Augusta und Roma auf Augsburgs besondere Stellung als Freie Reichsstadt, die unter dem Schutz des Kaisers steht. Der Herkulesbrunnen ist eine aus Stein und Bronze geformte Festarchitektur, mit der sich die stolze Reichsstadt selbst ein Denkmal setzte. ce

---

Tipp > Die Originalbronzen wurden restauriert, durch Kopien ersetzt und befinden sich heute im frei zugänglichen, glasüberdachten Viermetzhof des Maximilianmuseums. ce

---

Leuchtkästen aus der „Chelsea-Serie" von Felix Weinold in der Neuen Galerie im Höhmannhaus

11 Höhmannhaus

Maximilianstr. 48

Das heute zu den Kunstsammlungen und Museen Augsburg gehörende Höhmannhaus ist nach der Stifterin Dr. Ruth Höhmann (1915-2004) benannt. Die Eltern von Ruth Höhmann erwarben das große, charakteristische Patrizierhaus in den 1920er Jahren und betrieben hier eine Augenklinik. Vormals wohnten hier die Grafen Castell und im 19. Jh. Graf Alexander Guiot Du Ponteil.

Der schlichte viergeschossige Traufseitbau mit zwei Erkern geht im Kern auf das 16./17. Jh. zurück. Das Gebäude ist aus der Verschmelzung zweier getrennter Häuser unter Erhaltung der Keller und Erdgeschossgewölbe entstanden, bei denen eine gemeinsame Fassade vorgesetzt wurde. 1764 wurde die Barockisierung durch den Einbau eines großzügigen, innenliegenden Treppenhauses mit einem Deckenfresko des späteren Augsburger Akademiedirektors Joseph Anton Huber (1737-1815) abgeschlossen (1934, 1970 und 2004 restauriert). Auf den Podesten des dreiläufigen Treppenhauses sind intarsierte Sterne mit Flammen eingelassen. Das Fresko, das den Sturz des Phaeton, Zeus und die Heliaden darstellt, wird im Sinne einer Trompe l'oeil-Malerei von vier illusionistisch gemalten Säulenkapitellen getragen. Heute ist der Blick auf das Fresko leider durch einen modernen Fahrstuhl verstellt.

Innenhof

Durch die tonnen- und kreuzgratgewölbte und mit Bodendielen ausgestattete Einfahrt – hier sind vier durch Ruth Höhmann erworbene Kaiserbüsten bemerkenswert – erreicht man einen großzügigen, mit Lechkieseln gepflasterten Innenhof, eines der letzten Beispiele für diesen in Augsburg urspr. gängigen Bodenbelag. Im Norden und Süden begrenzen dreistöckige Abseiten den Hof, die vermutlich ehem. als Laubengänge ausgebildet waren. Im rechten Seitenflügel befand sich eine 1944 zerstörte Hauskapelle. Die Kunstsammlungen und Museen Augsburg nutzen das Erdgeschoss des Hofes heute zur Unterbringung ihrer Restaurierungsateliers (Gemälde, Grafik, Metall). ct ys

Geschweifter Giebel

12 Reichsstädtisches Kaufhaus 🏛

Heilig-Grab-Gasse 1/3 🕐 ja
🚻 ja

Auf Höhe des Herkulesbrunnen, zweigt östlich von der Maximilianstraße die Heilig-Grab-Gasse ab. Der Straßenname sowie eine Gedenktafel erinnern daran, dass hier einst die Hl.-Grab-Kapelle aus dem Jahr 1128 stand. Baubrüchig geworden und aus verkehrstechnischen Gründen, wurde der Rundbau 1610 abgerissen. An ihrer Stelle steht heute das im Jahr 1611 errichtete Reichsstädtische Kaufhaus, das sich entlang der Nordseite der Heilig-Grab-Gasse zieht.

Der Bau, seinem angestammten Namen nach ehem. Eigentum der Stadt, wurde von den damaligen Stadtbaumeister Elias Holl für urspr. 17 Mietläden errichtet. Fraglich ist, ob Holl für den Entwurf allein verantwortlich war, da neben den vorhandenen signierten Entwürfen ein weiterer Fassadenentwurf auftauchte, der Matthias Kager (1575-1634) zugeschrieben wird und man somit von einer Zusammenarbeit beider ausgehen kann.

Die Wahl des Bauplatzes, der sich aus verschieden großen Grundstücken zusammensetzte, macht sich im Grundriss bemerkbar. Während die Südfassade entlang der Heilig-Grab-Gasse gerade verläuft, ist die Nordfassade unregelmäßig geformt, was auch in der unterschiedlichen Breite von Ost- und Westfassade sichtbar wird. Bemerkenswert hierbei ist vor allem die konkav geschwungene Nordwand des Innenhofs, da hier Holl, wie zur Erinnerung an den Vorgängerbau, einen Mauerrest der Hl.-Grab-Kapelle in seinen Bau integrierte.

Die Fassade ist verhältnismäßig schlicht gehalten. Die horizontale Gliederung mit Fensterreihen und Gesimsen betont die Einteilung in drei Geschosse und wird lediglich durch die rustizierten Eckpfeiler sowie durch die beiden Südportale unterbrochen. Diese sind als Rundbogenportale mit flankierenden Pilastern, die sich im darüber liegenden Gesims verkröpfen, gestaltet. Im Gegensatz hierzu wurde für die Fenster der beiden oberen Geschosse eine einfache Rahmung mit vorspringendem Gesims gewählt, wobei die Fenster im ersten Stockwerk an Süd- und

Reichsapfel in den Krallen in der Mitte. Die seitlichen Bögen, die als Tore in den Garten dienen, sind mit gesprengten Giebeln und Goldkugeln bekrönt. Die akzentuierte Dreigliedrigkeit lässt an ein Triumphbogenmotiv denken. ct

Tipp > Der Hof ist zum Garten von einer fünfbogigen mit toskanischen Pilastern gegliederten Brunnenwand, die von Elias Holl stammen soll, begrenzt. Der mittlere Bogen mit vorgelagertem polygonalem Brunnenbecken ist um einen Architrav mit aufgesetztem gesprengten Giebel erhöht, seitlich mit vergoldeten Kugeln versehen sowie einem kupfergetriebenen Reichsadler mit Szepter und

Geheimtipp > „Pantheon" Maximilianstr. 67 🕐 tägl. ab 11 0821-155171 🌐 www.pantheon-lime.de 🍴 ja 🍸 ja
Hier ist die Wiege des „artguide augsburg": Denn hier wurden die ersten Ideen zu dem Kunstführer kreiert, wie auch der „artguide sour" erfunden, letzterer durch die Inhaber des Pantheons. Mit dem Blick auf den Herkulesbrunnen bietet die cafe-bar-lounge im ehem. Reichsstädtischen Kaufhaus einen fruchtigen Einblick ins historische Augsburg. shs

Neue Galerie im Höhmannhaus Maximilianstr. 48 💶 frei 🕐 Mi-So 10-17, Di 10-20 ✆ 0821-3244118 🌐 www.augsburg.de 🍴 ja
Im linken Teil der Straßenseite befindet sich die Neue Galerie im Höhmannhaus (zugehörig zu den Kunstsammlungen und Museen Augsburg), in der seit 1997 Positionen zeitgenössischer Kunst gezeigt werden. Als Plattform für aktuelle Kunst stellt die Leitung der Galerie nicht nur namhafte internationale KünstlerInnen wie Markus Lüpertz, Louise Bourgeois, Fabrizio Plessi, Clegg & Goodmann oder Francesco Clemente aus. Zum Konzept gehört ebenso die Präsentation innovativer und bedeutender KünstlerInnen aus der Region, wie Felix Weinold, Katrin Ahlt oder Christian Hörl. Zum Programm des Hauses gehört die aktuelle Debatte um zeitgenössische Kunst in all ihren Facetten, die sich nicht nur nach ästhetischen Fragestellungen richtet. Genauso sind Politik, Gesellschaft und Ökologie Themen der aktuellen Kunst in der Neuen Galerie im Höhmannhaus. shs

artguide

Ostfassade mit einer Verdachung im klassizistischen Stil (19. Jh.) versehen sind. Die gleichförmige Gestaltung und Reihung der Fenster, wirkt vor allem entlang der Heilig-Grab-Gasse monoton und wird allein durch die unterschiedlichen Fensterformen im Erdgeschoss aufgelockert. Ein Vergleich mit einem Stich von Simon Grimm aus dem Jahr 1678, der die Ansicht des Reichsstädtischen Kaufhauses von Südwesten wiedergibt, zeigt, dass das Gebäude im Laufe der Jahrhunderte baulich verändert worden ist. Urspr. als zweieinhalbgeschossiger Bau mit einem ausladenden Kranzgesims und einfachem Walmdach errichtet, wurde erst im 18. Jh. das Mezzanin zu einem zweiten Obergeschoss ausgebaut. Gleichzeitig wurde dem Haus zur Maximilianstraße hin der geschweifte Giebel aufgesetzt, der die Westfassade überhöht und zur Schaufassade gestaltet. *hh*

Pietà

Bereits um 1700 wurde an der Südwestecke eine Figurennische eingebaut; die urspr. aus Holz gestaltete Pietà wurde 1979 durch eine Marmorkopie ersetzt. Die Pietà zeigt die trauernde Maria mit dem winkelförmig auf dem Schoß gelagerten Christus, assistiert von einem am Boden knieenden Engel. Die um 1700 entstandene Figur bezieht sich in ihrer Drehung auf die Ecksituation Maximilianstraße/Heilig-Grab-Gasse. *hh ct*

Auch in der Ladenzone, in deren Räumen noch teilweise das aus der Bauzeit stammende (Kreuzgrat-) Gewölbe erhalten ist, wurden gravierende Veränderungen vorgenommen, um Fensterfronten und Raumgrößen den jeweiligen Bedürfnissen der vergangenen Jahrhunderte anzupassen. Die

Historische Ansicht der Dominikanerkirche St. Magdalena von Jeremias Wolff, um 1720

Zeit ist zwar nicht spurlos an dem Gebäude vorbeigegangen, der Nutzen ist jedoch über die Jahrhunderte gleich geblieben und so ist noch heute das Reichsstädtische Kaufhaus ein lebendiger Ort, an dem seit 1611 das Wohnen und der Handel unter einem Dach vereint sind. *hh*

13 St. Magdalena

Dominikanergasse 15
🕐 wie Röm. Museum

Die ehem. Dominikanerkirche St. Magdalena beherbergt heute das Römische Museum der Kunstsammlungen und Museen Augsburg. Ihr mächtiger Baukörper mit steilem Dach liegt hart am Abhang der Augsburger Hochterrasse und ragt hoch über dem Vorderen Lech auf. Dagegen ist der Blick auf die Fassade zur Dominikanergasse stark eingeschränkt. Die Magdalenenkirche war auch als „Predigerkirche" bekannt – der Name des Predigerbergs, der auf die Kirche zuführt, erinnert noch an diese Bezeichnung.

Im Gegensatz zum 1944 zerstörten Kloster, das seit 1312 an dieser Stelle eingerichtet und mehrfach umgebaut worden war, ist das 1513-15 unter Prior Johannes Faber gebaute Gotteshaus erhalten geblieben. Faber hatte mit Papst Leo X., Kaiser Maximilian I. und reichen Augsburger Geschlechtern einflussreiche Unterstützer für seinen Kirchenneubau. Strittig ist dessen Architekt, der im Umfeld von Burkhard Engelberg (s. St. Ulrich und Afra) vermutet wird – vielleicht war es Hans Hieber (gest. 1522). Der Baumeister griff für seinen rechteckigen Hallenbau mit angebauten Kapellen Motive der ital. Renaissance auf. Damit ist die Magdalenenkirche stilistisch mit der etwa gleichzeitig entstandenen Fuggerkapelle und der Katharinenkirche vergleichbar.

Innen

Hinter der wuchtigen Fassade zur Dominikanergasse mit ihren Biforen und eingestellten Rundfenstern sowie den beiden kielbogigen Portalen verbirgt sich eines der eigentümlichsten Raumbilder Augsburgs. Irritierend ist die Zweischiffigkeit (s. St. Katharina) der hohen, überaus lichten Halle mit spitzbogigem Kreuzgratgewölbe. Der Grundriss mit den demonstrativ gesetzten sieben Mittelsäulen verweist bewusst retrospektiv auf die Jakobinerkirche in Toulouse (zwischen 1246 und 1385), den „Ursprungsbau" der Dominikaner. Wie in Toulouse symbolisieren die Säulen von St. Magdalena die Gaben des Hl. Geistes. Kaum erkennbar ist die Vierung der Kirche im sechsten Joch, die das Laienschiff vom ehem. abgeschlossenen Mönchschor scheidet. Zur Erbauungszeit waren die Säulen noch schlanker, die Lichtführung somit subtiler (Kath. Hl.-Kreuz). Die Stützen spannten schlichte Kreuzrippen auf, denn als hybride Architektur zeigte die Dominikanerkirche sowohl Elemente der Spätgotik wie der ital. Renaissance, die überaus geistvoll vermischt wurden.

In den Jahren 1716-24 wurde das Gotteshaus barockisiert, die Säulen

Geheimtipp > „Il Gabbiano" Predigerberg 20 🕐 Mo-Fr 8-22, Sa-So 9-22 ☎ 0821-519404 🌐 www. il-gabbiano.de 🅿 ja

Das „Il Gabbiano" ist die vierte Anlaufstation in Sachen „artguide sour". Das Restaurant mit ital. Flair – man beachte den Steinofen in der Mitte des Raumes – lädt vor oder nach dem „artguide sour" zu mediterraner Küche. *shs*

dabei ummantelt und mit korinthischen Kapitellen versehen, Wände und Gewölbe mit feinem Stuck von Anton, Franz Xaver und Johann Michael Feichtmayr überzogen. Alois Mack schmückte die Decken mit Fresken nach Entwürfen Johann Georg Bergmüllers (1688-1762). Sie verbildlichen die fünfzehn Geheimnisse des Rosenkranzes. Auch die vergitterten seitlichen Kapellen wurden großteils barock verkleidet, die sog. Rosenkranzkapelle (auch alte Sakristei, Stetten- oder Rembold'sche Kapelle) zeigt mit freskierter Scheinarchitektur eine noch ältere Fassung.

Ausstattung

Die Kapellen dienten als Grablegen reicher Augsburger Geschlechter, z. B. der Fugger, Höchstetter und Rehlinger, die als Stifter auftraten. Die Dominikanerkirche war deshalb berühmt für ihre überaus reiche Ausstattung. Auch der Grabstein des Augsburger Humanisten und Stadtschreibers Konrad Peutinger (gest. 1547) findet sich in der Rosenkranzkapelle. Unmittelbar auf eine Stiftung Kaiser Maximilians I. gehen die sog. „Vier Gulden Stain" (1519/20) an den Längswänden zurück, marmorierte und bemalte Sandsteinepitaphe für Kaiser Maximilian I., dessen Sohn König Philipp von Spanien, Erzherzog Ferdinand und Kaiser Karl V. Von Greifen getragene Wappen repräsentieren die verstorbenen Herrscher. Die Autorschaft Hans Burgkmairs für die fein dekorierten Gedenksteine ist bisher nicht endgültig geklärt. Bei der Barockisierung wurden sie zusätzlich mit Wappenaufsätzen der Dominikanerpäpste versehen.

In den Jochen zwischen den Gedenksteinen befinden sich seitdem Oratorien.

Die meisten anderen Ausstattungsstücke sind weit versprengt und teilweise nur noch fragmentarisch erhalten. Zum einen, weil sie im Laufe der Zeit durch andere Kunstwerke ersetzt wurden, zum anderen, weil das Dominikanerkloster 1807 aufgelöst, die Kirche zum Salpeterlager, Baumagazin und Militärdepot umfunktioniert worden war. In den Jahren 1913-16 wurde die Kirche schließlich Gemäldegalerie, seit 1966 ist hier das Römische Museum untergebracht. Noch aus der Erbauungszeit der Kirche stammt eine von Gregor Erhard geschnitzte Maria Magdalena. Diese herausragende spätgotische Skulptur wird heute als „La Belle Allemande" im Louvre in Paris aufbewahrt.

Vor allem der von Christoph Fugger für die Vierung gestiftete vergoldete Bronzealtar (1581-84) von Hubert Gerhard (ca. 1550-1620) und Carlo Palagio (1538-98, s. St. Ulrich und Afra) genießt einen geradezu legendären kunsthistorischen Status, da überhaupt nur noch spärliche Bruchstücke im Victoria & Albert Museum in London zu sehen sind. Er entstand etwas früher als die Augsburger Prachtbrunnen, zeigt aber bereits einen individuellen Zugriff auf den verschiedenen posierenden Figurenstil Giambolognas, der in Augsburg sicher Aufsehen erregte. Den Altar an der siebten Säule schmückte früher ein um 1566 entstandenes Gemälde von Jacopo Robusti gen. Tintoretto (1518-1594, s. Ev. Hl.-Kreuz) mit dem Titel „Christus bei Maria und Martha". Zirka im Jahr 1910 wurde es nach München verbracht, wo es heute in der Alten Pinakothek zu sehen ist. Ähnlich erging es dem Retabelbild „Himmelfahrt Mariens" (1631/32) des linksseitigen Rosenkranzhochaltars von Giovanni Lanfranco (1580-1647) (heute Pfarrkirche Christkönig, München-Nymphenburg). Die im Schweben perspektivisch kühn verkürzte, pathetisch beleuchtete Assunta (Himmelfahrende) war im 18. Jh. so berühmt, dass Papst Pius VI. das Gemälde im Rahmen seines Aufenthaltes in Augsburg 1782 besichtigte. *gn*

Tipp > Mehrere ehem. Ausstattungsstücke der Dominikanerkirche sind heute in den Augsburger Museen und Kirchen zu sehen, u. a. im Maximilianmuseum eine Kreuzigung aus Alabaster (1562) von Guilielmus Paludanus, in der Staatsgalerie für Altdeutsche Malerei der „Rehlingeraltar" (1517) der Malerfamilie Apt mit raffinierten Halbgrisaillen sowie im Dom der „Ecce Homo" (1630/31) von Georg Petel. *gn*

Erste Nennung der Dominikaner in Augsburg

Überlassung der Kirche des verbotenen Templerordens zwischen Vorderem Lech und Predigerberg

Neubau der zweischiffigen, spätgotischen Hallenkirche

Plünderung des Konvents

Barockisierung, u. a. Stuckierung durch die Brüder Feichtmayr

Studienzentrum der süddeutschen Ordensprovinz

Säkularisierung, die Kirche diente u. a. als Kaserne und Munitionslager

Römisches Museum

Dominikanergasse 15 💶 3,50€ / 2€ 🕐 Mi-So 10-17, Di 10-20 📞 0821-3244134 🖥 www.augsburg.de 🔵 ja 🔵 ja

Die Bestände des Römischen Museums gehen auf das im Jahre 1822 gegründete „Antiquarium Romanum" zurück. Den Grundstock bildete die Sammlung des Augsburger Humanisten Konrad Peutinger (1465-1547). Seit 1966 ist das Römische Museum als Bestandteil der Städtischen Kunstsammlungen in der zuvor renovierten Dominikanerkirche untergebracht. Hier sind seither

Vergoldete Geniusstatuette vom Pfannenstiel, Mitte 1 Jh.

vorgeschichtliche, römerzeitliche und frühgeschichtliche Funde aus Augsburg und Bayerisch-Schwaben präsentiert. Den Schwerpunkt der Dauerausstellung bildet die provinzialrömische Epoche der Aelia Augusta, der ehem. Provinzhauptstadt Raetiens. Im Eingangsbereich finden regelmäßig Sonderausstellungen statt, die sich den aktuellen Ergebnissen der Stadtarchäologie widmen.

Exponate

Grabdenkmal mit Weintransport ca. 200-230 n. Chr.

Hier ist u. a. in einer Vitrine ein seltener Nasalhelm des Hochmittelalters (11. Jh.) präsentiert, der 1998 in der Gemarkung „Hinter dem Schwalbeneck" gefunden wurde. Zahlreiche Grabmäler und Sarkophage dokumentieren den Totenkult der Römer und vermitteln zugleich einen Einblick in das alltägliche Leben, das in Form von Reliefs an den Pfeilergrabmälern Gestalt gewinnt. Das rechte Seitenschiff wird durch das monumentale Pfeilergrab für die Familie des Sol-

daten T. Flavius Clemens bestimmt, das um 200 v. Chr. aufgestellt worden war. Ein weiteres Grabmal im linken Seitenschiff ist für zwei Weinhändler gefertigt worden. An den Flanken sind hier die Szenen des Weinverkaufs in einer Taberna und der Bezahlung in einer Weinhandlung im Relief dargestellt. Den Ausklang der Dauerausstellung bilden Funde der Alamannen sowie eine flache Glasschale mit einer Sündenfall-Gravur, die in einer Kölner Werkstatt um 340-50 n. Chr. entstanden war und als eines der frühesten Zeugnisse des Christentums in Augsburg gelten darf. Die Schale wurde im Jahre 2000 „Hinter dem Schwalbeneck" gefunden.

Pferdekopf

Besonders hervorzuheben ist der ehem. vergoldete, lebensgroße bronzene Pferdekopf eines Monumentalstandbildes, wohl aus der ersten Hälfte des 2. Jhs. n. Chr. (Kaiser Hadrian?); schon 1769 war er an der Wertach bei Augsburg-Pfersee gefunden worden. *ys ct*

Geheimtipp > Der Siegesaltar zur Augsburger Juthungenschlacht von 260 n. Chr. wurde 1992 bei Bauarbeiten östlich der Provinzhauptstadt Aelia Augusta entdeckt. Der aus Jura-Kalkstein gehauene Altar ist 1,56 m hoch und trägt eine bedeutende Inschrift, die die Situation in der Provinz Raetien im 3. Jh. eindrücklich beschreibt. An den Schmalseiten sind Reliefs des Kriegsgottes Mars (rechts) und der Siegesgöttin Victoria (links, mit Palmzweig in der Linken und Siegeskranz in der Rechten) angebracht. Am Boden vor der Siegesgöttin kauert ein Juthunge. In der Inschrift wird der Schlacht gegen die Semnonen bzw. Juthungen vom 24./25. April 260 gedacht. Im Verlaufe der Kämpfe wurden „viele tausende gefangene Italer herausgerissen", d. h. aus der Hand der Barbaren befreit. Damit wird deutlich, dass das Heer der Juthungen, das von einem Plünderungszug aus Italien zurückgekommen war, auf seinem Rückweg vor den Toren von Aelia Augusta vernichtend geschlagen werden konnte. Spätestens 265 n. Chr. wurde der Name des örtlichen Statthalters des Kaisers Postumus im Zuge der „damnatio memoriae" getilgt. Der Juthungen-Stein, der damit ein herausragendes Dokument für den „löchrigen" raetischen Limes darstellt, wurde in den letzten Jahren auf vielen Großausstellungen (Trier, Bonn, Venedig) präsentiert. *ct*

14 St. Antonius

Dominikanergasse 5 ⏰ Zutritt
nach Vereinbarung bei den
Kunstsammlungen und Museen
Augsburg ✆ 0821-3244102

Nur der kleine Turm auf dem
Giebel und das Kleeblattfenster
verraten, dass es sich bei dem
unscheinbaren Bauwerk an der
Einmündung des tunnelartigen
Butzenbergles um eine Kapelle
handelt. Sie gehörte zu einem heute noch bestehenden angebauten
Pfründegebäude aus dem 15. Jh.
und ist Antonius Eremita (oder
Abbas), dem Patron der Armen,
geweiht. Der Sakralbau wird von
der russisch-orthodoxen und der
rumänisch-orthodoxen Gemeinde
genutzt.

Innen

Das saalartige Innere überrascht
durch seine Helligkeit. Zum 300-
jährigen Jubiläum der Stiftung
finanzierte der Stadtpfleger Johannes Holzapfel eine neue Innenausstattung. Seitdem überziehen
graziöse Stuck-Rocaillen und Putten (1746) von Franz Xaver Feichtmayr d. Ä. (1705-1764) die leicht
unregelmäßigen Wände mit ihren
Pilastern, Kartuschenkapitellen und
Pseudo-Stichkappen. Die Stuckierung überspielt harte Kanten und
leitet zu den sehr zartfarbigen Dek-
kenfresken (1746) von Matthäus
Günther (1705-1788) über. Oberhalb der kleinen Orgelempore ist
der Besuch des Antonius Eremita
bei Paulus Eremita geschildert.
Ein von Gott gesandter Rabe, der
auch im Fresko sichtbar ist, brachte
den beiden einen Laib Brot. Das
Hauptfresko zeigt die Apotheose
des Antonius. Der Heilige wendet
seinen Blick der hell erleuchteten
Dreifaltigkeit entgegen. Von seinem Herz aus trifft ein Strahl auf
die im Fresko wiedergegebene
kleine Antoniuskapelle.
Der Eremit ist umgeben von
Glaube (mit Kreuz), Liebe (mit
entflammtem Herz) und Hoffnung
(mit Anker), Tugenden, durch die
er die sündhaften Versuchungen
des Satans, der seitlich von Michael in die Hölle gestürzt wird,
überwinden konnte. Für den
Chorbereich wählte Günther die
Verehrung des Apokalyptischen
Lammes durch die Kirche und die
trauernde Synagoge. Um das hell
strahlende Lamm sind die vier
Wesen (Engel, Stier, Adler, Löwe)

Innenansicht der St. Antoniuskapelle

gruppiert (Apk 1, 12-16, 4 und 5),
die stellvertretend für die Evange-
listen stehen. Die Malerei geht mit
schwebenden Engeln direkt in das
Auge Gottes und das entflammte
Herz des Altarretabels mit seinen
vier Säulen über. Seitlich führen
Türen in die Sakristei und die
Spitalräume. Auch das Altarblatt
(1746) ist eine Arbeit Matthäus
Günthers. Nochmals ist Antonius
ins Bild gesetzt, bedrängt von den
Versuchungen der „Frau Welt"
mit Weltkugel und Maske, des
Amorknaben und eines Drachens.
Zum Zeichen, dass Antonius diese
Laster überwinden konnte, wendet er seinen Blick einem Kreuz zu,
Bibel, Schädel, Geißel und Glocke
bei sich.
Eine der Konsolfiguren an der
linken Wand zeigt den Heiligen
in einer volkstümlichen Darstellungsweise mit Schwein und Glocke: Das Schwein deutet auf das
Privileg des für Arme und Kranke
engagierten Antoniterordens zur
Schweinezucht, das Glöckchen
warnt die Gesunden vor der Pest.
Die vierzehn Kreuzwegstationen
malte 1783 Vitus Felix Rigl (1717-
1779). Im Boden ist ein Wap-
pengrabstein des Bürgermeisters
Lorenz von Argon aus dem 15. Jh.
eingelassen. *gn*

15 Antonspfründe

Dominikanergasse 3/5

1410 gründete der Augsburger
Bürgermeister Lorenz Egen (um
1360/70-1418) nach einem
einschneidenden Ereignis die
Einrichtung: Auf dem Weg zur
Morgenmesse fand Egen in der
Dominikanergasse, am Butzen-
bergle, einen toten Fuhrknecht,
der wegen Krankheit von seinem
Dienstherrn verstoßen worden
war. Tief bewegt vom Schicksal
des armen Mannes, fasste er
während des Gottesdienstes den
Beschluss, eine Pfründe für Arme
und Ausgestoßene zu gründen.
Unter dem Bildnis des Hl. Antonius
gelobte er, für zwölf gebrechliche
Handwerker ein Haus und eine
Kapelle zu erstellen. Die Bewohner bezeichneten die Pfründe als

„Schwelle zum Paradies auf Erden". Nach der Säkularisation wurde das Stiftsgebäude 1807 aufgehoben und sechs Jahre später dem Magistrat übergeben, der es mit Unterbrechungen bis 1965 als Altenheim nutzte. Seit 1965 ist das Haus zu einem lebendigen Künstlerhaus umfunktioniert, nachdem das ehem. Künstlerdomizil, der Künstlerhof im Domviertel, Opfer des Zweiten Weltkriegs geworden war. Heute befinden sich in den Antonspfründen zahlreiche Ateliers und Werkstätten u. a. von Juliane Stiegele und Klaus Zöttl. *ys*

16 Ulrichschule 🏛

Die Ulrichs-Knaben-Schule prägt durch die großen Fenster des Dachgeschosses das Bild der Maximilianstraße

Maximilianstr. 52

Der dreigeschossige Eckbau an der Hallstraße wurde 1905 nach Entwürfen von Carl Hocheder (1854-1917) und Josef Schempp errichtet. Sein für die Jahrhundertwende typisches neobarockes Aussehen wird durch einen eingezogenen Eckbalkon und die großen, geschweiften Atelierfenster im Mansardengeschoss bestimmt. *ct*

17 Hallgebäude 🏛

Hallstr. 5

Das Hallgebäude in der nach ihm benannten Straße, die von der Maximilianstraße nach Westen zur alten Stadtummauerung entlang der heutigen Konrad-Adenauer-Allee führt, war die Initialzündung eines Bauprogramms, das es an ähnlichem Umfang und vergleichbarer Qualität in Augsburg zuletzt zur Zeit des Elias Holl gegeben hatte. Augsburg war am 22. Dez. 1805 im Zuge der Napoleonischen Flurbereinigung Europas von der freien Reichsstadt des 1000-jährigen Heiligen Römischen Reichs Deutscher Nation zur Provinzhauptstadt des Kurfürstentums Bayerns geworden, das rechtzeitig zum nächsten Neujahrsfest zum Königreich avancierte. Freilich fiel damals manches Symbol reichsstädt. Selbstherrlichkeit dem Bildersturm der neuen Herren zum Opfer – etwa 1809 Elias Holls Siegelhaus am Weinmarkt –, doch sollten Macht und Anspruch des jungen Königreichs auch durch einzelne zeitgemäße Neubauten und großzügige stadtplanerische Maßnahmen vor Augen geführt werden. Auf der Grundlage eines Entwurfs des Landesdirektionsrats Alois von Plank errichtete 1807/08 der Augsburger Maurermeister Franz Gelb d. J. (Meister seit 1799) entlang der Hallstraße den monumentalen, lang gestreckten Walmdachbau des Hallgebäudes.

Außen

Das Erdgeschoss mit seinen hohen Rundbogenfenstern ist durch breite, kräftige Putzbänder horizontal gegliedert, das glatt verputzte Obergeschoss weist quadratische Fenster auf, darüber kragt das Traufgesims über einer tiefen Volute weit vor. In der Mitte aller vier Seiten führen hohe Rundbogenportale ins Innere, die über beide Geschosse reichen und an der Süd- und Nordseite in den Bogenfeldern in Eisen gegossene Wappen des Königreichs zieren. Die Bögen der Zugänge an der West- und Ostseite tragen eine Kartusche mit den Initialen König Maximilian I. Joseph; das Hauptportal ist außerdem durch einen dreiachsigen Risaliten ausgezeichnet, der ehem. eine Balustrade mit den vier allegorischen Sandsteinfiguren „Glück", „Reichtum", „Handel" und „Fleiß" von dem Augsburger Bildhauer Johann Michael Haff (1772/73-1823) trug (heute im Garten des Schaezlerpalais).

Funktion

Ein Hallgebäude (von Halde oder Halle: Bergwerk, Stollen) ist im eigentlichen Wortsinn ein Lagerort für das aus Salzstöcken geförderte Salz, später auch für andere Waren des täglichen Bedarfs, etwa Getreide. Der alte Augsburger Salzstadel lag an der Rückseite des Siegelhauses. Das Gelände seines Nachfolgebaus war bis 1806 Eigentum des Dominikanerinnenklosters bei St. Katharina; die Grundstücksgrenze nach Süden markierte die bis heute teilweise hinter dem Hallgebäude erhaltene Rundbogenwand. In den Klostergebäuden selbst wurde 1833/34 eine Gewerbe- und Landwirtschaftsschule gegründet, die bis heute als Holbein-Gymnasium fortbesteht. Zur Bauzeit war das Hallgebäude, ungeachtet seiner Ausmaße, lediglich Anhängsel eines größeren Maut- und Zollkomplexes; das klassizistische Hauptamtsgebäude riegelte das Areal zur Maximilianstraße hin ab und wurde erst 1875 zugunsten einer durchgängigen Hallstraße

Stein-Orgel aus der
Barfüßerkirche

abgerissen. Das Hallgebäude und die klassizistisch überformte Fassade des vormaligen Klosters sind achsial aufeinander bezogen, sodass an der damals neu geschaffenen Hallstraße ein von drei Monumentalgebäuden eingefasstes Augsburger „Forum Boarium" entstand. Die Zufahrt erfolgte anfangs ausschließlich über einen Durchbruch an der westlichen Befestigungsmauer, das Halltor am Schießgraben, sodass die aus nah und fern herbei transportierten Waren ohne große Umwege an ihren Lagerort verbracht werden konnten. 1956/57 umgebaut, ist das Hallgebäude heute Teil des Holbein-Gymnasiums. *cm*

Tipp > Das Café Corso in der Maximilianstraße 75, das in einem ehem. Patrizierhaus untergebracht ist, in dem noch die Kellergewölbe aus dem 16./17. Jh. stammen, lädt zu einer Pause in der Maximilianstraße ein. Auch ein Altmeistergemälde auf einer Schiefertafel findet sich hier. *ys*

18 Palais Montgelas – Stiermann-Haus 🏛

Maximilianstr. 83
Das Palais Montgelas fällt in der Ostfront der Maximilianstraße

durch seinen roten Fassadenanstrich auf. Es handelt sich um ein typisches Augsburger „Durchhaus" des 16. Jhs. mit steilem Satteldach. Die drei Obergeschosse sind ungegliedert, nur die Fenster sind gerahmt. Ein geschickt asymmetrisch gesetzter Augsburger Kasten- oder Flacherker bildet den einzigen vertikalen Akzent mit markanter Schattenbildung. Es gab im reichsstädt. Augsburg überhaupt nur zwei Erkerformen: Flacherker und polygonale Eckerker, die als Wegmarken dienten. Die Flacherker kamen geradezu exzessiv zum Einsatz, um Räume vergrößern und belichten zu können und einen Überblick über die Straße zu gewähren. Deshalb weisen fast alle Nachbarbauten des Palais Montgelas Flacherker auf. Über eine Durchfahrt ist der kleine idyllische Innenhof mit holzverkleideten Laubengängen zu erreichen. Im Inneren locken das stuckierte Treppenhaus und ein Festsaal.

Seinen klangvollen Namen erhielt das Bürgerhaus Anfang des 20. Jhs. von dem Bewohner Fürst Carl Heinrich Hanau, einem Verwandten der berühmten Familie Montgelas – schließlich stammte aus ihren Reihen Max Josef von Montgelas (1759-1838), der Reformer des bayerischen Königsreichs. Der Bauunternehmer Walter Stiermann rettete das Bürgerhaus 1970 vor dem Abbruch; seitdem ist es auch als „Stiermann-Haus" bekannt. *gn*

Tipp > Der Festsaal mit seinem edlen Ambiente kann heutzutage für Feierlichkeiten angemietet werden. Informationen sind unter www.feinkost-kahn.de zu finden. *gn*

Ulrichsplatz 10
In dem viergeschossigen Bürgerhaus mit hohem Flacherker und geschwungenem Giebel, dessen Kern auf das 16./17. Jh. zurückgeht, wohnte zwischen 1774-92 der berühmte Orgel- und Klavierbauer Johann Andreas Stein (1728-1792), der durch die neue Anschlagstechnik seiner Instrumente besonders bekannt wurde. Stein war nicht nur langjähriger Freund der Familie Mozart – Wolfgang Amadé schätze besonders die neue Technik und stellte sich irreführender Weise zunächst als „Trazom" bei Stein vor – sondern auch Gastgeber Beethovens. Die Orgeln in der Barfüßerkirche (1944 zerstört) und in kath. Hl.-Kreuz (19. Jh. abgebrochen) wurden von ihm gebaut. Ein Stein-Flügel (Hammerflügel) von 1785 ist dauerhaft im Mozarthaus ausgestellt. Der Musiksaal, in dem schon Mozart spielte, befand sich entweder im zweiten oder dritten Stock des Hauses. *ys*

Einziges Ölporträt von Johann Andreas Stein, Leihgabe im Mozarthaus Augsburg

20 Martini-Haus

Ulrichsplatz 12

Das ehem. Wohnhaus des Grafen Königseck, später der Industriellenfamilie Martini, ist ein gutes Beispiel für den schöpferischen Umgang des Historismus im späten 19. Jh. mit einer vorgefundenen historischen Bausubstanz des 16.-18. Jhs. in bester Lage am Ulrichsplatz verwandelt der Augsburger Architekt Jean Keller ein traditionelles Bürgerhaus in ein gut erfundenes Barockpalais mit ablesbarer, neuerfundener Baugeschichte.

Jean Keller, als Hausarchitekt des Augsburger Sanatoriumsgründers Friedrich Hessing zu Aufträgen und Ansehen gelangt, wurde zu einem der bevorzugten Architekten des Industriebürgertums in Augsburg. Wie jeder gute historistische Architekt beherrschte Jean Keller die ganze Klaviatur der Stile, vom Neuromanischen bis zum Neorokoko. In seinen letzten Jahren schwang er sich sogar noch auf die Flügel des Jugendstils.

Beim Martini-Haus entwirft Jean Keller eine Rokokofassade, die so gut gemacht ist, dass sie heute wohl manchen Experten täuschen wird. Ihre überzeugende Wirkung hat diese Maskerade dadurch, dass sowohl im Erdgeschoss wie im Dach originale Bausubstanz mit neuen Dekorationsformen verwoben wurde. Gleichzeitig entwirft Keller im Inneren des Gebäudes Räume mit schwerer Ausstattung im altdeutschen Renaissancestil. Dem Haus wird sozusagen aus einer Hand und in einer Zeit eine

neue, vermeintlich über Jahrhunderte reichende Baugeschichte maßgeschneidert. *uh*

21 Zur Goldenen Gans

Weite Gasse 🚌 ja

In den Quellen wird die Brauerei „Zur Goldenen Gans" 1346 erstmals erwähnt und gilt somit als älteste Brauerei Augsburgs. Um Platz für die Gaststätte zu gewinnen, wurde die seit fast 600 Jahren in der Karolinenstraße gelegene Brauerei 1928 an ihren heutigen Standort in die Weite Gasse verlegt. Nach ihrer Zerstörung im Zweiten Weltkrieg wurde die Anlage wiederaufgebaut. Der Gebäudekomplex besteht aus unterschiedlichen Bauten, die u-förmig um einen Hof gruppiert sind. Besondere Betonung erfährt am Eingangsbereich, der im Stile eines Bürgerhauses errichtete Verwaltungsbau, dem ein geschweifter Giebel aufgesetzt ist. *hh*

Tipp > In der Kapuzinergasse 16 wohnte von 1618 bis zu seinem Tod 1646 der berühmte Stadtwerkmeister Elias Holl, der das Augsburger Stadtbild so maßgeblich geprägt hat. Zu seinen Hauptwerken zählen der Umbau des Rathauses und des Perlachturmes, der Neue Bau, die Stadtmetzg, das Reichsstädtische Kaufhaus, der Hl.-Geist-Spital, der St. Jakobs-Wasserturm etc. *ys*

---

22 Kathan-Haus

Kapuzinergasse 10

Das dreigeschossige Bürgerhaus des 18. Jhs. mit zwei rechtwinklig zueinander stehenden Flügeln ist eines der wenigen Beispiele in Augsburg, an dem man die Pracht der ehem. Fassadenmalerei des 18. Jhs. noch nachvollziehen kann. Zur Straßen- und Gartenseite sind Malereien eines unbekannten Künstlers des 18. Jhs. in der Art von Johann Baptist Bergmüller (1724-1785) angebracht, die August Brandes (1872-1948) 1902 kopierte und deren Restaurierung 1960 (erneut 2002) erfolgte. Mit religiösen und allegorischen Darstellungen sowie mit Scheinfenstern versehen, vermitteln sie heute den Abglanz, den Johann Wolfgang von Goethe 1790 als „frohen Begriff, an Häußern außen zu malen" beschreibt. Seinen Namen erhielt das Kathan-Haus nach seinem einstigen Besitzer: Ab 1857 gehörte das Anwesen dem Kaufmann Peter Kathan. *ys*

Tipp > An das Kathan-Haus schließen zwei hübsche eingeschossige Torhäuser mit genuteten Lisenen und Balustrade aus der ersten Hälfte des 18. Jhs. an. *ys*

---

23 Kesterbrunnen

Schießgrabenstr.

Im Jahre 1908 verursachte eine nackte Brunnenfigur, die auf eine Spende der Kester'schen Stiftung hin beim Münchner Bildhauer August Pausenberger gekauft worden war, einen Skandal. Ein Brunnenbüble mit Weinschlauch wird als Wendemarke auf dem Wandel des Schießgrabens aufgestellt. Seine unverdeckte, unbekümmerte Nacktheit war dem kath. Gesellenbund ein Gräuel. Heftige Zeitungskampagnen sorgten dafür,

Geheimtipp > Am 29. März 1802 wird der Maler Johann Moritz Rugendas (gest. 1858), ein Spross aus der berühmten Augsburger Malerfamilie, in der Kapuzinergasse 5 geboren. Nicht lange hielt es ihn in Augsburg: Als Maler bereiste er u. a. Frankreich, Italien und vor allem Südamerika. Fast zwei Jahrzehnte blieb er in Südamerika, vor allem in Chile, und ließ sich auch nicht durch Alexander von Humboldts gut gemeinten Rat abhalten: Herr Rugendas, „Hüten sie sich ... vor Chili." Heute kommt Rugendas in Chile mit dem klangvollen Namen Juan Mauricio Rugendas der Rang eines Nationalmalers zu – Werke von ihm sind beispielsweise im Museo Nacional de Bellas Artes (Santiago de Chile) ausgestellt und in jedem chilenischen Schulbuch publiziert. *ys*

dass der Künstler seiner Figur einen bronzenen Weinkranz als Lendenschurz um die Hüften legen musste. Es dauerte Jahrzehnte, bis das Unterhösle aus Weinlaub wieder entfernt werden durfte. Die Anschlussstellen sind als helle Bronzepunkte auf Hüfthöhe noch gut zu erkennen. *uh*

Tipp > Der Brunnenjüngling, dessen barockisierende Brunnenanlage am 4. Mai 1909 fertig gestellt war, wurde im Zweiten Weltkrieg zum Einschmelzen nach Hamburg abtransportiert. Nach dem Krieg fand man die Bronze – übrigens gemeinsam mit den Figuren des Goldschmiedebrunnens und des Prinzregentenbrunnens – durch Zufall auf dem Hamburger „Glockenfriedhof". Seitdem steht der Jüngling wieder an seinem urspr. Platz. *ys ct*

24 Fotoateliers

Zum festen Bauprogramm einer frisch gebackenen modernen Großstadt gehört das Fotoatelier. In Augsburg haben sich zwei Beispiele für diese neue Bauform erhalten, das Atelier des „Königlichen Hofphotographen Siemssen" (Bahnhofstr. 10, Hinterhaus) und die „Photographische Kunstanstalt Spalke und Kluge" (Konrad-Adenauer-Allee 17 A, Hinterhaus). Die beiden Ateliers wetteiferten mit den jeweils modernsten Architekturformen, mit phantasievoller Orientalistik hier und franz. Jugendstil dort um die Gunst des Publikums. Es ist aufschlussreich, dass bei der damals immer noch neuen Technik

des Fotografierens auch moderne Architektur akzeptiert wurde. Die Betreiber der Ateliers waren durch ihren Beruf international auf dem neuesten Stand der Technik, und wollten sich auch so präsentieren. Leider werden beide Ateliers heute anders genutzt. Die Kunst der Porträtfotografie wurde über die Jahrzehnte ein Opfer ihres eigenen technischen Fortschritts. Seitdem jedermann einen Fotoapparat besitzt, hat das bürgerliche Standesporträt seine Bedeutung verloren. *uh*

25 Zeughaus

Zeugplatz 4, Eingang: Zeugplatz 6
Fr-Mi 10-18, Do 10-20
0821-3243960 www.augsburg.de

Das Zeughaus war das Waffenarsenal der Reichsstadt Augsburg. Es befand sich urspr. an anderer Stelle und wurde 1584/85 in das ehem. Kornhaus (1505) an der heutigen Zeuggasse verlegt. Vier Jahre später begann der damalige Stadtwerkmeister Jakob Eschay (gest. 1606) einen Umbau, der im Desaster endete: Eschay konnte die statischen Probleme nicht lösen und Teile des Gebäudes mussten wieder abgebrochen werden. Damit war die Stunde des jungen Maurermeisters Elias Holl (1573-1646) gekommen, der 1602 als neuer Stadtbaurat inthronisiert wurde und den Zeughaus-Umbau 1602-07 zum guten Abschluss brachte. Durch Anbau eines neuen Traktes entstand eine dreigeschossige, L-förmige Anlage mit Treppenturm, gewaltigen Satteldächern und schlichten Putzfassaden, die einen Hof begrenzen.

Fassade
Vermutlich zog Elias Holl für den Entwurf der Schaufassade zum Zeugplatz den Maler-Architekten und späteren Prager Hofkünstler Joseph Heintz d. Ä. (1564-1609, s. Neuer Bau) hinzu. Durch ihre üppige Architektursprache unterscheidet diese sich deutlich von den anderen Bauteilen. Die wuchtigen Quaderformen des Erdgeschosses setzten sich jedoch in einer Hofmauer fort, die 1780 durch das jetzige Gitter ersetzt wurde. Ragte die steile Fassade zwischen der ehem. niedrigen Bebauung

Die prachtvolle Fassade des Zeughauses mit der Figuren-gruppe von Hans Reichle

monumental heraus, so ist ihre Wirkung heute durch den benachbarten Kaufhausbau empfindlich gestört. Nur durch die beherzte Bürgeraktion „Rettet das Zeughaus" (1967/68) konnte eine Eingliederung in das Kaufhaus und eine weitgehende Auskernung verhindert werden.

Mit Zwischengeschoss und Volutengiebel täuscht die Schaufassade ein höheres Gebäude vor. Tatsächlich beginnt das Dach schon hinter dem Mezzanin, wie ein Blick vom Hof aus offenbart. Geschichtete Wandvorlagen, z. T. rustiziert, gliedern die symmetrische Fassade in drei Bereiche: Der mittlere Teil mit dem Portal ist der schmalste und wirkt zusammengedrängt. Dafür zieht er sich bis in den mehrstöckigen Giebel und endet in einem Sprenggiebel mit zentral eingestelltem Pinienzapfen. Zwei Voluten leiten zu den seitlichen Bereichen über. Die Geschosse sind durch schwere, lastende Gesimse in der Fassade gekennzeichnet. Während das Erdgeschoss durch seine Quadrierung geschlossen und stabil wirkt, scheint das erste Obergeschoss der Schaufront ein hohes „piano nobile" (= Hauptgeschoss) zu sein, denn über den Rechteckfenstern liegen zusätzliche Ovalfenster, die in das Gebälk einschneiden. Dahinter verbergen sich jedoch die zwei Obergeschosse des Zeughauses.

Ganz im Gegensatz zum kubisch wandhaften Rathausbau erzeugten Holl und Heintz an der Zeughausfassade durch zugespitzte Proportionen, Architekturgliederung und Motivhäufung eine Spannung, die im Theatereffekt der vorgestellten Bronzegruppe von Hans Reichle (um 1570-1642) und Wolfgang Neidhart (1575-1632) über dem Portal aus Rotmarmor kulminiert.

Michaelsgruppe von Hans Reichle

Sie zeigt einen Schlüsselmoment des „Engelssturzes". Reichle stützte sich ikonografisch auf die außerbiblische Tradition, wonach Luzifer (= Lichtträger) sich mit Gott gleichsetzen wollte und für diesen Hochmut von Erzengel Michael in die Hölle gestürzt wurde. Michael gab Luzifer den Namen Satan (= Gegner). Er selbst wurde nach seinem eigenen Schlachtruf Michael (= Wer ist wie Gott?) benannt.

Der Erzengel tritt als siegreicher römischer Feldherr auf, mit aufgelöstem Haar und bedrohlich erhobenem Flammenschwert. Dagegen windet sich der entblößte Luzifer unter der Last seines Kontrahenten; sein ehem. schönes Antlitz ist zur Fratze entstellt. So schmerzhaft und buchstäblich entmachtend Michaels Standpunkt für Luzifer auch sein mag – er ist für den Erzengel ebenfalls instabil. Die beiden Hauptakteure scheinen somit förmlich von ihrem Gesims über dem Portal zu stürzen, was auf die zeitgenössischen Betrachter wie ein seismischer Schock gewirkt ha-

ben muss. Selbst die seitlichen Putten, die mit Trophäen, der Lanze Michaels und einer Fahne ausgestattet sind, geraten angesichts des dramatischen Ereignisses scheinbar in Bewegung. Sie zeigen Gesten des Erschreckens oder deuten hinab in die Hölle, die offenbar unter dem Zeugplatz liegt.

Michaelsgruppe von Hubert Gerhard an der Fassade von St. Michael in München, 1588

Wie neuartig und packend die Darstellungsweise der Augsburger Michaelsgruppe war, wird im Vergleich mit dem Engelssturz (1585) an der Fassade der Münchner Jesuitenkirche deutlich: Dort lässt Hubert Gerhard Michael in einer

Figuren und Fratzen aufgespannt werden. Sie erstreckt sich über den gesamten von Holl angebauten Gebäudeflügel. Die toskanische Ordnung galt gemäß ital. Architekturtraktate wie Sebastiano Serlios „Regole generali di Architettura" (Venedig 1537) als „bäuerlich" und „grob" und deshalb angemessen für ein Zeughaus. Im Vergleich mit den massiven Pfeilern und Gewölben im ehem. Kornhaus wirkt die toskanische Säulenhalle dennoch ausgesprochen elegant. gn

Tipp > Das Zeughaus wird heute als Begegnungs- und Kulturzentrum genutzt; in der Toskanischen Säulenhalle finden während des ganzen Jahres Wechselausstellungen statt. Der Innenhof wird im Sommer als Biergarten genutzt und in den Adventswochen hat die „Weihnachtsinsel" hier ihren Platz: ein kunsthandwerklich orientierter Weihnachtsmarkt. gn ys

Entwurfszeichnung der Michaelsgruppe von Hans Reichle, um 1603, Kunstsammlungen und Museen Augsburg

Fassadennische auftreten – als Kämpfer für den Katholizismus und den Jesuitenorden mit Kreuzeslanze bewaffnet. Der in fein gefaltetes Gewand gehüllte Erzengel ist mit seiner kontrapostischen Haltung und der eleganten Geste, mit der er Luzifer niederdrückt, das Abbild eines Renaissance-Kavaliers. Vor der Bühne der Augsburger Zeughausfassade aber ist er ein

gerüsteter deutscher Michel, Sieger über die Feinde der Stadt und des Reiches, theatralisch in seiner Affektgebärde. Er personifiziert die Funktion des Gebäudes, eines der größten Waffenarsenale Mitteleuropas. Darauf weisen auch die seitlichen Inschriften BELLI INSTRUMENTO (für das Kriegswerkzeug) und PACIS FIRMAMENTO (zur Bewahrung des Friedens) hin.

Toskanische Säulenhalle

Geheimtipp > Eine handwerkliche und technische Meisterleistung stellt der mehrstöckige Dachstuhl des Zeughauses dar. Mit technischen Konstruktionen wie Dachstühlen wies Elias Holl sich als begabter Ingenieur aus, der gerade bei statischen Problemen häufig zurate gezogen wurde. Es handelt sich um eine Kehlbalkenkonstruktion mit verblatteten Holzverbindungen. Die Hölzer sind handgebeilt und geflößt. gn

Wer sich unter Michael und dem Abwehrdämon des Holzportals hindurch ins Innere traut, gelangt in die große Halle, deren Kreuzgratgewölbe von toskanischen Säulen und Wandkonsolen in Gestalt von

Rekonstruktion der Südfassade des Weberhauses von August Brande

Detail der Fassadenmalerei am Kathan-Haus

„Wenn nur die Gebäude in der Stadt nicht oft widersinnig übermalt oder vielmehr überschmiert würden", lautete der vernichtende Kommentar des späten 18. Jhs., der den Untergang einer ganzen Spezies der Augsburger Kunst einläutete. Denn zum Ansehen Augsburgs trugen bis ins späte 18. Jh. in besonderem Maße aufwendig bemalte Fassaden bei, die mit Namen wie Hans Burgkmair, Jörg Breu, Matthias Kager, Johann Georg Bergmüller und Johann Evangelist Holzer verbunden waren. Der Umgang mit Farbe im Stadtbild ist seither recht zurückhaltend geworden – figürliche oder architektonische Fassadenmalerei präsentiert sich im Augsburger Straßenbild heute kaum noch. Denn die wenigen überlieferten, erhaltenen oder neu geschaffenen Beispiele vermögen kaum mehr als einen schwachen Abglanz dieser ausgestorbenen Gattung Augsburger Kunstschaffens zu vermitteln: Die Fassadenkunst des 16. Jhs. repräsentiert die in den 1970er Jahren rekonstruierte Fassung des Maximilianmuseums; für das 18. Jh. steht die stark überarbeitete Malerei des Hauses Kapuzinergasse 10 (s. Kathan-Haus); einen modernen Ansatz zeigen die Malereien am Weberhaus, das erstmals 1437 bemalt worden war; am Kath. Pfarrheim St. Ulrich und Afra an der Südwestecke des Ulrichsplatzes wurde jüngst versucht, eine jahrhundertealte Tradition in die Bildsprache unserer Zeit zu übersetzen. Um 1500 müssen gemalte Fassaden das Stadtbild derart dominiert haben, dass 1503 ein Reisender eigens auf die „schönen Häuser, die in der Mehrzahl bemalt sind" hinwies. Während der frühen Renaissance erreichte die Augsburger Fassadenmalerei ihren ersten Höhepunkt. So boten die lang gestreckten Fassaden der Fuggerhäuser am Weinmarkt (heute Maximilianstraße 36-38) Platz für großflächige Malereien, die angeblich von Hans Burgkmair stammten. Thematisch war

das Werk dem Humanismus verpflichtet – was davon noch übrig war, wurde 1761 „vollständig heruntergeputzt". Die heutige Sgraffito-Gliederung variiert frei das urspr. Rahmengerüst. Später, unter Elias Holl, entstanden in Augsburg Bauten, deren kräftig gegliedertes Fassadenrelief Malerei nur noch in sehr untergeordneter Weise erlaubte. Trotzdem lieferte Holl die Folie für bedeutende, freilich längst untergegangene frühbarocke Bildschöpfungen: die Malereien des Stadtmalers Matthias Kager an Hl.-Kreuzer- und am Frauentor. Kager schließlich sollte auch 1607 das gotische Zunfthaus der Weber (s. Weberhaus) am Moritzplatz mit Episoden aus der heroischen Vergangenheit der Zunft bemalen. Farbige Szenen waren in gesonderten Rahmen der Fassade quasi vorgehängt. Das Obergeschoss der Südseite öffnete Kager mit einer gemalten, räumlich völlig irrationalen loggienartigen Architektur, welche die tatsächliche Struktur des Gebauten nicht einmal mehr erahnen ließ. Künstlerisch stellten die Weberhaus-Fresken das Bindeglied zu einer streng architektonischen, barocken Fassadengliederung dar.

Kagers Malereien am Weberhaus waren die Initialzündung für eine Vielzahl barocker Fassadenmalereien. Wie stark sich die Fassadenmalerei bis ins späte 18. Jh. im Stadtbild zeigte, ist durch die große Zahl zeitgenössischer grafischer Abbildungen belegt. Im Wetteifern mit der gebauten Architektur entwickelten sich an Augsburger Gebäuden vielfältige Malsysteme: Unerlässliche Motive waren rustizierte Sockel, Fensterrahmungen, Säulenordnungen, Eckgliederungen, Gebälke; über den gemalten architektonischen Apparat breiteten sich kunstvolle illusionistische Motive: scheinbar in die Fassade gehängte Staffeleibilder und schließlich auf Wolken schwebende Figuren. Berühmtheit erlangten die Fresken Johann Georg

Brentano-Haus, Kupferstich, um 1740,

Staats- und Stadtbibliothek Augsburg

Bergmüllers von 1737 am Brentano-Mezzegra-Haus (Maximilianstraße 59) oder, von demselben, am Haus des Handelsherren Johann Baptist Schger (Maximilianstraße 65). Leidlich erhalten hat sich von alledem nur die Freskierung am sog. Kathan-Haus in der Kapuzinergasse 10, die Mitte des 18. Jhs. von einem unbekannten Maler aus dem Bergmüller-Kreis geschaffen wurde. Mit Kolossalpilastern, Scheinfenstern, Fensterumrahmungen, mit Medaillons oder auf Wolken sitzenden religiösen und allegorischen Figuren wurden seine Fassaden malerisch ausstaffiert.

Kurz vor 1850 setzte die Lust an Fassadenmalerei erneut ein und erfreute sich im aufkommenden Historismus gesteigerter Beliebtheit. Diese positive Bewegung steht im Zusammenhang mit der Diskussion um die Farbigkeit von Architektur, die gegen 1900 ihren Höhepunkt erreichte und der wir die Dokumentation vieler seither verschwundener Malereien verdanken. 1870 nahm der Freskant Ferdinand Wagner noch vorhandene Freskenfragmente im Damenhof der Fuggerhäuser auf, 1902/03 pauste der Kunstmaler August Brandes die fortschreitend verfallenden Malereien Kagers am Weberhaus. Einen erneuten Versuch auf dem Gebiet der Fassadenmalerei stellten die 1861-63 durch Wagner gestalteten Fresken der Fuggerhausfassaden zur Maximilianstraße dar. Szenen der Augsburger Geschichte waren hier ohne Rücksicht auf gegebene architektonische Strukturen gobelinartig in ornamentierte Bänder und Pilaster integriert. Selbst wohlgesonnene Betrachter tadelten, die Bilder stünden „mit der alten Augsburger Tradition in keinerlei Zusammenhang" und schließlich konstatierte der zeitgenössische Kritiker optimistisch: „Auffallenderweise gehen auch diese neuen Malereien durch das Abblättern der feinen Putzschichte dem unaufhaltsamen Untergang entge-

gen." Es sollte aber doch noch bis 1944 dauern, bis Wagners geschmähte Malereien im Bombenhagel endgültig untergingen. Im Zuge ihres Wiederaufbaus erhielt die Front zum ehemaligen Weinmarkt eine Gestaltung im Stil der 1950er Jahre: eine streng gliedernde, braune Sgraffito-Kassetten-Malerei auf ockerfarbenem Grund, in freier Anlehnung an die Bemalung des 16. Jhs.

Seit Beginn des 20. Jhs. sind Fassadenbemalungen an der Maximilianstraße und im übrigen Augsburg selten geworden. Gewandelter Zeitgeschmack fordert seither monochrome oder maximal zweifarbige Hausanstriche. Eine Ausnahme macht das Weberhaus (s. Weberhaus), das seit seiner Bemalung durch Matthias Kager zwischen 1914 und 1959 drei neue Gesamtgestaltungen erhielt.

Der jüngste Versuch in künstlerischer Fassadenmalerei wurde 2004/05 am Kath. Pfarrheim St. Ulrich und Afra unternommen, wiederum an einem Bau aus den 50er Jahren des 20. Jhs. Die malerische Ausführung folgt zwar alten Freskotechniken, zeigt aber eklatante Schwierigkeiten in der handwerklichen Umsetzung des Entwurfs. Auf eine Renaissance der Augsburger Fassadenmalerei muss wohl weiterhin gewartet werden. *cm*

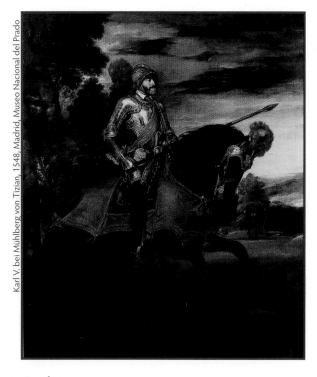

Karl V. bei Mühlberg von Tizian, 1548, Madrid, Museo Nacional del Prado

Tizian in Augsburg

Tiziano Vecellio, gen. Tizian (um 1488/90-1576), einer der berühmtesten Maler der ital. Renaissance, war gleich zweimal für einige Monate in Augsburg. Sein erster Aufenthalt fällt in das Jahr 1548. Acht Monate, von Jan. bis Sept., arbeitete er in der Reichsstadt. Der zweite Aufenthalt begann im Nov. 1550 und endete vermutlich erst im Aug. 1551, als er wieder in Venedig in Erscheinung trat. Der Augsburger Winter machte dem wärmeverliebten Italiener jedenfalls zu schaffen, denn er klagte im Feb. 1551 über die Kälte. Grund für Tizians Reise nach Deutschland war eine Einladung von Kaiser Karl V., der enges Vertrauen zu dem Maler hatte. Der Kaiser wünschte gar, dass Tizian in den Räumen nahe den seinen wohne. Ridolfi schildert eine Anekdote, wonach der Kaiser Tizian einen heruntergefallenen Pinsel aufgehoben habe, und verlegt die Handlung nach Augsburg: „Und es wird erzählt, daß ihm beim Malen ein Pinsel heruntergefallen sei und vom Kaiser aufgehoben wurde. Woraufhin Tizian vor ihm kniete und ihm sagte, Sire, es verdient Euer Diener nicht so viel Ehre. Karl entgegnete: Es ist des Tizian würdig, wie ein Caesar bedient zu werden."

Bei seiner Ankunft brachte der Maler jeweils auch etliche eigene Werke mit, darunter etwa den „Christus als Schmerzensmann" (heute im Prado, Madrid) und eine Venus. Am Rande der Reichstage malte Tizian hauptsächlich Porträts des Kaisers und der Fürsten. In Augsburg entstand eines seiner Hauptwerke, das Reiterporträt Kaiser Karls V. (heute im Prado, Madrid) nach der Schlacht von Mühlberg. Tizian beklagte in einem Brief, dass gerade dieses Bild ihn mehr Zeit gekostet habe, als erwartet, und zu allem Überfluss passierte ihm ein Missgeschick: Er hatte das Bild – so die Überlieferung – zum Trocknen ans Fenster gestellt; ein Windstoß warf es um und im Nu war „hinden im gaul" ein Riss in der Leinwand. Der Schwierigkeiten nicht genug, hatte Tizian keine Malutensilien mehr – die waren bereits nach Venedig geschickt –, sodass der Maler Christoph Amberger gebeten wurde, das Gemälde im Beisein von Tizian zu reparieren. Amberger betont: „Das hab ich nun gantz gern und willig gethon und habens widerum zusammen geheft, weil der Tician noch darbey gewesen ist." *ys*

Augsburger Leben in der Renaissance

Das heute im Maximilianmuseum aufbewahrte „Winterbild" liefert ein lebendiges Bild des Lebens der Renaissance-Zeit im Herzen der Stadt. Das zu einem Jahreszeitenzyklus gehörende großformatige Gemälde (240 x 370 cm) wurde vermutlich von Heinrich Vogtherr d. J. um die Mitte des 16. Jhs. gemalt. Vorlage war das „Winterbild" aus dem Augsburger Monumentalbilderzyklus im Deutschen Historischen Museum in Berlin.

Der Platz vor dem Rathaus und dem Perlachturm ist dicht bevölkert, rechts ziehen die vornehm gekleideten Ratsherren aus dem Rathaus aus. Zwei Stadtdiener in typischer Mi-parti-Kleidung in den heraldischen Stadtfarben Rot, Grün und Weiß bahnen ihnen den Weg. Es finden verschiedene Märkte statt, die in Wirklichkeit an anderen Stellen abgehalten wurden, vom Holzhandel bis zum Korn- und Schweineverkauf. Seine Richtgkeit hat jedoch das Zerteilen eines Schweines vor der ehem. Stadtmetzg links im Bild, ebenso das Verkaufen von Fischen am Fischmarkt zwischen Perlachturm und Rathaus, der dort bis 1902 abgehalten wurde. In der Mitte vorne bietet eine Marktfrau Martinsgänse feil, am linken Bildrand trägt eine Frau Äpfel und Käse in einem Korb auf dem Kopf, zwei wichtige Nahrungsmittel für die Augsburger Mittel- und Oberschicht.

Die Auslagen in der Sieben-Lädle-Zeile am reichsstadt., mit dem Reichsadler gekennzeichneten Perlachturm bieten einen Einblick in die Vielfalt des Augsburger Kunsthandwerks, hier finden sich Harnischteile, Zinn- und Goldschmiedeobjekte, ferner Heiligenfiguren. In diesen eingeschossigen Gewerbebuden, die als dauerhafte Läden fest installiert waren und die heute nur noch als Schauauslage dienen, wurde z. T. auch produziert.

Der patrizische Schlitten im Bildzentrum zeigt das Wappen der Familie Rehlinger, die eng mit der Stadtgeschichte verbunden ist: Ulrich Rehlinger war zwischen 1525-35 immer wieder kurzzeitig Bürgermeister in Augsburg. Die Dame im Schlitten in rosafarbenem Kleid und Goldbrokathaube wird neuerdings mit Sibylla Artzt, Witwe von Jakob Fugger (gest. 1525) identifiziert, die im Februar 1526 Konrad Rehlinger heiratete. *ct*

Domviertel

Im Schatten des Doms

Im Domviertel kehrt Ruhe ein. Wenn die Stadtachse vom Rathaus kommend ihren Namen in „Hoher Weg" ändert, beginnt der beschauliche Teil des alten Stadtgebiets. Der innere Bezirk rund um den Dom und die anschließende ehem. Frauenvorstadt sind noch heute geprägt von kirchlichen Institutionen, Schulen, Klöstern, Kirchen. Die grüne Lunge bildet der Dombezirk mit seinen alten Parkanlagen auf der Fläche des ehem. bayerischen Exerzierplatzes vor dem Dom und dem liebevoll gehegten intimen Hofgarten. Dahinter liegt der alte Dom, den viele Augsburger ganz selbstverständlich als Abkürzung nutzen, wenn sie durchs Domviertel flanieren. Der Dom zieht auch den täglichen Passanten in seinen Bann. Zu viel feierliche Ruhe, zu viel kühle Mauerschwere, zu viel heiliges, farbsattes Licht, um nur schnell hindurchzuhasten. Der Augsburger Dom gehört nicht zu den gewaltigsten seiner Art. Aber er hat Würde, Ruhe und Spiritualität.

Vom Dom aus führen die drei Pfaffengässchen entlang der alten Bischofsmauer hinein ins enge Viertel. Hohe Mauern, hinter denen sich die Gärten von Klöstern, Internaten und Altenheimen verstecken, alles fest in kath. Hand, ein Kirchenbezirk drängt sich an den anderen. Von dem Jesuitenkolleg ist nur noch der prachtvolle Kongregationssaal übrig geblieben, Kleiner Goldener Saal genannt.

Hier wurzelt auch die Familie des Genies Mozart, hier im kath. Milieu hatten die Vorfahren als bischöflicher Baumeister oder Kapitelmusiker ihr Auskommen gefunden. Dem Vater Leopold ist gleich ein ganzes Haus gewidmet. Ihm kommt neben der nicht zu unterschätzenden Tat, das Wolferl gezeugt zu haben, das Verdienst zu, die Grenzen seiner Augsburger Vaterstadt gesprengt zu haben und den Sohn mit aller Macht zum internationalen Großereignis seiner Zeit gemacht zu haben.

Immer den Straßenbahngleisen folgend, geht man auf ganz altem städt. Boden. Hier in diesem Gassensystem liegt die römische Kernstadt, hier bringen Grabungen Thermenbauten, repräsentative Wohnbauten und Mosaike ans Tageslicht. Das eigentliche römische Stadtzentrum, mit den großen Verwaltungsbauten, den Haupttempeln und vielleicht einem Theater, sucht man in Augsburg allerdings immer noch. *uh*

Blick in das Langhaus der Hohen Domkirche Mariä Heimsuchung mit einer Schnitzerei (Judith und Holofernes) am Gestühl des Westchors

1 Hohe Domkirche Mariä Heimsuchung

Frauentorstr. 1, Kornhausgasse 8
🕐 Mo–Sa 10:15-16, So 13-16
☎ 0821-3166353 🖥 www.
bistum-augsburg.de 🅿 ja

Der Augsburger Mariendom liegt inmitten der Domstadt auf einem flachen Hügel im Süden der ehem. Römersiedlung Augusta Vindelicum. Gemeinsam mit dem „Reichsgotteshaus" St. Ulrich und Afra sowie der Baugruppe von Rathaus und Perlachturm als Symbol der Freien Reichsstadt ist die Kirche des Bischofs der wichtigste architektonische Akzent an der langen Prozessions- und Marktstraße im Herzen Augsburgs. Während die städtebauliche Situation im Norden der Bischofskirche mit angebautem Kreuzgang das über Jahrhunderte gewachsene Bild konserviert, wurde der große, heute begrünte Platz im Süden durch Abbruch des ummauerten Domfriedhofs mit Dompfarrkirche St. Johannes und Dreikönigskapelle 1808/09 als Parade- und Exerzierplatz freigelegt. Fragmente der ehem. Bebauung blieben mit der dem Südturm vorgestellten Dompfarrsakristei sowie den Grundmauern der Johanneskirche erhalten. Deren Fundamente umschließen die baulichen Reste einer frühchristlichen Taufkirche. Hier wurde eine Grabinschrift der Zeit um 400 n. Chr. gefunden – Beleg für die Existenz einer christlichen Gemeinde bereits in der Spätantike. Die Frühzeit des Bistums Augsburg und damit auch der Domkirche bleibt jedoch weitgehend im Dunkeln, es wird erst im 8. Jh. von Papst Gregor III. als Ort einer Synode erwähnt. Bald darauf soll unter Bischof Simpert ein größerer Dombau entstanden sein. Die heutige Anlage geht auf das 10. Jh. und damit wohl noch auf Bischof Ulrich zurück.

Tipp > Im Nordarm des Westquerhauses ist eine Bildnisreihe der Augsburger Bischöfe von 296 bis heute zu sehen. Die frühen Bischöfe sind allerdings nur legendär. gn

Außen

Die unverwechselbare, heterogene Baugestalt des Augsburger Mariendoms wurde nie vereinheitlicht und zeigt die Jahrhunderte währende, komplizierte Baugeschichte wie ein aufgeschlagenes Buch. Bereits die Südansicht lässt zwei große Bauphasen erkennen: Das unverputzte Langhaus im Westen entspricht dem ottonischen Bau, der mehrfach umgebaut und erweitert wurde. Denn an die dreischiffige, doppelchörige Basilika des 10./11. Jhs. mit ihrem Querhaus im Westen wurden im 14. Jh. zwei zusätzliche Seitenschiffe mit Querdächern und zinnenbesetzten Giebeln sowie ein westlicher Polygonchor angefügt.
Jenseits der beiden Türme mit ihren spitzen Helmen hebt sich der höher aufragende Ostchor deutlich vom Langhaus ab. Die Kontrastwirkung wird durch weißen Verputz und profilierte Architekturglieder aus Haustein verstärkt. Unter den gotischen Sakralbauten Süddeutschlands nimmt die wohl schon seit ca. 1330 vorbereitete Augsburger Domchoranlage kunsthistorisch eine Schlüsselstellung ein. Denn die ausgesprochen ebenmäßige Grundrissdisposition mit ihrer Gliederung in Binnenchor, Chorumgang und Kapellenkranz ist eine verkleinerte Wiederholung des 1248 begonnenen Kathedralchors am Kölner Dom. Dies nicht umsonst, denn für den Augsburger Neubau konnte Heinrich Parler d. Ä. (um 1300-1387) gewonnen werden, der zuvor in Köln tätig gewesen war. Eine derartig exklusive franz. Chorlösung hatte man in Süddeutschland zu dieser Zeit noch nicht gesehen. Der Bauherr, Bischof Markward von Randegg (Randeck), war ein enger Vertrauter Kaiser Karls IV. Letzterer unterstützte mit dem Prager Veitsdom ein ähnlich hochrangiges Projekt, für dessen Verwirklichung er 1352 – sicher nicht zufällig – Heinrich Parlers Sohn Peter (1330-1399) gewinnen konnte. Markward von Randegg hatte wohl im Sinn, mittels der kultivierten Architektursprache des Kathedralchors seinen Rang innerhalb Augsburgs gegenüber dem

Kurioses >
Im Jahr 1383 musste zwischen der Stadt, dem Bischof und dem Domkapitel ein Vergleich geschlossen werden, da der neu gebaute Ostchor als Machtdemonstration weit in die Hauptstraße Augsburgs hineinragte. Den Bürgern wurde deshalb ein Durchgangsrecht durch den Ostchor gewährt, das bis 1821 Bestand hatte. gn

stetig erstarkenden Bürgertum zu unterstreichen. Gleichzeitig war er jedoch bei der Verwirklichung der hochfliegenden Pläne auf Stiftungen der Bürger angewiesen. Heinrich Parlers im Grundriss vorgezeichnete klare Chorlösung wurde indes nur bis zur Traufhöhe des Kapellenkranzes bzw. der Abseiten des Langchores konsequent umgesetzt. Denn der darüber hinausragende, gedrungen proportionierte Hochchor stößt unter völliger Missachtung des Grundrisses über den steil gedeckten Umgang bis zum Kapellenkranz vor, wodurch ein breites Fenster am Chorhaupt ermöglicht wurde. Die unbeholfene, beinahe provisorische Wirkung wird durch die spärliche Durchfensterung nach Norden und Süden noch verstärkt. Da die Architektur insgesamt niedriger ausfiel als geplant, wurden die Strebepfeiler nicht als Stützbögen zum Mauermantel des Obergadens geführt. Sie enden vielmehr in einer – allerdings originellen – Verlegenheitslösung, kleinen, mit Zinnen besetzten Giebeln. Dahinter stabilisieren Stützmauern die Konstruktion. Parlers kühne Idee eines Kathedralchores à la française kam somit nur fragmentarisch zur Ausführung. Denn die Nachfolger Markward von Randeggs, die wohl weniger diplomatisch geschickt waren, hatten bald andere Probleme als den himmelstrebenden Chorneubau. Die Kirche als Institution war seit Beginn des großen abendländischen Schismas in einer Krise. Und innerhalb Augsburgs trugen Bischof und Hochstift mit den Bürgern einen Konflikt nach dem anderen um die politische Vorherrschaft aus. Der edle Chorneubau blieb ein Torso und wurde nur notdürftig fertiggestellt – als originell-malerisches Unikat und Geschichtsquelle ersten Ranges. Die Augsburger Bischöfe befanden sich in guter Gesellschaft – denn auch in Köln, Prag und vielen anderen Bistümern lebte man bis ins 19. Jh. mit Provisorien.

Südportal

Der besonderen städtebaulichen Situation des in die Straßenachse hineinragenden Domes sind die reich skulptierten seitlichen Hauptportale im Norden und im Süden geschuldet. Besonders prächtig ist das Südportal (um 1356), das sich mit einer tonnengewölbten Vorhalle zur Stadt hin öffnet; was die Anzahl der Figuren betrifft, ist es sogar das größte Kirchenportal des 14. Jhs. in Süddeutschland. Formal entspricht die Prunkpforte den Zugängen der ebenfalls von Heinrich Parler ab 1351 mit einem neuen Chor versehenen Frauenkirche in Schwäbisch Gmünd. Die streifenartig angeordneten Konsolfiguren über dem Rundbogen thematisieren das Weltgericht mit Christus im Zentrum, während die seitlichen Strebepfeiler vier Bischofsfiguren, eine Schutzmantelmadonna und eine bislang nicht identifizierte Heilige links sowie eine Verkündigungsszene zieren. Das Gewölbe der Vorhalle ist vollständig mit Darstellungen von 24 Propheten und Patriarchen besetzt. In den Archivolten sitzen 36 Vorfahren Christi auf fein verzierten Konsolen, während die Gewände mit Figuren der zwölf Apostel geschmückt sind. Zu ihren Füßen ließen sich die Augsburger Zünfte und Stifter, die maßgeblich am Chorneubau beteiligt waren, durch ihre Wappen repräsentieren. Heinrich Parler setzte stolz sein eigens Familienwappen unter den Apostel Andreas. Am Mittelpfeiler der zweiteiligen Prunkpforte ist eine Madonna mit dem Christuskind zu sehen. Wie bei einer Marienkirche nicht anders zu erwarten, finden sich oberhalb im Tympanon figurenreiche Szenen aus dem Leben Mariens, die von Baldachinen überfangen sind. Die Folge beginnt im untersten Streifen mit der Geschichte von Marias Vater Joachim und endet im Zwickel mit Mariä Himmelfahrt.

Nordportal

Das Bogenfeld des älteren, wesentlich strenger und klarer gegliederten Nordportals widmet sich ebenfalls dem Marienleben mit den zentralen Szenen Geburt Christi, Marientod und Krönung Mariens; auch hier am Mittelpfeiler die Gottesmutter. Vier Skulpturen fanden an den Gewänden Platz, die Hll. Ulrich, Afra und Elisabeth von Thüringen sowie die Kaiserin Adelheid (mit Kirchenmodell), die den ottonischen Domneubau unterstützt hatte. In der Portalhochwand, die von einem Kielbogen bekrönt wird, ist eine Darstellung von Maria als Thron Salomonis zu sehen, in der die Gottesmutter umgeben ist von Propheten, Tugenden und dem unterhalb sitzenden Salomo. Balgende Löwen besetzen die Archivolte und beleben die strenge Komposition. Das Nordportal ist eine Kopie, die verwitterten Originalteile wurden bereits 1934 ins Innere versetzt.

Tipp > Für die berühmten romanischen Bronzetüren wurde 1863 eigens das sog. Brautportal auf der Südseite eingebaut. Die Türflügel befinden sich heute aus konservatorischen Gründen im Diözesanmuseum. Das Brautportal wurde 2001 mit einer Bronzetür von Max Faller geschmückt, die Szenen aus der Heilsgeschichte gewidmet ist. *gn*

Innen

Romanischer Bischofsthron im Westchor

Auch im Innenraum ist der von Bauteilen des 14. Jhs. ummantelte kastenartige Pfeilerbau des 10./11. Jhs. an seinen massiven, geschlossenen Wänden mit gemalten Quaderfugen noch zu erkennen. Allerdings wurde die Wirkung des heute fünfschiffigen Kirchenraumes durch Kreuzrippengewölbe auf Wandvorlagen und Rundpfeilern im Sinne der Gotik vereinheitlicht. Dem älteren Westbau mit Querhaus und Chor steht der östliche Umgangschor gegenüber. Die teilweise abenteuerliche Gewölbekonstruktion in diesem Bereich – Chor- und Umgangsgewölbe überschneiden sich – ist Ergebnis der langen, mehrfach unterbrochenen Bauphase des nur verstümmelt ausgeführten Randegg'schen Kathedralchors. Die anschließenden Chorkapellen sind von Nord nach Süd den Hll. Wolfgang, Augustinus, Gertrud, Konrad, Anna, Anton und Lukas geweiht. Beide Choranlagen sind mit Schranken abgetrennt, diejenigen im Westchor wurden von Burkhart Engelberg (1447-1512) virtuos mit Fischblasendekor in Haustein geschmückt. Bei Restaurierungen kamen zahlreiche Freskenreste zutage, neben romanischen Mäanderfriesen auch gemalte, mit Symbolen durchsetzte Ranken, die die Schlusssteine mit ihren Prophetendarstellungen und Stifterwappen rahmen. Sogar figürliche Darstellungen wie die „Drei Frauen am Grabe" aus dem Jahr 1420 und ein darunter aufgedeckter Schmerzensmann (14. Jh.) sind zu entdecken. Vom Eingang zur Krypta im Westen aus betrachtet, bietet sich trotz aller Vielgestaltigkeit ein würdevoller Prospekt: Die Architektur steigert sich nach Osten und kulminiert lichtszenisch effektvoll in dem zentralen Buntglasfenster mit „Lebensbaum" und „Heimsuchung" (1954) von Josef Oberberger (1905-94) und Hilda Sandtner (1919-2006). Der Augsburger Dom ist somit ehrwürdiges Gehäuse des Gebets und Schrein für eine reiche Ausstattung als Ausdruck über Jahrhunderte gepflegter Frömmigkeit.

Krypta

Zu den ältesten Teilen des Domes zählt die Doppelkrypta unter dem Westchor. Die vierschiffige äußere Krypta mit gedrückt proportionierten Stützen und massivem Kreuzgratgewölbe stammt aus dem 11. Jh. Die innere Krypta ist ein Vierstützenraum mit zwei Apsiden (Ende 10. Jh.). Hier ist das Altar-Antependium mit karolingischer Flechtbandmotivik aus der Zeit Bischof Simperts bemerkenswert, das bei Grabungen entdeckt wurde. Gegenüber, in der Ostapsis, wird eine aus dem Alpenraum stammende romanische Madonna mit Kind verehrt.

Ausstattung

Als hochrangigste Kirche Augsburgs wurde der Dom immer besonders prächtig ausgestattet. Auf die romanische Phase folgte eine reiche gotische Ausstattung, die im Bildersturm 1537 nahezu völlig zerstört wurde. Es folgte eine

Geheimtipp >

Christophorus-Fresko im Dom
Christophorus war der Legende nach ein Riese, der urspr. Reprobus hieß und nur dem Mächtigsten auf Erden Untertan sein wollte. Nachdem er einem König und selbst dem Teufel gedient hatte, riet ihm ein Einsiedler, ob seiner gewaltigen Größe und Stärke Menschen auf seinem Rücken durch einen reißenden Fluss zu tragen. Eines Nachts wollte ein Kind übersetzen, dessen Last, je weiter Reprobus ins Wasser stieg, immer schwerer wurde und ihn zu ertränken drohte und ihn glauben machte, die ganze Welt läge auf seinen Schultern. „Mehr als die Welt hast du getragen", sagte ihm das Kind, drückte ihn unter Wasser und taufte ihn. Glücklich das Ufer erreichend, erkennt Christophorus (der Christusträger) in Christus seinen Herrn.

Nach dem Volksglauben schützt das Betrachten seines Bildes zumindest am selbigen Tag vor einem jähen Tod. So war man gut beraten, den Hünen nicht nur um seiner körperlichen Ausmaße willen im größtmöglichen Format ins Bild zu setzen. An viel frequentierten Orten angebracht – an Kirchenfassaden, bei Kirchenportalen oder an Stadttoren (Vogeltor!) – konnte so jedermann, auch nur im schnellen Vorbeihasten, einen flüchtigen Blick des Heiligen erhaschen und seines Schutzes teilhaftig werden. Das riesige Abbild des Riesen ist im Augsburger Dom an die Westwand im südlichen Querhaus in Freskotechnik gemalt. Christophorus

Phase der kirchlichen Restauration noch im 16. Jh., an die sich schließlich die Barockisierung anschloss. Im 19. Jh. strebte man unter Bischof Pankratius von Dinkel wieder eine Rückkehr zum gotischen Raumeindruck an, viele barocke Kunstwerke wurden zerstört oder an die

trägt das Jesuskind mit sichtlichem Missbehagen, mürrischen Blicks und auf einen grünenden Baumstamm gestützt durch die gar nicht so reißende Flut, die ihm gerade mal bis über die Fersen reicht. Die einmal auf seinem Gewandsaum, dann ein zweites Mal ganz oben angebrachte Datierung verweist auf das Jahr 1491. Der Künstler selbst ist aber weder aus einer Signatur noch aus Quellen bekannt. Nur mit gewissem Vorbehalt wird das Bild daher Ulrich Apt zugeschrieben, einem der großen Augsburger Meister der Spätgotik und Zeitgenossen Hans Holbeins d. Ä. (s. im Dom die Tafeln des Weingartener Altars). Mit Vorbehalt auch deswegen, da geeignete stilistische Vergleichstücke fehlen. Obwohl von gewaltigen Ausmaßen – wahrscheinlich handelt es sich um das größte spätgotische Gemälde überhaupt –, ist der Dom-Christophorus doch nur ein kümmerlicher Rest der im reformatorischen Bildersturm nahezu vollständig vernichteten Augsburger Malerei des ausgehenden Mittelalters. Als an zwei Januartagen des Jahres 1537 der Dom und viele andere Augsburger Kirchen von „geprauchte geschnitzte, gegoßne und gemalte pilder" gereinigt wurden, sollte selbst der Heilige nicht verschont bleiben, der seine undankbaren Zerstörer für fast ein halbes Jahrhundert vor solchen und ähnlichen Unannehmlichkeit bewahrt hatte. Glücklicherweise rückte man ihm aber nur soweit zu Leibe, als man ohne größere Umstände hinaufreichte, also eigentlich gar nicht. Die beschädigten Partien in der untersten Bildzone konnten nach der Rekatholisierung des Doms zwar wiederhergestellt werden, doch wurde der ungeliebte Heilige bei der Barockisierung vollständig übertüncht und war bis zu seiner Wiederentdeckung im Jahr 1934 vergessen. Seither blickt er wieder in den Dom hinab und wohl jeder Besucher zu ihm hinauf. Wie viele e. auf die gewünschte Art beschützt hat, ist (wie so oft) Glaubenssache – bei ihm selbst hat's offenbar funktioniert. *cm*

Umlandgemeinden verkauft. Allerdings ist es das Verdienst dieses Bischofs, wenn sich der Augsburger Dom heute wieder als Schatzhaus gotischer Kunstwerke präsentiert. Denn Pankratius von Dinkel investierte nicht nur in eine neugotische Ausstattung, sondern ließ äußerst hochrangige Kunstwerke des 15. und 16. Jhs. ankaufen und in die neu geschaffenen gotisierenden Retabelgehäuse einbauen. Letztere wurden in den 1930er Jahren großteils purifiziert. So ist ein Rundgang durch den Dom gleichzeitig ein Corso durch die Kunstgeschichte.

Hochaltar im Ostchor

Schon die Geschichte des Hochaltarretabels kündet von stetiger Zerstörung und Neuausstattung. Urspr. diente das zierliche Bronzeretabel (1447) im Westchor mit seinem kielbogigen Gesprenge als Ostchoraltar. Nur der Bronzealtaraufbau überstand die Verwüstungen des Bildersturms unversehrt und wurde spätestens 1597 im Westchor aufgestellt und mehrfach verändert. Im Zuge der kath. Restauration hatte Christoph Amberger (1500-1561/62) in sein Retabel von 1554 Form und Ikonografie der zerstörten Bildtafeln von Hans Holbein d. Ä. aufzunehmen. Natürlich geriet die ausgeführte „Rekonstruktion" unter den Händen Ambergers überaus schöpferisch. Denn seit der Schaffenszeit Holbeins d. Ä. waren drei Jahrzehnte vergangen und Amberger hatte seinen Tizian studiert: Das theatralische Licht des Hl. Geistes lässt das Antlitz der in einer Nische thronenden Muttergottes übersinnlich erstrahlen. Die Bistumspatrone Ulrich und Afra stehen ebenfalls in Nischen, durch die das Licht eindringt. Dessen Reflexe hüllen Gesichter und warm leuchtende Gewänder in ein weiches Sfumato. Der Altar ist heute in die Wolfgangskapelle im Ostchor verbannt. Seinen Nachfolgern erging es schlechter, denn sowohl der barocke Altaraufbau mit einem Blatt von Johann Heinrich Schönfeld als auch der neugotische Schnitzaltar wurden zerstört, weil sich der Geschmack und die Liturgie geändert hatten. Der heutige Hauptaltar wurde in zwei Etappen (1962 und 1985) von Josef Henselmann (1898-1986) geschaffen. Die monumentale, ar-

Die Prophetenfenster im Dom

chaisch wirkende Bronzegruppe besteht aus einem von den zwölf Aposteln getragenen Kruzifix, umringt von Moses und Abraham, die den Thron für das Evangeliar flankieren, sowie von Jesaja, Ezechiel und David links, Esther, Daniel und Johannes d. T. rechts.

Tipp > Als beständiger, auch was ihre Positionierung im Westchor betrifft, erwiesen sich indes ein von Löwen getragener Bischofsthron (um 1100) und ein in der Wand verankerter Baldachin (12. Jh.), der vielleicht als Rahmung eines solchen Thrones oder eines eucharistischen Wandschranks diente. *gn*

Prophetenfenster, Obergaden, Langhaus, Südwand

Die berühmten Prophetenfenster sind die weltweit ältesten monumentalen Glasfenster (ca. 2,20 m hoch), die noch an Ort und Stelle erhalten sind. Mangels Vergleichsobjekten schwankt die Datierung jedoch stark zwischen dem 11. und 12. Jh. Zur stilistischen Einordnung mussten so u. a. Malereien des Klosters Hirsau hinzugezogen werden, die durch ähnliche zeichnerische Kürzel gekennzeichnet sind. Von der ehem. wohl umfangreicheren Bilderserie blieben die Propheten Jonas, Daniel, Hoseas, David und Moses erhalten. Das Moses-Fenster ist allerdings eine

Rekonstruktion der Zeit um 1550 mit Originalteilen. Die streng frontal gezeigten, kompakten Gestalten sind aus großen, farbig leuchtenden Glasflächen zusammengesetzt, wobei die Bleifassung als klärende Zeichnung fungiert. Jede der mit Mänteln, Schlupfschuhen und Judenhüten bzw. einer Krone gekleideten Figuren hält in der Linken ein Spruchband. Ihre freien Hände haben sie gestisch erhoben oder sie präsentieren Attribute – so hat Moses die Gesetzestafeln bei sich. Formelhafte, übermenschliche Klarheit bestimmt den Darstellungsmodus. In ihrer Stilisierung strahlen die Fenster im Wortsinn die Würde der Propheten und die zeitlose Gültigkeit ihrer Prophezeiungen aus. Auf den Spruchbändern sind in dt. Übersetzung folgende Inschriften zu lesen: Jonas (Jon 2, 5): Ich werde den heiligen Tempel meines Herrn wieder schauen; Daniel (Dan 9, 17): Herr, lass Dein Angesicht leuchten über Deinem Heiligtum; Hosea (Hos 5,2): Ich aber werde euch alle züchtigen; David (Psalm 83,5): Glücklich, die in Deinem Hause wohnen, Herr; Moses (5 Mos 4,1): Höre, Israel die Gebote des Herrn.

Tipp > Weitere sehenswerte Glasmalereien sind das große „Thron-Salomonis-Fenster" (1330-40) im südlichen Arm des Westquerhauses und das von der Werkstatt Peter Hemmels

Archäologie in Augsburg

100

Früher oder später wird jeder Besucher Augsburgs in der Innenstadt auf eine archäologische Ausgrabung treffen. Die Untersuchungen finden ausschließlich im Vorfeld von Baumaßnahmen statt und dienen der Dokumentation der durch die geplanten Aushubarbeiten bedrohten archäologischen Befunde und Funde zumeist aus römischer und mittelalterlicher Zeit. Sie stehen daher unter enormem zeitlichen Druck, weshalb ganzjährig, praktisch bei jedem Wetter, gearbeitet werden muss. Die archäologischen Strukturen reichen oft mehrere Meter tief – das älteste römische Straßenniveau liegt etwa 2 m tiefer als das heutige – und sind hochkomplex, da sie die gesamte 2.000-jährige Geschichte Augsburgs umfassen. Die Mehrzahl der Freilegungsarbeiten kann daher nur von Hand durchgeführt werden. Jede neu erkannte Struktur, von der römischen Mauer über das frühmittelalterliche Grubenhaus bis zur frühneuzeitlichen Latrine, wird dabei maßgerecht gezeichnet, vermessen, fotografiert und beschrieben, bevor sie abgetragen wird, um an die darunter liegenden, nächstälteren Schichten zu gelangen. Nur auf diese Weise können die archäologischen Quellen für die Nachwelt erhalten bleiben. Um sie zum Sprechen zu bringen, sind allerdings nach Abschluss der Feldarbeiten nochmals zeit- und arbeitsintensive wissenschaftliche Auswertungsarbeiten notwendig.

Die Augsburger Innenstadt weist eine lange und komplexe Siedlungsgeschichte auf, die in dieser Fülle im Freistaat keine Parallele hat. Allerdings ist davon nur ein Bruchteil aus schriftlichen Quellen bekannt, deren Bestand – zumindest bis in das Spätmittelalter – weitgehend erschlossen ist und für die kein Zuwachs mehr erwartet werden kann. Neue Erkenntnisse für diese Epochen lassen sich daher vor allem aus archäologischen Quellen gewinnen, d. h. aus

den Funden und Befunden archäologischer Ausgrabungen. Die Stadtkerngrabungen der letzten 30 Jahre haben diese Erwartungen mehr als erfüllt, indem sie eine Vielzahl völlig neuer Aspekte und Detailinformationen zur Vergangenheit Augsburgs lieferten.

Die Stadtarchäologie Augsburg als städtische Institution besteht seit 1978. In früheren Jahren wurde die Feldforschung nebenamtlich vom Leiter der vor- und frühgeschichtlichen Abteilung des Maximilianmuseums bzw. vom Leiter des 1966 neu gegründeten Römischen Museums betrieben. Aufgrund der Doppelbelastung, mit äußerst bescheidenen finanziellen und personellen Möglichkeiten und in der knappen Zeit, die den Verantwortlichen – wenn überhaupt – eingeräumt wurde, war auf den Großbaustellen besonders in den Jahren des Wiederaufbaus nach dem Zweiten Weltkrieg kaum mehr als eine archäologische Begleitung zu leisten. Die flüchtigen Skizzen und Arbeitsfotos, mit denen man damals die Befunde zu dokumentieren versuchte, sind neben dem häufig aus dem Aushub geborgenen Fundmaterial das einzige, was von diesen archäologischen Quellen übrig blieb. Mit dem heutigen Wissen um den komplizierten Schichtaufbau und die Masse und Dichte der Befunde in der Augsburger Innenstadt wagt man sich kaum vorzustellen, wie viel an Informationen und historischen Aussagemöglichkeiten damals unwiederbringlich verloren ging.

Nicht zuletzt im Zusammenhang mit dem 1985 gefeierten 2.000-jährigen Jubiläum richtete die Stadt Augsburg im Jahr 1978 eine eigene Stabsstelle für die Stadtarchäologie ein, die erste Kommunalarchäologie in Bayern. Die Abteilung erfuhr mit der Zeit einen erheblichen personellen und finanziellen Ausbau und wurde damit in die Lage versetzt, die anstehenden Notgrabungen mit eigenem Personal durchzuführen. Dieses Engagement der Kommune gewährleistet bis heute, dass die großen Mengen an archäologischen Funden und die Grabungsdokumentation in städtischem Besitz verbleiben. *sg*

von Andlau (um 1420-1501
nachweisbar) geschaffene Mari-
enfenster (nach 1493) im nördlichen Seitenschiff. gn

Grabmal Wolfhard v. Roth (um
1303), Konradskapelle

Zu den ergreifendsten Kunstwerken im Dom zählt das Grabmahl
des Bischofs Wolfhard von Rot(h)
(gest. 1302). Auf der bronzenen
Grabplatte ist das gegossene, lebensgroße Abbild des Verstorbenen in vollem Ornat zu sehen.
Die scharf herausgearbeiteten,
asketisch strengen Gesichtszüge
mit ihren im Tod eingefallenen
Wangen lassen ein für die Entstehungszeit überraschendes Maß an
überspitztem Realismus erkennen.
Über eine Inschrift an der fußsei-
tigen Schmalseite verewigten sich
die ausführenden Künstler. Dort ist
auf lateinisch zu lesen: „Otto machte mich in Wachs und Konrad in
Erz." Im Dom finden sich zahlreiche weitere Epitaphien und
Grabplatten unterschiedlichster
Epochen. Besonders bemerkenswert ist neben den spätgotischen
Grabmälern (Gertrudkapelle) von
Friedrich von Zollern (gest. 1505)
und Heinrich von Lichtenau (gest.
1517), beide von Hans Beierlin
(Hanns Peurlin, gest. 1507), die
Steintumba für Konrad und Afra
Hirn von 1425. Sie wurde aus der
Goldschmiedekapelle bei St. Anna
(„Hirn'sches Grabhaus") in den
nördlichen Arm des Dom-West-
baus versetzt. gn

„Freisinger Heimsuchung"
(um 1475), Konradskapelle
Auffällig an der kleinen Bildtafel
mit der Darstellung der „Heimsu-

„Heimsuchung Mariä" von
einem Freising-Landshuter
Maler, um 1475-95

chung" sind das satte, leuchtende
Kolorit, der weite Ausblick in die
Landschaft sowie die manierier-
ten Affektgesten, mit denen Maria
und Elisabeth den schicksalhaften
Moment plausibel machen. Das
Altarbild ist das Hauptwerk eines
in Freising tätigen Meisters, nach
dem er auch seinen Namen erhalten hat. Es kann exemplarisch für
die hohe Qualität der Altartafeln
in den Chorkranzkapellen stehen,
die nahezu alle im 19. Jh. angekauft
und in neugotische Schnitzaltäre
eingebaut wurden.

Tipp > Im Westchor blieb ein
klar strukturiertes Chorgestühl
mit scharf herausgearbeiteten
Ornamentformen erhalten, das
Ulrich Glurer (Glier) 1483 schuf
und 1495 ergänzt wurde. Die
Wangenfiguren zeigen alttestamentliche Heroen und Heroi-
nen (z. B. Judith und Holofernes,
Jonas mit dem Fisch). Die Detail-
formen des älteren Ostchorge-
stühls (1430), dessen Wangen im
Diözesanmuseum zu bewundern
sind, wirken weicher. gn

Weingartener Altar (1493),
östlicher Mittelschiffpfeiler

Die vier Tafelbilder, die Hans Holbein d. Ä. für einen Altaraufbau
von Michael Erhard im Kloster
Weingarten anfertigte, zeichnen
sich durch narrative Klarheit und
durch verhaltene Gebärden aus.
Es handelte sich urspr. um zwei
Flügel mit Werk- und Feiertagsseite, die für die Aufstellung im Dom
zu vier Tafelbildern gespalten wurden. Die Darstellungen der ehem.
Feiertagsseite weisen Goldgrund
auf. Jede Tafel vereint zwei Szenen,
eine größere im Vordergrund und
eine im Durchblick sichtbare, kleinere Szene. Gezeigt sind Joachims
Opfer und die Verkündigung an
Joachim, Joachim und Anna an der
Goldenen Pforte und die Geburt
Mariens, Mariä Tempelgang und
Heimsuchung sowie die Beschnei-
dung Christi und die Marienkrönung. Bereits dieses frühe Werk
des Augsburger Malers ist von

jener überwältigen Farbschönheit, für die Holbein d. Ä. Berühmtheit erlangte. Die Farbklänge sind nicht additiv zur Formklärung eingesetzt, sondern zur Schilderung einer konkreten Lichtsituation mit lokalisierbarer Quelle genutzt.

Tipp > An der südlichen Ostchorschranke öffnet sich eine Ölbergszene mit Terrakottafiguren (1591) von Veit Eschay in gotischen Nischen (um 1500). Wie bei vielen Kunstwerken der „Restaurationsphase" nach der Reformation, nahm der Künstler bewusst retrospektiv Merkmale der Spätgotik, wie z.B. den knittrigen Faltenwurf, auf. *gn*

„Ecce homo" (1630/31), gegenüber dem Südeingang
Dagegen zeichnet sich die rubeneske Christusfigur Georg Petels (1601/02-34), die nach der Profanierung der Dominikanerkirche St. Magdalena im Dom aufgestellt wurde, durch ihre affektive „Personenregie" aus: Der Betrachter sieht sich dem lebensnah geschilderten Welterlöser nicht nur gegenüber; er wird durch die Gebärden des Gegeißelten – Schrittmotiv, vorgeneigter Oberkörper und gebeugte Kopfhaltung – unmittelbar angesprochen. Die genaue Schilderung der Anatomie und die farbige Fassung verstärken noch die lebensnahe Präsenz der Christusfigur.

Marienkapelle

Der kreuzförmig ummantelte, überkuppelte Rundbau steht mit seiner in Rosa und Weiß gehaltenen Raumfarbigkeit, mit Pilaster-

gliederung und zierlichem Bandelwerkstuck in denkbar größtem Kontrast zum Langhaus des Domes. Gabriel de Gabrieli (1671-1747), bekannt als Hofbaumeister des Fürstbischofs von Eichstätt, entwarf die 1720-22 errichtete Kapelle. Johann Georg Bergmüller (1688-1762) malte die runden Bildfelder graziös mit Mariengeburt, Verkündigung, Heimsuchung, einer Maria Immaculata und Mariä Himmelfahrt aus. In die kleineren Bildfelder setzte er die zwölf Tierkreiszeichen. Die Fresken wurden allerdings mehrfach erneuert, zuletzt nach schweren Beschädigungen im Zweiten Weltkrieg. Inmitten des prachtvollen, durch Freiherr von Pollheim 1720 gestifteten Altaraufbaus mit der Gloriole des Hl. Geistes fand eine steinerne Madonna des 14. Jhs. auf einem Sockel mit Mondsichel Aufstellung. Auf sie bezogen sind Joachim und Joseph (mit blühendem Stab), Zacharias und eine Heiligenfigur mit Turban – vielleicht David. Als „Genpaar" zu Joseph und Joachim fungieren die Konsolfiguren Elisabeth und Anna, standen sie doch ehem. auch im Altaraufbau.

Domkreuzgang

Bei der Gotisierung des ottonischen Domes wurde der Südflügel des Kreuzganges zum Seitenschiff umgebaut. Die dreiflügelige Anlage wurde seit 1470 durch Hans von Hildesheim, seit 1488 unter Beteiligung Burkhart Engelbergs umgebaut. Bis heute präsentiert sich der Domkreuzgang mit Sterngewölben und Maßwerkfenstern in seinem 1510 vollendeten spätgotischen Erscheinungsbild. Nur ein kleiner Teil wurde im 18. Jh. verändert. Seit dem 13. Jh. wur-

de der Kreuzgang als Grabstätte der Domgeistlichkeit, aber auch von adeligen Laien und Patriziern genutzt. Über die Jahrhunderte okkupierten 423 teils äußerst anspruchsvoll gestaltete Grabplatten und Epitaphien (u. a. von Hans Reichle, Hans Beierlein, Loy Hering, Gregor Erhard) die Böden und Wände des Kreuzganges. Teilweise wurden sie im Bildersturm beschädigt. *gn*

Zeittafel
4. Jh. n. Chr.
Ausgrabungsfunde legen eine christliche Gemeinde auf dem Gebiet der Römersiedlung Augusta Vindelicorum nahe
807
Mutmaßliche Weihe des karolingischen „Simpert-Domes"
um 930
Wiederherstellungsarbeiten unter Bischof Ulrich nach Beschädigung beim Ungarneinfall
994
Einsturz des Domes unter Bischof Luitold
ab 995
Neubau des ottonisch-salischen Domes mit Unterstützung der Kaiserin Adelheid, Gemahlin Ottos I.
um 1050
Baumaßnahmen unter Bischof Heinrich II.
1065
Weihe des ottonischen Domneubaus unter Bischof Embrico
1075
Mutmaßlicher Neubau der Türme
1229
Umbau der Westchorapsis unter Bischof Siboto von Seefeld
um 1325-29
Neubau der Andreas- bzw. Hilariakapelle (am Querhaus) unter Kustos Konrad von Randegg
1321 (oder 1331)-34
Neubau der Westapsis und gotische Einwölbung des Westchores unter Konrad von Randegg
um 1335-43
Einwölbung der Querarme und des Mittelschiffes, Neubau der Seitenschiffshallen unter Konrad von Randegg
ab 1343
Neubau des gotischen Nordportals am Ostchor
1356
Grundsteinlegung des Ostchores unter Markward von Randegg, einem Vetrauten Kaiser Karls IV.
1431
Weihe des Ostchores

1510
Erweiterung der Chorsakristei
um eine Chorkranzkapelle
17.01.1537
Verwüstung der Domkirche im
Bildersturm, zerstört wurde u. a. der
Hochaltar Hans Holbeins d. Ä.
1548
Restitutionsedikt Kaiser Karls V., Rück-
kehr von Bischof und Domkapitel
1609
Elias Holl bewahrt den Süd-
turm durch Bau eines massiven
Stützpfeilers vor dem Einsturz.
1655-81
Barocke Neuausstattung unter
Sigmund Franz v. Österreich und
Johann Christoph v. Freiberg; u. a.
Abbruch des Lettners, Hochal-
tarretabel mit Hochaltarblatt von
Johann Heinrich Schönfeld
1693-94
Anbau von Kreuz- und
Josephskapelle
1720-22/1731-34
Anbau von Marien- und
Johann-Nepomuk-Kapelle
1803
Säkularisierung, Auflösung
des Hochstifts Augsburg
1852-63
Regotisierung unter Bischof
Pankratius von Dinkel, u. a.
Ankauf des Weingartener Altars
von Hans Holbein d. Ä.
1863
Abbruch der Kreuz- und
der Josephskapelle
1934
Innenrestaurierung, Purifizierung der
neugotischen Ausstattungsstücke
1944/45
Beschädigung der Marienkapelle und des Kreuzganges
1970-71
Umgestaltung des Hochchores
1977-84
Konservierung des Südportals
1983-84
Innenrestaurierung

Dombrunnen

Josef Henselmann (1898-1986),
1985, Bronze
Die Magistrale der Stadt zwischen

St. Ulrich und dem Hohen Dom
liest sich traditionell als Abfolge
von Plätzen und Straßenräumen,
deren Mittelpunkte Brunnen besetzen. Die letzte Ausformung
dieser Brunnen erfolgte um 1600,
als mit der Trias von Augustus-,
Merkur- und Herkulesbrunnen
ein hoher Maßstab gesetzt wurde. Der Dombrunnen steht mit
großer Selbstverständlichkeit an
seinem Platz, obwohl hier vorher
nie ein Brunnen war. Er nutzt den
Geländesprung geschickt aus und
schiebt sich wie ein Schiffsrumpf in
den Platzraum. Das ist gut gemacht
und von hoher Selbstsicherheit.
Die Themenwahl ist unumstritten: In der Mitte der Hl. Ulrich
auf einem mächtigen Ross, beide
kaltblütig beim Kampf gegen die
herannahenden Ungarn-Hunnen-
Ungläubigen. Rechts die Hl. Afra,
die legendäre Liebesdienerin
während der Zeit der röm. Besat-
zung und frühen Christianisierung.
Sie bekehrte sich und wurde auf
einer Lechinsel an einen Stamm
gebunden und bei lebendigem
Leib verbrannt. Links der weniger
populäre Hl. Simpert, ein Vorgänger Ulrichs auf dem Bischofsthron, auf dessen Gebetserhörung
die wundersame Errettung eines
Kleinkindes aus den Fängen des
Wolfs zurückzuführen ist.
Die Figurengruppe stammt vom
Münchner Bildhauer Josef Henselmann (1898-1986), Professor an
der Münchner Akademie und
auch langjähriger Leiter dieser
Hochschule, ein hochangesehener
Künstler seiner Jahre. Henselmann
schuf im Domminneren die vielfigurige Hochaltargruppe in Bronze und
erregte mit der Kerngruppe des
Hochaltars, verspottet als „Turner-
gruppe", wegen ihrer modernen,
schwer lesbaren Form, den Unmut
der Kirchgänger. Der Brunnen, eines der letzten Werke Hensel-
manns, ist geprägt von einer natu-
ralistischen Altersmilde. *uh*

Römermauer

Südlich des Doms, Zugang von
der Peutingerstr. oder vom Hohen
Weg
Die sog. Römermauer, ein Backsteinbau mit leichtem Betondach
aus dem Jahr 1954, ist Teil einer
nicht vollständig ausgeführten
Planung, die eine Neueinfriedung
des ehem. Domfriedhofs vorsah.
Dieser hatte 1808/09 einem Paradeplatz weichen müssen. Die
Anlage dient der musealen Präsentation römischer Architekturteile,
Inschriften und Reliefs. Aus konservatorischen Gründen sind die Originale größtenteils durch Abgüsse
ersetzt worden und im Römischen
Museum ausgestellt. Die unlängst
aktualisierte Beschilderung bietet
ausführliche Erläuterungen zu den
Exponaten.

Ehreninschriften des 3. Jhs.
Auf der Westseite der Römermauer sind mehrere historisch äußerst
bedeutsame Weihe- und Ehreninschriften des 3. Jhs. aufgestellt,
so der bekannte Victoriaaltar, der
nach einem Sieg des raetischen
Statthalters über die Iuthungen
bzw. Semnonen im Jahr 260 geweiht wurde, oder die konkav ge-
arbeiteten Blöcke, deren Inschrift
Kaiser Probus (276-282) nach erneuten Siegen über die Germanen als restitutor provinciarum, als
Wiederhersteller der Provinzen,
feiert.

Grabmäler
Bemerkenswert sind auch die Reliefs mit Szenen des römischen All-
tagslebens, wie der Weintransport
im Fasswagen oder der längliche
Quader, auf dem die Verschnü-
rung eines großen Stoffballens
dargestellt ist. Beide stammen von
großen Grabmonumenten, die außerhalb der römischen Stadt entlang der Ausfallstraßen aufgestellt
waren. Das am Nordende der Römermauer rekonstruierte neuntei-
lige Pfeilergrabmal des Marcus Au-
relius Carus von der Hofer Straße

in Oberhausen liefert ein lebendiges Bild eines solchen Denkmals. Mit einer Gesamthöhe von 6,88 m gehört es aber noch nicht einmal zu den größten Vertretern dieser Gattung. Die Erbauer wollten mit solchen Monumenten, die sie oft noch zu Lebzeiten errichteten, dem Reisenden einen repräsentativen Eindruck ihres geschäftlichen, beruflichen und sozialen Erfolgs vermitteln. Die Pinienzapfen, die viele Grabbauten bekrönten, gelangten in der Renaissance sogar ins Augsburger Stadtwappen.

Kultwesen

Weiheinschriften und Reliefs geben einen lebendigen Eindruck von römischer Religion. Die häufig verwendete Schlussformel „votum solvit libens laetus merito" (er/sie hat das Gelübde eingelöst, froh, freudig und wie es sich gebührt) zeigt, dass Gelübde ein geläufiges Mittel der Kommunikation mit den Göttern darstellten. Hatte die Gottheit den dabei geäußerten Wunsch erfüllt, wurde ihr die im Gelübde (votum) versprochene Weihung oft als Opfer oder Geschenk dargebracht. Diese bestanden häufig aus organischem Material. Daher können wir heute in den Steininschriften, wie im hier gezeigten Fall von P. P. Helius, der eine Jupitersäule gestiftet hatte, nur einen geringen Teil der Weihungen fassen.

Architektur

Die Säulenfragmente und Gesimsbruchstücke im südlichen Teil der Ausstellungsfläche zeigen mit ihren Dimensionen deutlich, mit welch monumentalen Bauten im römischen Augsburg zu rechnen ist. Da im näheren Umland von Augsburg kein brauchbares Steinmaterial ansteht, musste jedes Werkstück mit hohem Aufwand aus den Steinbrüchen des Schwäbischen Jura herbeigeschafft werden. In der Antike bevorzugte man für Schwertransporte den Wasserweg, obwohl man damit gezwungen war, entgegen der Strömung des Lechs mit Hilfe von Zugtieren zu treideln. Fast alle Funde römischer Werksteine in Augsburg stammen nicht aus ihrem originalen antiken Kontext, sondern aus mittelalterlichen und frühneuzeitlichen Fundzusammenhängen, da sie in nachrömischer Zeit aufgrund des beschriebenen Mangels an

Steinmaterial in der Augsburger Umgebung mehrfach wiederverwendet wurden. Einige der ausgestellten Objekte weisen denn auch jüngere Abarbeitungen auf oder zeigen Räderspuren, da sie in ihrer letzten Funktion im Straßenpflaster verbaut waren. *sg*

Tipp > Im Römischen Museum (Dominikanergasse 15) werden noch deutlich mehr Exponate der römischen Vergangenheit Augsburgs, darunter ein weiteres Pfeilergrabmal, gezeigt. *sg*

2 Fronhof und ehem. Fürstbischöfliche Residenz 🏛️ 🏳️

Fronhof 10 🕐 Fronhof: Immer zugänglich

Der Fronhof hat seinen Namen vom mittelhochdeutschen „fro", womit der höchste (weltliche) Herr, in diesem Fall allerdings Gott, zu verstehen ist. Das so bezeichnete Gelände liegt südlich und westlich der mittelalterlichen Kathedralkirche und wird von den Bauten der ehem. fürstbischöflichen Hofhaltung und Verwaltung gesäumt, die mit der Säkularisation für die weltliche Herrschaft geräumt werden mussten (heute Sitz der Regierung von Schwaben und anderer Behörden). Unmittelbar vor dem Dom lagen inmitten eines Begräbnisplatzes – der sog. „Gräbd" – die ottonische Dompfarrkirche St. Johannes d. T., die gotische Dreikönigskapelle und weitere Kapellenbauten, die 1808/09 zugunsten des Parade- und Exerzierplatzes der königlich-bayerischen Garnison im ehem. Ulrichskloster abgerissen wurden. An jene martialischen Zeiten erinnert das Siegesdenkmal, das etwas weiter westlich, hinter der „Römermauer", 1876 in Erinnerung an den Frankreichfeldzug 1870/71 nach

Plänen von Kaspar von Zumbusch (1830-1915) errichtet worden war. Die erwähnte Römermauer wurde (entgegen ihres irreführenden Namens und ihrem „antiken" Erscheinungsbild aus Kriegstrümmerziegeln) übrigens erst 1954 errichtet, um südlich des Domes, also inmitten des alten römischen Siedlungskerns, steinerne Relikte aus Augsburgs Frühzeit präsentieren zu können. Fundamente der Johanneskirche, ihres im 6./7. Jh. errichteten Vorgängerbaus, der im Westteil eine Taufstelle des 4./5. Jhs. einschloss, und Reste eines römischen Peristylhauses wurden 1928-30 wieder freigelegt und 1997 wissenschaftlich nachuntersucht.

Die heute meist barocken fürstbischöflichen Residenz- und Verwaltungsbauten umfassen im einzelnen: Gabriel de Gabrielis um 1720/30 an der Domnordseite errichtete ehem. Dompropstei (Frauentorstr. 5), des Weiteren die 1761 nach Plänen von Hans Kleinhans erbaute alte Domkustodie an der Ostseite des Fronhofs (heute Bischöfliches Palais; Hoher Weg 18), den Burggrafenturm von 1507 mit seinen charakteristischen Eckerkern (Peutingerstr. 5), das spätmittelalterliche Hofkastenamt (Peutingerstr. 25), das bischöfliche Ordinariat unmittelbar am Westchor des Domes (neobarocker Bau von 1898/1900; Fronhof 4), die L-förmig den Fronhof im Norden und Westen begrenzende barocke Residenz mit ihrem spätmittelalterlichen Turm (Fronhof 10) – die im Süden anschließende Tordurchfahrt und das nach Südwesten fluchtende Gebäude sind Ergänzungen von 1902 (anstelle der Pfalzkapelle St. Lamberti und des Gardistenflügels) – und schließlich hinter dem Residenzbau das Hofzahlamt samt Marstall (Fronhof 8), das 1739/40 Johann Caspar Bagnato geplant hatte, der Hofgarten mit der Hofreitschule (zerstört 1944; Neubau) und dann ehem. Konsistorialgebäude (Fronhof 12), das 1718/20 durch Valerian Brenner entlang der alten Domstadtmauer errichtet worden war.

Die unregelmäßige Anlage und ihre insgesamt recht karge Ausstattung spiegeln die schwache Stellung des Bischofs innerhalb der politischen Machtstruktur Augsburgs wider. Im Spätmittelalter hatte die Bürgerstadt immer mehr

106

Augsburg ist eine Mozartstadt

Am 14. Nov. 1719 kam im „Mozarthaus" in der Frauentorstraße 30 Johann Georg Leopold Mozart als Sohn eines Buchbindermeisters auf die Welt, um später als fürsterzbischöflich-salzburgischer Vizekapellmeister und Hofkomponist Karriere zu machen. Zeitlebens blieb Leopold seiner Geburtsstadt freundschaftlich verbunden und gab hier auch 1756 sein musikalisches Vermächtnis, den „Versuch einer gründlichen Violinschule", in Druck. Kein Zweifel – Leopold wäre als einer der größten Musiklehrer und -theoretiker des 18. Jhs. in die Geschichte eingegangen, wäre ihm nicht an jenem denkwürdigen 27. Jan. 1756 das verflixte siebte Kind, „Joannes Chrisostomus Wolfgang Gottlieb", geschenkt worden. Sein Schicksal als berufsmäßiger Vater war besiegelt! Bald nämlich sollte sich eine besondere musikalische Begabung des Kindes zeigen. Kurzerhand organisierte der gewiefte Leopold ein beeindruckendes Konzertmanagement, um die Welt an jenem Wunder teilhaben zu lassen, „welches Gott in Salzburg hat lassen gebohren werden". Was folgte, war bekanntlich ein nur kurzes schillerndes Leben voller Höhen und Tiefen, das schon am 5. Dez. 1791 um 0.55 Uhr ein „hitziges Frieselfieber" vollendete. Der einst wie heute die Massen bewegte, endete im Massengrab!

An solches Ungemach war an jenem 22. Jun. 1763, als der Siebenjährige das erste Mal die „Vatterstadt seines Papa" betrat, noch nicht zu denken. Einem staunenden Publikum stellte der Vater den „Sechsjährigen (!) Clavicembalisten aus Salzburg" vor. Später traf das nicht Selbstverständliche ein – aus dem gefeierten Wunderkind wurde der ernstzunehmende Komponist „Wolfgang Amadé". 1777 erbat Wolfgang seine Dienstentlassung aus der Salzburger Hofkapelle, um sein „Glück weiter zu suchen", und am 23. Sept. um sechs Uhr morgens brach er seine anderthalbjährige Werbetour an. „Die Absicht der Reise und zwar die nothwendige Absicht", so der pragmatische Vater, „war, ist und muß seyn, einen Dienst zu bekommen oder Geld zu erwerben." Indessen hatte sich der kurfürstliche Hof in München, wo das erste Gastspiel gegeben wurde, entgegen der allzu hoch gesteckten Erwartungen als recht ungnädig erwiesen. Augsburg war die nächste Station, wo Wolfgang Amadé vom 11. bis zum 26. Okt. haltmachte. Erleichtert konnte nach Salzburg depeschiert werden, man sei noch an keinem Ort „mit so viellen Ehrenbezeugungen überhäuffet worden, wie hier". Und seit dem Tag seiner Ankunft wallfahrte seine Verehrergemeinde vor sein Logis in der Hl.-Kreuzer-Gasse. Nach dem Münchner Debakel sollte Mozarts „Heimkehr im Triumph" in die Stadt seiner Väter nichts im Wege stehen!

Sollte, aber wollte nicht: Gleich in den ersten Tagen seines Aufenthalts machte Mozart die mehrfache Aufwartung bei dem kath. Stadtpfleger Jakob Wilhelm Benedikt Langenmantel von Westheim und Ottmarshausen. Aristokratische Arroganz traf auf kapriziöses Primadonnentum! Ein Konzert vor den Patriziern, so Langenmantel, sei angesichts des chronisch klammen Kassenstandes des Adelskollegiums kaum zu realisieren. Mozart war erzürnt, spielte aber vor dem Herrn „Longotabaro" (Langenmantel) trotzdem noch zwei Konzerte und ein Trio auf der Violine: „Ich hätte gern mehr gegeigt, aber ich wurde so schlecht accompagnirt, daß ich die Colic bekamm."

Leopold Mozart, Wolferl und Nannerl,

Mozartporträt, Leonhard Posch, 1788

107

Als auch noch Mozarts päpstlicher Orden „vom Goldenen Sporn", der ihm bei dem Herrn Stadtpfleger Langenmantel eigentlich „Ansehen und Respect" verschaffen sollte, beim Herrn Sohn des „regierenden Schellenkönigs" genau das Gegenteil bewirkte, kam es zum Eklat: Wegen „so viell Affront" war Wolfgang entschlossen, sich „vom ganzen Patritiat im arschlecken zu lassen, und weg zu reisen". Allein das berühmt-berüchtigte „Bäsle" Maria Anna Thekla verhinderte beides.

Mozarts Bäsle! Ihr Cousin bezeichnete sie als „schön, vernünftig, lieb, geschickt und lustig" und „auch ein bischen schlimm". Mehr noch – „nichts weniger als ein Pfaffenschnitzel" sei das Bäsle, und was den Erzeuger eines 1784 geborenen unehelichen Kindes betraf, so war man sich in der Salzburger Verwandtschaft sicher: „Ein Domherr hat ihr Glück gemacht." Besondere Berühmtheit haben jene Briefe erlangt, die der „tres affectioné Neveu Wolfgang Amadée Mozart" an sein Augsburger Bäsle bis 1781 geschrieben hat. Was in Mozarts Billetts an „Mademoiselle Mariaenne", seine „chèr Cousine", sein „Bäsle Häsle", seine „très chére Niéce! Cousine! Fille! Mére, Sœur, et Epouse!", sein „liebstes, bestes, schönstes, liebenswürdigstes, reizendstes, von einem unwürdigen Vetter in Harnisch gebrachtes

Bässchen oder Violoncellchen" nun zwischen den Zeilen zu lesen ist, sei der Phantasie des Lesers überlassen. Jedenfalls versicherte Wolfgang im Dez. 1781, zwei Monate nach dem letzten Bäslebrief, seinem Vater: „Dahero kann ich auch schwören daß ich nicht mit keiner Frauen-Person auf diese Art etwas zu thun gehabt habe ..."

Zurück ins Jahr 1777: Trotz des gleich mehrfachen Eklats im Hause Langenmantel ließ sich der Gekränkte umstimmen, am 16. Okt. doch noch ein Konzert „ganz allein für die Herren Patritii" im Saal der Herrentrinkstube gegenüber dem Rathaus zu geben. „Alles war gut bis auf das Accompagnement." Der Baron von Rehlingen bedankte sich brav und gab Mozart lächerliche zwei Dukaten. Der brüskierte Interpret selbst erinnerte sich des Konzerts als „die vornehme Bauernstube Accademie". Ja, man wäre gerne dabei gewesen, bei jenem denkwürdigen Abend, von dem Wolfgang nach Salzburg berichtete: „Es war eine Menge Nobleße da, die Ducheße Arschbömmerl, die Gräfin Brunzgern, und dann die Fürstin Riechzumtreck, mit ihrn 2 Töchter, die aber schon an die 2 Prinzen Mußbauch vom Sauschwanz verheyrathet sind ..."

Irgendwie gelang es Augsburger Freunden, kurzfristig ein zweites, nun öffentliches Konzert im Fuggerhaus anzuberaumen, das endlich zusammenführen sollte, was zusammengehört – Mozart und die Augsburger. Und das kaum mehr zu Erhoffende trat zu guter Letzt doch noch ein: „Das hiesige Consert ist unvergleichlich ausgefahlen, das mehrer wird die Zeittung geben." Packen, ein letzter Besuch bei der Verwandtschaft, am Sonntag, dem 26., morgens, Abreise von Augsburg. Von zwei späteren Stippvisiten abgesehen: Augsburg, auf nimmer Wiedersehen! Und auch wenn Wolfgang Gottlieb „Amadeus" (von einer Ausnahme, seiner Base, abgesehen) mit den Augsburgern nicht so recht warm wurde – untrennbar ist er seither mit der „Vatterstadt seines Papa" verbunden: Augsburg ist eben eine Mozartstadt! cm

Augsburg

„Mozarts Ohr" aus: Georg Nikolaus von Nissen, Biographie W. A. Mozart's, Leipzig 1828, Staats- und Stadtbibliothek

Mozarts Ohr   *Gewöhnliches Ohr*

Einfluss gewonnen und drängte Bischof und Kapitel auf einen kleinen Sprengel rund um den Dom zurück. Endgültig war die bischöfliche Macht in der Reformationszeit gebrochen, als die Hofhaltung zeitweise im nahe gelegenen Dillingen an der Donau Zuflucht nehmen musste. Nennenswerten Einfluss auf die Stadtpolitik konnten die Nachfolger des Hl. Ulrich nie mehr zurückerobern. Die schüchtern dekorierten Fassaden der zweiflügeligen Residenz können denn nur mühsam verschleiern, dass hinter dem nur auf den ersten Blick einheitlichen Erscheinungsbild im Sammelurium bis ins späte Mittelalter reichender Vorgängerbauten versteckt wird. Selbst der Turm des 1507/08 errichteten Vorgängerbaus wurde beibehalten und macht sich in den barock überformten Fassadenfluchten besonders seltsam aus. Ab 1700 wurde versucht, mittels angeglichener Dachhöhe und stuckierter Fassadendekoration dem mittelalterlichen Konglomerat ein einheitlicheres Erscheinungsbild zu verleihen. 1743 erhielt das Corps de logis eine durchgehende Firstlinie, modernisierten Fassadenschmuck aus Stuckkartuschen um die Fenster und Kolossalpilaster an den Seitenrisaliten. Verantwortlich für Entwurf und Ausführung zeichnete der domkapitel'sche Baudirektor Johann Benedikt Ettl (um 1678-ca. 1748). Das große Giebelfeld der Tordurchfahrt zeigt das Wappen des Bauherrn, Fürstbischof Joseph Landgraf von Hessen-Darmstadt. Den klassizistischen Balkon unterhalb des Wappengiebels errichtete erst 1789 der Hofbildhauer Ignaz Ingerl (1752-1800) zur Erinnerung an den Besuch Papst Pius' VI. Braschi 1782 in Augsburg, der sich seinerzeit noch mit einem Holzprovisorium begnügen musste. Erst als 1751 der Nordflügel, der im stumpfen Winkel auf den Pfalzturm stößt, durch Ignaz Paulus und Franz Xaver Kleinhans (1699-1776) von Grund auf neu errichtet wurde, konnte auch ein (freilich Fragment gebliebenes) barockes Raumprogramm in Angriff genommen werden, wie es in der vorgegebenen alten Bausubstanz des Hauptgebäudes kaum Platz gefunden hätte: ein 1752 durch Johann Georg Bergmüller (1688-1762) freskiertes einläufiges Treppenhaus in der Nordwestecke,

die anschließende kabinettartige Rotunde, die von Placidus Verhelst (1727-1778) und Bergmüller ausgestattet wurde, und schließlich das sog. Tafelzimmer mit zartem Rocailledekor von Jakob Gerstens d. Ä. (Lebensdaten unbek.) und Kaiserporträts von Sophonias de Derichs (1712-1773) und einem 1944 zerstörten Deckenbild von Bergmüller. Das wirkt auf den ersten Blick alles recht prächtig. Wenn man aber den Vergleich vor Ort zieht, wie etwa Benedikt Adam Liebert von Liebenhofen – ein mit schnellen Geschäften zu schnellem Geld gekommener Bankier – im heutigen Schaezlerpalais residierte, mit einem turnhallengroßen Festsaal und schlossähnlichen Raumfluchten, wird die bescheidene Stellung des Ortsbischofs greifbar. *cm*

Friedensdenkmal im Fronhof

1873 wurde in den städt. Gremien der Beschluss für ein Denkmal zur Erinnerung an den Frankreichfeldzug von 1870/71 und die Gründung des Zweiten Kaiserreiches gefasst. Auf einem mächtigen Pfeiler aus Syenit steht die überlebensgroße Bronzefigur eines antiken Helden, der sein Schwert in die Scheide steckt. Der umlaufende Spruch unter der Plinthe, die mit Girlanden und in den Ecken stehenden Masken verziert ist, lautet: „Aus Kampfes Nacht stieg auf mit Macht der Sonne gleich das Deutsche Reich." Auf der Stirnseite befindet sich eine kronetragende, emporschwebende Siegesgöttin. An den vier Ecken des Sockels sitzen Putten, welche die weltlichen Attribute für Gewerbe, Wehrkraft, Versorgung und Geschichte mit sich tragen.

Das Denkmal wurde 1876 von Kaspar von Zumbusch (1830-1915) entworfen und bei der Nürnberger Firma Lenz gegossen. Reizvoll ist es, auf einer alten Fotografie aus dem Stadtarchiv Augsburg den provisorischen Vorgänger des Denkmals abgebildet zu finden, der für die Friedensfeierlichkeiten vom 18. Jun. 1871 errichtet worden war. Stadtbaurat Ludwig Leyhold (1833-1891) entwarf damals einen quadratischen Sockel mit drei Nischen, welche die Büsten des dt. Kaisers, des bayerischen Königs und des Kronprinzen aufnahm. Auf der vierten Seite las man: „Dankbare Erinnerung an alle, die im heiligen Kampfe für das Vaterland gefallen sind". Bayerische Löwen zierten die vier Ecken des Sockels, und eine Säule mit einem Abguss des Bronzeadlers, der von Hans Reichle (um 1570-1642) 1606 geschaffen worden war und vom Siegelhaus (am Weinmarkt, heute Maximilianstr., 1809 abgebrochen) stammte, bekrönte das Monument. Glaubt man den Quellen, so hätten viele Augsburger dieses provisorische Denkmal wohl lieber gehabt, als das nachher errichtete. *cvb*

Hofgarten

🕐 Apr.-Okt. tägl. 8-21
Der Hofgarten am westlichen Ende der alten Domimmunität erinnert bis heute an die Doppelfunktion des alten Augsburg, als nämlich die freie Reichsstadt zugleich auch Residenz einer glanzvollen fürstbischöflichen Hofhaltung war. Bis ins frühe 18. Jh. lagen hier Obst- und Nutzgärten. Als im Barock der gesamte Dombereich – mit Ausnahme der altehrwürdigen Kathedralkirche selbst – entsprechend den Ansprüchen absolutistischer Repräsentation neu konzipiert wurde, erfuhr auch die zur bischöflichen Residenz gehörende Gartenanlage eine gründliche Neugestaltung. Freilich ließen sich barocke Standards angesichts der beeng

ten städtebaulichen Situation nur begrenzt verwirklichen. 1739/40 wurde der Garten, angeblich nach Plänen des Hofbaumeister Johann Caspar Bagnato, für den nur drei Jahre regierenden Fürstbischof Johann Franz von Stauffenberg realisiert.

„Der Batavische Bootsknecht" im Hofgarten, um 1720

Geheimtipp > Offene Bibliothek – soziale Skulptur. Die offene Bibliothek ist ein interaktives Kunstprojekt, das im Sommer 2001 von Clegg & Guttmann im Hofgarten installiert wurde. Clegg & Guttmann, das ist das renommierte amerikanische Künstlerduo von Michael Clegg (geb. 1957) und Martin Guttmann (geb. 1957), die in New York und San Francisco leben und arbeiten. 2001 stellten sie in der Nordostecke des Hofgartens eine drei Meter hohe mahagonifarbene Vitrine mit Büchern auf. Zuvor wurden in der Höhmanngalerie der Kunstsammlungen und Museen Augsburg hierfür Bücher gesammelt. Jeder Besucher konnte und kann ohne Aufsicht, ohne Leihschein, ohne Mahngebühren innerhalb der Öffnungszeiten des Hofgartens Bücher nach eigener Wahl herausnehmen, mitnehmen, wieder zurückstellen oder eigene Bücher einstellen. Dieses interaktive Kunstprojekt, das als „sozialkommunikativer Prozess" zu verstehen ist, sollte urspr. nur einige Monate im Hofgarten installiert bleiben, bis es um ein Jahr (bis 2002) verlängert und die Vitrine schließlich wieder abgebaut wurde. Die Augsburger Bürger nahmen das Projekt so rege an, dass 2003 ein neuer „Bücherschrank" aufgestellt wurde. Freilich ein positives gesellschaftliches Porträt, vergleicht man die Aktion mit Graz (1991) oder Hamburg (1993). In Graz wurden drei Bücherschränke aufgestellt, wovon einer zerstört wurde; in Hamburg waren ebenfalls drei Schränke aufgestellt, von denen einer vollständig ausgeplündert, ein anderer zerstört wurde. Für den Erhalt des dritten setzte sich schließlich eine Bürgerinitiative in. ys

Das querrechteckige Areal öffnet sich nach Süden, wo der Augsburger Steinmetz Johann Wolfgang Schindel 1744 eine Reihe hoher Pfeiler samt bekrönenden Vasen, Obelisken, Löwen und Tugendfiguren errichtete, zwischen die der aufwendig geschmiedete Gitterzaun – vielleicht von dem Hofschlosser Albrecht Biber – eingebaut wurde. Westlich stand die 1944 zerstörte und später vereinfacht wieder aufgebaute Hofreitschule, östlich die noch bestehende Wagenremise von 1751 (heute jenseits der in diesem Abschnitt recht neuen Alten Gasse; s. u.). Die rückwärtige Längsseite, entlang der alten Domstadtmauer, schloss eine Scheinarchitektur mit Arkaden ab, die in der kalten Jahreszeit mittels eingehängter Fenster vielleicht auch als Orangerie genutzt werden konnte. Die Mittelachse des Gartens betonte eine große Fontäne und, als Point de vue, eine triumphbogenartig architektonisch gefasste Grotte. Das Gartenparterre war urspr. offenbar terrassiert; innerhalb eines symmetrisch geordneten Wegenetzes lagen Beete, die sommers von Kübelpflanzen umstanden waren, kleinere Wasserspiele und bildhauerischer Gartenzierrat, etwa die beliebten Vasen auf Säulen.

Nach der Säkularisation wurde die Barockanlage in einen Baumgarten umgewandelt und 1878 und 1889 erneuert. Anlässlich seiner Umnutzung zum öffentlichen Volksgarten hat man die Anlage 1964/65 im Osten um einige Achsen verkleinert, um dort die Alte Gasse zum Fronhof hin zu verlängern. Die moderne gärtnerische Neugestaltung hat die einstige barocke Symmetrie bewusst gebrochen, parodiert in ihrer strengen geometrischen Struktur aber durchaus Elemente der franz. Gartenkultur des 18. Jhs. Im Zentrum steht heute eine große betonierte Brunnenschale, um die rechteckige Bassins und Beete angeordnet sind. In unmittelbarer Nähe eine Königsfigur aus dem 18. Jh. Nach Süden erstrecken sich Rasenflächen, die von mittlerweile beachtlich gewachsenen, teils exotischen Gehölzen flankiert werden.

Zwerge

Vollends den Absichten barocker Gartenkunst entsprechen die fünf steinernen Zwergenfiguren von ca. 1720, die aus dem fürstbischöflichen Jagdschloss Marktoberdorf stammen sollen und bis 1963 im Augsburger Stadtgarten (Wittelsbacher Park) standen. Die grotesken Kabinettzwerge haben ihre motivischen Wurzeln in Jacques Callots Radierungen „Les Gobbi" von 1616, die 1707 mit dem Augsburger Plagiat „Aus Il Callotto resuscitato oder Neu eingerichetes Zwerchen-Cabinett" gewissermaßen ins Schwäbische übersetzt wurden: Im Hofgarten können wir uns oder andere Gartenbesucher wiedererkennen im „Batavischen Bootsknecht Dan Hagel", dem „Schwäbischen Advokaten Dr. Lucas Hirn", dem „unwürdigen Waldbruder Gursalkawiz", der „Braut Marglwolkenthauserin von Zillersberg" oder im „Prager Primas Nathan Hirschl". *cm*

Tipp > Statten Sie der antiautoritär organisierten offenen Bibliothek einen Besuch ab – es lohnt immer wieder einen Blick, vielleicht steht auch der artguide dort. *ys*

3 Diözesanmuseum St. Afra 🏛

Kornhausgasse 3-5 💶 4€ / 3€
🕐 Di-Sa 10-17, So 12-18
0821-3166333 🌐 www.
bistum-augsburg.de 🅰ja 🅰 ja
Die Idee der Gründung eines Diözesanmuseums oder „Museums für kirchliche Altertümer und Kunstgegenstände" geht bis in die erste Hälfte des 19. Jhs. zurück. Doch vergingen Jahrzehnte, bis ein Museumsbau samt adäquatem Ausstellungskonzept realisiert werden konnte. Viele der Gegenstände waren lange Zeit als Dauerleihgaben im Maximilianmuseum zu sehen, von wo sie 1989 zurückgezogen wurden. Die eigentliche Planung begann Ende der 1980er Jahre, als klar wurde, dass das neue

Diözesanmuseum mit dem Neubau von Hans und Stefan Schrammel, 1991-2000

Diözesanmuseum beim Dom entstehen solle. Mit der Planeingabe 1990 an die Stadt Augsburg begann das ganze Projekt konkret Gestalt anzunehmen; Kern dieses Museums sollten vor allem auch historische Räume werden wie der Domkreuzgang mit seinen über 400 Epitaphien und Grabplatten aus der Zeit zwischen 1285 und 1808. Es galt aber auch, die Ulrichskapelle (ehem. Schneiderbzw. Blasiuskapelle) und den Alten Kapitelsaal (ehem. Ulrichssaal) mit einzubeziehen. In den 1990er Jahren geriet das Projekt ins Stocken, da die Kosten vor allem auch für die zu konservierende Altsubstanz und die neu zu bauenden Teile in Größenordnungen zu geraten drohten, die keine realistische Budgetierung mehr erlaubten. Doch ein neues Museumskonzept, das um die vorhandenen Objekte den Bau ordnete (und nicht ein Bau, der lediglich mit den vorhandenen Objekten ausgestattet wird), machten die erneute Planung und den Baufortgang wieder möglich. Das Raumprogramm reduzierte sich nun auf das Erdgeschoss, was aber eine museale Nutzung der Obergeschosse in späterer Zeit nicht ausschließt. Am 3. Jul. 2000 war es endlich soweit und der Neubau konnte eingeweiht werden. *cvb*

Domtür

Ein strenger Kubus, der sich an die historische Bausubstanz anlehnt, macht durch seine der Frauentorstraße zugewandte Glasseite neugierig. Der Blick wird schon hier von außen auf eines der bedeutendsten Exponate gelenkt: die 4 m hohe Domtüre aus der Zeit um 1000 (wohl zwischen 994 und 1065 entstanden) zählt zu den ältesten erhaltenen, plastisch gestalteten Kirchentüren des Abendlandes. Der Ort an dem sie urspr. angebracht war ist unbekannt, sicherlich an einem Portal im ottonischen Dom; sie wechselte mehrfach ihren Platz, zuletzt 1990 ins Diözesanmuseum. Ihre 35 gegossenen Reliefs und zwei Turgriffprotome (Türzieher in

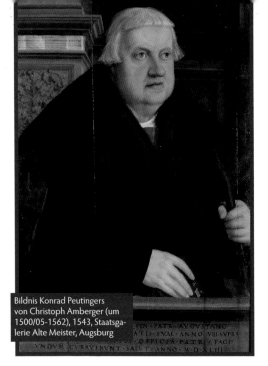

Bildnis Konrad Peutingers von Christoph Amberger (um 1500/05-1562), 1543, Staatsgalerie Alte Meister, Augsburg

Tipp > Die aus dem Jahr 2000 stammende monumentale Granitskulptur von Nikolaus Gerhart vor dem Eingang des Diözesanmuseums markiert wie ein geöffneter Riegel den Eingang in das Museum. Der herausgesägte und aufgeklappte innere Block bezieht sich zudem auf die Domtür, die hinter der transparenten Glaswand im Museum aufgestellt und durch die Skulptur hindurch zu sehen ist. Das Thema des Öffnens und Verbindens macht aus dieser Skulptur einen Angelpunkt am Hohen Weg. ct

Tierkopfform) sind jeweils einzeln gegossen und auf einen Holzkern montiert. Die Darstellungen zeigen eine verschlüsselte Ikonografie, die der Forschung nach wie vor Rätsel aufgibt. Sicher zu identifizieren sind vier alttestamentarische Szenen: Gott erschafft Adam, Gott erschafft Eva aus einer Rippe Adams, Samson zerreist den Löwen und Samson tötet einen Philister. Die anderen Reliefplatten zeigen jeweils vereinzelte Figuren bzw. Szenen (10 Platten sind doppelt), die sich nicht sinnvoll aufeinander beziehen lassen, dargestellt sind u. a. ein Bär, der sich mit einer Tatze an den Ast eines Baumes hängt und eine Hühner fütternde Frau. Es gibt bislang keinen schlüssigen Erklärungsversuch, so dass es offen bleiben muss, ob es sich tatsächlich um ein theologisch begründetes Programm handelt, oder ob vielleicht nicht doch „nur" ein dekorativer Aspekt überwiegt. ct

Archäologisches Fenster

Vor allem aber auch die archäologischen Ausgrabungen in der Ulrichskapelle und im Alten Kapitelsaal öffnen ein wichtiges Zeitfenster in die antike und mittelalterliche Vergangenheit Augsburgs und geben dem Besucher die Möglichkeit, in einem „archäologischen Fenster" eine gut dokumentierte Fundlage einzusehen. Römische

Wohnbauten, Hinterlassenschaften der Spätantike, aber auch Spuren der Vorgängerbauten des Domes werden dargestellt und in den Vitrinen mit entsprechenden Funden museal aufbereitet.

Exponate

Die Augsburger Bistumsheiligen Ulrich und Afra werden in mehreren Exponaten dargestellt, aber vor allem auch Gegenstände gezeigt, die eng mit Augsburger Familien verbunden sind (z. B. Epitaphaltar der Familie Ilsung, Rechberg-Pax). Hervorzuheben sind die textilen Schätze der Ausstellung, so u. a. die Leinenkasel des Hl. Ulrich oder der Witigarius-Gürtel. Als einzige Handschrift ist ein Reichenauer Evangelistar aus dem frühen 11. Jh. zu sehen. Von besonderer Qualität ist eine Sammlung mehrerer Tragaltäre. Einen bedeutenden Platz nehmen auch die Funeralwaffen Kaiser Karls V. (1500-1558) ein, die anlässlich der Totenfeier vom Februar 1559 in Augsburg angefertigt wurden. Kaiser Ferdinand I. (1503-1564) machte sie dem Domkapitel nach Beendigung der Feierlichkeiten zum Geschenk. Nicht zu vergessen sind die Reliquienbehältnisse aus dem Westaltar des Domes sowie das Ostensorium für das Wunderbarliche Gut vom Hl. Kreuz, das sich als Leihgabe aus Hl.-Kreuz hier befindet. cvb

4 Peutingerhaus

Peutingerstr. 11, Besichtigung des Hofs mit den antiken Steindenkmälern möglich

Konrad IV. Peutinger, der namengebende Bewohner des Hauses und der an der Südflanke des heutigen Domplatzes vorbeiführenden Straße, stammte aus einer von 1364 bis ins 18. Jh. in Augsburg nachweisbaren Kaufmannsfamilie. 1465 geboren, schlug Konrad nach einem Studium in Bologna und Padua eine Laufbahn als Jurist ein, machte sich in Italien aber mit dem gesamten humanistischen Bildungskanon der damaligen Zeit vertraut. Zurück in Augsburg, wurde er zum Syndikus und 1497 zum Stadtschreiber auf Lebenszeit ernannt. Durch seine Heirat mit der Patriziertochter Margarete Welser (1481-1552) im Jahr 1498 gelangten die Peutinger später selbst ins Patriziat. Maximilian I. ernannte Peutinger zum kaiserlichen Rat und übertrug dem vielseitig gebildeten Humanisten die Betreuung seiner literarisch-historischen Projekte. Soweit es seine politischen und administrativen Ämter ihm erlaubten, unterhielt Peutinger Kontakt zu zahlreichen gelehrten Zeitgenossen – 1518 lud er Martin Luther in sein Haus zu Tisch –, kümmerte sich um die Edition eigener Buchprojekte, publizierte historische Quellenwerke, sammelte röm. Münzen und Altertümer und trug eine der bedeutendsten Humanistenbibliotheken seiner Zeit mit über 6.000 Titeln in rund 2.200 Bänden zusammen. Nach Peutingers Tod im Jahr 1547 wurde seine Bibliothek gemäß seiner

Römisches Museum, Augsburg

Merkurrelief mit Ziegenbock und Hahn aus St. Ulrich und Afra, Fragment eines Grabdenkmals

112

Okkupation und Frühzeit

Einige Jahre nach der römischen Okkupation der Alpen und ihres unmittelbaren Vorlandes (15 v. Chr.) errichteten römische Soldaten kurz vor Christi Geburt im Bereich des Zusammenflusses von Lech und Wertach im heutigen Oberhausen einen Militärstützpunkt. Nur wenige Jahre später wurde er durch ein neues Kastell für eine gemischte Einheit aus Legionären, Reitern und anderen Hilfstruppen (zusammen etwa 3.000 Mann) auf der hochwassersicheren Hochterrasse nordöstlich des heutigen Doms abgelöst. Dieses Lager hatte eine rechteckige Grundform mit abgerundeten Ecken und war mit über 10 ha Innenfläche der größte Militärstandort in der neu geschaffenen Provinz „Raetia". Seine Umwehrung bestand aus einer Holzkastenkonstruktion, die mit Erde aufgefüllt war. Davor lagen zwei im Querschnitt v-förmige Wehrgräben. Die Südfront des Kastells verlief etwa südlich des Mittleren Pfaffengäßchens, die westliche Umwehrung lag etwa 50 m östlich der Frauentorstraße und die Nordflanke befand sich knapp südlich des Gymnasiums St. Stephan. Der Verlauf der Umwehrung im Osten ist nicht mehr zu klären, da hier das Gelände in nachrömischer Zeit durch Erosion abgerutscht ist. Etwa in der Mitte aller vier Lagerseiten befanden sich die Tore. Der Innenraum war mittels rechtwinklig verlaufender Straßen erschlossen. Hier standen die Unterkunftsbaracken für Soldaten und Unteroffiziere, die Wohnhäuser der Offiziere und des Kommandanten, Verwaltungs-, Werkstatt- und Magazinbauten. Die Gebäude waren fast ausschließlich aus Holzfachwerk gebaut. Nur das zentrale Stabsgebäude, die „principia", das u. a. das Fahnenheiligtum und die Truppenkasse beherbergte, wurde in seiner jüngsten Ausbauphase in Stein errichtet. Entlang der Ausfallstraßen nach Süden und Westen, die das Lager mit den Standorten in der heutigen Schweiz sowie mit dem italischen Mutterland verbanden, entwickelte sich schnell eine blühende Siedlung (vicus) von Handwerkern, Händlern und Dienstleistern aller Art. Diese waren von der enormen Wirtschaftskraft der regelmäßig besoldeten Soldaten angelockt worden und deckten deren Bedürfnisse. Zunehmend dehnte sich die Siedlung um das Kastell herum aus, auch die weitab der großen Straßen gelegenen Flächen wurden im Lauf der Zeit bebaut und mit Querstraßen erschlossen. Nach der Mitte des 1. Jhs. n. Chr. lebten hier mehrere tausend Menschen, darunter auch die Familien der Soldaten.

Das Kastell bestand über 50 Jahre und erfuhr in dieser Zeit häufige Umbauten. Um das Jahr 70 n. Chr. wurde es mit dem zivilen Lagerdorf durch eine große Brandkatastrophe zerstört, vermutlich im Zusammenhang mit den Kämpfen um den Kaiserthron nach dem Tod Neros (sog. Vierkaiserjahr). Das Kastell wurde danach nicht mehr aufgebaut. Die Zivilsiedlung profitierte dagegen von ihrer verkehrsgeografisch äußerst günstigen Lage am Knotenpunkt mehrerer wichtiger Fernstraßen, darunter die Via Claudia Augusta, und avancierte zum wichtigsten Handelszentrum im Voralpenland.

Provinzhauptstadt und Statthaltersitz

Der Verwaltungsmittelpunkt und Sitz des Statthalters (procurator) lag bis in die zweite Hälfte des 1. Jhs. n. Chr. mit großer Wahrscheinlichkeit in Kempten/Cambodunum. Wann die Verwaltungszentrale nach Augsburg verlegt wurde, ist noch umstritten; spätestens im frühen 2. Jh. dürfte die Umstrukturierung abgeschlossen worden sein. Die unter Kaiser Hadrian (117-138) vermutlich im Jahr 121 n. Chr. mit dem formellen Stadtrecht bedachte Siedlung (Municipium Aelium Augustum) hatte sich zu dieser Zeit bereits zu einem blühenden Zentrum entwickelt. Sie nahm eine Fläche von etwa 100 ha ein und hatte mehr als 10.000 Einwohner.

113

Der 1769 an der Wertach gefundene Pferdekopf eines römischen Reiterdenkmals, Römisches Museum, Augsburg

Zunehmend setzten sich Kalk- und Tuffstein als bevorzugte Baumaterialien durch, die unter großem Aufwand aus dem Gebiet nördlich der Donau bzw. vom oberen Lech und vom Ammersee herbeigeschafft werden mussten. Im frei gewordenen Areal des ehemaligen Kastells errichtete man die wichtigsten öffentlichen Gebäude, wie das Forum mit Basilika, weitläufige Badeanlagen oder eine mehrschiffige Markthalle. Die Wohngebäude der wohlhabenderen Bevölkerungsschichten waren mit Fußbodenheizungen ausgestattet, Mosaiken und Wandmalereien schmückten die Räume. Handwerker und andere Angehörige der weniger privilegierten Schichten wohnten dagegen auch im 2. und 3. Jh. in Holzfachwerkbauten. Außerhalb der Stadt zogen sich große Friedhöfe entlang der Fernstraßen, heute im Bereich des Hauptbahnhofs und des Diakonissenkrankenhauses, südlich der Kirche St. Ulrich und Afra und in der Heinrich-von-Buz-Straße.

Spätantike und Übergang zum Mittelalter

Um das Jahr 170 n. Chr. wurde die Stadt mit einer massiven Wehrmauer und vorgelagerten Gräben befestigt. Hastig versteckte Wertgegenstände, dicke Brandschuttschichten und notdürftig verscharrte Leichen zeigen, dass die Stadt im unruhigen 3. Jh. nicht vor Zerstörungen verschont blieb. Die spektakuläre Inschrift des im Römischen Museum aufbewahrten Victoriaaltars schildert detailgetreu eine zweitägige Schlacht gegen eingedrungene Germanen, die sich im Frühjahr des Jahres 260 n. Chr. mit mehreren Tausend Gefangenen bereits auf dem Rückweg aus Italien befunden hatten.

In der ersten Hälfte des 4. Jhs. wurde die Provinz Raetien im Zuge einer Verwaltungsreform geteilt. Augsburg blieb Hauptstadt der spätrömischen Provinz „Raetia secunda", die „Raetia prima" wurde von Chur im heutigen Graubünden aus verwaltet.

In spätrömischer Zeit lässt sich entgegen der früheren Ansicht kein wirtschaftlicher Niedergang feststellen. Noch um 400 n. Chr. sind öffentliche und private Baumaßnahmen

größeren Stils nachweisbar. Eine Vielzahl von Grabungsfunden im gesamten römischen Stadtgebiet zeigt, dass der Handel mit Gebrauchs- und Luxusgütern auch aus weit entfernten Gebieten bis ins 5. Jh. hinein florierte und sich bis in diese Zeit das besiedelte Areal keineswegs verkleinerte. Erst im Verlauf des 5. Jhs. scheint sich die Besiedlung auf den Süden der römischen Stadt rund um den heutigen Dom beschränkt zu haben. Hier ließ sich mittlerweile in mehreren Ausgrabungen der Nachweis ungebrochener Siedlungskontinuität von der Spätantike bis ins Frühmittelalter führen, was durch die Untersuchungsergebnisse im Gräberfeld südlich der Kirche St. Ulrich und Afra ergänzt wird.

Augusta Vindelicum – Aelia Augusta – Augustiburc – Augsburg

Der seit Hadrians Stadterhebung offizielle Name „Municipium Aelium Augustum" und die Kurzform „Aelia Augusta" sind aus einer Vielzahl von Inschriften aus Augsburg und Umgebung und sogar aus Rom belegt. Parallel zu diesem Namen wurde im späten 2. und 3. Jh. auch der Name „Augusta Vindelicum" verwendet. So gebrauchte um 150 n. Chr. der Geograph Claudius Ptolemaeus in seiner auf griechisch verfassten Weltbeschreibung die Variante „Augusta Vindelikon". Die Bezeichnung findet sich zudem in einer heute verschollenen Inschrift aus Rom, in der antiken Streckenbeschreibung des „Itinerarium Antonini" und auf der „Tabula Peutingeriana". Die vor allem auf Meilensteinen seit Anfang des 3. Jhs. gebräuchliche Kurzform „Augusta" scheint sich in der Spätantike zunehmend durchgesetzt zu haben. Im spätrömischen Staatshandbuch „Notitia Dignitatum" erscheint „Augusta" als Garnisonsort einer Elitereitereinheit. 565 bezeichnete der Bischof und Dichter Venantius Fortunatus die Stadt, für die er als erster den Kult der Märtyrerin Afra bezeugte, ebenfalls als „Augusta". Der eingedeutschte Name Augustburg (auuespurch, augustiburc, ogesburg), aus dem sich der heutige Name entwickelte, lässt sich ab dem 8. Jh. nachweisen.

Erst seit dem 16. Jh. wurde aufgrund der lateinischen Sprachregeln und des Wortlauts der Inschrift auf dem Tropaeum Alpium (gentes Vindelicorum quattuor) die Form „Augusta Vindelicorum" favorisiert. Diese ist jedoch in keiner antiken Quelle überliefert.
sg

testamentarischen Verfügung über mehr als anderthalb Jahrhunderte in Familienbesitz verwahrt. Noch zu Lebzeiten seines letzten männlichen Nachkommens, Ignatius Desiderius von Peutingen (gest. 1718), begann aber die Zerstückelung der Sammlung mit der Veräußerung des berühmtesten Werkes, der „Tabula Peutingeriana", die mittelalterliche Kopie einer röm. Straßenkarte, die heute zu den Prunkstücken der Wiener Nationalbibliothek zählt. Trotz aller Verluste befindet sich dieser Tage nahezu ein Drittel der Peutinger-Bibliothek in der Staats- und Stadtbibliothek Augsburg. Peutinger starb am 28. Dez. 1547 in Augsburg.

Peutingerhaus

Das Haus des großen Augsburger Renaissance-Humanisten zeigt sich heute im rundumerneuerten barocken Kostüm. 1515 hatte Peutinger ein dreigeschossiges Eckhaus an der Johannesgasse (heute Peutingerstraße) zur „Finsteren Kreth" (heute Schönefeldergasse) erworben, das bis 1719 in Familienbesitz blieb. Auf dem „Kilianplan", der berühmten Vogelschauansicht Augsburgs, die der Verleger Wolfgang Kilian 1626 in Kupfer gestochen hatte, zeigt sich das Hauptgebäude zur Johannesgasse noch giebelständig und auch etwas von der Straße zurückgesetzt. Ein schmaler rückwärtiger Querflügel verband das Wohnhaus mit dem Wirtschaftstrakt (?), der einen geräumigen Hof nach Osten abschloss. Über die innere Struktur und namentlich den genauen Lagerort der Peutingerischen Bibliothek sowie seiner antiquarischen Sammlungen ist heute aber nichts mehr bekannt. Als das Anwesen nämlich 1762 in das Eigentum des Stadtarztes Johann Ignaz Frank gelangte, verordnete dieser der betagten Immobilie eine gründliche Verjüngung: Frank ließ zunächst zwei wahrscheinlich allzu altertümliche Erker zur Schönefeldergas-

se beseitigen; die beiden Trakte zur Johannesgasse wurden 1763 durch einen repräsentativen, palaisartigen Querbau verbunden, der eine zarte Rokoko-Stuckdekoration mit genutetem Erdgeschoss sowie einen mit großer Pilasterordnung und teils gegiebelten Fenstereinfassungen gegliederten Mittelrisaliten erhielt. In der Tordurchfahrt und an den Hoftrakten wurden als Referenz an den großen Humanisten und Sammler röm. Grabsteine, Reliefs sowie antike und hebräische Inschriften aus Peutingers einstmals berühmtem Antikenlapidarium eingelassen. Das Humanistenhaus war später sinnigerweise Büro christlicher Gewerkschaften und ist heute Sitz einer großen Volkspartei. *cm*

Inschriften

Bei den Inschriften handelt es sich ausschließlich um Teile von Grabdenkmälern. Zwei Objekte verdienen besondere Aufmerksamkeit: Auf der linken Seite der Durchfahrt befindet sich der Inschriftenblock des Veteranen Caius Senilius Pervincus, ehem. Feldzeichenträger der 3. Italischen Legion, die ab 179 n. Chr. in der Provinz Raetien in Regensburg stationiert war, und seines Sohnes Senilius Inpetratus. Die Zugehörigkeit des darunter angebrachten Reliefblocks mit Darstellung eines bärtigen Mannes und eines Kindes ist nicht gesichert. Ebenfalls von Interesse ist

die Inschrift, die in der Westmauer des Innenhofes eingelassen ist. Sie stammt von einem Grabmal, das Caius Iulianus Iulius, ein Bürgermeister und Angehöriger des Stadtrats, für sich, seine Söhne und für seine mit 45 Jahren gestorbene Gattin Secundinia Pervinca, deren Charaktereigenschaften ausgiebig gepriesen werden, zu seinen Lebzeiten errichten ließ. *sg*

5 Mozarthaus 🏛

Frauentorstr. 30 💶 3,50€ / 2€
🕐 Di-So 10-17 ♿
0821-3243894 👤 www.augsburg.de 🅿 nein 🍴 ja ♿ ja

Mozarts sind in der näheren Umgebung Augsburgs seit der Mitte des 15. Jhs. bekannt und in der Reichsstadt selbst erwarb der Maurergeselle David Mozart 1643 das Bürgerrecht. Dessen Urenkel Johann Georg Leopold kam am 14. Nov. 1719 im „Mozarthaus" in der Frauentorstraße 30 als Sohn eines Buchbindermeisters auf die Welt. Karriere machte Leopold später als fürsterzbischöflich-salzburgischer Vizekapellmeister und Hofkomponist, bescheidene Berühmtheit erlangte er als Erzeuger jenes Wunders, „welches Gott in Salzburg hat lassen gebohren werden": Wolfgang Amadeus Mozart. Seiner eigenen Geburtsstadt blieb Leopold zeitlebens freundschaft-

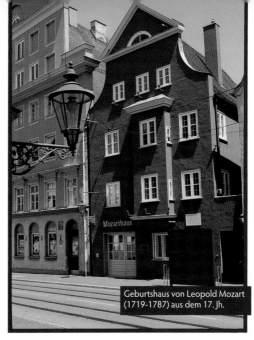

Geburtshaus von Leopold Mozart (1719-1787) aus dem 17. Jh.

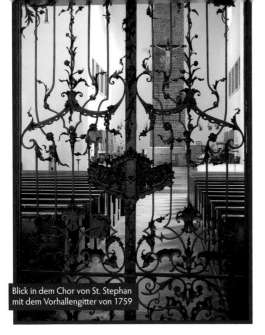

Blick in dem Chor von St. Stephan mit dem Vorhallengitter von 1759

Im Mittelpunkt der Dauerausstellung steht das familiäre Umfeld von Wolfgangs Vater und dessen Bedeutung auf dem Gebiet der Musikpädagogik, im Besonderen natürlich hinsichtlich der musikalischen Frühförderung und Vermarktung des Sohnes. Wichtigste Ausstellungsstücke sind die Briefe Leopolds an seinen Augsburger Verleger Lotter und ein originaler Hammerflügel des Augsburger Orgel- und Klavierbauers Johann Andreas Stein; auf vergleichbaren Instrumenten Steins haben sowohl Leopold Mozart als auch Wolfgang Amadeus gespielt. Ein liebevoll konzipiertes Hörbuch führt den Besucher durch das Leben der Mozarts in Augsburg. Durch Sprach- und Musikeinspielungen kann man die ausgestellten Noten und Handschriften nicht nur sehen, sondern auch den „alten Sauschwanz Wolfgang Amadé Rosenkranz" in ganz neuem Sound erklingen lassen. *cm*

lich verbunden und ließ sich 1748 und 1751 sogar sein Augsburger Bürgerrecht bestätigen. Rege musikalische Beziehungen unterhielt man von Salzburg aus zum Kloster Hl.-Kreuz, zum Collegium musicum, einem Kreis mehr oder weniger begabter Laien- und Profimusiker, die zahlreiche seiner Werke aufführten, aber auch zu dem Musikverleger Johann Jakob Lotter, bei dem Leopold 1756 sein musikalisches Vermächtnis, den „Versuch einer gründlichen Violinschule", in Druck gab.

Dass es sich bei dem dreigeschossigen Handwerkerhaus in der Frauentorgasse mit dem geschweiften Giebel und der auffallenenden roten „Ochsenblutfassung" um Leopolds Geburtshaus handelt, ist schon lange Zeit bekannt. Eine erste Gedenktafel an die Mozarts wurde 1858 an dem Haus angebracht. Freilich war die Familie bereits zwei Jahre nach der denkwürdigen Geburt in die nahe gelegene Jesuitengasse umgezogen. Nie hatte also Wolfgang Amadeus das Haus am Frauentor 30 besucht, geschweige denn, dass dort, wie oftmals behauptet, der romantische Ort des Techtelmechtels mit seiner Base Maria Anna Thekla Mozart war. Das mit gewisser Berechtigung manchmal auch „Pfaffenschnitzel" genannte „Bäsle Häsle" lebte und liebte nämlich in dem 1944 zerstörten Haus Jesuitengasse 26.

Getauft wurde Leopold zwar in St.

Georg, zur Schule ging er bei den Jesuiten, mit der Familie logierte man später im Drei Mohren oder dem Weißen Lamm, der Sohn konzertierte im Fuggerhaus oder auf den Orgeln in der Barfüßerkirche, in Kath. Hl.-Kreuz und in St. Ulrich – den Augsburger Wurzeln der Familie aber ist man unter allen lokalen Mozartstätten hier freilich am nächsten. Anlass genug, 1937 eine Gedenkstätte zur Geschichte der Familie Mozart in Augsburg einzurichten. Die hier gezeigten Mozartiana des Mozart-Ikonographen Maximilian Zenger (gest. 1955), autographe Notenschriften aus dem Stift Lambach und Dauerleihgaben der Staats- und Stadtbibliothek sowie aus dem Stadtarchiv bilden heute eine der international renommiertesten Mozart-Sammlungen.

Nach mehrfachen Umgestaltungen wurde das Mozarthaus zuletzt zum Mozartjahr 2006, als Augsburg den 250. Doppelgeburtstag von Leopolds Violinschule und Sohn feiern durfte, umfassend saniert und die Gedenkstätte nach neuesten museologischen Grundsätzen neu konzipiert.

6 St. Stephan

ehem. Damenstiftskirche, heute Benediktinerstiftskirche, Stephansplatz 6 🕐 Mo-Fr 7-18, Sa 8:30-11:30, So 11:15-12 🕐 0821-32960 🕐 www. bistum-augsburg.de 🔗 ja

Das äußere Erscheinungsbild des Kirchenbaus entspricht noch der Anlage des 18. Jhs. mit Turm und Fassade sowie modern angebautem Klostertrakt zum Stephansplatz hin. Der Grundriss der Kirche ist kreuzförmig, mit langgezogenem Chor und abgerundeten Querarmen. Von den Vorgängerbauten ist nur die zur Allerheiligenkapelle umgestaltete Klause der Äbtissin Wilbirg von Türkheim von 1341 (Reklusenzelle) östlich des Turmes erhalten; das Portal und die Fensteröffnung stammen wohl noch aus dem 11. Jh. Der Turm wurde 1619 von Karl Dietz in Anlehnung an die Holl'sche Turmlösung von St. Peter am Perlach mit einem wenig gegliederten oktogonalen Obergeschoss realisiert. Die Nachkriegszeit stellte das Innere als flachgedeckten, nüchternen, Kirchenraum wieder her. Von der Ausstattung ist besonders der überlebensgroße Kruzifix im Chor hervorzuheben, ein schönes Werk der Ulmer Spätgotik aus dem Ende des 15. Jhs. *ct*

Tipp > Das in drei Bogenöffnungen eingelassene Vorhallengitter hatte Anton Sebastian Schuldtes 1759 gefertigt. Das „eysengetter in drey Bögen", so der Akkord von 1758, zeigt einen eleganten Rocaillen- und Rankendekor, der auf franz. Vorlagen zurückzugehen scheint. Während sich das fragile Rocaillenwerk in der Lünette gestrüpphaft verdichtet, überspannt eine zarte Ranke die vertikalen Stäbe und verleiht damit spielerisch der spannungsreichen Komposition vegetabilen Charakter. Die schmiedeeisernen Apostelleuchter werden Johann Georg Rumel zugeschrieben. Gitter und Leuchter waren urspr. teilvergoldet. *ct*

„Sommertag" von Karl Kunz (1905-1971), 1939, Stadtsparkasse Augsburg

Herkulesbrünnlein

Klosterhof St. Stephan

Der mächtige Herkulesbrunnen auf der Maximilianstraße hat einen kleinen Verwandten: Im Klosterhof von St. Stephan steht ein Wandbrunnen des Bildhauers Georg Busch (1862-1943), dessen Bronzefigur eine weitere Szene aus der Herkulesgeschichte thematisiert: Schon als Kleinkind musste Herkules sich mit Reptilien herumschlagen. Denn er war der Spross der Alkmene, die ihn mit Zeus in der Gestalt ihres Gatten Amphitryon gezeugt hatte. Herkules' Zwillingsbruder Iphikles stammte dagegen gerechterweise von Amphitryon ab. Die Göttergattin des Zeus, Hera zürnte ihrem Ehemann und schickte zwei Schlangen zur Wiege der beiden acht Monate alten Kleinkinder. Während Iphikles erschrak, zeigte Herkules bereits in diesem zarten Alter seine göttliche Abstammung: Er soll die beiden Schlangen mit bloßen Kinderhänden erwürgt haben. Genau diese Szene ist auf dem Brunnen in Bronze festgehalten: Mit trotzigem

Gesichtsausdruck hat der Knabe die Schlangen ergriffen, die bereits mitgenommen um Luft ringen. Die Inschrift auf dem Sockel, der mit einem Mischwesen als Wasserspeier sowie mit Schnecken und Eroten besetzt ist, lautet in dt. Übersetzung: „Du bist der unerschrockene Knabe: Maßlose Tatkraft besiegt alles. Siehe da: Der Knabe, des Alkaeus' Abkömmling, bezwingt ein Ungeheuer." *gn*

Tipp > Der Maler Karl Kunz (1905-1971) wurde am 23. Nov. 1905 als Sohn eines Augsburger Schreiners geboren. Mit 14 Jahren nahm er privaten Malunterricht bei dem befreundeten Kunstmaler Gustav E. Schmidt. 1921 siedelte er nach München über und bewarb sich – vergebens – an der dortigen Akademie. Er bildete sich autodidaktisch weiter, zog 1927 nach Berlin und ging dann nach einer überstandenen Lebenskrise 1930 nach Halle, wo er Meisterschüler und Assistent von Prof. Erwin Hahs an der Kunstgewerbeschule Burg Giebichenstein wurde. 1933 erhielt er, nachdem er einem jüdischen Professor Fluchthilfe geleistet hatte, Malverbot. Kunz kehrte nach Augsburg zurück und übernahm dort den väterlichen Furnierhandel. Nach dem Kriege beteiligte er sich schon 1947 an der wichtigen Ausstellung „Extreme Malerei", die in Stuttgart, Karlsruhe, Duisburg und Augsburg (Schaezlerpalais) mit großem Erfolg gezeigt wurde. Von 1947-49 war er als

Lehrer an der neu gegründeten Staatlichen Schule für Kunst und Handwerk in Saarbrücken tätig. 1954 beteiligte er sich an der Biennale in Venedig. Er lebte in dieser Zeit in Weilburg und Frankfurt am Main. Karl Kunz starb am 22. Mai 1971 und wurde in Augsburg beigesetzt. Kunz, der sowohl Elemente des Kubismus wie auch des Surrealismus verarbeitet und zusammenführt, nimmt in der Malerei der Nachkriegszeit eine dem Gegenständlichen verbundene Position ein. Seine oft buntfarbigen Kompositionen sind verdichtete kulissenhafte Bildräume, deren unruhiger Charakter den Eindruck eines „wohlkomponierten Chaos", (Schmoll gen. Eisenwerth) hinterlässt. Werke von Kunz befinden sich im Besitz der Kunstsammlungen und Museen, einige Bilder können temporär im Nebenraum der Cafeteria im Schaezlerpalais besichtigt werden. *ct*

---

7 St. Gallus

Ehem. kath., heute russisch-orthodoxe Kirche, Gallusplatz 7

Die kleine, eher unscheinbare Kirche befindet sich in einer bedeutenden Bausituation am Rand der Stadtmauer. Spätkaiserzeitliche Funde belegen eine rege Bautätigkeit in diesem Gebiet. Aber auch die Erforschung einer mittelgroßen Doppelkirchenanlage aus der Spätantike, deren Apsis vom heutigen Chor überlagert wird, belegt die Wichtigkeit des Bauplatzes. Um 900 entstand ein frühromanischer Bau – offenbar die Keimzelle des späteren Damenstifts St. Stephan. 969 gründete Äbtissin Ellensind ein Kanonis-

senstift, welches bald schon vom Augsburger Bischof Ulrich (um 890-973) bestätigt wurde. 1051 wurde durch Papst Leo IX. (Papst 1049-1054) die Weihe vollzogen. Interessant ist in diesem Zusammenhang das Patrozinium: Gewählt wurde Gallus (um 560-650), Begründer des Klosters St. Gallen in der Schweiz. Die Beziehungen Augsburgs zum Galluskloster waren intensiv, denn Bischof Ulrich von Augsburg war dort Schüler gewesen. Seit 1367 ist St. Gallus eine gestiftete Kaplanei und wurde 1578 in die Pfarrei St. Stephan inkorporiert. Das heutige Erscheinungsbild bestimmen vor allem die Umbauten von 1589. Beachtenswert ist das hohe Satteldach mit einem schönen und nur noch selten anzutreffenden Mönch-Nonnen-Ziegeldach. Reizvoll ist auch der kleine Giebelturm im Westen, der in seiner Form demjenigen der Dominikanerinnenkirche St. Katharina gleichkommt. Der Innenraum wird vor allem durch die Terrakotta- und Stuckdekoration von ca. 1589 geprägt, die im sakralen Bereich ein Gegenstück zu der profanen, etwas früher anzusetzenden Dekoration in den Fuggerhäusern am Zeugplatz ist. Schäden des Zweiten Weltkrieges wurden nach 1945 behoben. Die Kirche gehört in den Verantwortungsbereich der Dompfarrei und ist heute der russisch-orthodoxen Gemeinde überlassen. *cvb*

> **Tipp >** Die Kirche ist außer zu den Gottesdienstzeiten der russisch-orthodoxen Gemeinde fast immer geschlossen. An der Pforte vom Kloster St. Stephan ist jedoch ein Schlüssel erhältlich. *cvb*

8 Am Dahinab

Der eigentümliche Name hängt mit einem Politkrimi zusammen. Nachdem Luther 1518 seine 95 Thesen nicht widerrufen hatte, war seine Sicherheit in Augsburg nicht mehr zu garantieren. Bei Nacht und Nebel, vom 20. auf den 21. Okt., soll der Reformator vor der drohenden Verhaftung durch eine Pforte in der Stadtmauer geflohen sein, die ihm Christoph Langenmantel, der Sohn des Bürgermeisters hatte öffnen lassen. Luther hinterließ seinen Gegnern jedoch ein Souvenir, das er von einem Notar am 22. Okt. 1518 an ein Augsburger Domportal anschlagen ließ: ein Protokoll der Unterredung mit Cajetan an Papst Leo X. adressiert, das Luther öffentlichkeitswirksam für seine Zwecke einsetzte.

Vom idyllischen Gallusplätzchen aus führt ein schmaler Durchgang aus der Stadt heraus. An der nördlich der Kapelle gelegenen Hauswand erinnert ein Gedenkstein an das historische Ereignis. Ob Luther tatsächlich „da hinab" aus der Stadt floh, vermag niemand mit Sicherheit zu sagen – aber die städtebauliche Situation wirkt dennoch so authentisch, dass sie problemlos als Luther-Filmkulisse dienen könnte. *gn*

9 Der „Stoinerne Mo" (Steinerner Mann)

Mit der unscheinbaren, einarmigen Steinfigur in einer Nische der Schwedenmauer ist ein Augsburger Heldenepos verbunden. Als die Stadt im Jahre 1634/35 durch kaiserliche und bayerische Truppen besetzt wurde, brach eine schreckliche Hungersnot aus. Der Bäcker Konrad Hacker soll aus sei-

Detail vom Wieselhaus

nen letzten Teig- und Mehlresten ein Brot gebacken haben, das er den Feinden über die Stadtmauer hinweg zeigte – eine Demonstration, dass es in Augsburg noch genug zu Essen gebe. Der heldenhafte Bäcker bezahlte seinen Mut teuer: Ein Geschoß der Feinde riss ihm seinen Arm ab, worauf er verblutete. Die Soldaten des feindlichen Heeres sollen angesichts dieser selbstbewussten Demonstration von Unbezwingbarkeit so entmutigt gewesen sein, dass sie abzogen, ohne die Stadt eingenommen zu haben.

Tipp > Bertolt Brecht hat in seiner „Mutter Courage" mit der Figur der „Stummen Kattrin" möglicherweise dem Steinernen Mann ein literarisches Denkmal gesetzt. *ys*

Während die Witwe Hackers tatsächlich in Augsburger Steuerbüchern vermerkt ist, sind andere Teile der Legende pure Erfindung: Augsburg musste sich den kaiserlichen und bayerischen Truppen ergeben, ob es den legendären Brotwurf nun gegeben hat oder nicht. Wünsche soll die grobe Figur, die zu Beginn des 19. Jhs. zusammengefügt wurde, dennoch erfüllen, wenn Liebespaare sie an der (heute ergänzten) Nase berühren. *gn*

Tipp > Wer nicht genug von Augsburger Heldensagen bekommen kann, sollte die Schwedenstiege hinabsteigen und dem kleinen Gedenkort für Salomon Idler (1610-69) im Rahmgartengässchen einen Besuch abstatten. Der Flugversuch des Schusters mit einem selbstgebauten Apparat endete kläglich auf dem Boden der Tatsachen: Idler, der vom Dach eines Schuppens im Rahmgarten gesprungen war, stürzte sofort ab und erschlug zu allem Überfluss vier unschuldige Hühner. Dabei hatte er noch Glück im Unglück, schließlich plante er zunächst großspurig, vom Perlachturm zu springen, was durch den wohlgemeinten Rat eines Geistlichen verhindert wurde. *gn*

---

10 Venezianischer Brunnen ⚓

s. unter Ulrichsviertel

11 Wieselhaus 🏚

Äußeres Pfaffengässchen 23
Über dieses Haus sind seit einem halben Jahrtausend die Wellen der Geschichte hinweggerollt, ohne es grundlegend zu erschüttern. Kein Krieg, keine Bomben, vor allem aber keine Modernisierung haben es entscheidend treffen können. Sein größtes Glück war der Reichtum seiner Erbauer und der Geldmangel der letzten Hausbesitzer, des Kath. Studienfonds.
Das Haus im Äußeren Pfaffengäss-

chen stammt in seinem Kern aus dem 15. Jh., erlebte im 16. Jh. seine entscheidenden Umbauten und wurde anschließend nur noch geringfügig verändert. Wichtigster Besitzer und Bewohner war Marcus Welser (1558-1614), Humanist, Natur- und Geschichtsforscher, mehrmaliger Stadtpfleger, reichster und zeitweise mächtigster Mann der Stadt. Marcus Welser, in dessen Amtszeiten als Bürgermeister die Stadterneuerung des Elias Holl und die großen Brunnenprojekte fallen, zog von der Innenstadt hier in die Frauenvorstadt. Aus dem Haus mit dem turmartigen Aufbau wurde sein Refugium. Welser, der erste systematische Altertumsforscher der Stadt, dokumentierte hier im Bereich der Klostergärten von St. Stephan und dem Karmeliterkloster die aufgefundenen römischen Artefakte, publizierte vor allem ein bedeutendes Gladiatorenmosaik in einem Garten ganz in seiner Nachbarschaft, ließ eine Zeichnung anfertigen und schließlich das Mosaik wieder zuschütten. Ein nach heutigen archäologischen, denkmalpflegerischen Maßstäben korrektes Vorgehen, nur dass man das bedeutende Mosaik bis heute nicht wiedergefunden hat. Welser, der über die Entdeckung der Sonnenflecken mit Galileo Galilei korrespondierte, könnte das frei stehende Turmgebäude durchaus auch für astronomische Experimente genutzt haben.
Womöglich ging das Gebäude nach dem Konkurs des reichsten Mannes und seinem wahrscheinlichen Selbstmord in den Besitz der Familie Wiesel über, einer der besten, erfolgreichsten und teuersten Instrumentenbauer im Europa des 17. Jhs. Johann Wiesel (1583-1662) schuf mit seinen Fernrohren und Mikroskopen eine neue Kategorie in der Fern- und Nahsicht. Das Mikroskopieren war geradezu eine Mode der Epoche. Miniaturkunstwerke im Flohmaßstab wurden neben den Wundern der Natur

zu beliebten Objekten einer intellektuellen Oberschicht, aber auch zum Jahrmarktsvergnügen.

Die ehem. Nutzung des Wieselhauses, bestehend aus dem Hochbau und dem dazugehörigen Flachbau, durch die Instrumentenbauer muss erst noch durch eine penible Bauforschung ermittelt werden. In dem Gebäude soll ein Fugger- und Welsermuseum eingerichtet werden. *uh*

12 Fischertor

Thommstr. 28

1924/25 errichtete Otto Holzer anstelle des ehem. Fischertores, das 1609 durch Elias Holl umgebaut und 1770 bereits abgerissen worden war, einen Wohnblock in barockisierenden Formen mit Eckerker und Schweifgiebel. Das korbbogige Durchfahrtstor mit seitlichen Fußgängerpassagen ist mit einem walmdachbedeckten Mittelbau als Wohngeschoss erhöht. An der Feldseite ist eine steinerne Augsburger Wappenkartusche angebracht, stadtseitig eine von Fischen gerahmte Inschriftenkartusche, die auf die frühere Vorstadt „Unter den Fischern" hinweist. *ct*

13 Hexenbrunnen

Wallanlage Lueginsland, Stadtmauer beim Fischertor

Die hölzerne Figur erinnert an ein schauriges Kapitel der Geschichte: Im 16. und 17. Jh. fanden auch in Augsburg Hexenverbrennungen statt. Angeblich durften die wegen Hexerei verurteilten Frauen hier noch einen letzten Schluck Wasser trinken, bevor Sie vor den Stadttoren hingerichtet wurden. Die verwitterte Holzfigur stammt aber aus einer weit späteren Zeit; sie wurde 1959 von dem Bildhauer Josef Wallner geschaffen. *ys*

14 St. Georg

Kath. Pfarrkirche, Georgenstr. 18
🕐 tägl. 8:30-19
0821-519938 www. bistum-augsburg.de ja

Die heutige kath. Pfarrkirche St. Georg war urspr. außerhalb der mittelalterlichen Stadt gelegen und wurde erst im 14. Jh. in die nach Norden erweiterte Umwallung einbezogen. Ihr Ursprungsbau wurde 1142 als Stiftskirche einer sieben Jahre zuvor bestätigten Niederlassung der Augustinerchorherren geweiht. Dieses Chorherrenstift existierte, mit kurzen Unterbrechungen, bis 1802, als es im Zuge der Säkularisierung aufgelöst wurde; St. Georg ist seither Pfarrkirche. Aus der Gründungszeit datieren nur noch die über quadratischem Grundriss errichteten Untergeschosse des Turmes mit ihren charakteristischen romanischen Zwillingsfenstern sowie die Knotensäule, die später als Stützpfeiler der Kanzel Verwendung fand. 1490 bis 1501 kam es unter Propst Laurenz Felmann zum Neu-

bau der Kirche, der als Basilika mit schmalem, einschiffigem Chor konzipiert wurde und wohl in bewusster Anlehnung an den zeitgleich ausgeführten Neubau von St. Ulrich und Afra entstand. Freilich wurde das prominente Vorbild im Maßstab erheblich reduziert und im Grundriss und vielen Details vereinfacht. Der unbekannte Baumeister stammt aber sicherlich aus dem Umkreis des Erbauers des Ulrichsmünsters, Burkhard Engelberg (1447-1512). Eine um 1700 vorgenommene Barockisierung von Bau und Inventar wurde 1881 zugunsten einer neugotischen Ausstattung beseitigt, doch blieben zumindest im Äußeren die architektonischen Zutaten des 17./18. Jhs. und von der barocken Einrichtung einige herausragende Einzelstücke erhalten. Nach den 1944 zugefügten Kriegsschäden versuchte der Architekt Thomas Wechs den Innenraum auf die spätgotische Grundgestalt zurückzuführen.

Auf dem Kirchhof vor der Südseite des Gotteshauses stand urspr. ein Predigthaus, das 1525 ev., aber schließlich 1630 abgerissen wurde. Den seither freien Vorplatz flankiert links das heutige Pfarrzentrum (ein Wiederaufbau aus dem Jahr 1955) und rechts das 1702-05 von Hans Georg Mozart (1647-1719, ein Urgroßonkel des Wolfgang Amadeus) errichtete Stiftsgebäude. Im Zuge der umfangreichen Barockisierung der folgenden Jahre wurde, erneut durch Mozart, das bis dahin gotische Südportal zu einer Triumphpforte mit Halbsäulen und Segmentgiebel modernisiert. Der hausartig vorspringende Anbau am östlichen Ende des Seitenschiffs birgt die Grabkapelle der Familie Herwarth und wurde 1506 vollendet. Ihre vier Strebepfeiler zieren, als einziger bauplastischer Schmuck des Kirchenäußeren, vorzügliche spätgotische Kalksteinreliefs mit Evangelistensymbolen.

Innen

Dem Inneren der Kirche eignet eine gewisse Kargheit. Da in Augsburg ein geeigneter Haustein fehlt und man für bauplastischen Schmuck von alters her auf nur begrenzt einsetzbare Ersatzmaterialien wie Ziegel oder Terrakotta zurückgreifen musste, sind die örtlichen Bauten der Spätgotik im Großen zwar oft aufwendig entworfen, im Detail aber sehr zurück-

Ein Rundgang mit Georg Petel (1601/02-1634)

120

1634 starb in Augsburg, an der Pest, der Bildhauer Georg Petel. Mit gerade einmal dreißig Jahren. Nur wenig Zeit war ihm für seine künstlerische Reife gegeben, er nutzte sie. Georg Petel war neugierig und fleißig. Georg Petel war ein Genie. Seine Werke fordern unsere ganze Aufmerksamkeit. Wer ihnen mit offenen Augen gegenübertritt, wird mit offenen Mund innehalten.

Ausgangspunkt für einen Spaziergang zu Georg Petel ist die Kirche St. Moritz. Hier stehen drei seiner besten Werke, ein Hl. Sebastian, ein Christophorus und ein auferstandener Christus. Alle drei Figuren gehörten wohl urspr. zu verschiedenen Altären und Altarprojekten der ersten Barockausstattung von St. Moritz. Die Werke haben durch Auslagerung die Bombardierung der Kirche überstanden. Vorne im Chor steht, läuft, stürmt Christus, mit wehenden Kleidern, riesigen Füßen, energischem Kopf. Ein Kraftpaket. Hinten links steht auf einem hohen Podest Christophorus und erscheint, nach dem barocken Furor des Christus, seltsam altmodisch, fast gotisch. Wenn da nicht das barocke Christkind auf seiner Schulter säße und nicht der in die Hüfte gestemmte linke Arm des Christusträgers wäre, eine Skulptur für sich, voller naturalistischer, anatomischer Präzision, der Arm eines Muskelmanns, nach Modell gesehen und virtuos aus dem Holz geschnitzt. Spätestens hier fällt nun der Name Rubens. Mit ihm, dem gleichzeitigen Malergenie Peter Paul Rubens (1577-1640) in Antwerpen, stand Petel in freundschaftlichem Kontakt, setzte in die dritte Dimension um, was Rubens in prallen Formen und leuchtenden Farben schuf. Rechts vom Portal zuletzt der Hl. Sebastian, der Legende nach ein römischer Offizier im Dienst des Kaisers Diocletian. Sebastian bekannte sich zum Christentum und wurde daher, seiner Offiziers-Insignien entledigt, mit Pfeilen gemartert. Petel zeigt uns Sebastian in vollendeter männlicher Schönheit, nackt, das letzte Stück Stoff mehr steigernd als verbergend drapiert, im Niedersinken. Keine Wunden werden gezeigt, die erklärten, warum die Knie weich, die Glieder schlaff wurden. Waghalsig knapp tangiert die Körperlichkeit den Grad zum Lasziven, alles ist körpernah, sinnlich aufgeladen.

Man setzt den Weg fort über die Barfüßerkirche, in der ein lebensgroßer gekreuzigter

Hl. Sebastian, um 1628/29, St. Moritz, Augsburg

„Christus Salvator", um 1630 Lindenholz gefasst, St. Moritz, Augsburg

Bildnis Georg Petels von Anthonis van Dyck (1599 -1641), 1628, Alte Pinakothek, München

Humpen mit Bacchanal, 1630, Elfenbein

Kunstsammlungen und Museen Augsburg

„Christkind" 1632, Lindenholz gefasst, Barfüßerkirche, Augsburg

121

Christus den Chorraum beherrscht. Zeit für eine Ernüchterung, denn der Gekreuzigte erlaubt zwar eine michelangelohafte Muskulatur, aber selbstredend keine Erotik. Lebensfroher ist das segnende Christkind, ehem. auf dem Schalldeckel der Kanzel, jetzt auf modernem Sockel links im Chor. Wie ein kleiner Bruder des Personals aus St. Moritz läuft schnell ein kleiner Muskelmann daher, umgeben von einem ganz eigenständig durchwehten Lendentuch.

In St. Max steht vorne rechts in einer Kapellennische ein weiterer Sebastian. Er stammt wohl aus einer abgebrochenen Sebastianskapelle vor dem Stephinger Tor. Seine Zuweisung an Georg Petel ist nicht unumstritten, aber bereits nach unserem Rundgang sollte die Autorschaft eindeutig zu erkennen sein. Im Vergleich zu St. Moritz tritt uns hier ein weitaus gefassterer Sebastian entgegen, dezenter in seinem Martyrium, nicht so schmelzend weich, mehr mannhaft getragen. Gleich geblieben ist die souveräne bildhauerische Technik, die großartige Körperlichkeit, die Sicherheit in der Wirklichkeitsdarstellung. Außerdem kann man in St. Max einer Petel-Figur einmal wirklich nahe kommen und die Oberflächen und Details genau studieren. Im Dom, gleich beim Betreten durch das Südportal zu sehen, steht ein lebensgroßer Christus an der Geißelsäule. Kein Thema für ästhetischen Genuss? Bei Petel schon. Zum einen in der hier perfekt erhaltenen Farbfassung, ganz im Rubens-Farbklang aus Grau, Rosa und Blau. Dann aber in der drängenden, greifbaren Körperlichkeit, jeden Muskel präzise modellierend, jede Spannung und jedes Erschlaffen überzeugend aus dem Holz gearbeitet.

Über Kath. Hl.-Kreuz, wo ein zweites Kruzifix gezeigt wird, aber meist nur von Ferne durchs Gitter zu sehen ist, führt der Weg ins Maximilianmuseum. Dort wird neben den beiden weniger aufregenden Assistenzfiguren, Maria und Johannes, und einer Paraphrase auf den Herkulesbrunnen in Miniaturform als krönender Abschluss ein Elfenbeinpokal gezeigt. Das perfekteste kleinplastische Werk Petels. Aus einem großen Elfenbeinzahn geschnitzt, setzt er mit lupenklarer Präzision die gemalte Vorlage von Rubens, dessen heute in der Alten Pinakothek in München aufbewahrten „Trunkenen Silen", ins Relief um: ein Bild voller praller Erotik, sinnlich, fleischig, herrlich. *uh*

Blick in das Langhaus von St. Georg

haltend dekoriert geblieben. Eine aus den Beschränkungen des Materials resultierende lokale Besonderheit sind in St. Georg die einfach entworfenen, nach unten mit Blendmaßwerk verlängerten Maßwerkfenster, die schlicht gekehlten Pfeiler und Bögen und die streng figurierten Netzgewölbe. Einziger, bescheidener Zierrat am Langhausgewölbe und demjenigen der Herwarthkapelle blieben die farbig gefassten Wappenschlusssteine.

Ausstattung

„Salvator Mundi" von Loy Hering (zugeschrieben), um 1512, Taufkapelle

Künstlerischer Höhepunkt war wohl der Altar der Kapelle der Herwarths, der um 1512 von Loy Hering (1485/86-1554) geschaffen worden war; davon hat nur der lebensgroße „Christus Salvator" überstanden, der in der Beichtund Taufkapelle links des Haupteingangs sein Asyl gefunden hat (meist geschlossen). An seiner Stelle steht heute ein schwungvoller

Rokokoaufbau, der 1778/79 von Ignaz Wilhelm Verhelst (1729-1792) entworfen wurde. Von der vorreformatorischen Ausstattung überlebten noch eine Pietà des 15. Jhs. und ein dem Umkreis Michel Erharts zugeschriebenes Kruzifix, die Verhelst für die Ausstattung seines Kreuzaltars zweitverwendet hatte. Das Kreuz in der Altarmitte wurde in unserer Zeit durch ein monumentales Bronzekruzifix ersetzt, das vorher auf dem Kirchhof stand und für dessen ungeklärte Datierung die beträchtliche Spanne von 1600 bis 1900 vorgeschlagen wird; das spätgotische Kruzifix ist heute im Chorbogen aufgehängt.

An die Umtriebe der bilderfeindlichen 1530er Jahre, während denen der Großteil des alten Inventars verloren gegangen sein dürfte, erinnern noch die an der Westwand des nördlichen Querhauses aufgehängten Tafeln eines um 1550 entstandenen „Passions-

altars", Kopie eines zerstörten älteren Werkes; vor allem die Mitteltafel mit der Kreuzigung Christi erinnert in Stil und Figurentypen an Werke des älteren Jörg Breu (um 1475-1537). In die Zeit des spätgotischen Neubaus führen außerdem mehrere Grabsteine von Stiftspröpsten zurück, unter denen der 1497 datierte des Laurenz Felmann (gest. 1515) an der Ostwand des südlichen Seitenschiffs den höchsten künstlerischen Rang einnimmt – der Künstler wird im Umkreis Gregor Erharts gesucht, wenn nicht sogar der Meister selbst die Ausführung besorgt hatte.

Der jetzige Hochaltar wurde erst in der Nachkriegszeit aus Teilen des ehem. Hauptretabels der Karmeliterkirche zusammengesetzt. Die versilberten und vergoldeten Kupfertreibarbeiten entstanden teils um 1750 (Tabernakel), teils erst zu Beginn des 19. Jhs. (Antependium). Das monumentale Ölbild mit dem Drachenkampf des Titelheiligen der Kirche (nördliche Seitenschiffswand) wird Jonas Umbach (1624-1693) gegeben, der 1680 mehrere Werke an die Stiftsherren von St. Georg geliefert hatte. An der inneren Westwand hängt schließlich ein Gemälde, das Christus mit Maria und dem Ordensgründer, dem Hl. Augustinus, zeigt und 1749 von Johann Georg Bergmüller (1688-1762) als Seitenaltarblatt gemalt wurde. cm

„Verherrlichung Mariae" von Matthias Kager (1575-1634), 1627, südliche Seitenschiffswand

Von der bedeutenden, aber nicht einheitlich konzipierten Barock-

Wertachbrucker-Tor-Str. 14

Das spätmittelalterliche Tor, dessen zweigeschossiger Unterbau mit tonnengewölbter Spitzbogendurchfahrt noch erkennbar ist, wurde 1605 von Elias Holl umgebaut und um mehrere Geschosse erhöht. Auf der Feldseite befindet sich ein niedriges Vortor mit gewölbter Durchfahrt. 1988/89 wurde das Bauwerk saniert und die urspr. monochrome Graufassung rekonstruiert. Holl setzte zunächst ein oktongonales Geschoss mit segmentbogigen Fenstern für Geschützrohre auf, darüber einen zweigeschossigen Zylinder mit hochgesockelten toskanischen Pilastern, die Oktogonalität vortäuschen. Ein weit vorkragendes Gesims mit manieristischen Triglyphen und ein Zeltdach mit Laterne für eine Glocke schließen den Turm ab. 1636 erlebte das Tor während der Belagerung der Stadt durch die Schweden seine Bewährungsprobe. Als ein Hauptangriffsziel der vom Pfannenstiel aus herandrängenden Schweden wurde das Tor durch das „heftige Breschschießen" schwer beschädigt. *ct*

ausstattung kam (neben Verhelsts Kreuzaltar) das ehem. Hochaltarblatt mit der „Verherrlichung Mariae" auf uns, ein signiertes und 1627 datiertes Werk Matthias Kagers. Maria steht bekrönt auf einer von dynamisch-bewegten Engeln getragenen Wolke, zu ihren Füßen die Kirchenväter auf einer weiteren Himmelsebene, über ihr die Dreifaltigkeit in Gestalt von Gottvater, Sohn und Hl.-Geist-Taube. Das buntfarbige Kolorit changiert zwischen Kardinalsrot, aufgelichtetem Rosa, kräftigem Blau, wodurch ein zusammengestimmtes überirdisches Licht erzeugt wird. *cm ys*

Herrenhäuser

Diese Seitengasse der Georgenstraße fällt durch die einheitliche Bauweise ihrer 1529/30 im Auftrag der Stadt errichteten Handwerkerhäuser auf. Die zweigeschossigen Gebäude entstanden auf dem Gartengelände der Stiftsherren von St. Georg – daher ihr herrschaftlicher Name „Herrenhäuser". Als Sozialsiedlung handelt es sich um eine bescheidenere „Verwandte" der berühmten Fuggerei. Wurden die „Herrenhäuser" von Webern bewohnt, so errichtete die Kommune 1560-63 eine lange Wohnzeile an der ehem. Stadtmauer für Schlosser und Schmiede, um Gestank, Hitze und Lärm zu konzentrieren. Diese „Schlossermauer" mit ihren ehem. 48 dreistöckigen Häusern, vorkragenden Obergeschossen und Garten längs des „Oberen Grabens" hat sich bis heute gut erhalten. *gn*

Geheimtipp > Der dreigeschossige Walmdachbau (Georgenstr. 24, ehem. Malzfabrik) aus der Zeit um 1850 zeigt eine außergewöhnliche Sgrafitto-Dekoration in den Fensterbrüstungen und Verdachungen. Das Gebäude, das heute den Presseclub beherbergt, ist das einzige Beispiel dieser in der Renaissance wurzelnden Zierputztechnik in Augsburg. *t*

Tipp > In einer spitzbogigen Figurennische mit Ädikularah-

Der Kleine Goldene Saal –
Kleinod des Rokoko

mung über der Tordurchfahrt an der Stadtseite befand sich urspr. eine Madonna von Hans Reichle, die seit 1849 durch eine neugotische Madonna des Münchener Bildhauers Endres ersetzt ist (mit Widmungsinschrift an König Ludwig II. von Bayern). Diese an zentralfranz. und lothringische Madonnen des 14. Jhs. erinnernde Stehfigur zeigt Maria als Himmelskönigin mit Szepter und dem Christuskind. Die Faltensprache mit Mantelschürze wird von den symmetrisch fallenden, seitlichen Faltenkaskaden bestimmt. *ct*

16 Kleiner Goldener Saal 🏛

Jesuitengasse 12 💶1€ 🕐Sa u. So 10-17 ☎0821-3243251 ♿ www.Augsburg.de 🅿ja

Im Jahr 1581 erfolgte durch Schenkungen der Fugger die Grundsteinlegung des Jesuitenkollegs St. Salvator, das urspr. aus vier verschiedenen Trakten bestand: Gymnasium für die Schüler, theologisches Kolleg für die lehrenden Jesuitenpatres, Kollegien-Kirche und Lyzeum für die studierenden Akademiker. Nach der Auflösung des Jesuitenordens 1776 wurde es 1807 geschlossen. Gymnasium und Kolleg wurden fortan als Kaserne umgenutzt, die Kirche fand als Reitschule Verwendung, ehe sie schließlich 1872 abgerissen wurde. Der Kleine Goldene Saal bzw. der ehem. Festsaal der Marianischen Kongregation ist heute mit 400 qm letztes Zeugnis dieses Jesuitenkollegs. Bei seiner Erweiterung 1763

wurde das Obergeschoss aus zwei Gebäuden des 16. Jhs. zusammengefasst, der Festsaal von Johann Michael Feichtmayr (1709-1772) stuckiert und von Matthäus Günther (1705-1788), dem damaligen kath. Direktor der Augsburger Kunstakademie (1762-84), 1765 freskiert. Matthäus Günther war zu diesem Zeitpunkt mit zwei gewaltigen Aufträgen gleichzeitig befasst: Neben dem Kongregationssaal schuf er die Deckenfresken der drei großen Gewölbe in der Elisabethenkirche in München (zerst.). Das Deckenfresko ist ein herausragendes Zeugnis der Augsburger Freskantenkunst und des „Augsburger Geschmacks" im 18. Jh.

Tipp > Der Altaraufbau aus Stuckmarmor, dessen Baldachin bis an die Decke reicht, ist das einzig erhaltene plastische Ausstattungsstück aus der Entstehungszeit. Altarmensa und Tabernakelaufbau befinden sich heute in der Kapelle der Schmerzhaften Muttergottes in St. Stephan. – Leopold Mozart war zwischen 1729 und 1735 Schüler im Jesuitenkolleg. *ys*

Deckenfresko

Das Deckenfresko besteht aus einem großen Mittelspiegel und vier Eckkartuschen und nimmt mit seinem Bildprogramm Bezug auf das Augsburger Jesuitenkonvent, die Freie Reichsstadt Augsburg und das klerikale Hochstift.

Mittelspiegel

Im Mittelspiegel sind die Weissagung des Propheten Jesaja an König Ahas über die kommende

Geburt Christi und die Verkündigung Mariä sowie der Triumph der Immaculata dargestellt – ganz einleuchtend, denn das zentrale Thema des Jesuitenordens war die unbefleckte Empfängnis Mariens. So staffelt sich die Darstellung der Weissagung in drei Ebenen: die Irdische als biblisch-historische Begebenheit, die Himmlische mit der erbsündefreien Gottesmutter und zuletzt die überzeitlich-transzendentale in Form der Hl. Dreifaltigkeit. Der Prophet Jesajas tritt bei der Weissagungsszene mit seinem Sohn Schaer-Jeschub König Ahas von Juda entgegen, der Götzendienst verrichtet. Jesaias verkündet dem König Rettung vor den herannahenden Assyrern in Gestalt eines göttlichen Zeichens (= Ecce virgo concipiet = Siehe die Jungfrau wird empfangen), das durch einen zickzackförmigen durch das gesamte Bildfeld geführten Lichtstrahl Gestalt gewinnt (der Strahl wird durch einen Spiegel umgelenkt).

Eckkartuschen

Die Eckkartusche über dem Eingang im Südwesten, die die Inschrift „Sedes Sapientiae" (Sitz der Weisheit) trägt, bezieht sich auf die Lehrtätigkeit der Jesuiten, da Vertreter der Wissenschaften und Künste die Madonna auf dem Thronsessel umgeben. Diese wird zudem eingerahmt von den Allegorien „Timor Domini" (Gottesfurcht) und „Sapientia" (Weisheit). Im Hintergrund ist das Augsburger Jesuitenkolleg erkennbar.

Die nordwestliche Eckkartusche zeigt die Inschrift „Salus Infirmorum" (Heil für die Schwachen), was sich auf die Todesstunde des gläubigen Christen beziehen

lässt. Maria ist Zuflucht für einen Sterbenden, dem sie ihre Rechte reicht. Der Sterbende empfängt das Sterbesakrament von einem Jesuiten. Die Allegorie der „Fides Ecclesiae" (Kirchentreue) begleitet die Szenerie, darunter der Erzengel Michael, der einen Strahl gegen den Teufel schleudert.

Die Eckkartusche im Nordosten ist mit der Inschrift „Virgo Prudentissima" (Weiseste Jungfrau) bezeichnet. Joseph I. Landgraf von Hessen-Darmstadt, damaliger Augsburger Fürstbischof, kniet vor der Gottesmutter nieder, die von den Allegorien der „Divina Providentia" (Göttliche Vorsehung) und der „Eruditio" (Gelehrsamkeit) gerahmt ist. Im Hintergrund ist eine Ansicht des Augsburger Doms zu erkennen.

Die Eckkartusche im Südosten trägt die Inschrift „Speculum Justitiae" (Spiegel der Gerechtigkeit). Die Gottesmutter ist von den allegorischen Figuren der Kardinaltugenden umgeben: Justitia (Gerechtigkeit), Fortitudo (Stärke), Prudentia (Klugheit) und Temperantia (Mäßigung). Der Augsburger Stadtpfleger reicht Maria die Schlüssel der Stadt und eine Schale mit brennenden Herzen. Über der Kulisse Augsburgs mit Rathaus und Perlachturm geht die göttliche Sonne auf, von der aus ein Strahl über Maria hin zum Spiegel der Justitia fällt, von wo aus er das Christuskind trifft, das damit die Gebete der Augsburger Bürger entgegennimmt. ys

Tipp > In der Jesuitengasse 26 (heute „Hofgarten-Carrée") wohnte Marianne Thekla Mozart (1758-1841), die Cousine von Wolfgang Amadé Mozart, die er liebevoll „Bäsle" nannte. Von der Regio und Tourismus GmbH

werden Kostümführungen mit dem „Bäsle" angeboten. ys

Tipp > Seit 2004 bietet die Galeria Cervino (Jesuitengasse 1, www.galeria-cervino.de) ein abwechslungsreiches Programm mit Ausstellungen zeitgenössischer Künstler aus dem In- und Ausland. Auf einer kleinen Bühne finden regelmäßig Konzerte und Lesungen statt. ys

Geheimtipp > In der Hl.-Kreuz-Str. 26 (heute 24, Musculushof/ Doktorgässchen) wohnte zwischen 1817 und 1825 Hortense de Beauharnais (1783-1837), ehem. Königin von Holland, Herzogin von Saint-Leu, gemeinsam mit ihrem Sohn Louis Napoleon (1808-1873). Hortense, Tochter des Generals Alexandre de Vicomte und dessen Ehefrau Joséphine, der späteren Gemahlin Napoleons I., heiratete Louis Napoleon, den Bruder Napoleons I., der von 1806-10 König von Holland war.

Am 16. Mai 1817 kaufte Hortense mit der finanziellen Unterstützung ihres Bruders Eugène und vermutlich durch die Vermittlung eines Mitglieds der Familie Fugger das Palais Babenhausen, um zum einen der Überwachung der Spione Ludwigs XVIII. zu entgehen und zum anderen in der Nähe ihres Bruders wohnen zu können, der mit der bayerischen Königstochter Auguste Amalie verheiratet war. Aufgrund der berühmten Bewohnerin wurde das Palais in der Augsburger Bevölkerung Franzosenschlösschen genannt.

störte zweigeschossige Gebäude, dessen schmucklose Fassade ehem. von einem vorspringenden Rundgiebel bekrönt war, besaß einen Querflügel, der mit einem Hinterhaus mit großem Garten verbunden war. Hortense bewohnte mit dem Prinzen das Hinterhaus, wohingegen das Hauptgebäude ausschließlich Repräsentationszwecken diente. Hier befanden sich der kleine und der große Salon, die Bibliothek, das Arbeitszimmer und das Billardzimmer. Hortense verbrachte hauptsächlich die Wintermonate in Augsburg; Louis Napoleon, der spätere Kaiser Napoleon III., erhielt u. a. von 1821-23 auf dem Gymnasium bei St. Anna seine Ausbildung.

In das sog. Franzosenschlösschen lud Hortense zu ihren Salons, eine „neue Form des gesellschaftlichen Umgangs in Augsburg", an denen die gehobenen Kreise der Augsburger Gesellschaft teilnahmen. Mit ihrer großen Neigung zur Musik und zum Gesang unterhielt sie ihre Gäste mit Harfespiel oder sang von ihr selbst vertonte Romanzen zum Spinett. Ihre Leidenschaft für die Schönen Künste drückte sich auch in den vielen eigenen Zeichnungen und Ölgemälden aus. So fertigte sie hier Landschaftszeichnungen von Augsburg und seiner Umgebung. ys

17 Kath. Hl.-Kreuz ✝

Heilig-Kreuz-Str. 5 🕐 tägl. 9-17
📞 0821-329050 🔑 nein

Die beiden Hl.-Kreuzkirchen liegen in einträchtigem Nebeneinander in der nach ihnen benannten Straße, als eindrucksvolles, Architektur gewordenes Symbol für die Pax Augustana, den – wie wir wissen, brüchigen – Religionsfrieden,

Geheimtipp > Wohnhaus in der Altstadt Doktorgässchen 5
Im äußerst idyllischen, räumlich geschlossenen Doktorgässchen beweist das 2007 fertig gestellte „Wohnhaus in der Altstadt" von Regina Schineis, dass Respekt vor einem historischen Umfeld nicht unbedingt durch Angleichung sondern durch Maßstäblichkeit bekundet werden kann. In der Gebäudereihe bildet ein kleiner Garten eine Zäsur. Dadurch sind Straßen- und Gartenfassade des Hauses Doktorgäßchen 5 sichtbar. Sowohl die Dimension des Gebäudes als auch seine beinahe archetypisch eingesetzte Spitzdachform nehmen deutlich Bezug auf die älteren Nachbarhäuser. Und doch kontrastiert sein Erscheinungsbild von deren Putzfassaden und Ziegeldächern. Denn Außenwände und Dach des Holzhauses sind ökologisch nachhaltig mit Faserbetonplatten verkleidet. Die großen Fenster der Gartenseite und die schmaleren Öffnungen der Straßenfront weisen Fensterläden ebenfalls aus Faserbeton auf. Sind die Läden geschlossen, wird das Haus zum hermetischen Baublock. Nur Fugen, Nieten und Luftschlitze erzeugen einen feinen Rhythmus und deuten Durchlässigkeit an. Wenn die Fensterläden in ihren Schienen aber „aufgefaltet" sind, wirkt das Wohngebäude ausgesprochen transparent: Große Glasflächen werden sichtbar, die Klappläden greifen rechtwinklig in den Raum, das Haus wird mit seiner optischen Verzahnung von Innen- und Außenraum zum lebendig strukturierten Bildwerk.
gn

der 1555 in Augsburg geschlossen worden war. Der Ursprung beider Gotteshäuser ist ein 1159/67 in die Augsburger Vorstadt verlegtes Augustinerchorherrenstift, an dessen Stelle das Spital zum Heiligen Kreuz, eine fromme Stiftung für zwölf Arme, lag. Wie viele karitative Einrichtungen, lag die in die Zeit Bischof Ulrichs zurückreichende Stiftung außerhalb der ummauerten Stadt, und tatsächlich wurde das südlich gelegene Heilig-Kreuzertor erst durch die Stadterweiterung um die Mitte des 15. Jhs. zum Binnentor (1807 abgebrochen). Seit 1194 bestand hier eine 1199 bestätigte und in den folgenden Jahrhunderten viel besuchte Wallfahrt, nämlich zum sog. Wunderbarlichen Gut. Hinter der Bezeichnung verbirgt sich eine wundertätige Hostie. Nach einer Legende hatte eine gottlose Frau nach der Kommunionsausteilung ihre Hostie aus dem Mund genommen und zu hause als privaten Glücksbringer in eine Wachshülle eingeschlossen. Gequält von Gewissensbissen, beichtete sie später dem Stiftspropst von Hl.-Kreuz ihre Tat und übergab ihm die Hostie. Der Probst öffnete das Wachs ein wenig und fand die Hostie auf wunderbare Weise verändert: zum blutroten Leib des Herrn, mit Äderchen zusammengehalten. Mit der Präsentation dieses Hostienwunders wurde das Sakrileg angeprangert, gleichzeitig aber auch durch das vermeintliche Wunder der Wandlung in das Fleisch Christi eine florierende Wallfahrt begründet. Durch Jahrhunderte hindurch war die Wallfahrt zum Wunderbarlichen Gut von Heilig Kreuz nach dem Besuch der Gräber der Bistumsheiligen in St. Ulrich und Afra die bedeutendste im ganzen Bistum. Unzählig sind die Wunderberichte und selbst das Haus Habsburg bekundete dem

Mirakel höchste Verehrung.

Tipp > Immer neue Goldfassungen umgaben von alters her die Hostienreliquie, vom mittelalterlichen Goldschrein, den 1205 Konrad von Lindau geschaffen hatte, über Jörg Selds prachtvolle spätgotische Erneuerung des Ostensoriums von 1492 bis zur perlenbesetzten Ummantelung aus hochbarocker Zeit, die der 25. Propst von Hl.-Kreuz, Vitalis Mozart (1636-1668), im Jahr 1665 neu erstellen ließ. Das gesamte Ensemble ist heute im Diözesanmuseum zu besichtigen. In Hl.-Kreuz wird das eigentliche Wunderbarliche Gut heute in einer Monstranz aus dem 18. Jh. präsentiert. *cm*

Die Etablierung einer ev. Gemeinde im Predigthaus St. Ottmar bei Hl.-Kreuz im Jahr 1525 begründete die Doppelexistenz der zwei Konfessionen. Von 1537 bis 1546 musste der Konvent ins Exil gehen und 1561 auf seine Rechte an der ev. Kirche verzichten. Ihrerseits wurden die Protestanten von 1630 bis 1648 vertrieben und ihr Gotteshaus abgebrochen. Das Augustinerchorherrenstift – es war das reichste Kloster der ganzen Stadt – existierte bis zur Säkularisation; seit 1932 ist kath. Hl.-Kreuz eine Dominikanerprioratskirche. Die Dominikaner betreuen bis heute das Heiligtum des Wunderbarlichen Guts, zeigen es aber nur noch in Verbindung mit einer weißen konsekrierten Hostie. Längst wurde nämlich festgestellt, dass die verehrungsheischende Rotfärbung durch Bakterienbefall hervorgerufen wurde. Das schuldige Bakterium, Serratia marcescens, wurde bereits 1819 vom Paduaner Pharmazeuten Bartolomeo Bizio

Das Bild wird erstmals 1627 erwähnt, als der kaiserliche Stadtkommandant von Augsburg, Ottheinrich Graf Fugger, einen Rahmen bei dem Kistler Paul Jacob Dietrich für das von ihm erworbene Altarbild bestellte (die Retabelarchitektur ist 1944 verbrannt). In der Komposition den Fassungen der „Himmelfahrt" in Brüssel und Düsseldorf vergleichbar, entstand das Augsburger Gemälde vermutlich 1622-25 in der Rubens-Werkstatt und befindet sich seit 1629 in Hl.-Kreuz.

Dargestellt ist die Himmelfahrt Mariens aus der Apostelschar, die sich um ihr Grab versammelt haben. Diese teilen die Komposition in eine beinahe gleich gewichtete Erd- und Himmelszone. Links im Bild leitet in dominantem Rot die Rückenfigur des Johannes die kompositorische Schräge ein, die über der die Putten getragene, dynamisch-bewegten Gestalt Mariens schließlich in den göttlichen Lichtstrahlen am oberen Bildrand gipfelt. *ys*

auf verdorbener Polenta entdeckt. Zahlreiche vermeintliche Blut- und Hostienwunder gehen auf dieses heute so einfach erklärbare Naturphänomen zurück. *cm*

Kath. Hl.-Kreuz

Die größere und näher zur Innenstadt gelegene der beiden Schwesterkirchen, wurde ab 1492 als dreischiffige gotische Hallenkirche errichtet, die einen romanischen Vorgängerbau ersetzte. Zur Heilig-Kreuz-Straße hin richtet sie ihr hohes Chorpolygon, das im Süden vom romanischen Turm mit seinen barocken Obergeschossen und der bekrönenden Zwiebelhaube flankiert wird. Die Form der hohen, gleichschiffigen Hallenkirche mit waghalsig schlanken Pfeilern war der ihrerzeit bevorzugte Bautypus städt. Predigtkirchen; ihr weiter Hallenraum bot hier möglichst vielen Pilgern Platz und ermöglichte vor allem gute Sicht auf das Allerheiligste, das als Höhepunkt einer jeden Wallfahrt in einer „Heiltumsschau" den Pilgern präsentiert wurde. Denn erst durch den direkten Blick auf das Wunderbarliche Gut konnte seine wundertätige Wirkung auf den Pilger übergreifen. Ab 1716 wurde das Innere durch Johann Jakob Herkommer (1648-1717) barockisiert und 1732 von Johann Georg Bergmüller (1688-1762) freskiert. Den – im wörtlichen Sinne – Höhepunkt der barocken Rauminszenierung bildete Herkommers Kuppel über dem Chorschluss. Beim Wiederaufbau der 1944 vernichteten barocken Verkleidung strebte der Architekt Michael Kurz die Wiederherstellung des spätgotischen Raumbildes an, doch mit betonierten Schalengewölben ohne die charakteristischen aufgesetzten Rippen. Prächtige spätgotische Netzgewölbe haben sich unter der Orgelempore im Westen des Gotteshauses erhalten. Die geretteten Reste des historischen Inventars – u. a. das 1744 geschmiedete Gitter unter der Empore, Georg Petels (1601/02-1634) großer Kruzifix von etwa 1627 am Choreingang und die „Himmelfahrt Mariens" aus der Werkstatt des Peter Paul Rubens – zählen zu Spitzenleistungen des internationalen Barock in Augsburg. *cm*

o „Himmelfahrt Mariens" von Peter Paul Rubens (1577-1640), um 1622-25, an der Chorwand des nördlichen Seitenschiffes

18 Ev. Hl.-Kreuz

Heilig-Kreuz-Str. 7 ⏰ Mo-Fr 10-11 15-16, Sa 10-11 14-16, So 8-11 14-16 📞 0821-518553
🚫 nein

Nördlich, nur durch einen schmalen Hof (den einstigen Klosterfriedhof) getrennt, wurde im späten Mittelalter in dem zum Ottmarsgässchen verbleibenden spitzen Winkel das Predigthaus St. Ottmar gegründet. 1525 übergab es der Rat den Protestanten. Während des kath. Intermezzos wurde die nunmehr ev. Kirche 1630 abgebrochen, das Grundstück aber 1648 an die Gemeinde restituiert.

Pfarrer Thomas Hopfer sammelte u. a. in Dänemark und Schweden Geld für einen Neubau, der 1651/52 durch den Kistler Johann Jacob Kraus in Holl'scher Tradition als Saalbau mit dreigeschossiger Giebelfassade samt drei Portalen und Giebelreiter errichtet wurde. Den unregelmäßigen Grundriss versuchte Kraus im Inneren durch Emporeneinbauten im Osten und Süden auszugleichen.

Blick in den Chor mit Orgel-empore von ev. Hl.-Kreuz

An den hohen, weiten Saal mit Kassettendecke wurde im Westen ein Chorraum angebaut, der 1730 im Stil des Rokoko erneuert wurde. Johann Georg Bergmüller steuerte dazu den Freskenschmuck bei, Chrysostomus Bauer und Johann Friedrich Schmahl die auf der Chorempore über den Altar platzierte Orgel. 1762 lieferte Ignaz Wilhelm Verhelst (1729-1792) – wie Bergmüller übrigens Katholik – die Kanzel an der Nordwand, 1767 außerdem noch den Choraltar.

Entgegen hausbackener Vorstellungen von der vermeintlich bilderfeindlichen oder doch zumindest Bildern abgeneigten prot. Kirche erlebt der Kirchgänger hier einen wahren Bilderrausch: Er findet sich geradezu in einer ev. Gemäldegalerie wieder. Auch die vertretenen Namen sind allesamt galerietauglich. Johann Heinrich Schönfeld (1609-1684) ist u. a. mit zwei gewaltigen Formaten vertreten, die links und rechts der Kanzel hängen (Kreuztragung und Kreuzabnahme), Johann Heiss (1640-1704) mit der wunderbaren „Verkündigung an Maria", Johann Rottenhammer (1564-1625) malte „Gottvater und Engelsputten" und schließlich Jacopo Robusti gen. Tintoretto (1518-1594) mit seiner

Werkstatt die „Taufe Christi". Die Emporenbrüstung wurde komplett zu einem Bilderbuch für Bibelschüler ausgestattet – Matthäus Gundelach (um 1566-1653/54) malte dafür 18 Kartuschen mit Gegenüberstellungen aus Altem und Neuem Testament. In der großen Sakristei wird schließlich ein kleiner, köstlicher Flügelaltar aus der Werkstatt Lucas Cranachs verwahrt, der in leuchtenden, emailleartig schillernden Farben die Verkündigung an Maria, die Anbetung der Hirten und die drei Könige an der Krippe zeigt. Der didaktische, heilsgeschichtlich belehrende Charakter aller Bilder ist stets gewahrt, nichts ist barocke Pracht um ihrer selbst willen. Dennoch erweist sich die Augsburger Ausformung einer protestantischen Bilderlust als ungewohnt sinnenfroh, volkstümlich und liberal. Mit Bergmüller und Verhelst waren Hauptprotagonisten einer kath. Kirchenkunst beteiligt. So sind die beiden Schwesterkirchen ein beredtes Zeugnis der immer noch wirksamen Kraft des Augsburger Religionsfriedens. *cm*

„Anbetung der Hirten" von Friedrich Sustris (zugeschrieben), um 1570, Westwand ev. Hl.-Kreuz

Friedrich Sustris (um 1540-1599), der sich von 1562-67 im Kreise um Giorgio Vasari in Florenz aufhielt, bei der Leichenfeier Michelangelos u. a. an der Ausschmückung von dessen Katafalk tätig war, wurde 1568 von Hans Fugger nach Augsburg berufen und mit der Leitung der Außen- und Innendekoration des Fuggerhauses betraut (weitgehend zerstört, lediglich die Arbeiten in den sog. Badstuben haben sich erhalten). In der Zeit seines Augsburg-Aufenthaltes ist das ihm zugeschriebene, qualitätvolle Gemälde der „Anbetung der Hirten" wohl um 1570 entstanden. Im Zentrum einer dichten Figurengruppe befindet sich das nackte, aktiv die Arme ausstreckende Jesuskind; links kniet Maria, dahinter steht der kahlköpfige, in sich versunkene Joseph, der die Kopfneigung Mariens aufnimmt. Des Weiteren umringen eine ältere Frau mit Kopftuch (möglicherweise eine der beiden in der Legenda Aurea genannten Wehmütter) sowie mehrere Hirten in dichter Anordnung das auf einem weißen Tuch gebettete Kind. Auffällig hierbei ist die Rückenfigur mit buckeliger Muskulatur am Bildrand vorne rechts, die ein gefesseltes Lamm darbringt, Zeichen des kommenden Opfers Christi. Im landschaftlichen Hintergrund ist die Verkündigung an die Hirten zu erkennen. *ys ct*

Tipp > Eine Gedenktafel mit zwei Bronzereliefs am Haus Nr. 36 in der Ludwigsstraße erinnert an die berühmten Gäste, die im traditionsreichen Gasthof „Zum Weißen Lamm" logierten. Wolfgang Amadé Mozart verbrachte 1777 zwei Wochen hier und kam 1790 erneut zu Besuch. Auch Johann Wolfgang von Goethe war im gleichen Jahr zu Gast. Das Haus wurde im Zweiten Weltkrieg vollständig zerstört und 1949 historisierend – nicht rekonstruierend – wiederaufgebaut. Seit 1982 ist hier der Sitz der Bezirksfinanzdirektion. *ys*

Geheimtipp > „Taufe Christi" von Jacopo Robusti gen. Tintoretto (zugeschrieben), um 1570, Nordwand Hl.-Kreuz

Aus der Werkstatt des berühmten venez. Malers Jacopo Tintoretto (1518-1594) stammt die „Taufe Christi", die bereits vor dem Neubau der Kirche 1653 zu einem Preis von 180 Gulden erworben wurde. Im außergewöhnlichen oktogonalen Hochformat steht vor dunklem Baumhintergrund Johannes der Täufer in gechraubter Körperhaltung und gießt eine Schale Wasser über das Haupt des im Jordan stehenden Jesus. Das für Tintoretto charakteristische flackernde Licht konzentriert sich im Inkarnat der Figuren, deren Körperhaltungen zudem in der sie umgebenden Natur reflektiert sind. *ys*

---

19 Gollwitzerhäuser

Volkhartstr. 10-16

Die Orientbegeisterung des späten 19. Jhs. erfasste alle Lebensbereiche des modernen Großstadtmenschen. Als Ventil ihrer Weltflucht vor der immer bedrohlicher werdenden Industrialisierung und Modernisierung sucht sich die Gesellschaft den fernen Orient, mit allen Klischees und Traumphantasien. Ob in der Musik, der Mode, dem Design, ob den Romanwelten eines Karl May oder in den Prachtschinken der Salonmalerei, überall wimmelt es von geheimnisvollen Orientalen und schwelgenden Haremsdamen, liegen die Orientteppiche dreilagig und alles ist umwölkt vom Duft schwerer Parfüms und Orientzigaretten.

Einige Bürgertumshäuser baute der Architekt und Visionär Karl Albert Gollwitzer, die stark von seinen Orientreisen geprägt wurden. Nur zwei von vielen spektakulären Bauten haben sich bis heute erhalten. Sie sind traditionell im Grundriss und Aufbau, erhielten aber einen reichen Mix aus orientalischen Zierrat, Spitztürmen und modernen Elementen.

Mit den giebelreichen Häuserzeile, deren Geschwisterbauten am Stephingergraben und in der Alpenstraße nur noch in reduzierter Form erhalten sind, wollte Gollwitzer, als Ersatz für die verlorenen Stadttore und die vieltürmigen Befestigungsanlagen, eine neue, noch reichere Turmkulisse errichten, um der neuen Großstadt ein neues, aber ebenso unverwechselbares Äußeres zu geben. *wb*

Karl Albert Gollwitzer (1839-1917)

---

20 Stadttheater

Kennedyplatz 1 Besucherservice und Tickets: Mo-Fr 9-18:30, Sa 10-16 0821-3244900
www.theater1.augsburg.de

Was steht da am Ende der Fuggerstraße? Bahnhof, Silo oder Bunker? Es handelt sich um das Augsburger Stadttheater, dessen heutiges Erscheinungsbild Ergebnis einer bewegten Baugeschichte ist.

Ein städt. Theater, einen „Meistersinger- oder Komödienstadel", wie man es damals nannte, gab es in Augsburg schon seit 1665, allerdings nicht an dieser Stelle, sondern am Lauterlech. Bereits in den 20er Jahren des 19. Jhs. erschien dieses mehrfach umgebaute Theater dem damaligen Augsburger Stadtbaurat Johann Michael Voit (1771-1846) zu unmodern. Seine Pläne, den Fuggerpalast abzureißen und an dessen Stelle der Maximilianstraße durch ein großes, klassizistisches Theater einen neuen, „königlich bayerischen" Maßstab zu verleihen, blieben angesichts des sparsamen schwäbischen Stadtrates in der Schublade. Erst sein Nachfolger Ludwig Leybold 1833-1891) wagte mit fulminanten Plänen à la Semper (1872/73) einen neuen Anlauf, nachdem das alte Theater durch Brand beschädigt worden war. Den Auftrag für das Theaterprojekt bekam hingegen nicht er, sondern das umschwärmte Architekturbüro der Wiener „Theaterspezialisten" Ferdinand Fellner (1847-1916) und Hermann Gottlieb Helmer (1849-1919), die von Budapest bis Czernowitz, von Zagreb bis Oradea bis Liberec (Augsburgs heutiger Partnerstadt) gleichsam in Serie Musentempel errichteten.

Außen

Das 1876/77 ausgeführte Bauwerk entsprach der Dresdner Hofoper von Gottfried Semper in seiner Staffelung der Baumassen in Empfangsloggia, Zuschauerraum und Bühnenhaus. Der innen hufeisenförmige Zuschauerraum ist nach

außen kastenförmig ummantelt. Das Theater war mit seiner an der it. Renaissance orientierten Architektursprache und den in Zink gegossenen Pegasusgruppen (1878) von Theodor Friedl (1842-1900) der auch architektonisch theatralische Blickfänger der „Augsburger Ringstraße" mit ihrer mehrreihigen Allee. Auf Wunsch Adolf Hitlers wurde das reich dekorierte Gebäude 1938/39 durch Paul Baumgarten umgebaut. Die von drei auf fünf Achsen verbreiterte Loggia sollte als Endpunkt einer gewaltigen Aufmarschstraße mit Gauforum dienen. Diese Prachtstraßen-Pläne blieben durch den Zweiten Weltkrieg indes Makulatur.

Durch den Bombenangriff wurde das prunkvolle Theater fast völlig zerstört, das Ensemble fand zunächst im Ludwigsbau am Wittelsbacher Park eine neue Heimstatt. Seit 1952 wurde das Stadttheater von Stadtbaurat Walther Schmidt (1899-1993) jedoch unter großer Anteilnahme der Bevölkerung, die über eine Tombola Geld spendete, wieder aufgebaut. Um die damals topmoderne Technik unterbringen zu können, wurde ein neues, hohes Bühnenhaus aufgesetzt, die Ruinen ansonsten in den Neubau einbezogen. Im Rahmen der Purifizierung der Loggia wurden die Nischenfiguren Goethes und Schillers nach Lechhausen „abgeschoben".

Innen

Als das Theater 1956 feierlich wiedereröffnet wurde, war eine Innenausstattung aus gediegenen Materialien (Mahagoni, Muranoglas) in „Nierentisch-Formen" neu entstanden. Sie ist bis heute ohne nennenswerte Veränderungen erhalten. Die Brüstungen der Ränge im Zuschauerraum zieren geprägte Medaillons von Franz Hahnle, das Foyer ist mit Gemälden von Heinz Rose ausgestattet. Auch die Lampen aus Muranoglas in Blütenformen lohnen durchaus mehrere Blicke, besonders der zentrale Leuchter der muschelförmigen Decke im Zuschauerraum.

Das Stadttheater, ein Dreispartenhaus mit eigenem Ballett-, Musiktheater- und Schauspielensemble, blickt nicht nur architekturhistorisch, sondern auch aufführungsgeschichtlich auf eine bewegte Vergangenheit zurück. Heute hat

es mehrere Spielorte: Neben dem Großen Haus werden die Freilichtbühne und die Komödie im Gignoux-Haus bespielt. Schon seit dem 18. Jh. erfreute sich in Augsburg das Musiktheater besonderer Pflege, wurden Mozart-Opern wie Don Giovanni oder die Zauberflöte bald nach den Uraufführungen gegeben. Die dt. Fassung von Mozarts „La Finta Giardiniera" (Die Gärtnerin aus Liebe) und Carl Maria von Webers Jugendwerk „Peter Schmoll" wurden im Theater am Lauterlech uraufgeführt. Unter Friedrich Engelken setzte seit 1853 verstärkt die Verdi-, Wagner- und Meyerbeer-Rezeption ein. Von 1903-1931 verhalfen Carl Häusler (1864-1943) und Karl Lustig-Prean (1892-1965) dem Theater als Intendanten zu überregionaler Aufmerksamkeit, weil sie damals aktuelle Stücke von Puccini bis Hindemith, von d'Albert bis Weill zur Aufführung brachten. Paul Ben-Haim, und Hans Pfitzner dirigierten in den 20er und 30er Jahren des 20 Jhs. höchstpersönlich eigene Werke, Richard Strauss führte 1933 bei „Arabella" und 1936 bei „Elektra" im Stadttheater selbst den Stab.

Auf den Bühnen des Stadttheaters standen Gesangssolisten wie Helena Braun, Liane Synek, Sena Jurinac, Janet Hardy, Waltraud Meier, Helge Rosvaenge, Franz Völker, Wolfgang Windgassen, Chris Merritt, oder Zoltán Kelemen; und am Pult gab es sogar „Augsburger Dirigen-

Szenenfoto aus Christoph Willibald Gluck „Orfeo ed Euridice", Inszenierung 2007

tenwunder" mit Hans Zanotelli, István Kertész, Wolfgang Sawallisch, Gabor Ötvös und Bruno Weil. Für das rechte, dem Publikum manchmal aber auch unrechte Bühnenbild sorgte über viele Jahre Hans Ulrich Schmückle (1916-93).

Das Schauspiel konnte ebenfalls mit bekannten Namen aufwarten: So trat Emanuel Schikaneder (1751-1812) mehrfach in Augsburg auf. Wie Mozart im Musiktheater, wird heutzutage Brecht im Schauspiel besonders gepflegt. Der nunmehr geehrte Schriftsteller schrieb in seiner Jugendzeit allerdings wenig freundliche Rezensionen über das hiesige Sprechtheater. Dies sollte jedoch niemanden abhalten, sich eine eigene Meinung über die künstlerische Qualität der aktuellen Aufführungen – auch des Balletts und des Musiktheaters – zu bilden. gn

Tipp > Ein besonders interessanter Teil des Stadttheaters ist das Kulissenlager (Ottmarsgässchen 7) mit der im Sinne einer sprechenden Architektur kulissenartig vorgestellten Fassade (1683) des kriegszerstörten Augustiner-Chorherrenstifts Hl.-Kreuz von Michael Thumb (1640-1690). gn

21 „Ostern" von Matschinsky-Denninghoff, 1990/91 🗝

Fuggerstr. (vor dem Stadttheater)

Die von dem Künstlerduo Martin Matschinsky (geb. 1921) und Brigitte Meier-Denninghoff (geb. 1923) geschaffene Großplastik wurde urspr. auf Initiative des Kunstvereins Augsburg auf dem Rathausplatz aufgestellt. Ein Bürgervotum favorisierte den heutigen großstädt. Standort (vgl. auch eine Plastik in Berlin, nahe Gedächtniskirche) auf einer Verkehrsinsel als skulpturaler Widerpart zur historistischen Fassade des Stadttheaters. Die Plastik, die sich aus anthropomorph gebogenen Röhren zusammensetzt, wobei sich die oberen Fortsätze wie Gliedmaße gen Himmel recken, verdeutlicht den inhaltlichen Aspekt des christlichen Auferstehungsgedankens, der sich in die metallene Konstruktion einschreibt. ys

22 Naturmuseum/Planetarium 🏛

Im Thäle 3, Zugang durch die Augusta-Arkaden (ehem. Ludwigspassagen, Ludwigstr. 2)
💶 3,50€ / 2€ 🕐 Di-So 10-17
📞 0821-3246732 🖥 www.augsburg.de 🅟 ja 🅟 ja

Der Kernbestand des Naturmuseums geht auf die Sammlungen des 1846 gegründeten Naturwissenschaftlichen Vereins für Schwaben zurück, der 1854 seine Sammlungen gemeinsam mit dem Historischen Verein für Schwaben im Maximilianmuseum erstmals ausstellte. 1906 bis 1944 waren die Sammlungen dann im Stettenhaus am Obstmarkt präsentiert, 1964 bis 1987 als Naturwissenschaftliches Museum im Fuggerhaus (Maximilianstr. 36, am Zeughaus). Seit 1991 ist das Naturmuseum gemeinsam mit dem Planetarium, einer Stiftung der Stadtsparkasse Augsburg, in den Ludwigspassagen (heute Augusta-Arkaden) untergebracht. 2004 wurde das Museum in den Verbund der Kunstsammlungen und Museen Augsburg aufgenommen.

Die auf vier Etagen präsentierte Dauerausstellung umfasst im Erd-

Bei den sieben Kindeln

PRISCAE ARTIS OPVS INFANTIVM LVDOS VIDES
SED ET OMNIS AETAS OMNIS ORDO LVDVS EST

geschoss: die Molasse-Ausstellung mit der Präsentation der exotischen Tier- und Pflanzenwelt des bayerischen Voralpenlandes der jüngeren Erdgeschichte (Tertiär von 10-15 Mio. Jahren), Fossilien aus jener Zeit und Präparate noch lebender nächstverwandter Arten zeigen dem Besucher eine subtropische bis tropische Welt auf schwäbischem Boden mit Krokodilen, Nashörnern und Elefanten. Im Ersten Geschoss wird die Biologie der Tiere behandelt, hier inszenieren illusionistische Lebensraumdarstellungen die einheimische Tierwelt (Dioramen); ebenso sind hier attraktive Beispiele verschiedener Themen wie Farbe im Tierreich, Gifttiere, Parasiten, Nahrung etc. zu finden. Im Zweiten Geschoss sind zahlreiche Mineralien ausgestellt; eine Fluoreszenz-Kammer zeigt die unterschiedlichsten Bestandteile der ausgestellten Gesteine und Mineralien, ferner Fossilien aus allen Erdzeitaltern. Der Museumsbestand umfasst heute über 100.000 Einzelobjekte, darunter eine bedeutende paläobotanische Sammlung, eine Insekten-, Schnecken- und Muschelsammlung, Vögel u. v. m. Eine große Fachbibliothek ergänzt den wissenschaftlichen Fundus. Wechselausstellungen finden in einem gesonderten Raum im Zweiten Geschoss statt, hier sind u. a. auch Lebendschauen sowie Präsentationen von Naturfotografen zu sehen. Im Treppenhaus finden sich neuerdings Vivarien.

Planetarium im Naturmuseum

In der Kuppel des Planetariums werden mit modernster Technik die Wandlungen des Sternenhimmels simuliert. Es werden Vorführungen und abwechslungsreiche Programme zur Astronomie, Raumfahrt bis hin zu Sternenmärchen für Kinder geboten. ct

23 Burgkmair-Wohnhaus 🏠

Mauerberg 31

Zwischen 1507 und 1531 wohnte der Maler Hans Burgkmair (1473-1531) im Bürgerhaus Nr. 31. Zuvor hatte Burgkmair für kurze Zeit bei Martin Schongauer gelernt. Seine ersten Großaufträge erhielt er gemeinsam mit Hans Holbein d. Ä. für St. Katharina („Basilikabilder"), die in der Staatsgalerie Altdeutscher Gemälde in der ehem. Kirche des Katharinenklosters ausgestellt sind. Hierbei handelt es sich um einen Gemäldezyklus von sechs monumentalen Bildern, die die sieben Hauptkirchen Roms

sowie Ereignisse aus der Passionsgeschichte und Heiligenlegenden zum Thema haben. ys

24 Siebenkindl 🏠 o⁻

Unterer Graben 3

An dem Haus „Bei den sieben Kindeln (Bei den sieben Kindern)" befindet sich straßenseitig eingemauert ein provinzialrömisches Steinrelief aus dem 3. Jh. n. Chr. Dabei handelt es sich vermutlich um die Vorderseite eines Erotensarkophags. Zu sehen sind sechs spielende Putten bzw. Kinder. Das siebte Kind stellte man sich demnach wohl im Sarkophag liegend vor. Vermutlich ein Renaissancerahmen und eine als unterer Abschluss eingelassene lateinische Inschrift umgeben heute die Platte: „PRISCAE ARTIS OPUS INFANTIUM LUDOS VIDES – SED OMNIS AETAS OMNIS ORDO LUDUS EST" (Du siehst hier ein altehrwürdiges Werk mit Kindern beim Spiel – aber jedes Alter und jeder Rang ist ein Spiel).

Marcus Welser (1558-1614) erwähnt bereits in der 1594 (1595 in dt.) erschienen Schrift „Rerum Augustanarum Vindelicarum" das Relief als „ein Tafel von einem Begräbnuß und vielleicht eines Kindts". Doch die Augsburger Sage berichtet viel romantischer, dass ein römischer Familienvater einen Stein habe anfertigen lassen, auf

dem die sechs lebenden Kinder dargestellt waren, um die sich seine Frau nicht mehr kümmerte, seit das kleinste in einer der Lechabzweigungen nahe des Wohnhauses zu Tode gestürzt war. Nicht zu versteinern in der Trauer und das Lebendige um sich nicht zu vergessen – viel Weisheit steckt in diesem Stein heute recht unscheinbaren Stein! *cvb*

25 Stadtbad

Leonhardsberg 15

Mithilfe einer großzügigen Spende der Familie Forster konnte der Stadtrat 1896 zum Beschluss des Baues eines allgemeinen Stadtbades bewegt werden. Hierzu wurde eigens ein Gremium (Volksbadkomitee) gegründet, das mehrere Schwimmhallenanlagen aus ganz Deutschland unter die Lupe nahm und sich schließlich für einen Bau ähnlich dem Miller'schen Volksbads in München entschied. Grundidee war die Errichtung eines Volksbads, in dem sich die Arbeiterschaft erholen konnte. 1902 begann die Realisierung des Gebäudes nach den Entwürfen des damaligen Stadtbaurates Fritz Steinhäuser und war bereits ein Jahr später abgeschlossen.

Außen

Die Anlage ähnelt einem Industriekomplex mit Kohleschuppen, Kessel- und Maschinenraum, mit einem 40 m hohen Schornstein (Norden) und zwei Hallen, der Frauenschwimmhalle (16 x 24 m) im Osten und, orthogonal dazu, der Männerschwimmhalle (20 x 32) im Westen, die mit einer Schildwand zur Straße (Mittlerer Graben) hin abschließt. Beide Hallen sind durch einen Mitteltrakt miteinander verbunden. Der Wasserturm als Dreh- und Angelpunkt der Architektur sitzt auf dem der Frauenschwimmhalle im Süden vorgesetzten urspr. Badewannenbereich. Beide Hallen verfügen über Oberlichter und Fensterreihen unterhalb der Stichkappen der Langwände sowie drei Rundbogenfenster in den Schildwänden.

Innen

Die funktionalistische Bezeichnung als „Volksbad" mag dem Durchschnittsbesucher bei der Eröffnung am 1. März 1903 nicht ganz zutreffend vorgekommen sein; denn bereits bei der Planung 1902 waren sich die Verantwortlichen einig, dass der Komfort „... nicht nur dem Volke, sondern auch dem reichen Privatmanne noch etwas zu bieten" hat. Der urspr. einheitliche Jugendstildekor ist heute noch teilweise erhalten. Man betritt das Stadtbad über ein mit grünen Fliesen und einer Stiftertafel ausgestattetes Vestibül. Ehem. waren beide Bassins in den Hallen ebenfalls grün gefliest und verliehen so dem Raum einen naturhaft idyllischen Charakter. In den durchgehenden Galerien der Langwände oberhalb des Bassins befinden sich die Umkleidekabinen, die sich teilweise noch in originaler Jugendstilausstattung erhalten haben. Erhalten ist auch das gusseiserne Jugendstilgitter (1989 freigelegt) der Galerie in der Frauenschwimmhalle. Die urspr. mit Fröschen verzierten Kapitelle der Galerie sind mittlerweile durch Fantasieformen ersetzt. Ebenfalls nicht mehr erhalten sind die Friesbänder unterhalb der Stichkappen (Pfauen und Wasservögel) sowie die originalen Fenster mit Glasmalereien. Ein riesiger Spiegel, der heute durch Fliesen ersetzt ist, schmückte ehedem die Männerschwimmhalle. Die gesamten Fliesen im Spritzwasserbereich bezog man von der Firma Villeroy & Boch (Mettlach). Besonders gut erhalten sind im Mitteltrakt die finnische Sauna mit Grottennische und Schwanenfries, der Knetraum mit einem Fisch-Seerosen-Fries sowie die benachbarten Heiß- und Warmluftbäder. *shs*

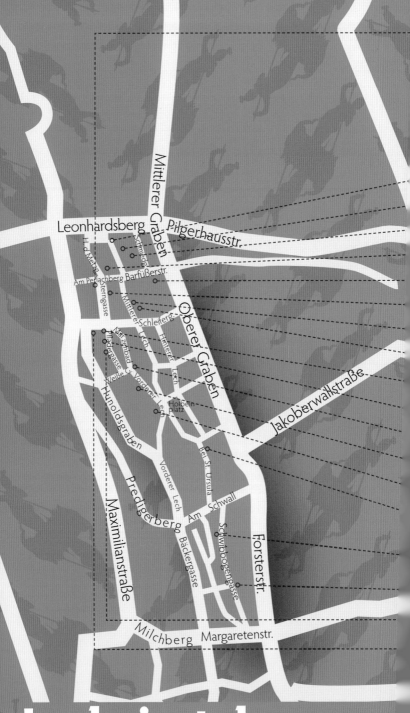

Leonhardsberg
Mittlerer Graben
Pilgerhausstr.
H. d. Metzg
Schmied
Am Perlachberg
Barfüßerstr.
Steingasse
Mittlerer Lech
Schleiferg.
Metzgbach
Oberer Graben
Hinterer Lech
Fliederg.
Weite G.
Vorderer Lech
Hunoldsgraben
Holbein-
platz
Jakoberwallstraße
Predigerberg
Vorderer Lech
Bei St. Ursula
Maximilianstraße
Am Schwall
Bäckergasse
Schwibbogengasse
Forsterstr.
Milchberg
Margaretenstr.

Lechviertel

Legende

Geheimtipp

Kirche

Museum

Galerie

Brunnen

Profanbau

Leben und Wohnen an den Lechkanälen

Vorderer Lech, Hinterer Lech, Mittlerer Lech. Wer nur den Straßenschildern in der Augsburger Altstadt folgt, wird bald den Überblick verlieren; immer wieder überquert er neue, schmale Kanäle, schnell fließende Gewässer, die unter Häusern verschwinden, an ganz anderer Stelle wieder auftauchen, manchmal sogar sich überschneiden. Dieses malerische Kanalsystem war in vorindustrieller Zeit die Lebens- und Antriebsader der Handwerkerviertel: Schmiedgasse, Schlossermauer, Schleifergässchen erzählen von dieser Vergangenheit.

Nach Augsburgs Blüte als Kunsthandwerkerstadt und dem Strukturwandel zur Industriestadt des 19. und 20. Jhs. wurde das Lechviertel zum Armenhaus der Stadt. Die enge Bebauung, die feuchten Kanalläufe, die schmalen, mittelalterlichen Häuser ohne Licht, Luft und Sonne ließen die Quartiere immer weiter absinken. Vom Krieg verschont, drohte in den 1970er Jahren die Flächensanierung. Glücklicherweise wählte die damalige Stadtplanung den mühsameren Weg der behutsamen Stadterneuerung, sorgte für verbesserte Rahmenbedingungen und förderte das private Engagement bei der Revitalisierung der Einzelhäuser. So wurden die oft überbauten Kanäle aufgedeckt, die Bachbetten saniert und mit neuen Holzbrücken und Gittern funktionstüchtig und verkehrssicher gemacht. Auch die alten Kleinkraftwerke erlebten eine Renaissance. Ein kompletter Bevölkerungsumschlag war die durchaus beabsichtigte Folge. Kaufkräftiger Mittelstand auf der Suche nach Romantik folgte der ersten Gastarbeitergeneration. Kunsthandwerker und Kneipiers entdeckten die verwinkelten Gassen.

Heute haben die sanierten Häuserzeilen bereits wieder echte Patina angelegt. Zwar provozierte das Einkaufszentrum am Vogeltor eine neue Querachse durchs Viertel, aber z. B. der Thing-Biergarten (Vorderer Lech 45) und das kulturelle Zentrum, die Kresslesmühle am Metzgplatz, haben nach wie vor großen Charme. *uh*

Fassade der Stadtmetzg von Elias Holl

1 Stadtmetzg 🏛

Hinter der Metzg 6 ⏰ Mo-Mi 8-12, Do 14-17

Wer den Perlachberg hinabsteigt, gelangt zum einstigen Zunfthaus der Metzger, der sog. Stadtmetzg. Über drei Jahrhunderte lang haben hier die Metzger ihre Ware zum Kauf angeboten. Verantwortlich für den Bau war der damalige Stadtbaumeister Elias Holl (1573-1646), der in den Jahren 1606-09 den Neubau als Ersatz für das alte Metzgerhaus am Rathausplatz errichtete.

Tipp > Auf dem um 1541 entstandenen Winterbild „Der Perlachplatz" im Maximilianmuseum ist eine Teilansicht der „Oberen Metzg" zu sehen. *hh*

Nicht einmal 30 Jahre später musste der Bau bereits wiedererrichtet werden, nachdem er 1634 ausgebrannt war. Die Räumlichkeiten dienten neben dem Verkauf auch als Lagerraum und Amtsräume. Zeitweilig (1723-1906) waren im Obergeschoss die Ateliers der Reichsstädtischen Kunstakademie untergebracht. 1930 verließen die Metzger mit ihrem Umzug in den neu geschaffenen Stadtmarkt das Gebäude. Infolge der Umnutzung des Zunfthauses zum städt. Verwaltungsbau wurde die Stadtmetzg

1938/39 nach Norden erweitert und vollständig entkernt. Bedauerlicherweise wurde hierbei das von Johann Anton Huber (1737-1815) für die Akademie geschaffene Deckenfresko zerstört. Nach Zerstörung im Zweiten Weltkrieg wurde das Gebäude wiederaufgebaut, wobei der erhaltene Fassadenschmuck durch Kopien ersetzt wurde. Heute beherbergt die Stadtmetzg das städt. Sozialamt.

Außen

Als dreigeschossiger Bau mit zwei Dachgeschossen über einem einfach gehaltenen Grundriss errichtet, besticht der Bau vor allem durch seine repräsentative Eingangsfront, die im Kontrast zu den schlichten Längsseiten steht.

Bukranien an den Portalen der Stadtmetzg

Die Gestaltung der Fassade geht vermutlich auf einen Entwurf des Malers Josef Heintz d. Ä. (1564-1609) zurück, so dass man auch hier, wie bereits bei dem kurz zuvor vollendeten Zeughaus, von einer Zusammenarbeit von Holl und Heintz ausgehen kann. In der Ansicht wird die Platzfassade mit vorgelegter Freitreppe durch ein breites Kranzgesims zweigeteilt. Über diesem erhebt sich anmutig ein gestreckter Giebel, der ähm an sich kompakten Bau optisch erhöht. Die Überspielungen der seitlichen Stufenübergänge verleihen dem Giebelaufbau Leichtigkeit. Diese wird durch die Fassadengliederung unterstützt, denn die horizontale Gliederung, die durch ausgeprägte Gesimse betont ist, wird in der Vertikalen mit einer Lisenen- und Wandvorlagengliederung harmonisch ausgeglichen. Im Unterbau hingegen gliedern Gesimse die Fassade entschieden in der Horizontalen. Lediglich die Eckrustizierungen sowie die Giebelaufbauten über den Fenstern des ersten Stockes und den Portalen, die über die Geschosse hinausreichen, lockern das strenge Gesamtbild auf.

Tipp > Gegenüber der Stadtmetzg steht die 1755 errichtete Kresslesmühle, die heute als Kulturhaus mit renommierter Kleinkunstbühne genutzt wird. *hh*

Die beiden Portale, die für eine ausreichende Licht- und Luftzufuhr des dahinter liegenden Verkaufsraumes sorgten, sind aufwendig gestaltet. An der rustizierten Portalrahmung mit aufgesetztem Ädikulamotiv und unterhalb des gekröpften Gesimses je zwei skelettierte Ochsenschädel (Bukranien), deren Originale sich im Schloss Assmustadt und Schloss Zeil befinden, angebracht und weisen auf die einstige Funktion des Gebäudes hin. Als weiteres Dekorationsmotiv findet sich zwischen den Fenstern des Obergeschosses ein Bronzewappen der Stadt, das 1609 von Hans Reichle (1570-1642) modelliert und 1610 von dem Stadtgießer Wolfgang Neidhardt (1575-1632) gegossen wurde.

eingelassene Bodenklappen eine Abfallentsorgungsanlage einrichten. Ein gelungener Geniestreich, der die Verbindung von Ingenieur und Architekt in der Person des Elias Holl verdeutlicht. *hh*

2 Georgsbrunnen

Am Metzgplatz

Unter den großen Augsburger Prachtbrunnen ist derjenige, der auf dem Platz vor der Stadtmetzg steht und dem Hl. Georg gewidmet ist, der jüngste. Zwar wurde die lebensgroße Bronzeplastik des gerüsteten Heiligen, der mit energischem Lanzenstoß den zu seinen Füßen sich windenden Drachen besiegt, schon 1565 modelliert, aber erst 1833 zur Brunnenfigur umgewidmet. Deswegen passt der Georgsbrunnen auch nicht in die Reihe der aus antiken Themen entworfenen anderen Großbrunnen (Neptun-, Augustus-, Merkur- und Herkulesbrunnen).

Einer der vier Wasserspeier am Brunnensockel des Georgsbrunnens

Tipp > Im Lichthof der Stadtmetzg ist eine Kopie des Adlers von Hans Reichle vom Weinsiegelhaus aufgestellt. Das Original befindet sich im kostenlos zugänglichen Viermetzhof des Maximiliansmuseums. *ys*

Mit ihrer Gesamtansicht steht die Stadtmetzg nicht nur zeitlich sondern auch stilistisch zwischen Zeughaus und Rathaus und darf als Bindeglied zwischen der vertikal ausgerichteten Zeughausfassade und der horizontal ausgelegten Rathausfassade gesehen werden.

Innen

Im Inneren des Gebäudes waren im Obergeschoss die Amtsräume untergebracht, während das Erdgeschoss dem Verkauf vorbehalten war. 127 Metzgerbänke fanden hier Platz, gut doppelt so viele wie im alten Metzgerhaus. Den Bedürfnissen der Metzger entsprechend, machte sich Elias Holl bei der Bauplanung einen der unterirdisch verlaufenden Lechkanäle zunutze. Indem er das Fundament über 70 cm tief in das Grundwasser baute, konnte er zum einem eine ausreichende Kühlung der verderblichen Ware gewährleisten, zum anderen über

Geheimtipp >
Schöner Winkel, Auf dem Rain 9
In der Nähe des Brechthauses fließen zwei der zahlreichen Augsburger Kanäle, der Mittlere und der Hintere Lech, zusammen. So pittoresk die von Stegen überbrückten und von kleinteiligen Handwerkerhäusern gesäumten Lechkanäle heutzutage wirken, so notwendig waren sie für die wirtschaftliche Entwicklung Augsburgs: Das teils stark fließende Wasser war eine natürliche Energiequelle, die zum Antrieb von Mühlrädern genutzt werden konnte.
Die Bauweise einiger Häuser mit hölzernen Obergeschossen ist ihrer ehem. Funktion als Färberoder Gerberhäuser geschuldet: Sie wurden als Trockenböden für gefärbte Stoffe oder gegerbtes Leder genutzt. Aufzugsgiebel zeugen dagegen von Warenlagern in den Dachgeschossen. *gn*

Die Bronzestatue des Ritterheiligen schmückte urspr. eine Säule vor der Herrentrink- oder Geschlechterstube, die zwischen 1563-65 vom Stadtbaumeister Bernhard Zwitzel gegenüber dem Rathaus als Treffpunkt der Augsburger Patrizier errichtet worden war. Veit Ditsch (auch Tütsch; Lebensdaten unbekannt), ein für die Fugger tätiger Bronzegießer und Rotschmied, wird als Künstler vermutet – ein entsprechendes Monogramm steht auf der nicht sichtbaren Unterseite der Standfläche. Die Wahl des Heiligen als Hausschmuck ist kennzeichnend für das Selbstverständnis des Augsburger Stadtadels. Als Standespatron demonstrierte der Hl. Georg den ritterlichen Stand der Patrizier, die in der Reichsstadt die wirtschaftliche, politische und gesellschaftliche Führungsschicht bildeten. Der ritterliche Harnisch entspricht in allen Details der zeitgenössischen Rüst- und Waffentechnik, in ihrer etwas steifen Tektonik greift die Figur indessen auf die Maximilianszeit zurück, was als bewusste Erinnerung an die Taten des „letzten Ritters" Kaiser Maximilians I. aufgefasst werden darf, dem sich Augsburg ja besonders verbunden fühlte.

Tipp > Die Originalfigur ist jetzt im hinteren Treppenhaus im Maximilianmuseum aufgestellt. cm

Das Patriziat war mit dem Übergang der Reichsstadt an Bayern seiner Vormachtstellung entledigt. Die Herrenstube wurde deswegen 1826 abgerissen und durch den Neubau der Börse ersetzt, die ihrerseits im Zweiten Weltkrieg zerstört wurde. 1833 montierte man den heimatlosen Hl. Georg auf eine gusseiserne Brunnensäule, die vor Elias Holls Stadtmetzg aufgestellt wurde. 1961 wurde die Figur vor den Chor der Jakobskirche versetzt, 1992 kehrte sie auf den Metzgplatz zurück. In Anlehnung an die Aufstellung des 19. Jhs. gestalteten Frieder Pfister, Urban Ehm, Hans Heichele und der Steinmetz Josef Röhrich eine Brunnensäule aus Granit und Bronze mit vier Wasserspeiern, die ihrerzeit bekannte Gesichter aus dem städt. Hochbauamt tragen. Mit den übrigen Augsburger Brunnenfiguren wurde in jüngster Zeit auch der Hl. Georg einer gründlichen Restaurierung unterzogen und am Metzgplatz durch einen Abguss ersetzt. Der ungewohnte dunkle Goldton der Kopie entspricht der urspr. Oberflächengestaltung, da Veit Ditsch seinem Rotguss einen starken Bleianteil zusetzte. cm

3 Ehem. Domkapitelhof

Hinter der Metzg 12
Ein idyllischer Innenhof öffnet sich linkerhand nach dem Eintreten. Das zweigeschossige Gebäude mit Mansarde, bestehend aus mehreren Trakten und Arkadengängen, geht im Kern auf das 16. Jh. zurück. 1925 wurde es als Wohnhof umgebaut. ys

4 Brechthaus

Auf dem Rain 7   3,50 / 2 €
Di-So 10-17
0821-324-2779
www2.augsburg.de

Bertolt Brecht wurde am 10. Feb. 1898 in einem typischen Handwerkerhaus im Augsburger Lechviertel geboren; der Kern des Geburtshauses geht auf das 16. Jh. zurück. Nach der erstmaligen Anbringung einer Gedenktafel im Jahre 1960 wurde es 1981 von der Stadt Augsburg erworben, restauriert und in der ersten Etage eine kleine Gedenkstätte errichtet, die Leben und Werk Brechts dokumentierte. Im Sept. 1996 wurde das Museum geschlossen, neu gestaltet, erheblich erweitert und am 10. Feb. 1998, dem 100. Geburtstag Brechts, neu eröffnet.

Der Besucher beginnt den Rundgang durch das Museum im Erdgeschoss, dem größten Raum des Hauses, der eine umfassende Chronologie zu Leben und Werk Brechts enthält, zudem eine Präsenzbibliothek und audiovisuelle Medien. In den fünf Ausstellungsräumen der ersten Etage ist das Werk Brechts nach den jeweils verschiedenen Abschnitten seines Lebens dargestellt. Dabei steht das dramatische Schaffen im Mittelpunkt, das effektvoll visualisiert ist. Ergänzt wird die Dauerausstellung durch Originalstücke aus Brechts Besitz bzw. dessen nächstem Umfeld, z. B. die Schlafzimmereinrichtung seiner Mutter, sein Tauf- und Konfirmationsbesteck sowie seltene, wertvolle Erstausgaben seiner Werke. jh

Tipp > „Brechts" Bar–Café–Kultur–Papiermanufaktur: Nach dem Besuch des Brechthauses bietet die Papiermanufaktur gleich gegenüber edle handgeschöpfte Bögen für die ersten eigenen Schreibversuche. Und einen Schluck gegen Schreibhemmungen hält der Papiermacher Klaus Wengenmayr auch bereit. uh

5 Barfüßerkirche

Ehem. Franziskanerklosterkirche Hl. Jungfrau Maria, Eingang: Mittlerer Lech 1   Do-Di 10-20
Die Barfüßerkirche befindet sich unterhalb des Perlachbergs, zwischen Oberstadt und Jakobervorstadt, der ehem. Handwerkervorstadt Augsburgs. Parallel zum Kirchenbau verläuft die Barfüßerstraße, die heute fast unmerklich in die Barfüßerbrücke übergeht (leichte Erhöhung des Straßenpflasters und seitliche bogenförmige Öffnungen für Ladenlokale). Die Barfüßerstraße endete am 1825/26 abgebrochenen Barfüßertor (auf der Höhe des Chores), das nach Anlage der Jakobervorstadt zu einem der Innentore Augsburgs zu zählen war. Seit 1536 ist die Kirche das Zentrum der Zwinglianer und ev. Pfarrkirche.
Der steile gotische Baukörper wurde im frühen 15. Jh. in Ziegelbau-

schen 1625 und 1633. Urspr. hielt das Christuskind einen Kreuzstab in den Händen, als Hinweis auf seinen kommenden Opfertod, heute

weise mit schlichten Strebepfeilern errichtet. Heute ist nur noch der Mönchschor mit drei kreuzgewölbten Jochen erhalten. Das wiederhergestellte Innere ist durch eine ausgesprochene Kargheit, sowie zahlreiche historische Ausstattungsteile, beachtliche Kunstwerke sowie die skulptural wirkende Orgel bestimmt, die 1958 von der Fa. Rieger nach alten Prinzipien gebaut wurde.

Barfüßertor und Barfüßerkirche, Kupferstich von Simon Grimm von 1682

Ausstattung

Unter den bedeutenden Kunstwerken ist das monumentale Kruzifix von Georg Petel von 1631 über dem Altar im Chor zu nennen (Assistenzfiguren im Maximilianmuseum), das aus dem Hl.-Geist-Spital stammt, ebenso Petels herausragendes „Christkind" von 1632, das ehem. auf dem Kanzeldeckel vor dem Lettner aufgestellt war (links). Unter den Gemälden ist die „Taufe Christi" des in Augsburg tätigen Malers Johann Heiss (um 1680/90) an der Nordwand hervorzuheben, ebenso die Historiendarstellung

„Gottesdienst in der Barfüßerkirche" von 1650, auf dem der heute zerstörte Lettner und die Kanzel mit dem ehem. Ausstellungsort von Petels „Christkind" zu erkennen sind (unter der Empore). An der Südwand sticht „Jakobs Traum" von Joachim Sandrart (um 1675) als besonders phantasievolle Umsetzung des Themas heraus. Sebastian Loschers (1482/83-1551) hochbedeutende Liegefigur des Hl. Alexius aus der 1825 abgebrochenen Alexiuskapelle (1513, rücks. signiert, von Hans Burgkmair gefasst) befindet sich heute im Maximilianmuseum. Mithin zu den besten Schmiedearbeiten in Augsburg zählt das 1758 durch den aus dem Languedoc zugewanderten Handelsherrn Pierre Laire gestiftete Chorgitter, das 1760 von Johann Samuel Birkenfeld (um 1732-1769) und seiner Werkstatt gefertigt wurde. Das doppelseitig ausgeführte Gitter mit bewegten Rocaillen, bekrönenden Vasen und vergoldeten und emaillierten Kartuschen ist in ein wohl ausgewogenes Brüstungssystem mit zentralem Portal und bekrönender Jahwe-Wolke eingefügt.

„Christkind" von Georg Petel (1601/02-1634), 1632; Lindenholz, originale farbige Fassung, an der nördlichen Chorwand.

Die urspr. als Bekrönung des Kanzeldeckels dienende Figur ist ein Hauptwerk aus Georg Petels produktivster Phase in Augsburg zwi-

eine 1750 ergänzte Weltkugel mit Kreuzaufsatz. Auch seine Segens- bzw. Redensgeste, die ebenso bei Salvator-Darstellungen festzustellen ist, verweist auf seine besondere Erlöserfunktion. Die pralle Vitalität der Kinderfigur, die an Rubens-Figuren denken lässt, das zugespitzte Standmotiv und das ausdruckshaft den Körper umflatternde Tuch dienen dazu, sein gestisches Potential zu steigern und die Menschwerdung des Gottessohnes in Erinnerung zu rufen.

„Jakobs Traum" von Joachim von Sandrart (1606-1688), um 1675, Öl auf Leinwand, Südwand des Langhauses, nahe dem Chorgitter.

Wie im Buch Genesis (Gen 28,12) berichtet, sah Jakob im Traum eine Treppe, die von der Erde bis zum Himmel reichte. „Auf ihr stiegen Engel Gottes auf und nieder."

140

Die Blüte der Augsburger und süddeutschen Barockkunst ist ohne die Reichsstädtische Kunstakademie undenkbar. Während seines Augsburger Aufenthalts hatte der Maler und Kunstschriftsteller Joachim von Sandrart (1606-1688) um 1670 eine Malerakademie ins Leben gerufen, die nach der 1662 in Nürnberg gegründeten Akademie die älteste Institution dieser Art in Deutschland war. Beide waren zunächst privat in den Häusern der beteiligten Künstler eingerichtet worden, um „die lernbegierige Jugend zur hohen Kunst" zu führen und das durch strenges Ratsreglement erschwerte Zeichnen nach dem lebenden – sprich: nackten – Modell zu üben. Als sich im Jahr 1684 meist ev. Teilnehmer der Akademie an den Rat wandten mit Bitte um Schutz und finanzielle Unterstützung, habe sich dem zumindest der ev. Teil des Ratskollegiums nicht verschlossen und die Privatakademie in eine gemeinnützige Anstalt umgewandelt. Neben der Zusicherung eines finanziellen Beitrags wurden die Maler Johann Sigmund Müller (gest. 1694) und Johann Ulrich Mayr (1630-1704) zu Direktoren ernannt.

Als eigentliches Gründungsjahr der Reichsstädtischen Kunstakademie muss aber 1710 gelten, als die Institution unter dem Protektorat des gesamten Rats neu organisiert und fortan paritätisch durch je einen prot. und einen kath. Direktor vertreten wurde. 1712 wurden zudem Räumlichkeiten in der Stadtmetzg angewiesen. Das Amt des Direktors bekleideten berühmte Augsburger Künstler: auf ev. Seite, die sich mehr den grafischen Künsten widmete, Georg Philipp Rugendas d. Ä. (1710-1742), Georg Eichler d. Ä. (1752-1759), Johann Elias Ridinger (1759-1767) und Johann Esaias Nilson (1769-1786), katholischerseits die Maler und Freskanten Johann Rieger (1710-1730), Johann Georg Bergmüller (1730-1762) und Matthäus Günther (1762-1783).

Weit über Augsburg hinaus fand die Reichs-

Selbstbildnis von Johann Ulrich Mayr, 1663. Kunstsammlungen und Museen Augsburg

städtische Kunstakademie damals Beachtung, wie die Mitgliedschaft auch auswärtiger Künstler und Gelehrter belegt. Ihre bedeutsame Rolle für die Augsburger Kunst zeigt mehr als eindrucksvoll die Spitzenqualität der hiesigen Kunstproduktion, die den nicht zuletzt auf der Akademie geprägten „Augsburger Geschmack" zum Synonym für das Rokoko werden ließ. Allmählich verflachte dadurch freilich das Kunsthandwerk in großen Teilen zur Kunstindustrie. Aus diesem Grund gründeten Vater und Sohn Johann Daniel Herz im Jahr 1753 eine „Societas Artium liberalium", die das handwerkliche und künstlerische Niveau besonders der Augsburger Kupferstecher heben sollte und 1755 dank dem Protektorat Kaiser Franz' I. Stephan zur „Kaiserlich-Franziscischen Akademie der freien Künste und Wissenschaften" avancierte. Neben der Förderung heimischer Talente gab die franziskische Akademie die erste Kunstzeitschrift in Deutschland heraus, ließ eine Vorbildersammlung und Übungsstätten einrichten, öffentliche Vorträge veranstalten und viel beachtete Kunstpreise aussetzen. Die fortschrittliche Organisation des Konkurrenzunternehmens setzte endlich 1779/80 eine gründliche Reform auch der Reichsstädtischen Akademie in Gang, die der vielseitig interessierte prot. Stadtpfleger Paul von Stetten d. J. mit dem Memorandum „Gedanken zur Erweckung des schlafenden Kunstbetriebs ..." begleitete. Der Akademie wurde eine „Privat-Gesellschaft zu Beförderung der Künste und des Kunstfleißes" angegliedert, die das allmählich erodierende reichsstädtische Gewerbe beleben sollte. Dazu dienten nun auch hier jährliche Preisverleihungen im großen Akademie-Saal im Obergeschoss der Stadtmetzg. Der Versuch, beide Akademien im Jahr 1788 zu vereinen, scheiterte am Widerstand des Rats; das Herz'sche Unternehmen war mit seinem Tod 1792 Geschichte geworden.

Erste öffentliche Kunstausstellung mit Preisverteilung

in den Räumen der Reichstädtischen Kunstakademie, Franz Thomas Weber, 1819, Kunstsammlungen und Museen Augsburg

Nach dem Verlust der Reichsfreiheit wurde die traditionsreiche Reichsstädtische Akademie 1808 zur „Provinzial-Kunstschule" umgewidmet und 1813 die alte Bezeichnung endgültig liquidiert. Nachfolgeinstitutionen nahmen mit der 1820 gegründeten „Königlichen Kunstschule zu Augsburg" ihren Anfang und gingen schließlich 1971 im Fachbereich Gestaltung der Staatlichen Fachhochschule auf, ohne freilich wirkliche historische Kontinuität bis auf Sandrart beanspruchen zu dürfen (auch wenn das gerne so gesehen wird). Und wie weit es mit dem dort heute gepflegten „Augsburger Geschmack" bestellt ist, darüber kann erst später gerecht geurteilt werden. *cm*

und Museen Augsburg

Auch in Augsburg begegnet man der anonyme[n] Kunst der Graffitis an vielen Ecken. Ist sie b[ei] vielen Teilen der Bevölkerung ein Dorn im Au[ge] – besonders bei denjenigen, deren Wände d[avon] von betroffen sind – kann man über den künstl[e]rischen Wert der Arbeiten nicht hinwegschaue[n]. Besonders Stencils (Schablonen-Graffitis) ta[u]chen oft in den engen Gassen der Altstadt a[uf,] die von Sprayern nicht nur wegen des Nerve[n]kitzels angebracht werden. Oft steckt eine g[e]sellschaftskritische Aussage hinter den Sten[cils.] In Augsburg könnte man sogar mit viel Fanta[sie] und Wohlwollen die Graffitis in die Traditi[on] der geschichtsträchtigen Stadt integrieren: Vi[ele] Häuser waren ab dem Mittelalter mit prächtig[en] Fassadenmalereien geschmückt, sodass das b[un]te Bild der Reichsstadt weit über seine Grenz[en] bekannt war. Bekamen die Künstler damals h[o]rente Gagen für ihre Arbeit, wird den heutig[en] Bewohnern der Stadt ihre Außenkunst um so [...] zur Verfügung gestellt. Der einzige Untersch[ied] ist, dass jetzt die Künstler selbst das Thema u[nd] die Art der Darstellung bestimmen. Nach d[em] alten Kredo der freien Künste: Wo kein Auft[rag]geber ist, herrscht die wahre Kunst. *shs*

Sandrart inszeniert das englische Treiben als dichtes Gefüge von Putten und Kinderengeln, die sich teils spielerisch nach oben, teils gegenläufig zur Erde hinab bewegen, sich schubsen und bedrängen. Dem mächtigen und knorrigen Baum rechts, an dessen Fuß Jakob schläft, entspricht die schräg in den Himmel führende Leiter, die durch das helle Inkarnat der Engel das lichtinszenatorische Zentrum des Gemäldes bildet. *ct*

Geheimtipp > „Geißelung Christi" aus der Werkstatt des Giovanni da Bologna (1529-1608), um 1611, im ehem. Kreuzgang aus dem 15. Jh., gegenüber dem heutigen Haupteingang.
Das Bronzerelief, das sich am Marmor-Epitaph des württembergischen und kaiserlichen Rats und Kunsthändlers Markus Zäch (auch Zech, Zeh) befindet, wurde dort 1617 in sekundärer Verwendung integriert. Die „Geißelung Christi" ist in einem zentralperspektivisch aufgefassten Reliefraum in strenger Figurensymmetrie inszeniert. Die fast nackte Gestalt Christi ist in antikischem Kontrapost als hochplastisches Zentrum exponiert, wohingegen sich die Gebäudeteile des Hintergrundes zu einer zeichenhaften Darstellung reduzieren. Zwei Schergen in Vorder- und Rückenansicht holen in kräftigen, expressiven Bewegungen zum Schlag aus. Vorne links sitzt frontal Pontius Pilatus im Hochrelief, dem gegenüber eine Gruppe mit Rückenfigur auf der anderen Seite antwortet. Das Zäch-Epitaph, zugleich Grabzeichen und Erinnerungsmonument an die Jahrhundertfeier der Reformation, wurde noch zu Lebzeiten Markus Zächs in Form einer toskanischen Ädikula mit gesprengtem Giebel erbaut. Es sind noch drei weitere Fassungen der „Geißelung Christi" bekannt, darunter auch die als Originalbozzetto geltende Wachsausformung im Victoria & Albert Museum London. *ct*

6 Barfüßerbrücke

Bereits 1454 ist der Bau einer steinernen Brücke über den Stadtgraben zur Sicherung des Weges nach Lechhausen und einer der zentralen Verkehrsverbindungen nach Bayern bezeugt. 1611 erfolgte der Neubau durch Elias Holl in ital. Manier mit zwölf beidseitig angeordneten Läden. 1810/11 wurde die Brücke neu gestaltet, nach ihrer Zerstörung 1944 erfolgte 1952 die Rekonstruktion der Bögen, in der bis heute Ladengeschäfte untergebracht sind. Neben der Brücke war die Verkaufsstelle der Stadtfischer am Graben (sog. Fischgraben). *ct*

7 St. Jakobsstift

Eingang: Mittlerer Lech 5
Mo-Fr 9-20, Sa-So 9-19

Die paritätische St. Jakobsstiftung (vor 1975 Jakobspfründe genannt) ist die erste bürgerliche Stiftung in Augsburg. Ihre Gründung reicht auf das Jahr 1348 zurück. Pilger, Arme und Kranke wurden hier versorgt. Der Gebäudekomplex (heute städt. Altersheim), der in der ersten Hälfte des 16. Jhs. unter Einbeziehung von Teilen des Barfüßerklosters erbaut wurde, ist über den Innenhof (Mittlerer Lech 5) zu erreichen. Hier befindet sich

Geheimtipp >
Barfüßercafé mit Treppenabgang zum Graben und zur ehem. Verkaufsstelle der Fischer. Eingang i[n] der Barfüßerstr. Mo-Sa 11[-]18, So u. Feiertage geschlossen
0821-4504966
Besonders im Sommer empfieh[lt] sich ein Besuch im Barfüßercaf[é] mit Terrasse unmittelbar am Gra[-]ben. Nur von hier aus ist noch d[ie] einstige Gestalt der Barfüßerbrü[-]cke mit flachem Brückenboge[n] erkennbar. *ct*

linker Hand ein dreigeschossiger Trakt mit einer Jakobsfigur des 19. Jhs. über dem spätgotischen Portal, daneben der Eingang mit dem Treppenhaus, das die sternartig angeordneten Gebäudeflügel erschließt. Die anderen Seiten des Hofes sind mit drei weiteren Flügelbauten abgeschlossen. Nach teilweiser Zerstörung im Zweiten Weltkrieg erfolgte der erweiterte Wiederaufbau in der Nachkriegszeit. *ys*

Jakobsbrunnen

Im Hof des St. Jakobsstifts befindet sich der Jakobsbrunnen, dessen gusseisernes Brunnenbecken 1742 datiert ist. Die Muschelkalkfigur des Hl. Jakob mit Hirtenstab auf dem Brunnenpfeiler ist eine Kopie von 1957 nach dem Original des Augsburger Bildhauers Ignaz Ingerl (1752-1800). Die Originalfigur ist zerstört. *ys*

Gusseisernes Wappen am Brunnenbecken des Jakobsbrunnens

Geheimtipp >
Erdgeschoss des Haupthauses St. Jakobsstiftung befindet linker Hand ein schönes ital. Meistergemälde aus dem spä- 17. Jh. mit der Darstellung r Maria mit Kind. Ferner im hließenden Fletz ein groß- ßatiges Gemälde von 1903, der Rekonstruktion der Fas- nmalereien des Hauses Phil- ne-Welser-Str. 14 von August des (1872-1948). *ys*

8 Maria Stern ✠

Franziskanerinnenkloster und -kirche, Sterngasse 5 🕐 tägl. 9-18, Fr von 12-13 geschl.

Seit 1258 hatte sich die Witwe des Augsburger Bürgers Canione mit ihren beiden Töchtern zusammen in ihrem Wohnhaus „zum Stern" als Beginen niedergelassen, geistlich betreut von den im nahe gelegenen Kloster zu den Barfüßern lebenden Franziskanern. Offensichtlich vergrößerte sich die Gemeinschaft dieser frommen Frauen im Laufe der Jahre, sodass 1282 der Franziskaner-Provinzial eine erste Vorsteherin einsetzte und die klosterähnlich lebenden Frauen auf die Regel des Dritten Ordens verpflichtete. 1315 erfolgte die Aufnahme in die franziskanische Ordensprovinz, was zwei Jahre später von Rom bestätigt wurde.

In dieser frühen Zeit gab es offenbar noch keinen eigenen Kirchenbau, man benutzte den Betchor der Barfüßerkirche; es wurde auch auf dem den Barfüßern zugehörigen Friedhof bestattet. Auf dem 1521 entstandenen Stadtplan von Jörg Seld (um 1454-1527) ist eine dreischiffige, turmlose, basilikale, mit sechs Fensterachsen versehene Anlage auszumachen. Wann und vom wem diese erbaut wurde, geht aus keiner einzigen Quelle hervor. Sicher ist hingegen, dass die Vorsteherin des Klosters, Anna Krölin (1538-1589),

übrigens eine Großnichte Konrad Peutingers (1465-1547), im Jahr 1574 beim Rat um eine Baugenehmigung nachsuchte und diese auch rasch erhielt. Mittlerweile war die von den Nonnen mitbenutzte Barfüßerkirche ev. geworden. Sie berief Johannes (Hans) Holl (um 1512-1594) als Baumeister. Fast anekdotisch mutet es an, dass bei der Grundsteinlegung der kleine Elias Holl und spätere berühmte Stadtbaumeister in die Baugrube gehoben wurde und von der Vorsteherin des Klosters eine goldene Schaumünze mit dem Bild des Salvators geschenkt bekam.

○Tipp > Die von Jonas Holl, Sohn des Johannes Holl, errichtete Zwiebelhaube zählt zu den ersten „Wellschen Hauben" in Süddeutschland. Die 1525 auf der Münchner Frauenkirche aufgesetzten Kuppelhauben haben ihre Anregung aus Augsburg, da die zuständige Baukommission nach Augsburg reiste, um dort den Dachtypus zu studieren. Die Haube von Maria Stern wurde nach dem Krieg rekonstruiert. *ys ct*

Zwischen mehreren Monogrammen im Obergeschoss des Turmes sind gut lesbare Steinmetzzeichen und mehrfach die Jahrzahl „74" bzw. „1574" zu sehen. Die Schlussweihe der Klosterkirche erfolgte

1576 durch Weihbischof Michael Dornvogel; als Patroninnen wurden die Hll. Anna und Elisabeth bestimmt. Der Bau war als zweischiffige Halle mit zwei Mittelpfeilern konzipiert, besaß einen apsidialen Chorschluss und rundbogige Maßwerkfenster. Der Name „Maria Stern" wird erstmals 1632 urkundlich fassbar. 1685/86 erfolgte auf der Nordseite eine Erweiterung durch den Anbau der Johannes-Nepomuk-Kapelle, und zugleich erfuhr der darüber liegende Nonnenchor eine Vergrößerung. 1730 wurden einschneidende Veränderungen in Angriff genommen: Man entfernte einen der Mittelpfeiler, der verbleibende westliche wurde in eine Rundsäule verwandelt, dessen achteckiger spätgotischer Fuß erhalten blieb.

Damit war eine neue Gewölbeform mit Stuck und Freskenmalerei möglich geworden. 1757 verlegte man auch den Kircheneingang auf die Westseite. Rundbogenfenster oben und kleine Rundfenster unten markieren diesen späteren Anbau. 1803 wurde das Kloster säkularisiert, die Bauten und der Grundbesitz der Stadt übergeben und Pläne gefasst, das Schlachthaus in die Kirchengebäude einziehen zu lassen. Nur der geharnischte Protest des ev. Barfüßerpfarrers vermochte dies zu verhindern. Verhindert werden konnte jedoch nicht der Abriss des im Klosterareal stehenden, 1750-60 erbauten sog. Walter'schen Wasserturmes.

Am 1. Nov. 1828 wurde das Kloster den Dominikanerinnen unter der Bedingung zurückgegeben, die Leitung der kath. Mädchenschulen der Stadtpfarreien St. Moritz und St. Maximilian zu übernehmen. Die Wandlung von einer in der Zurückgezogenheit des Gebets lebenden Klostergemeinschaft zur Tätigkeit im Dienste der Öffentlichkeit war damit vollzogen.

Hochaltarblatt von Johann Georg Bergmüller mit den Hll. Elisabeth und Anna Selbdritt, um 1730

Ab Mitte des 19. Jhs. wurde der Erziehungsauftrag auf ganz Bayern ausgeweitet, Ende der 30er Jahre des 20. Jhs. kam die Brasilien-Mission dazu. Die Bombennächte vom Februar 1944 richteten verheerenden Schaden an den Gebäuden an. Man entschloss sich 1959/60, die malerische Ausstattung der Kirche, die urspr. von Johann Georg Bergmüller (1688-1762) stammte, durch Karl Manninger thematisch frei nachempfinden zu lassen. Es war leider vor dem Krieg versäumt worden, von dieser Kirche eine fotografische Dokumentation anzulegen. Von Manninger stammt auch das Dreikönigsfresko in der Außenädikula der Westwand. Hingegen konnte die farbige Stuck-

fassung relativ gut rekonstruiert werden.

Ausstattung

Bemerkenswert ist das Hochaltarbild von ca. 1730, welches die Hll. Elisabeth und Anna Selbdritt zeigt, gehört es doch laut einer Beschreibung Paul von Stettens aus dem Jahre 1788 zu den schönsten Arbeiten Johann Georg Bergmüllers. Erhalten geblieben sind auch die gefassten Holzfiguren der Hll. Antonius und Bonaventura von Ehrgott Bernhard Bendel (um 1660-1738).

Besonders hinzuweisen ist auf das spätgotische Kruzifixus, den 1575 der Priester Johannes Müller dem Kloster geschenkt hatte. Heute ist er über einer barocken Schmerzensmutter am Emporenpfeiler zu sehen. Ebenfalls von Bendel haben sich zwei Steinfiguren des Hl. Josef und der Maria Immaculata in den Flankennischen des Klosterrückgebäudes erhalten. *cvb*

9 Ecke Galerie 🏛

Elias-Holl-Platz 6 💶 frei
🕐 Mo-Do 14-19, Fr 14-17, Sa 11-13 📞 0821-152049 ♿
www.eckegalerie.de

Die „Ecke Galerie" befindet sich in dem schmalen fünfgeschossigen Giebelbau mit hohem Flacherker, dessen Kern aus dem 16. Jh. stammt. So schmal und klein das Gebäude von außen erscheint, ist hier doch die aktuelle Kunst seit über 30 Jahren eingezogen: Denn dieses Haus ist untrennbar mit der Künstlervereinigung „Die Ecke" verbunden, die im Jahr 1907 von Künstlern und Architekten gegründet wurde. Kurz nach der Gründung erwarb sie 1913 das Gebäude Elias-Holl-Platz 2 (darin heute das Restaurant „Ecke-Stuben"), 1920 folgte das Haus Elias-Holl-Platz 4 (heute nicht mehr im Besitz der Künstlervereinigung) und 1969 das Gebäude Elias-Holl-Platz 6, in dem zwei Jahre nach Erwerb eine Galerie für moderne Kunst eingerichtet wurde.

Neben den Mitgliederausstellungen fanden hier Präsentationen von namhaften Künstlern wie HAP Grieshaber, Markus Lüpertz, Arnulf Rainer, Norbert Tadeusz, Per Kirkeby und Georg Baselitz statt.

Tipp > Wer mehr über aktuelle Ausstellungen der Mitglieder der Künstlervereinigung erfahren möchte, findet in der „Ecke Galerie" die „Ecke für die Ecke".
Alljährlich im Nov. findet die traditionsreiche Weihnachtsausstellung „das kleine Format" statt, bei der die Kunstvereinsmitglieder seit 1960 „im kleinen Format" Werke zum Verkauf anbieten. *ys*

Seit 2008 wird die „Ecke Galerie" von Wolfgang Reichert und Anette Urban geführt. Ein Blick lohnt in die Räumlichkeiten, denn sechs bis sieben Wechselausstellungen pro Jahr von national und international etablierten Künstlern sowie von viel versprechenden Nachwuchskünstlern erwarten den Kunstinteressierten. *ys*

10 . Ecke-Stuben

Elias-Holl-Platz 2 🚌 🕐 tägl. 11.30-14 und 17.30-1 📵 0821-510600 🏃 www.restaurant-die-ecke.de

Das dreigeschossige Bürgerhaus mit Giebel, das seit mehreren Jahrhunderten eine Gastwirtschaft beherbergte, wurde 1577 von Hans Uffinger errichtet, der eine Weinschenke im Erdgeschoss einrichtete. Nachdem das Anwesen mehrfach den Besitzer gewechselt hatte, wurde 1820 wieder eine Gaststätte in Betrieb genommen, die bis 1937 unter dem Namen „Augsburger Rathskeller" firmierte, da hier die Damen und Herren vom gegenüberliegenden Rathaus zu speisen pflegten. Seit 1938 erhielt die Gaststätte den Namen „Ecke-Stuben".

Als erstes Haus der Künstlervereinigung „Die Ecke", 1913 erworben, war es Treffpunkt, Austauschort und Vereinssitz zugleich. Auffallig ist am flachen Konsolerker die 1955 angebrachte Fassadenmalerei in Sgraffitto-Technik von Hans Riedl (1911-1998), die kunsthandwerklich kubistische Farb- und Formensprache zitiert.

Tipp > An der Nordwand des Anbaus am Hunoldsgraben ist das Reliefporträt von Elias Holl zu sehen, ein Relikt der Fassadengestaltung von 1898. Neben diesem Porträt waren weitere Bildnisse von Künstlerpersönlichkeiten angebracht (z. B. der Maler Hans Holbein und des Baumeister Burkhard Engelberger), die dem Purismus der Nachkriegszeit zum Opfer fielen. *ys*

Das farbig gefasste Holzrelief von Michael Schwarzmeier (1920-1984) gibt Auskunft über die berühmten Gäste, die hier offenbar tafelten: Die Maler Holbein und Burgkmair, Stadtbaumeister Elias Holl, Mozart, der bayerische Hiasl, Erfinder Diesel und der Dichter Brecht. Auch soll der Tross der Könige und Kaiser zur Zeit der Augsburger Reichstage hier eingekehrt sein. Heute beherbergt das Haus das Restaurant „Ecke-Stuben", das als gehobene Augsburger Traditionsadresse gilt. *ys*

11 Alte Silberschmiede

Pfladergasse 10 🕐 Mo-Mi 10-18, Do-Fr 10-19, Sa 10-14 📵 0821-38945 🏃 www.silberschmiede.de

Im Lechviertel waren die Werkstätten der Gold- und Silberschmiede angesiedelt, die bis weit ins 18. Jh. das weltberühmte Augsburger Silber herstellten, das an allen europäischen Höfen kursierte. In dem Haus aus dem 13. Jh., dessen Erscheinungsbild weitgehend auf das 16. Jh. zurückgeht, war im Erdgeschoss vom 17. Jh. bis 1920 eine Goldschmiedewerkstatt untergebracht. An die Tradition wird heute wieder mit einer Werkstatt und einer galerieartigen Boutique für Schmuck angeknüpft. Im Hof befindet sich der von der Familie Bartel 1988 errichtete Edelsteinbrunnen. Die Alte Silberschmiede ist Teil des Augsburger Handwerkerwegs. *ys*

148

Augsburg ist für seine Gold- und Silber-schmiedekunst weltberühmt. Im 17. und 18. Jh. habe es mit 270 Meistern angeblich mehr Silberschmiede in der Stadt als Bäcker gegeben. Viele europäische Herrscher bestellten ihre Luxusgegenstände in der Reichsstadt, darunter auch Katharina d. Gr., die für ihre Gouverneure ganze Silberservice in Auftrag gab. Heute verwahrt der Moskauer Kreml die weltgrößte Sammlung an Silbergegenständen aus Augsburg.

Auf sicher nach Augsburg zuzuweisende, frühe Arbeiten der Goldschmiedekunst gibt es nur spärliche Hinweise. Selbst überlieferte Namen von Goldschmieden können nur schwer in Zusammenhang mit vorhandenen Werken gebracht werden. Erst im 15. Jh. sind einige signierte oder durch Archivalien gesicherte Werke nachzuweisen, so z. B. die Monstranz von Johann (Hans) Müller (Miller) (um 1420/25 - 1498/1509) von 1470 aus dem Kirchenschatz von St. Moritz (heute Diözesanmuseum St. Afra) oder die Fassung des Ulrichskreuzes von 1494 (heute Heiltumskammer St. Ulrich und Afra) von Nikolaus Seld (gest. 1514).

Im Jahr 1529 wurde die Augsburger Goldschmiedeordnung in Kraft gesetzt. Aufbau und Ordnung des Handwerks wurden darin festgelegt. Zwei Geschaumeister prüften das vom Meister eingereichte und bereits mit seiner Meistermarke versehene Stück auf seinen Silbergehalt (Rechtmäßigkeit der Legierung, 14 Lot Silber, 2 Lot Fremdmetall = Kupfer) und schlugen ihm nach erfolgter Prüfung und Annahme das Beschauzeichen (Kontrollmarke) – den Pyr (Stadtwappen) – als Punze ein. Die beiden ältesten so gekennzeichneten Stücke sind zwei Hostienschalen von Christoph I. Epfenhauser von 1536/37, heute in St. Anna und Ev. Hl.-Kreuz aufbewahrt. Die Stempelung der Augsburger Werke und eine strenge Kontrolle waren die Voraussetzungen für den lang andauernden Erfolg und den guten Ruf der Augsburger Silberarbeiten. Die Verbindungen der Augsburger Handelsgesellschaft der Fugger mit dem Haus Habsburg in der zweiten Hälfte des 15. Jhs. und die damit verbundenen wirtschaftlichen Möglichkeiten waren dem Goldschmiedehandwerk zuträglich. Vor allem ließen

Konfektschale von Jakob II Plank (Blank), 1650, Kunstsammlungen und Museen Augsburg

Trinkgefäß in Form eines Hirsches von Hieronymus Z 1590, Kunstsammlungen und Museen Augsburg

sich die Fugger ihre enormen Darlehen durch die Überschreibung von Bergwerksrechten absichern, was nicht nur Silber, sondern auch Kupfer und Zinn sowie Quecksilber für die Augsburger Handwerker sichtbar leichter erreichbar machte.

Im Laufe des 16. Jhs. kam durch die Reichstage, die in Augsburg abgehalten wurden, immer mehr interessierte und kaufkräftige Kundschaft nach Augsburg. Der Beruf des Silberhändlers oder Agenten bildete sich heraus, deren berühmtester vermutlich Philipp Hainhofer (1578-1647) war. Der Vertrieb der Arbeiten auf den großen Messen in Frankfurt und Leipzig wurde organisiert, an Fürstenhöfen wurden Verhandlungen geführt, um Aufträge nach Augsburg zu vermitteln, aber auch die Ausführung der vermittelten Aufträge vor Ort wurde überwacht. Schon zu Beginn des 17. Jhs. waren für Augsburg die Grundlagen gelegt, zu einem der wichtigsten Gold- und Silberschmiedezentren in Europa zu werden. Gesandtschaften ließen Geschenke in Augsburg anfertigen, die sich später in den Schatzkammern z. B. der russischen Zaren finden. Die Zusammenarbeit der verschiedensten Handwerke untereinander (Kistler, Uhrmacher, Etuimacher etc.) garantierte eine pünktliche Ausführung und die Spezialisierung machte vor allem im 18. Jh. schließlich Großaufträge wie die Gouvernementservice für Katharina d. Gr. (1729-1796) möglich. Aus mehreren Materialien kombinierte, oftmals figürliche Trinkgefäße, Tafelaufsätze und Schauplatten, aber auch Silbermöbel und Reisegarnituren gehörten zu den Spezialitäten der Augsburger Goldschmiede. Nicht zu vergessen die kirchlichen Gerätschaften sowohl für den kath. als auch ev. Ritus, welche sich über ganz Europa verbreiteten und auch heute noch manchem Kirchenschatz nicht nur in Deutschland zur Zierde gereichen. Bis zur Auflösung der Korporation des Goldschmiedehandwerks im Jahre 1868 sind insgesamt 2.266 Meister namentlich nachgewiesen – eine ungeheure Anzahl, welche die Aussage, es habe zeitweise mehr Goldschmiede als Bäcker in Augsburg gegeben, durchaus wahrscheinlich erscheinen lässt. *cvb*

Ovale Terrine aus dem Rigaer Gouvernementservice Katharinas d. Gr. von

Sebald Heinrich Blau, Kunstsammlungen und Museen Augsburg

12 Galerie „format" 🏠

Pfladergasse 4 🕐 Fr 11-18, Sa 11-16 📱 0175-9593541

Die Galerie „format" mit mehreren Wechselausstellungen im Jahr wird von den Künstlern Maria Verburg und Adam Löffler geführt. „format" präsentiert Gegenstände des täglichen Gebrauchs, deren handwerkliche Qualität gleichzeitig mit ihrer formalen Gestalt entstanden ist." Hervorzuheben sind die Papierarbeiten von Maria Verburg selbst, insbesondere ihre originellen Papiertäschlein und –schatullen. ys

Maria Verburg – Papiertasche

Tipp > In den Räumlichkeiten der Alten Silberschmiede ist eine Replik der Prunkkette von Herzog Albrecht V. von Bayern dauerhaft ausgestellt. In den Adventswochen findet im Innenhof ein kleiner Weihnachtsmarkt mit Tombola und musikalischem Programm statt. ys

Alte Silberschmiede

Die heutige Fassade mit ihren stuckierten klassizistischen Fensterumrahmungen und der Eckrustika entstand bei einem Umbau von 1811. Berühmt geworden ist die Gaststätte jedoch durch die Fresken des reichsstädt. Akademiedirektors

„Bauerntanz" von Johann Evangelist Holzer, Aquarellierte Federzeichnung, um 1737

13 Bauerntanz 🏠

Bauerntanzgässchen 1, heute Gaststätte

Das Bürgerhaus „Bauerntanz" ist ein dreigeschossiges Eckhaus mit vorgeblendetem Giebel, das auf einen Kernbau aus dem Jahr 1616 zurückgeht und 1717-37 wesentlich umgebaut und mit Fresken ausgestattet wurde.

Johann Evangelist Holzer (1709-1740) mit der Darstellung des „Bauerntanzes" bzw. einer „Bauernhochzeit" an der fünfachsigen Giebelseite, der thematisch an Dürer und Holbein anschließt, sowie der Darstellung des „dreifachen Hirsches" in der Art eines Vexierbildes an der südwestlichen Ecke. Das heute zerstörte Fresko war schon im frühen 19. Jh. sehr schadhaft, Reste waren noch 1870 erkennbar. Bei der letzten Restaurierung 1987 konnten keine Spuren mehr gefunden werden. Zeichnungen und Nachstiche befinden sich in der Grafischen Sammlung der Kunstsammlungen und Museen Augsburg. ct

Geheimtipp > Man kann nicht nur in der Alten Silberschmiede den Goldschmieden über die Schulter spitzen, sondern auch selbst zum/zur kreativen Goldschmied/in (natürlich unter Anleitung) werden: Wer das Außergewöhnliche und Individuelle mag, ist hier gut aufgehoben: Den Bund fürs Leben mit selbst geschmiedeten Trauringen zu beginnen, ist ein emotionaler und durchaus – wie Patrick Bartel-Zwack betont – zu bewältigender Anfang. Jeder Partner schmiedet den Ring für den anderen. Man sollte lediglich je nach Ring und Ausdauer zwischen fünf und zehn Stunden Zeit mitbringen – aber was ist das im Vergleich mit dem Bund fürs Leben und obendrein gibt es in Buchform die Dokumentation des Erlebnisses hinzu. Wer sich noch nicht „traut", kann unter Anleitung ein anderes individuelles Schmuckstück fertigen. ys

wasser war für seine Chemiefabrik – und nichts anders war eine Kattundruckerei – ein willkommener Abwasserkanal. Zur Straßenfront stellte er sein Wohn- und Geschäftshaus, in dem auch die Repräsentationsräume für eine vornehme Kundschaft untergebracht waren. Und vornehm waren die Käufer der Kattunstoffe. Sie mussten es sogar sein, denn die bedruckten Stoffe gehörten zu den teuersten Spitzenprodukten ihrer Zeit.

Die Muster aus einem oder zwei Dutzend Druckstöcken, mit feinsten Farbnuancen und Goldauflage, waren der letzte Schrei im modischen Europa des ausgehenden Rokoko, nachdem Madame Pompadour, die Mätresse Ludwigs XV., sie vor wenigen Jahren hoffähig gemacht hatte. In den hinteren Bereichen des Gignoux-Hauses ist der Industriecharakter besser zu spüren. Man muss allerdings in großem Bogen um das ganze Häuserquartier herumgehen, um dann die weniger gefälligen, aber aussagekräftigen Industrieanbauten aus jüngeren Tagen zu sehen. In der großen Werkhalle war später ein Wirtshaussaal, dann ein Kino und heute die „Komödie", das „Kleine Haus" des Städtischen Theaters, untergebracht. Gignouxs direkter Konkurrent, Heinrich Schüle, baute die nächste Kattunfabrik, die Schüle'sche Fabrik, dann viel moderner und großzügiger vor die Tore der Stadt. Damit war ein weiterer Entwicklungsschritt auf dem Weg zur Fabrik heutiger Vorstellung getan.

Nach dem Tod von Herrn Gignoux

14 Gignoux-Haus / Komödie 🏛 🖼

Vorderer Lech 8

🌐 www.theater1.augsburg.de
Tickets und Besucherservice 📧
0821-3244900 🍽 Al Teatro:
🕐 11.30-24 ☎ 0821 2464231

Dieses Haus mit seinen feinen Rokoko-Ornamenten, den eleganten Giebelreihen, dem schönen Erker und dem franz. Mansarddach ist nichts anderes als eine Fabrik. Eine Fabrik aus einer Zeit, als es noch „Farbique" hieß und die großen Bauten der Industrialisierung noch in weiter Ferne lagen. Damals, 1764, gründete der Ludwigsburger Fabrikant Georg Christoph Gignoux in Augsburg eine Kattunfabrik. Kattun, das ist das gleiche Wort wie Cotton, meint also eine besonders feste, dicht gewebte Form von Baumwollstoff, der sich gut imprägnieren und auf einer stark verdichteten Oberfläche sauber bedrucken ließ. Der Kattundruck wurde zu einem der wichtigsten Industriezweige am Beginn der Industrialisierung Augsburgs.

Gignoux entwickelte seine Manufaktur aus der handwerklichen Tradition heraus. Wie ein großes Handwerkerhaus setzte er seinen Neubau an einen der schnell fließenden Lechkanäle. Das Kanal-

Szenenfoto aus Bunbury einer Aufführung in der „Komödie"

übernahm seine Witwe Anna Barbara Gignoux das Regiment in der Fabrik. Zudem hatte Witwe Gignoux einen Salon, an dem über einige Jahre der streitbare und revolutionären Gedankenguts verdächtige Christian Friedrich Daniel Schubart (1739-1791) teilnahm. Doch ist man auch hier nicht ganz einig, ob es sich wirklich um einen verschwörerischen Zirkel oder nur um einen warmen Mittagstisch für einen heimatlosen Vogelfreien handelte. *uh*

Barbara Gignoux von Johann Georg Edlinger, um 1786

„Komödie"
Mit 261 Sitzplätzen ist die „Komödie" Spielstätte des Theaters Augsburg für Schauspiel und Ballett. *ys*

Geheimtipp > Wer sich im Lechviertel ausruhen und dabei genießen möchte, muss in die Chocolaterie Bitter Süß (Vorderer Lech 18, Mo-Fr 10-18 Uhr, Sa 10-16 www.bitter-suess.de). Liebevoll sind hier internationale Schokoladenköstlichkeiten ausgewählt und mit Freude am Detail präsentiert. Neben heißer Trinkschokolade und Kaffeespezialitäten gibt es von Donnerstag bis Samstag den sündhaft-köstlichen hausgemachten Schokoladenkuchen. An warmen Tagen oder wenn die Sonne lockt können mit Blick auf den Holbeinplatz im Straßencafe en miniature alle Köstlichkeiten probiert werden. *ys*

15 Holbein-Haus

Vorderer Lech 20 ● frei ● bei Ausstellungen Di-So 11-17 ● 0151-15714978 ● www.kunstverein-augsburg.de

Der Maler Hans Holbein d. Ä. (um 1460/65-1524) erwarb auf einer Versteigerung für 70 Gulden im Frühsommer 1496 dieses Gebäude und bewohnte das Haus bis ca. 1515 als Wohn- und Werkstattgebäude. Hier entstanden zahlreiche Altarwerke u. a. für das Dominikanerinnenkloster St. Katharina und Porträts, teilw. unter Beteiligung seines Sohnes Sigmund Holbein

Selbstbildnis Hans Holbeins d. Ä. mit seinen Söhnen Hans d. J. (links) und Ambrosius (rechts), Ausschnitt aus seiner Basilikatafel, um 1504

(1460/69-1540). In dem Gebäude wurde 1497/98 Hans Holbein d. J. geboren (gest. 1543 in London). Das 1944 vollständig zerstörte Haus wurde 1964/65 als Gedenkstätte mit Künstlerateliers wieder aufgebaut.

Kunstverein
Seit 1996 nutzt der Kunstverein Augsburg beide Etagen zu Ausstellungszwecken. Dieser traditionsreiche Verein wurde 1833 durch Fürst Anton Anselm Fugger-Babenhausen (gest. 1836) gegründet, der zunächst die Badstuben im Fuggerhaus zur Verfügung stellte. 1904-07 errichtete der inzwischen stark angewachsene Verein in der Hallstraße (anstoßend an den Schaezlergarten) ein eigenes Gebäude (Architekt Max Wanner), das ebenfalls 1944 zerstört wurde. *ct*

Tipp > Die versteckt in der Altstadt liegende „Galerie Schröder Weinbar" (Schlossermauer 10) bietet seit 1990 ein reichhaltiges Kunstprogramm, das 1998 durch eine Weinbar ergänzt wurde. Diese Kombination von Kunst und Genuss hat einen großen Charme. Ein Besuch lohnt sich! *ct*

16 St. Ursula

Eingang: Bei St. Ursula 3 ● Mo-Fr 9-18 ● 0821-347670
Das seit dem 13. Jh. bestehende Kloster St. Ursula mit Konventgebäuden, Kirche und ummauertem Garten liegt sehr reizvoll zwischen dem Schwalllech und der Stadtmauer. Von diesem ehem. Beginenkloster, das seit 1431 der geistlichen Leitung des Dominikanerklosters St. Magdalena unterstellt war und mehrfach umgebaut wurde, blieben nach 1944 nur noch Trümmer übrig. Die schlichten Bauten sind großteils 1946 - 1954 nach Entwürfen von Michael Kurz (1876-1957) entstanden.

Über eine Brücke ist die kleine, 1520 errichtete Klosterkirche erreichbar, ein rechteckiger Saalbau mit zierlichem Dachreiter. Was die herzförmigen Fenster in der Art Johann Jakob Herkommers versprechen, nämlich eine reiche barocke Fassung, kann der kriegszerstörte Innenraum nicht mehr einlösen.

Die um 1720-30 von Georg Paulus durchgeführte Neugestaltung fiel ebenso in Schutt wie die Stuckierung Matthias Lotters (geb. nach 1660) und die Fresken Johann Singers. Leider verbrannten auch das Hochaltarbild mit dem Martyrium der Hl. Ursula (um 1728) von Jacopo Amigoni (1675-1752), die Seitenaltarbilder von Johann Georg Bergmüller (1688-1762) und die Holzfiguren von Ägid Verhelst (1696-1749).

Der heutige Innenraum ist mit ungegliederten Wänden, Westempore und einer Flachdecke aus Eichenholz ausgesprochen schlicht;

Kurioses > Für handfesten Streit sorgte bisweilen der so friedlich wirkende Schwalllech: Zu Beginn des 18. Jhs. strömten die Augsburger zum Baden an den Kanal. Nachdem Stadtpfleger von Langenmantel von den „Nackten" obendrein im Streit misshandelt worden war, wurde der feuchtfröhliche Spaß verboten. *gn*

den Blickfang bildet so der nach dem Zweiten Weltkrieg in der traditionsreichen Klosterwerkstätte entstandene Altarteppich mit dem „Thronenden Christus". Mehrere Ausstattungsstücke, u. a. um 1520 vielleicht von Hans Weiditz (1500-36) gemalte Tafelbilder mit Szenen aus dem Leben der Hl. Katharina von Siena sowie ein um 1540 entstandenes, virtuos perspektivisches Verkündigungsrelief, sind auf die Klosterräume verteilt. Traditionsreich ist die heutige Mädchenrealschule St. Ursula, denn bereits im 17. Jh. wurden Schülerinnen im Kloster betreut. Das alte, grün gefasste Schulgebäude zwischen dem Garten und dem Schwalllech zeugt davon, dass das Kloster nach der Auflösung im Zuge der Säkularisation „zum Zwecke des Unterrichts" 1828 wiederhergestellt wurde. *gn*

Tipp > Jährlich zum Tag der offenen Gartentür (meist am letzten Sonntag im Juni) ist ein Blick in den besonders anmutig an der Stadtmauer gelegenen Klostergarten möglich. *gn*

17 Wasserrad am Schwalllech 🏛

Schwibbogengasse 9
Das große Wasserrad wurde 1986 nach dem Stadtplan von Kilian (1626) rekonstruiert und 40 m nördlich von seinem urspr. Aufstellungsort installiert. Der sog. Wellbaum stammt von einem 250-jährigen Eichenstamm (Durchmesser 60-80 cm, Länge 7 m) aus dem Steigerwald. *ys*

Tipp > Im anschließenden Schäfflerhof, der ehem. Schäfflerei Käbitz, ist eine Dokumentation des Schäfflerhandwerks (Küferhandwerk) zu sehen, sowie der 1985 aufgestellte sog. Schäfflerbrunnen von Christian Angerbauer mit der Darstellung des Schäfflertanzes. Das Brunnenbecken zeigt in Reliefs die unterschiedlichen Stadien der Herstellung eines Fasses. *ys*

18 Schäfflerei 🏛

Schwibbogengasse 27/27a
Dem Handwerkerhaus aus der Zeit um 1550 ist ein Werkstadtbau (27a) vorgesetzt, eines der letzten Beispiele eines Giebelhauses mit Schopfwalm im Stadtgebiet. Eigentümer waren Flößer, Gold- und Silberschmiede, und seit 1819 bewohnte ein Schäfflermeister das Haus Nr. 27. Die Schäffler waren in Augsburg zahlreich vertreten, so gab es 57 Meister zu Beginn des 17. Jhs., die Fässer, Wannen, Zuber, Bütten, Holz- und Braugeschirr fertigten. Die Bezeichnung stammt von „Schaffen", was auf ein Schöpfgefäß oder Getreidemaß zurückgeht. *ys*

154

Augsburg und das Wasser?

Diese Stadt liegt hunderte Kilometer von der Meeresküste entfernt, weder an einem der großen Ströme Mitteleuropas noch an einem See. Warum also sollte das Wasser eine besondere Rolle in Augsburg spielen, außer der, dass es in Augsburg bekanntlich meistens regnet?

Dem Sozialökonomen Friedrich List wird die Aussage zugeschrieben, Augsburg habe „mehr natürliches Wassergefälle, als alle englischen Fabrikbezirke zusammengenommen". Bert Brecht drückte es poetischer aus: „Wie oft du auch den Fluss ansiehst, der träge dahinzieht, nie siehst du dasselbe Wasser." Allerdings fließen die Gebirgsflüsse Lech und Wertach, Singold und Brunnenbach sowie 18 weitere Bäche mit vergleichsweise munterer Geschwindigkeit durch das Stadtgebiet. Die flache Umgebung Augsburgs machte die Bewohner bereits im Mittelalter zu eifrigen und versierten „Wasserbauern". Vom Lech zweigten sie 29 Kanäle (insgesamt 77 km!) ab, von der Wertach vier. Die traditionelle hölzerne Verschalung der Kanäle hat sich nur teilweise erhalten. Wichtige Schaltstelle des Kanalnetzes ist bis heute der Hochablass, früher direkt an der Grenze zum Herzogtum Bayern gelegen. Auch wenn diese Kanäle, von Brücken und Stegen überspannt, heute malerisch wirken und für ein gutes Mikroklima sorgen – angelegt wurden sie aus rein wirtschaftlichen Erwägungen: Denn ihr

fließendes Wasser war zum einen ein guter „Müllschlucker", zum zweiten Handelsweg für die „Lechflößer", zum dritten eine natürliche Energiequelle von unschätzbarem Wert.

Wenn Augsburg eine Stadt der Handwerker – v. a. der Weber – wurde und später als „deutsches Manchester" auf dem Sektor der Textilindustrie Berühmtheit erlangte, so lag dies am Wasserreichtum der Stadt, den vielen Mühlen und Turbinen an Kanälen und Bächen. Nicht umsonst beschäftigte sich Elias Holl zu Beginn des 17. Jhs. intensiv mit Augsburgs Mühlen und Brunnenwerken. So verwundert es nicht, dass sich Handwerk und Industrie in Augsburg als langlebiger erwiesen als Fernhandel und Bankwesen. Und dass die Stadt sich auch nach dem Dreißigjährigen Krieg besser erholen konnte als beispielsweise Nürnberg, lag an der soliden Grundlage des Handwerks.

Wasser in Augsburg hatte daneben noch andere Aspekte: Bereits im 17. Jh. erlangte die Stadt durch ihr ausgeklügeltes Kanalisationssystem Berühmtheit. Insbesondere von den Wassertürmen am Roten Tor aus regierte der „Brunnenmeister" – berühmt wurde vor allem Caspar Walter (1701-1769) durch das Handbuch „Hydraulica Augustana" (1766) – sein unterirdisches Reich der Wasserröhren und sorgte dafür, dass eine wohlhabende Schicht über fließendes Wasser aus dem Hahn verfügte. Erlaubt war allerdings nur ein Anschluss pro Haus und die Kommune muss-

Im 21. Jh. erweist sich der Wasserreichtum für Augsburg als Schatz in ganz anderer Hinsicht: Wasser ist eine begrenzte Ressource. Augsburg verfügt über ein qualitativ besonders hochwertiges Trinkwasser und auch die Energie des fließenden Wassers spielt im Umweltkompetenzzentrum Augsburg nach wie vor eine wichtige Rolle, wie das neue Kraftwerk an der Hochzoller Lechbrücke beweist. Daneben steigern die zahlreichen Bäche und Kanäle, natürlich auch Lech und Wertach mit ihren Auen, die Lebensqualität. Das wurde im Zuge der Stadtsanierung in den 80er Jahren des 20. Jhs. erkannt, als zahlreiche Kanäle, die in der Nachkriegszeit noch mit Betonplatten überdeckt waren, wieder ans Tageslicht befördert wurden. Von ihrer Jahrhunderte währenden wirtschaftlichen Bedeutung zeugen wasserbauliche Anlagen, z. B. das Wehr- und Wasserwerk am Hochablass (1877-79, Spickelstr. 31), die Wassertürme am Roten Tor und am Gänsbühl, der städtische Bauhof am Proviantbach (Elias Holl, 17. Jh., Johannes-Haag-Str. 27) und das Pumpenhaus am Wertachkanal (Schießstättenstr.). Auch die Handwerkerhäuser in der Altstadt und die leider meist nur fragmentarisch erhaltenen schlossartigen Fabrikanlagen im Textilviertel, in Pfersee (Dierig, Kirchbergstr. 23, 1899-1908), Göggingen (Ackermann, Fabrikstr. 11, 1909/10) und Haunstetten (Martini-Villa und Park, Martinistr., um 1894/95) sind Relikte des auf einer geschickten Nutzung von Wasser basierenden Wirtschaftslebens. *gn*

te mehrere Erlasse herausbringen, um sicherzustellen, dass dies auch eingehalten wurde. Zusätzlich gab es Versorgungsbrunnen auf den Straßen. Ohne das Kanalisationsnetz wären auch die riesigen Prachtbrunnen nicht zu betreiben gewesen.

Maximilianstraße

Forsterstraße

Bäckergasse

Ulrichs-
platz

Schwibbogen-
platz

Milchberg Margaretenstr. Provinostraße

Peter-Kötzer-G.

Spitalgasse

Rembold straße

Prinzstraße

Kitzenmarkt

Kappelberg Kirchgasse B. Rabenb.

Ulrichspl.

Roter
Torwall

Eserwallstr.

Friedberger Straße

Theodor-
Heuss-
Platz

Rote-Torwall-Str.

Haunstetter Str.

Baumgartner Straße

Ulrichsviertel

Ulrichsviertel

1 St. Ulrich und Afra

2 Ev. St. Ulrich

14 St. Margareth

3 Haus St. Ulrich

4 Ehem. Zinshaus St. Ulrich/Afra

13 Schwäb. Handwerkermuseum

7 Augsb. Puppenkiste

6 Hl.-Geist-Spital

8 Am Roten Tor

9 Rotes Tor

11 Wassertürme am Roten Tor

12 Freilichtbühne

10 Venezianischer Brunnen

5 Ehem. Stadel St. Ulrich/Afra

Unterm Ulrichsmünster

Das Viertel im Schatten des Ulrichsmünsters ist einer der ältesten Siedlungskerne der Stadt. Der alte römische, aber bereits christliche Friedhof mit dem Grab der legendären Hl. Afra auf dem Gebiet der heutigen Kirche und des Ulrichsklosters wurde in der Spätantike und im Frühmittelalter zum viel besuchten Wallfahrtsort. Am Fuße dieser Wallfahrtstätte entstand ein erster Siedlungskern. Hier führten auch die wichtigen Handelsstraßen aus Süden und Osten in die römische Civitas und spätere Reichsstadt. Beim Roten Tor münden die einst lebensnotwendigen Wasseradern in die Stadt: der Brunnenbach mit dem Trinkwasser und der Lochbach als Antriebskraft für die Brunnenwerke und die Handwerker. Über die Bäckergasse und den Predigerberg im Norden des Quartiers kamen die schweren Fuhrwerke in die Stadt, für die der Milchberg zu steil war. Entlang dieser Strecke liegen daher die Kneipen, ehem. Fuhrwerksabsteigen, dichter als anderswo.

Im wörtlichen Sinne „unten" – in gut ablesbarer sozialer Schichtung – liegen aber auch die Einrichtungen „am Rande der Gesellschaft": das Hl.-Geist-Spital und das anschließende Rabenbad. Letzteres war bis zur Umnutzung in den 1990er Jahren die Obdachlosenunterkunft der Stadt. Das große Altersheim bei St. Margareth nennt sich heute noch ganz altväterlich „Paritätische Hospitalstiftung" – so schwingt im Namen noch der alte Augsburger Religionskompromiss mit und die Aufgabe der Stadt, den Armen und Kranken Hospitäler zur Verfügung zu stellen.

Da passt es gut, dass nach dem Zweiten Weltkrieg eine besonders schutzbedürftige Gruppe liebenswerter Charaktere in diesem Soziobiotop Unterschlupf gefunden hat: die Holzköpfe von Walter Oehmichens Marionettentheater. Seit über 50 Jahren bevölkern die Blechbüchsenarmee, Urmel und Wutz das Schwein, der traurige Seelöwe und der Räuber Hotzenplotz das alte Spitalgebäude. Als „Augsburger Puppenkiste" haben sie ihre Stadt weltberühmt gemacht und heute – samt dem angeschlossenen Puppenmuseum – die Rolle als beliebteste Wallfahrtsstätte übernommen. *uh*

Legende	
Geheimtipp	
Kirche	
Museum	
Galerie	
Brunnen	
Profanbau	
Turm/Tor	

Das Kirchenensemble von St. Ulrich

1 St. Ulrich und Afra

Ulrichsplatz 19, ⏰ tägl. 9-17
📞 0821-345560 🌐 www.
ulrichbasilika.de 🔔 ja

Die Basilika St. Ulrich und Afra steht an höchster Stelle des mittelalterlichen Augsburg und beherrscht mit der vorgelagerten (heute ev.) Ulrichskirche die Südflanke des Ulrichsplatzes und der oberen Maximilianstraße und mit ihrem hoch aufragenden Zwiebelturm die ganze Stadt.

Tipp > Im „Wettstreit der Türme" liegt St. Ulrich sogar weit vor dem Perlach (70 m) und den Rathaustürmen (57 m) und lässt selbst die beiden Domspitzen (53 m) hinter sich. An solchen Rekorden lässt sich viel über die wahren Machtansprüche ablesen: Die (faktisch zwar nicht bestehende) Dominanz der ehem. Reichskloster- und Wallfahrtskirche St. Ulrich und Afra über die Bürgerstadt und mehr noch über die durch die weltlichen Stadtherren eingeschränkte Machtposition des Bischofs kann am Ulrichsturm in 93 Metern gemessen werden. Urspr. waren sogar zwei Türme geplant, doch blieb der südliche unvollendet. *cm*

Der Ort am südlichen Ende der Augsburger Altstadt ist eine der ältesten Stätten christlicher Verehrung im deutschen Sprachgebiet. Im Jahr 304 soll Afra – der Legende nach eine zypriotische Königstochter, die in Augsburg einem „der Venus geweihten" Gewerbe nachging, dann aber durch den verfolgten Bischof Narzissus be-kehrt und getauft wurde – nach ihrem Märtyrertod auf dem Lechfeld hier bestattet worden sein. Tatsächlich wiesen archäologische Grabungen an der Stelle der späteren Kirche und des einstigen Klosters ein spätrömisches Gräberfeld christlicher Prägung nach. Den Besuch von Gläubigen am Grab der Märtyrerin Afra belegt der Schriftsteller Venantius Fortunatus, der schon um das Jahr 565 bezeugt, wie sehr in Augsburg das Andenken an die Heilige in Ehren gehalten wurde. Gegen Ende des 8. Jhs. entstand bei der Afrakirche ein Kanonikerstift, das um 1000 vom Benediktinerorden übernommen und erst 1802 säkularisiert wurde. Dem Beispiel Bischof Simperts (gest. 809), sich nahe dem Grab der Heiligen bestatten zu lassen, folgten viele seiner Nachfolger und andere hohe Kleriker der Bischofsstadt, etwa im Jahr 973 Bischof Ulrich, der überdies 20 Jahre später zum ersten nach päpstlichem Prozess kanonisierten Heiligen avancierte. Als größtes Gotteshaus der Stadt und Grablege der Bistumspatrone Ulrich, Afra und Simpert sowie vieler Augsburger Bischöfe nahm die Kirche im Mittelalter einen gewaltigen Aufschwung und ist dem Augsburger Dom bis heute mindestens ebenbürtig.

Das ehem. Benediktiner-kloster St. Ulrich und Afra, Kupferstich von 1626

Heutiger Bau

Seit dem Begräbnis der Hl. Afra wurden über ihrem Grab mindestens sieben Kirchen errichtet. Die bedeutendste wurde jener spätgotische Bau, der zwischen 1470 bis kurz nach 1600 zu heutiger Gestalt und Größe heranwuchs. Baumeister waren Hans von Hildesheim, Valentin Kindlin und Burkhard Engelberg. Seine lange Bauzeit sieht man dem heute so einheitlich wirkenden Bau nicht an. Eine klassische Basilika mit Haupt- und Nebenschiffen, Querhaus und einem lichtdurchfluteten Hochchor öffnet sich dem Besucher. Man wird die Bauform nicht ohne Grund für rückschrittlich halten, denn gleichzeitig entstanden in Süddeutschland waghalsige Hallenkirchen mit regelrechten Stützenwäldern. In Ulrich und Afra beharrte man auf der Hochgotik, vor allem wohl wegen der eher konservativen Prägung des Benediktinerordens, der sich als Bauherr häufig retrospektiver orientierte als etwa eine städt. Bürgerschaft. Gleichzeitig mit ihrem letzten Neubau erlebten Kirche und Kloster durch die Patronage Kaiser Maximilians I. eine enorme Aufwertung. Sein besonderes Interesse an dem Gotteshaus lag vor allem darin begründet, dass nach seiner Auffassung die Habsburger Dynastie mit den Augsburger Heiligen gemeinsame Vorfahren verbanden. Spätestens seit der Translatio (Überführung) der Gebeine des Hl. Simpert – Maximilian soll damals selbst als Sargträger fungiert haben – genoss das Kloster daher die besondere Gunst des nachmaligen Kaisers. Die Grundsteinlegung zum Chor fand 1500 in seinem Beisein statt und Höhepunkt der Ausstattung sollte ein indessen nie vollendetes Reiterstandbild des Kaisers

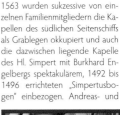

kloster St. Ulrich und Afra. Ab 1563 wurden sukzessive von einzelnen Familienmitgliedern die Kapellen des südlichen Seitenschiffs als Grablegen okkupiert und auch die dazwischen liegende Kapelle des Hl. Simpert mit Burkhard Engelbergs spektakulärem, 1492 bis 1496 errichteten „Simpertusbogen" einbezogen. Andreas- und

Simpertusbogen

werden.

Dass es letztlich erst nach 1600 zur Fertigstellung der Kirche kam, liegt an den Wirren der Reformation, die eine zügige Vollendung des ehrgeizigen Unternehmens verhinderten. Ab 1536 war der Konvent sogar ganz vertrieben und die Ausstattung der Basilika wurde weitgehend zerstört.

Ausstattung

So sind vom spätgotischen Inventar nur noch einige, durch die Bilderstürmer meist beschädigte Grabdenkmäler erhalten, Gregor Erharts monumentale „Muttergottes" am nördlichen Vierungspfeiler und neben der Sakristeitür die

hochbedeutenden querrechteckigen Tafelbilder mit Szenen der Ulrichslegende, die um 1450-55 ein in den Niederlanden geschulter Künstler gemalt hat. Die Rückkehr der Kleriker war erst 1548 möglich geworden. Zum neuen Abt wurde Johannes Köpplin gewählt, der 1557 den vor über drei Jahrzehnten eingestellten Chorbau wieder aufnahm. 1570 waren die Arbeiten so weit gediehen, dass endlich ein neuer Hochaltar in dem noch ungewölbten Chor aufgestellt werden konnte. Köpplin gab bei dem Bildschnitzer Paulus II. Mayr, einem weitgehend talentfreien Enkel des berühmten Gregor Erhart, ein monumentales, noch ganz gotisches Flügelretabel in Auftrag, eines der größten, das es überhaupt aus der frühen Neuzeit gibt (heute in der sog. Schneckenkapelle über der Sakristei).

Seitenkapellen

Die Vollendung des Ulrichsmünsters war vor allem durch die Familie Fugger gefördert worden. Da das Kloster St. Anna, an das um 1506 die berühmte Fuggerkapelle gestiftet worden war, mit dem Einzug der Reformation in prot. Hand war und auch der Fortbestand der Familiengrablege in der Dominikanerkirche nicht ungefährdet erschien, konzentrierten die beim alten Glauben verbliebenen Fugger ihr mäzenatisches Engagement in das seit 1577 reichsunmittelbare Benediktiner-

Simpertuskapelle wurden um 1582 mittels einer marmornen Arkadenwand zusammengefasst, auf deren Gebälk zwölf von Carlo Palagio meisterlich in Terracotta modellierte Apostelfiguren stehen. Palagio wurde mitsamt anderen Künstlern von den Fuggern nach Augsburg berufen, um hier deren ehrgeizige Kunstprojekte auszuführen. Das Werkstattteam wechselte später an den herzoglichen Hof nach München. Die für die Fugger in St. Ulrich und Afra ausgestatteten Kapellen zählen zu den Inkunabeln des deutschen Manierismus und bereiten dem in München aufkeimenden Frühbarock nördlich der Alpen den Weg. Die Altarblätter stammen von den berühmtesten Meistern ihrer Zeit: in der im Westen gelegenen Benediktuskapelle von Peter Candid („Benedikt und Franziskus verehren die Muttergottes", um 1592), in der Andreaskapelle von Friedrich Sustris („Passionsszenen", 1581), in der Georgskapelle von Christoph Schwarz und Candid („Maria mit Ulrich und Afra", 1587-94); für die am nördlichen Seitenschiff gegenüberliegende Bartholomäuskapelle malte Hans von Aachen im Auftrag der Fugger 1598 eine „Krönung Mariens".

„Muttergottes" von Gregor Erhart, um 1500

„Geburt Christi" vom Hochaltar

Schnitzaltäre

Schließlich wurde 1603 der gesamte Bau in Anlehnung an die alte Projektierung in spätgotischen Formen weitergeführt und mit – im wörtlichen Sinne – größtem Aufwand ausgestattet: Beherrschend sind drei gewaltige Schnitzaltäre, die der Weilheimer Holzbildhauer Johann Degler in den Jahren 1604 bis 1607 nach Entwürfen Hans Krumpers ausführte. Mit dem Altarensemble hatte man noch einmal versucht, die Tradition der alten gotischen Schnitzaltäre in die Zeit der Gegenreformation und des Barock hinüberzuretten. Vergebens, wie wir heute wissen – den Siegeszug werden in den kommenden Jahrhunderten die großen gemalten Altarblätter antreten; geschnitzte, szenische Retabel bleiben hingegen die Ausnahme. Das Programm der Altäre ist drei christlichen Hauptfesten gewidmet: Weihnachten (in der Mitte), Pfingsten (links) und Ostern (rechts). Der Hauptaltar im Chorscheitel stellt in die Vertikale über der fast freiplastischen Hirtenanbetung die Hauptpersonen des Glaubens: die Dreifaltigkeit und Maria (in der Marienkrönung) mit den Apostelfürsten Petrus und Paulus und, in der obersten Etage, den verklärten Christus, flankiert von Moses und Elias. Seitlich der Weihnachtsszene stehen die beiden Johannes (Täufer und Evangelist). Die beiden Querschiffaltäre stehen unmittelbar über den Grabstätten der beiden Titelheiligen und ragen wie Bühnenprospekte in den Chor hinein. Das linke Retabel ist der Hl. Afra gewidmet, zeigt im Hauptbild aber Maria inmitten der Apostel während des Pfingstwunders und auch zuoberst Maria mit dem Jesuskind; Afra – an den Stamm gebunden und zum Martyrium im Feuer stehend – muss sich mitsamt ihren Begleiterinnen, den Hll. Cäcilie und Barbara, mit dem Zwischengeschoss bescheiden. Seitlich der Hauptgruppe

Blick in den Chor von St. Ulrich und Afra

stehen die beiden Pestheiligen Sebastian und Rochus. Die erst 1873 ergänzte Figurengruppe in der Predella zeigt, wie Afra ein Götzenopfer verweigert. Der Altar der „Ulrichseite" präsentiert über der Predella mit dem thronenden Heiligen den auferstandenen Christus mit der Siegesfahne. Im Auszug erscheint Ulrich beim Vollzug des sog. Messwunders; die flankierenden Figuren stellen die Hll. Benedikt, Gregor, Scholastika und Hieronymus dar. Ganz oben erscheint der Salvator Mundi, begleitet von Engeln. Als Antependium des Altartisches dient ein Gemälde mit der Darstellung der Lechfeldschlacht im Jahre 955. Das Altarensemble vervollständigt die monumentale, 1605 von Hans Reichle in Bronze gegossene Kreuzigungsgruppe unter der Vierung des Gotteshauses. Orgel, Kanzel, Gestühl und Weihwasserbecken entstammen der gleichen Zeit. Ausführende Künstler waren auch hier Krumper, Degler und Reichle sowie (bei der Orgel) der Maler Johann Matthias Kager und Paulus III. Mayr.

Tipp > Die sog. „Mozartstiege" im Innenraum von St. Ulrich und Afra erinnert an den Besuch Wolfgang Amadé Mozarts, der 1777 auf der Fuggerorgel spiel-

te, die 1580 Jakob Fugger d. J. gestiftet hatte. Die Stiege, die zur Orgel führt, beschreibt Mozart als „was abscheuliches ..." ys

Renovierung im 18. Jh.

Der Respekt vor dem gotischen Grundcharakter der Kirche bestimmte auch ihre späteren Renovierungskampagnen: Anlässlich des 700. Jahrestages des Konvents im Jahr 1712 wurde das Grab des Hl. Simpert neu ausgestattet, zum 750. Jubiläum (1762) dann das Mariahilfbild mit dem zarten Stuckrahmen der Brüder Feichtmayr an einem nördlichen Langhauspfeiler angebracht und die Ulrichsgruft durch Placidus Verhelst umgestaltet. Somit blieben pompösem Barock und verspieltem Rokoko in St. Ulrich und Afra die Tür gewiesen: Die über Jahrhunderte gepflegte gestalterische Zurückhaltung wurde gleichsam zum Ausdruck ungebrochenen Geschichtsbewusstseins, wie sie der vielleicht ältesten christlichen Kultstätte auf deutschem Boden auch angemessen erscheint. cm

Zeittafel
304

Martyrium der Hl. Afra auf dem Lechfeld (heute Wallfahrtskirche St. Afra im Felde) und

Detail vom Grab des Hl. Simpert

Beisetzung auf einem spätrömischen Friedhof im Süden der heutigen Augsburger Altstadt

4. Jh.
Erster Kirchenbau über dem Afragrab

565
Der Schriftsteller Venantius Fortunatus berichtet von Pilgern am Grab der Heiligen.

Ende 8. Jh.
Kanonikerstift bei der Afrakirche

809
Bischof Simpert lässt sich am Afragrab beisetzen.

973-93
Beisetzung Bischof Ulrichs und dessen Heiligsprechung

um 1000-23
Übernahme des Stifts durch den Benediktinerorden

Geheimtipp > Im Zentrum der Heiltumskammer steht das Ulrichskreuz, eine der wichtigsten Reliquien des Bistums Augsburg überhaupt. Das Innere birgt jenes Holzkreuz, das Ulrich der Tradition zufolge während der Lechfeldschlacht (955) vom Himmel gesandt wurde, um den Sieg über das feindliche Heer zu erlangen. Der Partikel wird seit 1494 in der berühmten Gold- und Edelsteinfassung der Brüder Jörg und Nikolaus Seld aufbewahrt. *cm*

1187
Romanische Doppelkirche, die in ihren beiden Apsiden die Gräber Afras und Ulrichs aufnahm

1467
Grundsteinlegung zum heutigen Bau, erster Plan von Hans von Hildesheim

1475
Einsturz des Langhauses, Baufortführung durch Burkhard Engelberg (gest. 1512)

1492-96
Einbau des Simpertusbogens über dem Grab des Heiligen

1500
Weihe des Langhauses und Grundsteinlegung zum Chor; 1506 Baubeginn an den Türmen

1526
Im Zuge der Reformation Einstellung der Bauarbeiten

1536
Bildersturm, Vertreibung des Konvents

1560
Wiederaufnahme der Bautätigkeit und Neuausstattung unter maßgeblicher finanzieller Beteiligung der Fugger

Ab 1563
Neuausstattung der Kapellen im südlichen Seitenschiff als Grablegen der Familie Fugger; Altäre u. a. von Peter Candid, Wendel Dietrich, Christoph Schwarz und Friedrich Sustris, Skulpturen von Hubert Gerhard und Carlo Palagio

1570
Neuer Hochaltar von Paulus II. Mayr (heute sog. Schnecken-kapelle über der Sakristei)

1594
Vollendung des Nordturms, der Südturm bleibt unausgeführt

1601 ff.
Baufertigstellung und Neuausstattung: 1601 Sakristei und Marien- bzw. Schneckenkapelle; 1603 Chorgewölbe; 1604 neuer Choraltar und Querschiffaltäre über den Gräbern der Bistumspatrone; Entwurf Hans Krumper, Ausführung Johann Degler; 1605 Kreuzaltar mit Bronzegruppe von Hans Reichle; 1606/07 Westempore mit Orgel; 1608 Kanzel von Degler, vielleicht nach Entwurf Krumpers

um 1712
Beichtstühle von Ehrgott Bernhard Bendel

1714
Neugestaltung des Simpert-grabes, wohl durch Johann Jakob Herkommer

1762
Neugestaltung der Ulrichsgruft

1802
Säkularisation des Klosters und Umwandlung in eine Kaserne

1810
Erhebung der Stiftskirche zur Pfarrkirche

1873
Purifizierende Innenrestaurierung, teilweiser Verlust alter Ausstattungsstücke (u. a. die 32 monumentalen Terrakottafiguren Hans Reichles in Chor und Querhaus)

1988
Innenrestaurierung mit Wiederherstellung der originalen Farbigkeit

Ab 2008
Sanierung des gotischen Dachstuhls; Innenrestaurierung; Konservierung und Restaurierung der Altäre

162 Zur Weihnachtszeit, vom 24. Dez.
bis spätestens zum 2. Feb., dem Fest
Maria Lichtmess, werden in kath. und
in vielen prot. Kirchen Augsburgs die
Krippen aufgestellt.. Gerade in den
20er und 30er Jahren des letzten
Jahrhunderts war eine regelrechte
Krippenbegeisterung unter den ev.
Christen entstanden, die mit zeitge-
nössisch geschnitzten Figuren, aber
auch mit zugekauften alten Krippen
die Weihnachtsgeschichte in ihre
Kirchen holten. Bereits seit dem 18.
Jh. hatte der ev. Kupferstichverlag
Martin Engelbrechts von Augsburg
aus den gesamten europäischen
Raum, besonders aber die prot.
Länder Nord- und Mitteleuropa mit
Ausschneidekrippen aus Papier be-
liefert.

In den kath. Kirchen haben sich einige bedeutende barocke Großkrip-
pen erhalten. Allen voran die reich
bevölkerte Weihnachtslandschaft in
St. Ulrich, die urspr. aus Kloster Pol-
ling stammt. Etwas versteckt steht,
im Wechsel mit einer ebenfalls sehenswerten alpenländischen Krippe, die
sog. Kaulbachkrippe im Kloster der
Maria-Ward-Schwestern. Hier muss
man an der Klosterpforte klingeln,
aber es lohnt sich, denn die Barockkrippe aus dem Familienbesitz des
Münchner Malerfürsten Friedrich
August von Kaulbach (1850-1920)
ist von musealem Rang.

Das 19. Jh. hatte, mit seiner Vorliebe
für orientalische Prachtentfaltung, der
Krippenlandschaft neue Vitalität ver-
schafft. Eine noch nicht näher zuge-
ordnete Krippe mit kaschierten Kleiderpuppen erinnert an den Meister
der Münchner Krippenkunst, Sebastian Osterrieder (1864-1932), ohne
direkt in seine Produktion zu passen.
Vielleicht ein Frühwerk? Zu besichtigen im Altenheim St. Margareth,
gleich bei der Puppenkiste.

Das 20. Jh. bringt im Kielwasser der
vielen neuen Kirchenbauten in den
Vorstädten auch den Krippenschnit-
zern neue Aufträge. Besonders harmonisch und stilrein erscheint dabei die Krippe in St. Anton, für die
bereits in der Architektur ein ange-
stammter, würdiger Platz vorgesehen
ist, dem sich die ernste, volkstümlich
realistische Figurenwelt präzise ein-
fügt. *uh*

Detail der Krippe im Altenheim bei St. Margareth

Detail der Krippe von St. Anton

Detail der Krippe von St. Ulrich und Afra

Sehenswerte Krippen von Norden nach Süden:

St. Sebastian
figurenreiche 1920er Jahre- Krippe, früher berühmt
für ihre modernen Ergänzungen, heute Jahreskrippe

St. Stephan
ansehnlicher Bestand an meist barocken Figuren,
Zugang über die Klosterpforte

Maria Ward
zwei große, museale Krippen im Wechsel, Zugang über die Klosterpforte

Barfüßerkirche
geschnitzte und bekleidete Krippenfiguren in
reicher Landschaft, 1920er Jahre, im Kreuzgäng

Maria Stern Kloster
Bekannt sind vor allem die von den Schwes-
tern gestickten Landschaften und Bauten der
Krippe, Zugang über die Klosterpforte.

St. Anna
in der NS-Zeit trotzig angekaufte Tiroler Holzkrippe

Ev. St. Ulrich
Krippenbestand aus drei verschiedenen Quellen
der 1930er Jahre, ergibt eine dennoch harmonische
Krippe

Kath. St. Ulrich
große, kunstlerisch hochrangige Barockkrippe

Altersheim bei St. Margareth
Teile einer ehem. üppigen Krippe mit kaschierten
(geleimten) Kleiderpuppen

St. Canisius
Teile der Barockkrippe aus St. Ulrich, ergänzt
mit Oberammergauer Figuren

St. Anton
geschnitzt, aus der Bauzeit der 1920er Jahre

Maximilianstraße

Bäckergasse

Forsterstraße

Milchberg Margaretenstr

Peter-Kötzer-G.

Kappelberg Kirchgasse

Ulrichsg.

Spitalgasse

B. Rabenb

Eserwallstr.

Roter Torw

Rote-Torwall-Str

Haunstetter Str.

Heiltumskammer in St. Ulrich und Afra

🕐 Zugänglich nur mit Führung (jeden So 14 Uhr) oder nach Voranmeldung im kath. Stadtpfarramt St. Ulrich und Afra, Ulrichsplatz 19
📞 0821-345560 🌐 www.ulrichsbasilika.de

Aus dem Jahr 989 wird berichtet, wie Bischof Gebehard II. von Konstanz anlässlich seines Besuchs in Augsburg dem Grab seines 973 verstorbenen Augsburger Amtsbruders Ulrich Reliquien zu entnehmen versuchte. Daran sei er aber durch eine Vision gehindert worden, weil Körper und Grabstätte des verehrten Bischofs unversehrt erhalten bleiben sollten. Schließlich, 1183, gelang es aber doch, das Grab des 993 Heiliggesprochenen zu öffnen und sein Pontifikalornat sowie seinen Messkelch zu bergen. Mit der „Plünderung" des Ulrichsgrabes begann der Aufschwung eines Reliquienschatzes, der in den folgenden Jahrhunderten zu einem der glanzvollsten Heiltümer des deutschen Mittelalters anwuchs. Seine Blütezeit erlebte das Heiltum von St. Ulrich und Afra im 15. und frühen 16. Jh., parallel zum Neubau des spätgotischen Münsters. Schon vor Baubeginn begannen die spektakulären Wiederentdeckungen einstmals verehrter Grabstätten: Man fand die Überreste der Hll. Hilaria und Digna sowie der legendären Bischöfe Tozzo, Adalbero, Wikterp und Nidgar. Seither wird außerdem der hier begrabene Bischof Simpert als Heiliger verehrt. Der anfangs bescheidene Heiltumsschatz wuchs kontinuierlich und seine kostbar gefassten Reliquien wurden in Heiltumsweisungen und Prozessionen den Gläubigen zur Verehrung präsentiert. Barock und Säkularisation veränderten und reduzierten schließlich seinen Bestand radikal. Unversehrt auf uns gekommen sind aber die Ulrichsreliquien und einige wenige Heiltümer, die zu den Höhepunkten der mittelalterlichen Schatzkunst gezählt werden dürfen. Die im Apr. 2004 eröffnete Heiltumskammer im sog. Musicell, der ehem. Gregorkapelle, zeigt den Besuchern von St. Ulrich und Afra die wertvollen und ehrwürdigen Heiltümer als Zeugnisse einer über ein Jahrtausend reichenden Verehrung und Tradition.

Kanzel und Hochaltar in Ev. St. Ulrich

Objekte

Um das Ulrichskreuz sind in vier thematischen Vitrinen die übrigen Heiltümer gruppiert, allen voran der 1183 entdeckte Ulrichsornat und weitere „Kontaktreliquien", die mitsamt den Gewändern aus seinem Grab erhoben wurden. Einen zweiten Schwerpunkt bilden die Hinterlassenschaften anderer „Hausheiliger": So ist Afra mit einer Knochenreliquie vertreten, die 1804 ihrem Grab entnommen wurde. Damals fand man ihren Leib in eine harte Kalklösche eingeschlossen, die als sog. Afrastein bezeichnet wird und Abdrücke von Gewändern und Knochen zeigt. Als Besitz der seligen Äbte Reginbald und Egino werden die beiden kostbaren hochmittelalterlichen Pastoralstäbe angesehen. Ort und Verehrung der Heiligen sind in St. Ulrich und Afra seit 1700 Jahren eng miteinander verbunden. Den Übergang zum Christentum demonstriert in der letzten Vitrine die zum christlichen Grabstein gewordene antike Spolie. Das merowingische Klerikergrab belegt das Bedürfnis, sich am Ort des Afragrabes bestatten zu lassen. Dieser fromme Wunsch sollte Ulrich einst in gewisser Weise zum Verhängnis werden; uns schenkte er aber Schätze der Frömmigkeit und der Kunstfertigkeit, wie sie kaum eine andere Kirche besitzt. *cm*

2 Ev. St. Ulrich ✝

Ulrichsplatz 21
🕐 Mai-Sept. Sa-Do 10-17, Fr 10-12, Okt.-Apr. 10-15, Fr 10-12
📞 0821-30331 🌐 www.evangelisch-stulrich.de 🔔 ja

Kaum ein Bauwerk hat solchen Symbolwert für das friedliche Zusammenleben zweier Konfessionen wie das Ensemble von ev. und kath. St. Ulrich. Geschwisterlich stehen die beiden Kirchen am südlichen Abschluss der Stadtachse, der Maximilianstraße, die kleinere, evangelische, hinterfangen und gleichsam beschützt von der mächtigen Ulrichsbasilika. Mit eleganter Barockfassade schiebt sich die reformierte Kirche in den Platzraum, ihr Dachreiter über dem geschwungenen Giebel antwortet mit seiner Zwiebelhaube auf seinen großen Bruder im Hintergrund. Mit einladender Geste empfängt die ev. Kirche über die breite Freitreppe ihre Besucher, während der Zugang zur kath. Schwester auf dem kleinen, baumbestandenen Kirchplatz erst gesucht werden muss.

Die ev. Ulrichskirche ist letztlich Resultat einer spätmittelalterlichen Umnutzung: Wegen des enormen Andrangs an den Wallfahrtstagen zum Heiltum von St. Ulrich und Afra wurde um 1300 an die spätere Basilika eine Markthalle angebaut, um dort den Pilgern Devotionalien und Andenken feilzubieten. Wucher und Betrug, die dort allmählich getrieben wurden, veranlassten Abt Johann von Hohenstein, den Bau für Handelszwecke zu schließen und 1457 zu einem Predigthaus umzuwidmen. Als nach dem Augsburger Religionsfrieden viele Kirchen der Stadt neu auf die beiden Konfessionen verteilt wurden, erhielt die ev. Gemeinde der südlichen Altstadt die benediktinische Nebenkirche im Schatten der Ulrichsbasilika; seit 1648 ist das Gotteshaus endgültig protestantisch. Das Innere wurde im 16./17. Jh. zum ev. Predigtsaal ausgebaut: Der Altar wurde an der hinteren (südlichen) Schmalseite aufgestellt, Emporen über dem Eingang und an der langen Ostseite eingezogen und die Kanzel letzterer gegenüber platziert. Bei der durchgreifenden Renovierung im Jahr 1709 musste nach dem Willen des Benediktinerkonvents, der sich wohl um architektonische Konkurrenz zum eigenen Gotteshaus sorgte, die Fassadengestaltung an den Vorgängerbau angelehnt werden und sich weiterhin mit dem einfachen Dachreiter bescheiden. Dem damaligen Neuentwurf wurde daher die Front der ein halbes Jahrhundert ältere Hl.-Kreuz Kirche zugrunde gelegt. Die neue Fassade interpretiert Motive der sich im Hintergrund aufbauenden Giebel- und Turmkulisse der mächtigen Basilika.

Ausstattung

Gleichzeitig wurde der Innenraum umgebaut und vor allem die flache Kassettendecke durch ein stuckiertes Tonnengewölbe ersetzt; die Entwürfe zu dem zarten Régence-Stuck mit Sinnbildern des christlichen Glaubens lieferte der Goldschmied Abraham Drentwett, die Ausführung besorgte Melchior Lotter. Die von einem stuckierten Vorhang eingefangene Altarnische birgt ein Retabel mit einem Gemälde des letzten Abendmahls, das 1693 von Johann Heiss geschaffen wurde. Der Giebel des reich verzierten Holzaufbaus geht in das Rückpositiv der darüber eingebauten Orgel über, die 1721 weiter ausgebaut wurde. Bezeichnend für die lokale Ausprägung des Protestantismus ist die lebhafte Freude an Bildern: Wie in einer barocken Gemäldegalerie hängt Bild an Bild. Überwiegend stammen sie aus dem späten 17. und frühen 18. Jh. und wurden meist von Künstlern aus dem Umkreis des berühmten Johann Heinrich Schönfeld gemalt. Am bedeutendsten sind die Gemälde von Isaak Fisches d. Ä. („Anbetung der Hirten"; „Auferstehung Christi", „Schlangenwunder Pauli auf Malta"; „Das Opfer der Witwe") und von Johann Heiss („Geißelung und Dornenkrönung Christi"; „Martyrium Petri und Pauli"; „Mariae Verkündigung"; „Heilige Sippe").

Kanzel

Am Mittelpunkt der Westwand ist die 1710 von Daniel Scheppach geschreinerte Kanzel eingebaut, die sich nach den unverändert gebliebenen Emporen zu richten hatte. Deren Fronten schmücken 26 Leinwandbilder mit Szenen aus dem Alten Testament; die meisten schuf Franz Friedrich Franck um 1680. *cm*

3 Haus St. Ulrich

Kappelberg 1

Der Münchener Architekt Alexander Freiherr von Branca errichtete 1971-75 ein kath. Bildungszentrum der Diözese Augsburg im Süden der Ulrichsbasilika anstelle des ehem. Benediktinerklosters. Die letzten Reste des groß dimensionierten Klosters, das zwischen 1806 und 1945 als Kavalleriekaserne genutzt wurde, wurden hierfür abgebrochen. Branca formte das Haus St. Ulrich aus einem Konglomerat vieleckiger Gebäudewaben, die sich teilw. zu monumentalen Betonkuben auftürmen oder aber zu kreuzgangähnlichen Innenhöfen öffnen. An der Rückwand der Rezeption im Haupteingang befindet sich ein großformatiges qualitätvolles Gemälde des Malers Matthias Kroth aus dem Jahre 2007. *ct*

Geheimtipp > Ausgefallene Schmuckkreationen gibt es in dem Atelier „Eigenhändig" der Dipl. Designerin Yvonne Raab. Im hübschen Ladengeschäft in der Kirchgasse 26 finden sich Schmuckobjekte in Gold und Silber oftmals kombiniert mit Lechkieseln, Perlen, Fundstücken oder anderen Naturmaterialien. Zudem arbeitet Raab mit sinnigen Wörtern und/oder Sätzen, die in ihre Objekte integriert sind. Besondere Stücke sind u. a. der Freundschaftsring in Seife und der Haiku Ring. Yvonne Raab, deren Schmuckstücke besser unter dem Begriff Objektkunst zu fassen sind, hat gemeinsam mit dem Augsburger Künstler Felix Weinold den artguide Ring geschaffen: Unter dem Motto „portable art – Kunst im Ring" ist ein handgeschmiedeter Silberring entstanden, der mit je drei unterschiedlichen Kunstwerken von Felix Weinold zusammengefasst auf einem Streifen zum im doppelten Sinne tragbaren Kunstwerk wird. *ys*

4 Ehem. Zinshaus des Klosters St. Ulrich und Afra

Kirchgasse 5

Der zweigeschossige, 1983-85 sanierte Giebelbau wurde um 1500 erbaut. Im Hof befindet sich eine einläufige Treppe, die einen Zustand vor 400 Jahren widerspiegelt. ct

Tipp > Linkerhand neben dem ehem. Zinshaus befindet sich das ehem. Brothaus des Klosters Ulrich und Afra. Ein Relief mit fünf Brotlaiben über dem Portal gibt noch Zeugnis hiervon. ys

Ehem. Zinshaus des Klosters St. Ulrich und Afra

5 Ehem. Stadel des Klosters St. Ulrich und Afra

Ulrichsgasse 3

Der niedrige, breitgelagerte Scheunenbau mit fünf quadratischen Fenstern, asymmetrisch gelegener Tür und Satteldach ist eines der letzten Beispiele für eine historische Ökonomiearchitektur in der Innenstadt. Das 1683 als Teil eines Mairhof (Wirtschaftshof) von St. Ulrich fertiggestellte Gebäude diente nach der Säkularisation als Pferdestall für das 4. Bayer. Chevauxlegers-Regiment „König". Im Erdgeschoss befand sich urspr. der Stall, im Dachraum der Heuboden. Seit seinem Umbau in den Jahren 1983-85 dient das Bauwerk der Freien ev. Gemeinde als Gemeindezentrum; sein Dachraum mit beeindruckender Gebälkkonstruktion nimmt bis zu 180 Personen auf. ct

6 Hl.-Geist-Spital

Spitalgasse 15 Die Kapelle ist nur sonntags zur Messe zugänglich 0821-451899

Die mittelalterlichen Spitäler sind oft wichtige Gründungsorte bis heute bestehender sozialer Einrichtungen. Viele moderne Krankenhäuser und Altersheime gehen auf solche alten Institutionen zurück. Auch das Augsburger Hl.-Geist-Spital beherbergte bis vor wenigen Jahren die städt. Obdachlosenunterkunft und das Leihamt, beides wichtige Einrichtungen einer verantwortungsvollen städt. Fürsorge. Noch heute werden große Teile des benachbarten sog. Rabenbades für Altenwohnungen und -betreuung genutzt.

Der weitläufige Spitalkomplex liegt am südöstlichen Ende der Altstadt, gleich hinter dem Roten Tor, wo auch Brunnen- und Lochbach die alte Stadtummauerung passieren; die westliche Begrenzung bildet die Spitalgasse, rückwärts stoßen die Gebäude an die Befestigung. Nördlich folgen die 1540 dem Spital einverleibten Klosterbauten des ehem. Dominikanerinnenklosters bei St. Margareth, das Rabenbad am Wollmarkt. Urspr. waren die Spitäler aus Gründen des Seuchenschutzes und wegen der damals sozialen Nachrangigkeit der Bewohner am Rande, besser noch vor den Toren der Stadt angesiedelt. So war das Augsburger Hl.-Geist-Spital im 13. Jh. außerhalb der Stadtmauern gegründet und erst 1386/87 neben das Kloster St. Margareth verlegt worden, das später im Spital aufging. Den Unterhalt des Spitals sicherte reicher Grundbesitz inner- und außerhalb der Stadt, doch regelte der Rat alle wichtigen Angelegenheiten und kontrollierte Einnahmen und Ausgaben. Seit alters her dient das Hl.-Geist-Spital als Altersheim; eine Krankenstube bestand nur zur Betreuung der durchschnittlich 250 Insassen.

Die heute bestehende Gebäudegruppe ist das letzte Werk Elias Holls – wegen seines prot. Glaubens wurde er 1631/32 vom Amt des Stadtbaumeisters suspendiert – und wurde bis 1631 als Vierflügelanlage um einen unregelmäßigen Innenhof mit hofseitigen, auffallend hohen Pfeilerarkaden und ehem. offenen Loggien in den Obergeschossen errichtet.

Der Zugang zum Hof erfolgt von Norden her durch die zurückhaltend dekorierte Tordurchfahrt. Der langgestreckte Hauptbau entlang der Spitalgasse (das „Langhaus") ist zweigeschossig; ein großes Portal liegt auf der mittleren der 13 Fensterachsen. Das Erdgeschoss besteht aus einer mehrfach abgeteilten dreischiffigen Gewölbehalle, die seit 1948 größtenteils von der „Augsburger

Puppenkiste" genutzt wird. Die zwei südlichen Joche bergen die ev. Spitalkapelle. Urspr. waren zwei weitere Joche nur mittels eines Gitters von der Kapelle abgetrennt, sodass auch Kranke, Hinfällige und Bettlägerige den Gottesdiensten beiwohnen konnten. Ihre einfache Ausstattung stammt meist aus dem frühen 18. Jh.

Tipp > Das bedeutendste Inventarstück, Georg Petels berühmte „Kreuzigungsgruppe" von 1631, teilen sich heute die Barfüßerkirche (Kruzifix) und das Maximilianmuseum (Maria und Johannes). *cm*

Sein letztes Werk zeigt Holl als abgeklärten Meister. Die monumentale Fassade entwickelt ihre Qualität ausschließlich aus ihrer Länge und der harmonischen Verteilung der wenigen Zierelemente. Das Mittelportal ist die einzige Zäsur, vornehm in flachem Relief mit einem Kurzprogramm klassischer Architekturzitate ausgezeichnet und einer noblen Antiquainschrift als Schmuckmotiv. Nur an der Südseite ist die Symmetrie durch einen schmalen Aufzugerker und den kleinen Dachreiter der Kapelle kaum merklich gebrochen. Leider stört die letzte Renovierung die feine Ausgewogenheit des „Langhauses" durch eine etwas unsensible Streuung neuer Dachgauben und das Nebenportal zur Kapelle. *cm*

7 Augsburger Puppenkiste 🏛 ▣

Spitalgasse 15, Tickets (Kassenschluss: 18 Uhr) unter ✆ 0821-45034540 🕐 www.diekiste.net

Die Augsburger Puppenkiste kommt einem Wahrzeichen für

Blick in das Museum „Die Kiste" der Augsburger Puppenkiste

Augsburg gleich. Jährlich pilgern Tausende von Besuchern, ob groß oder klein, in das ehem. Hl.-Geist-Spital, um Vorstellungen der Puppen an Fäden anzuschauen.

1943 baute Walter Oehmichen mit seiner Frau Rose die erste Kiste, den sog. „Puppenschrein", der 1944 dem Bobenhagel zum Opfer fiel. Am 26. Feb. 1948 eröffnete das Puppentheater im ehem. Hl.-Geist-Spital mit der Premiere „Der gestiefelte Kater". Fortan wurden und werden Märchen inszeniert, eigene Stücke geschrieben; es folgten die berühmten Fernseh- und Kinoproduktionen und die Kiste ging auf Tournee. In eine Vorstellung aber am Ursprungsort zu gehen, lässt Kinderaugen gleichermaßen erglühen wie Kindheitserinnerungen wach werden. ys

Museum „Die Kiste" der Augsburger Puppenkiste

Spitalgasse 15 🎫 4,20 € / 2,70 €
🕐 Di-So 10-19 Uhr
0821-4503450 🌐 www.diekiste.net 📷 ja 📷 ja 📷 ja

Wer kennt nicht die 1948 von Rose und Walter Oehmichen gegründete Puppenkiste? Für alle, die das routinierte Marionettenensemble tatsächlich noch kennenlernen müssen, aber auch für diejenigen, die den Heroen ihrer Kindheit wieder begegnen möchten, ist die „Kiste" der richtige Ort. Was sich dort in den bühnenbildartigen Panoramen tummelt – wie es scheint in „artgerechter" Umgebung – hat schon lange Kultstatus bei Kindern bis 90 Jahren. Ob Urmel aus dem Eis, Monty Spinneratz, Mama Wutz oder Kater Mikesch – sie alle sind liebevoll präsentiert. Und mehr noch: Die hölzernen Gesellen machen den Museumsbesuch zu einem wirklichen Erlebnis, denn wo sonst, wenn nicht von der „Kiste" im Augsburger Hl.-Geist-Spital kann man sich mit Jim Knopf und Lukas dem Lokomotivführer höchst persönlich auf die abenteuerliche Reise zur „Stadt der Tausend Drachen" machen? gn

Tipp > Im Museum sind zwei kleine Kinos eingerichtet, in denen man die großen TV-Hits der Puppenkiste sehen kann. ys

8 Am Roten Tor 🏛

Vor dem Roten Tor liegt eine der geschlossensten historischen Platzsituationen der Augsburger Altstadt: Umringt vom ehem. Haupttor im Süden der Stadt, den Wassertürmen mit dem Haus des Brunnenmeisters, der Spitalkirche zum Hl. Geist und mehreren Wohnbauten, zeigt der Platz das gewachsene Gesicht, das für Augsburg vor den Zerstörungen im Zweiten Weltkrieg typisch war. Deutlich von der Bebauung aus reichsstädt. Zeit unterscheidet sich ein Mietshaus des 19. Jhs. durch Höhe und Architekturglieder. An dem Mietsbau fällt zudem eine Tafel auf, die an eine Stiftung für das Hl.-Geist-Spital gemahnt. Noch stärker sticht die Bautafel am ehem. Pfründehaus des Konrad Herbst ins Auge. Sie zeigt in einem aufwendigen Rahmen Wappen und Helmzier Konrad Herbsts. An einem kleinen Handwerkerhaus mit Nischenmadonna vorbei führt eine Gasse bis zum Saurengreinswinkel mitten im Ulrichsviertel. Der Name des unregelmäßigen Plätzchens leitet sich entweder vom Namen eines Anwohners ab oder deutet auf die schlechte (saure) Bodenqualität hin. Hier stehen charakteristische Bürgerhäuser aus dem 16. Jh., ein Zinshaus (Mietshaus) für Weber mit Hausmadonna und das mutmaßlich „schmalste Haus Augsburgs". gn

9 Rotes Tor 🏛

Am Roten Tor 5

Das 1622 errichtete Rote Tor (Porta Rubra), das bedeutendste Stadttor von Elias Holl, ist Teil der wichtigsten Bastion Augsburgs. Seine Bedeutung bezieht das Bollwerk aus dem Schutz der hier konzentrierten Wassereinleitung in die Stadt sowie der Kontrolle des gesamten Verkehrs nach Süden. Holl nutzte wie beim Fischertor den quadratischen, sehr hohen und mit einer spitzbogigen Tordurchfahrt versehenen Unterbau des mittelalterlichen Tores (3 Geschosse) und setzte ein hohes Obergeschoss mit abgerundeten Ecken, toskanischer Pilastergliederung und horizontalen Bändern auf. Trichterförmige Fensteröffnungen gliedern das Wandraster. Das abschließende Zeltdach besitzt eine Laterne. Das zugehörige Vortor hat einen niedrigen Torbau mit tonnengewölbter Durchfahrt

Ansicht des Roten Tores mit St. Ulrich und Afra von J. C. Weyermann, um 1741, Kupferstich

Porta Rubra. Daß Rothe Thor. La Porte Rouge.

Verbundenheit beider Städte, die traditionell beste Handelsbeziehungen pflegten. Ob Bernheimer bei seinem großzügigen Geschenk nun um solche lokalen Befindlichkeiten wusste, sei dahingestellt. Jedenfalls ist mit den „Venezianischen Brunnen" die ital. Renaissance, die einen ihrer Ursprungsorte in der Lagunenstadt hat, wenn auch mit Verspätung, in Augsburg, ihrem ersten dt. Einfallstor, angekommen. *cm*

(1544-46), daran schließen der Rote-Tor-Wall und die -mauer an, letztere 1545/46 errichtet. Die Wallbastei stammt von 1611. Die zweigeschossige Brücke vor dem Roten Tor ist 1777 datiert. Renovierungen erfolgten 1972-75, zuletzt 2007-08. *ct*

10 Venezianischer Brunnen

Spitalgasse

Augsburgs zwei „Venezianische Brunnen" bestehen jeweils aus einer hohen Ädikula, also einer rundbogigen Nische mit Muschelkalk-Linette zwischen genuteten Dreiviertelsäulen, die ein dorisches Gesims aus Metopen (die quadraschen Felder mit emblematischem

Bildschmuck) und Triglyphen (die dreifach vertikal genuteten Zierfelder) tragen. Das Wasser ergießt sich aus einem unscheinbaren metallenen Ausguss in die polygonalen Brunnenbecken.

Der legendäre Münchner Kunsthändler Louis Bernheimer hatte 1950 das Wandbrunnenpaar erworben und auf Initiative des damaligen Oberbürgermeisters Klaus Müller der Stadt vermacht. Für Augsburg nach den verheerenden Zerstörungen des Zweiten Weltkriegs ein willkommenes Geschenk. Lediglich der Abbau der jeweils ca. 350 Einzelteile in München und die Transportkosten waren von der Stadt zu übernehmen. Einer der Brunnen wurde an der Schwedenstiege aufgestellt, sein Pendant an der Südseite des Roten-Tor-Walls. Letzterer verfiel dort aber derart, dass er 1975 abgebaut und, im städt. Bauhof deponiert, in Vergessenheit geriet. 1988 wurde er von der Steinmetzinnung Augsburg-Nordschwaben sachgerecht restauriert und an der Innenseite der Roten-Tor-Mauer (am südlichen Ende der Spitalgasse, rechts der Tordurchfahrt) wieder aufgestellt.

In Venedig standen die Brunnen einst auf dem Campo SS. Giovanni e Paolo, bei der gleichnamigen berühmten Kirche und dem Denkmal des Condottiere Bartolomeo Colleoni. Ein alter Kalauer besagt ja, Augsburg habe mehr Brücken als Venedig. Gott allein hat sie gezählt – doch belegen dieser und ähnliche Vergleiche die innere

11 Wassertürme am Roten Tor

Am Roten Tor 1 Kastenturm nach Vereinbarung über das Schwäbische Handwerkermuseum erreichbar

In Augsburg haben sich fünf historische Wassertürme erhalten, drei davon stehen beim Roten Tor. Sie waren mit ihrem Brunnenwerk der Ausgangspunkt für die Wasserversorgung der Oberen Stadt. Die topografische Lage der Stadt machte Gefälle-Leitungen unmöglich, es mussten relativ aufwendige Wasserhebeanlagen gebaut werden. Pumpmaschinen in den Brunnenwerken drückten das Wasser in die Hochreservoirs der Wassertürme, von wo aus es durch natürlichen Druck ins Stadtleitungssystem eingespeist werden konnte. Die Druckhöhe bei den Wassertürmen am Roten Tor beträgt zwischen 25 und 28 Meter. Im Kleinen Wasserturm waren seit dem 17. Jh. zu didaktischen Zwecken zahlreiche Holzmodelle und technische Schautafeln über die Geschosse verteilt. Das Äußere der Funktionsbauten ist in Holl'scher Manier mit Rustika und Triglyphengebälk gegliedert. *cvb*

Tipp > Das Holzmodell einer doppelten Wendeltreppe ist in der Modellkammer des Maximilianmuseums zu sehen. 1742 erwähnt Caspar Walter seine berühmte „Schnecken-stiege", bei der zwei Personen „à parte dieß- und jenseits hinauf gehen", sich dabei sehen und miteinander sprechen können. *ct*

Sog. Brunnenjüngling von Adriaen de Vries (1556-1626), um 1601

Grundriss, der auf dem Wall steht.
1550
Neubau des Turmes auf dem mittelalterlichen Sockelgeschoss
1599
Umbau zum Wasserturm durch den Stadtwerkmeister Jakob Eschey (gest. 1606), Erhöhung um zwei sechseckige Geschosse, die auf vorkragenden Konsolen ruhen, flacher Dachabschluss
1703
Aufbau einer Balustrade

Großer Wasserturm
1416
von Hans Felber (geb. 1439) als Holzbau errichtet
1463
Erneuerung in Stein
1669
Erhöhung um zwei Obergeschosse – Errichtung eines achteckigen Oberbaues
1746
Oberer Abschluss mit einer Balustrade und einer Oberlichtla-terne; wassertechnischer Ausbau durch Caspar Walter (1701-1769)

Kleiner Wasserturm
1470
Quadratisches Untergeschoss
1556-59
Erhöhung um zwei sechs-eckige Obergeschosse mit hohem Strebepfeiler an der Nordostecke zum Abfangen der Erschütterungen der Pumpen
1672
Erhöhung um ein weiteres Kuppelge-schoss, Bekronung mit Kupferhaube; Stuckaturen von Matthias II. Schmut-zer (1636-1686) aus Wessobrunn

Kastenturm oder Neuer Spital-turm
Grundlage ist ein spätmittelalterlicher Festungsturm mit halbkreisförmigem

Tipp: > Das Aussehen des Rau-mes im obersten Geschoss des Kastenturms dokumentiert eine Ansicht von Simon Grimm aus dem Jahre 1682: Der sechssecki-ge Wasserkessel (Bassin) ist mit Zierädikulen versehen. Inmitten des Beckens befindet sich der Bronzetriton (um 1601) von Adriaen de Vries, den heute das Maximilianmuseum aufbewahrt (Erdgeschoss). Caspar Walter beschreibt ihn im Jahre 1741: „All da stehet im Kessel ein schön metallenes Bild, so das Wasser im Kessel ausgießen thut". *ct*

Im Kriege beschädigt, wurden die Wassertürme in den 1970er Jah-ren in Zusammenarbeit mit dem Landesamt für Denkmalpflege einer gründlichen Restaurierung unterzogen, eine weitere erfolgte 2007/08. *cvb*

12 Freilichtbühne 🎭 🏛

Besucherservice am Kennedyplatz 1
🕐 Mo-Fr 9-18, Sa 10-16
☎ 0821-3244933, Tickets
☎ 0821-3244900 🌐 www.theater1.augsburg.de

Mit der stimmungsvollen Kulisse vor der mittelalterlichen Bastion und dem Roten Tor gehört die Freilichtbühne mit 2.117 Sitz-plätzen zu den größten in Süd-deutschland. Sie ist die Spielstätte des Theaters Augsburg in den Sommermonaten (Mitte Jun. bis Ende Jul.). Neben Opern, Ope-retten und Musicals finden auch Gastspiele und Konzerte statt.

Tipp > Wer keine Karten mehr bekommt, kann mit Decke und Picknickkorb auf der großen Wiese der Parkanlage zumindest akustisch an den Aufführungen teilnehmen. *ys*

Structura Turris aquaticæ superioris nova. Die neße Zeil im Obern Waßerthürn.

Schon 1929 beschloss der Stadtrat auf Anregung des damaligen Direktors der Münchner Kammerspiele Otto Falckenberg (1873-1947), den Wallgraben am Roten Tor zur Freilichtbühne umzuwandeln. Nach Anfangsschwierigkeiten, Zweckentfremdung im Dritten Reich (mit dem Prädikat „reichswichtige Spiele" versehen) und Unterbrechungen im Zweiten Weltkrieg werden seit 1946 kontinuierlich Aufführungen inszeniert. *ys*

Tipp > Wer seinen Mojito mixen möchte, steht im Kräutergarten am Rabenbad vor der Qual der Wahl: Über 50 Minze-Sorten mit den unterschiedlichsten Geschmacksrichtungen (wie Ananas-, Orangen- und Bananenminze) und klangvollen Namen (wie Dionysos-, Pluto- und persische Minze) sind zu finden und zu pflücken. *shs ys*

Kurioses > Das Holzmodell der Freilichtbühne von Otto Falckenberg aus dem Jahr 1929 ist als Dauerleihgabe des Mozarteums Salzburg im Mozarthaus ausgestellt. Es zeigt eine Inszenierung von Mozarts „Zauberflöte", die zum ersten Mal am 14. Juli 1936 hier aufgeführt wurde. *shs*

13 Schwäbisches Handwerkermuseum 🏛

Am Rabenbad 6 ⏰ Mo-Fr 13-17, Mo und Di 9-12, So 10-17 ☎ 0821-32591270 🚶 www.hwk-schwaben.de 🚶 ja 🚶 nein

Das Brunnenmeisterhaus wurde 1742-50 unter der Leitung des damaligen Stadtbrunnenmeisters Caspar Walter errichtet. Das Obere Brunnenmeisterhaus, ein zweigeschossiger Bau mit Mansarddach – im Kern 17. Jh., äußere Erscheinung 18. Jh., klassizistische Dekorationen 19. Jh. –, besitzt einen direkten Übergang zum Hauseingang zum Treppenhaus des Kleinen Wasserturms. Hier war die Dienstwohnung der Stadtbrunnenmeister. Das Untere Brunnenmeisterhaus diente als Werkstatt und Lager für die städt. Brunnenwerke am Roten Tor und erfüllte bis zum Bau des Wasserwerks am Hochablass im Jahre 1879 seine Funktion. Gemeinsam mit den drei Wassertürmen, dem Hl.-Geist-Spital und dem Roten Tor bildet das schmale, an den Mauerring angelehnte Brunnenmeisterhaus ein wichtiges kulturgeschichtliches Ensemble. Die Fresken aus dem Jahr 1777 an dem Gebäude mit der geschweiften Uhrengaube wurden von Severin Walter nach einem Fassadenentwurf des Bergmüller-Schülers Christian Erhart in den Jahren 1983-85 rekonstruiert.

Tipp > Am äußeren Mauerring befindet sich ein Medusenhaupt als Wasserspeier einer Abflussrinne aus dem Beginn des 17.

Jhs. Der stark verwitterte Stein lässt im unteren Bereich noch in sich verschlungene, schlangenartige Wesen erkennen, die den zentralen Schlund wie bei der antiken Medusa umspielen. *ct*

Das 1985 in diesem Haus eröffnete Museum zeigt die Entwicklung des Handwerks vom Mittelalter bis zur Industrialisierung. Dabei werden rund 40 Handwerksberufe anhand von Werkzeugen, Maschinen,

Geheimtipp > Im Stil eines klösterlichen Küchengartens ist der Kräutergarten am Rabenbad im Rahmen der Bayerischen Landesgartenschau (1985) angelegt und bereits 1983 fertiggestellt worden (Öffnungszeiten: Apr.-Okt.). Ein betörender Duft strömt von Frühling bis Herbst dem Besucher entgegen. Gerahmt wird die Anlage von der alten Stadtmauer und zwei Wasser führenden Stadtgräben. Vor der Kulisse der Wassertürme am Roten Tor, insbesondere vor dem Kastenturm und dem ehem. Dominikanerinnenkloster St. Margareth, lädt das idyllische Plätzchen mit mehreren Ruhebänken zum Verweilen ein. In einer Vierfelderanlage mit Buchsbaumeinfassungen wachsen zahlreiche Kräuter (wie Salbei, Minze, Pimpinelle), die von den Besuchern für den Eigenbedarf geerntet werden dürfen. Auch die Rose „Fuggerstadt Augsburg" blüht hier. *shs ys*

Handwerksprodukten und original eingerichteten Werkstätten dargestellt. Viele der Handwerksberufe sind bereits ausgestorben, wie z. B. Bader, Posamentierer etc. 2008 wurde das Museum neu gestaltet und um eine Uhrmacherwerkstatt bereichert. *ct*

Tipp > Ein Ort der Ruhe erwartet den Besucher, wenn er durch den Hof des Hl.-Geist-Spitals den kleinen Garten im Brunnenmeisterhof betritt. Auf dem Gelände des 1879 abgerissenen Pumpenhauses wurde der Garten mit seinen von Buchshecken gerahmten Blumenrabatten im Zuge der Sanierung 1983-85 angelegt. Ein zu einem Brunnen umgewandelter Tuffstein vervollständigt die idyllische Anlage, die mit ihrer traumhaften Architekturkulisse zum längeren Verweilen einlädt. *hh*

14 St. Margareth 🏠

Ehem. Dominikanerinnenklosterkirche St. Margareth, jetzt kath. Spitalkirche, Spitalgasse 1 🕐 nach Voranmeldung im kath. Stadtpfarramt St. Ulrich und Afra

Die Kirche geht auf eine Niederlassung von frommen Frauen zurück, die durch den Bischof von Augsburg zur Annahme der Augustinerregel und des Ordo der Dominikanerinnen von San Sisto in Rom verpflichtet wurden. Sie zogen 1261 von Leuthau bei Klimmach nach Augsburg und ließen sich im Pfarrbezirk von St. Ulrich und Afra nieder. 1278 wurde ein Ablass auf einen Neubau gewährt, 1280 die Niederlassung endgültig in den Dominikanerorden eingegliedert. Die geistliche Betreuung der Nonnen nahmen nun die Dominikaner von St. Magdalena wahr. Schenkungen durch Bischof Wolfhard von Roth (Bischof 1288-1302) und nochmalige Ablassgewährung für die Jahre 1288 und 1300 scheinen den Bau vorangebracht zu haben.

Von der gotischen Kirche ist heute nichts mehr vorhanden, da ein Brand 1333 schweren Schaden anrichtete. Ein Neubau der Anlage ist allerdings erst für das Jahr 1521 bezeugt, der mitsamt der Klosteranlage auf dem im selben Jahr entstandenen Stadtplan von Jörg Seld (um 1454-1527) abgebildet ist. Erkennbar ist dort ein basilikaler Bau mit fünf Fensterachsen, einem Giebelreiter über quadratischem Grundriss sowie eine L-förmige Klosteranlage, im Norden und Westen jeweils durch einen Mauerzug begrenzt. 1534 wurde die Kirche mit der Einführung der Reformation in Augsburg geschlossen und 1538 das Kloster aufgehoben, jedoch 1540 mit dem Hl.-Geist-Spital vereinigt, dem die Gebäude übereignet wurden. 1548 erfolgte die Rückgabe an die Dominikanerinnen. 1594 wurde die Kirche um 90 Grad gedreht, nun ein sich an der Straße entlang ziehender traufständiger Bau. Auf dem Kilianplan von 1626 ist der beibehaltene Giebelreiter mit aufgesetztem Sechseck und Zwiebelhaube erkennbar. Die kath. Spitalpfründner sind für die Baumaßnahmen verantwortlich:

Wollmarkt im ehem. Dominikanerkloster zu St. Margareth

Octavian Secundus Fugger und Johannes Welser werden auf einer Inschrifttafel auf der inneren Westwand genannt. Mit dem zwar schon ein Jahrhundert früher geplanten, aber erst 1720 durchgeführten Neubau wurde die Kirche wieder in die Ost-West-Richtung gedreht. Sie erhielt einen Ostchor mit Apsis und die charakteristische Westfassade, die mit ihrem Volutengiebel und Giebelreiter Verwandtschaft mit Ev. St. Ulrich und Ev. Hl.-Kreuz zeigt. Gekoppelte Kolossalpilaster toskanischer Ordnung betonen die vertikale Ausrichtung der Fassade. Ein verkröpftes Gebälk setzt hingegen einen wichtigen Akzent in der Horizontalen. Die Durchfensterung des Raumes fällt insgesamt spärlich aus, denn die Seitenwände der Kirche waren beidseits bis 1915 in die Klosteranlage eingebaut. Der Nordflügel der Klosteranlage fiel in jenem Jahr einer Straßenerweiterung zum Opfer.

Ausstattung

Die originale barocke Ausstattung der Kirche gehört zu den besterhaltenen in Augsburg: das Deckenfresko mit der Ausschüttung des Hl. Geistes, als Nebenbilder in den Scheinpendentifs die Evangelisten vor einem damaszierten Hintergrund, beides von Johann Joseph Anton Huber (1737-1815) signiert und mit der Jahreszahl 1803 datiert. 1740 hatte man das vorhergehende, von Matthias Kager

(1575-1634) geschaffene Hochaltarbild Maria, Margarethe und die Ärzteheiligen Cosmas und Damian, heute Kunstsammlungen und Museen, durch dasjenige von Christoph Thomas Scheffler (1699-1756) ersetzt und den gesamten Hochaltar umgestaltet. Der Figurenschmuck könnte von Ehrgott Bernhard Bendel (um 1660-1738) geschaffen sein. Die fünfzehn Bilder der Kreuzwegstationen werden Joseph Mages (1728-1769) zugeschrieben. 1744 entstanden die Kanzelfiguren von Andreas Hainz (nachgewiesen zwischen 1696-1715). *cvb*

Wollmarkt

🕐 immer zugänglich

Östlich von St. Margareth sind die Gebäude des ehem. Dominikanerklosters zu St. Margareth mit malerischem Klosterhof und Arkadengang gelegen. Der Klosterhof trägt den Namen Wollmarkt, weil hier und im Prioratshaus zwischen 1835 und 1914 der Wollmarkt abgehalten wurde, auf dem ausschließlich Schafwolle verkauft werden durfte. Bereits 1835 hatte die Stadt Augsburg einen Schafwollmarkt ins Leben gerufen, der zunächst in der ehem. St. Salvatorkirche in der Jesuitengasse (1871/72 abgerissen) stattfand. Wie sehr der Wollmarkt, der ab dem zweiten Juni-Montag für vier Tage abgehalten wurde, florierte, zeigt das Beispiel von 1860: Ganze 2.000 Zentner Schafwolle wurden hier umgesetzt! Dass ab 1855 im Klosterhof aber auch der wöchentliche Hopfenmarkt (Saison von Anfang Okt. bis Ende Apr.) stattfand, davon schweigt die Bezeichnung „Wollmarkt". Mit der Beschlagnahmung von Schafwolle im Ersten Weltkrieg und dem Verkaufsverbot fand der Wollmarkt 1914 sein jähes Ende. *ys*

Augsburg und die Musik

Bisweilen hatte die Hl. Cäcilia, die Patronin der Musik, auch mit Augsburg ein Einsehen, ja, sie hat dieser Stadt sogar eine äußerst komplexe Musikgeschichte beschert. Denn Augsburg war Bischofsstadt, Freie Reichsstadt, Bürgerstadt, seit dem Augsburger Religionsfrieden bikonfessionel und seit dem Westfälischen Frieden paritätisch.

Für Musiker bedeutete ein solch komplex strukturierter urbaner Organismus, dass sie für verschiedene Auftraggeber tätig werden konnten: Der Fürstbischof pflegte in seiner Doppelfunktion als geistlicher Oberhirte und weltlicher Herrscher neben der liturgischen Musik auch eine Hofkapelle. Daneben traten die Klöster, seit dem 16. Jh. die prot. Gemeinden als Förderer auf. Und schließlich dürfen Kommune und Bürger nicht vergessen werden, wenn es um die Augsburger Musikpflege geht. Natürlich gab es immer Bezüge zwischen den Auftraggeberkreisen, Musiker waren z. T. für mehrere Institutionen gleichzeitig aktiv.

Die ältesten Wurzeln hat die liturgische Musik am Dom und an St. Ulrich und Afra, die bis ins 11. Jh. zurückverfolgt werden kann (Afra-Sequenzen, Ulrichs-Officium).

Ein wirkliches Zentrum europäischer Musikgeschichte wurde Augsburg jedoch im 16. und zu Beginn des 17. Jhs., vermutlich ausgelöst durch die Anwesenheit der Hofkapelle

Kaiser Maximilians I. während der Reichstage. U. a. Heinrich Isaac (1450-1517), Ludwig Senfl (1486-1543) und Paul Hofhaimer (1459-1537) gehörten der Hofkapelle an. Das kaiserliche Engagement erregte schließlich den Ehrgeiz potentieller Auftraggeber aus Augsburg. Als Domorganisten wirkten u. a. seit 1568 Jakobus de Kerle (1531-1591) und seit 1625 Christian Erbach (1568-1635, seit 1596 Stadtorganist) in Augsburg. Als Kapellmeister der 1561 gegründeten Domkantorei bereitete seit 1575 Bernhard Klingenstein (1545-1614) gemeinsam mit dem Domvikar Gregor Aichinger (1564-1628) und dessen Freund C. Erbach dem sparsam begleiteten italienischen Einzelgesang den Weg nach Deutschland. Aichinger vertrat zudem die venezianische Mehrchörigkeit. Als vom Domkapitel bestellter Spezialchor traten seit dem 15. Jh. die sog. „Marianer", jeweils sechs hochbegabte junge Männer auf – die Vorläufer der 1976 von Reinhard Kammler wiedergegründeten Augsburger Domsingknaben. Daneben unterhielt Bischof Otto Truchseß von Waldburg (1514-73) eine zehnköpfige Hofkapelle, die für ihre herausragenden, meist italienischen Sänger und Instrumentalisten berühmt war und von J. de Kerle geleitet wurde.

Die Kommune wollte dahinter nicht zurückstehen: Die Augsburger „Meistersinger", 1535 gegründet, waren neben ihren berühmteren Nürnberger Kollegen die größte

Flügeln von Jörg Breu d. Ä. (1475-1537)

Schrankflügelorgel in der Fuggerkapelle mit den 1522 entstandenen

Virginal von Daniel Bidermann (1603-1663),

Augsburg um 1640, Kunstsammlungen und Museen Augsburg

und einflussreichste derartige Gesellschaft in Deutschland. Um 1600 hatten sie 100 Mitglieder, seit 1665 einen eigenen Meistersingerstadel am Lauterlech. Der Augsburger Schneider Sebastian Wild (gest. nach 1538) war nach Hans Sachs im 16. Jh. der meistaufgeführte Meistersinger (u. a. Passionsspiel von 1566). Außer den Sängern beschäftigte die Kommune eigene Stadtpfeifer, denn Kaiser Sigismund hatte der Freien Reichsstadt 1434 das sonst nur Fürsten zustehende Privileg verliehen, eigene Trompeter zu halten. Den Stadtpfeifern gehörten u. a. G. Aichinger, P. Hofhaimer, Hans Leo Hassler (1564-1612) und C. Erbach an.

Musiker wurden auch von den Bürgern gefördert, wie das Herwath'sche Liederbuch (1505-14) beweist. Die Aktivitäten der Fugger überstrahlten jedoch das Engagement aller anderen Geschlechter und nahmen höfische Züge an. Einige der berühmtesten Komponisten ihrer Zeit widmeten diesen „Königen unter den Kaufleuten" Stücke, u. a. C. Erbach, H. L. Hassler und Orlando di Lasso (1530-1594). Raymund Fugger legte nebenbei eine der größten Sammlungen musiktheoretischer Schriften und Instrumente in Europa an. Wichtige Orgelstiftungen, z. B. in St. Anna, gehen ebenfalls auf die Fugger zurück.

In diesem Umfeld blühte natürlich der Musikinstrumenten- und Automatenbau.

Tipp > Wer immer schon wissen wollte, wie die Musik erfunden und verbreitet wurde, kann dies auf den kleinen Flügeln (1522) der Orgel in der Fuggerkapelle von Jörg Breu d. A. (1475-1537) bildlich nachvollziehen. *gn*

Die „goldene" Phase des Augsburger Musiklebens endete mit dem Dreißigjährigen Krieg, denn nun waren die großen Residenzstädte attraktiver für Komponisten und Musikanten. Dies bedeutet jedoch nicht, dass die Hl. Cäcilia in Augsburg keine Anhänger mehr gehabt hätte. Wichtig wurden nun die prot. Gemeinden und die Klöster. Noch vor dem Krieg wirkte Adam Gumpelzhaimer (1559-1625) als Kantor in St. Anna, später Philipp David Kräuter (1690-1741), der 1713 das sog. Collgium musicum, ein Orchester aus Berufs- und Laienmusikern, gründete. Gumpelzhaimer und Kräuter brachten ein weites Repertoire von Monteverdi und Palestrina bis Schütz und di Lasso zur Aufführung. Ebenso aktiv war in dieser Hinsicht Johannes Dreher (1520-1616) am Kloster St. Ulrich und Afra.

Unter den Domkapellmeistern trat im 17. Jh. Philipp Jakob Baudrexel (1627-1691) hervor. Seine Nachfolger Melchior Gletle (1626-1683) und Melchior Caesar (1648-1692) wurden durch volkstümlich pointierte Werke bekannt, deren Quodlibet-Form von Valentin Rathgeber (1682-1750) und Johann Caspar Seyfert (1697- 1767) aufgegriffen wurde. Nicht von ungefähr publizierten beide ein „Augsburger Tafelkonfekt" – nichts Essbares, sondern eine Sammlung teils drastischer, leicht konsumierbarer Unterhaltungslieder.

Weiterhin wurde die bischöfliche Hofkapelle unterhalten und besonders unter Ignaz Philipp von Hessen-Darmstadt massiv ausgebaut. Im Jahr 1766 wies sie 22 Musiker auf. Ihr Leiter war Pietro Pompeo Sales (1729-1797), dessen Opern und Oratorien teils in Augsburg uraufgeführt wurden. Als Bischof Clemens Wenzeslaus von Sachsen als seine Hauptresidenz Koblenz wählte, zog auch die Augsburger Hofkapelle dorthin um.

Konstant blieben dagegen die Aktivitäten des Jesuitenkollegs St. Salvator mit seinem Jesuitentheater, in dem Werke des späteren Domorganisten Johann Michael Demmler (1748-85) zur Aufführung kamen. Zu den berühmtesten Jesuitendramen im dt. Raum überhaupt zählte der 1602 hier uraufgeführte Cenodoxus von Jakob Bidermann (1578-1639). Fast alle in Augsburg beheimateten Klöster entwickelten im 18. Jh. einen beachtenswerten Einsatz für die Musik, besonders das Kollegiatsstift St. Moritz und das Augustinerchorherrenstift Hl.-Kreuz. Um den Orgel- und Klavierbauer Johann Andreas Stein (1728-1792), Erfinder des Hammerflügels, und seine Tochter Nanette (1769-1833) formierte sich ein Kreis von Musikern, zu dem neben Leopold Mozarz der Augsburger Johann Gottfried Eckard (1735-1809) gehörte, ein berühmter Klaviervirtuose, der später sein Glück jedoch in Paris versuchte. Wichtig für das kulturelle Leben wurden die Musikverlage von Lotter, Gombart und Böhm (bis heute unter dem Namen Böhm & Sohn fortgeführt).

Nur die Musikpflege am Dom blieb über die Säkularisierung hinweg kontinuierlich mit den Domorganisten Franz Xaver Bühler (1760-1823), Carl Bonaventura Witzka (1768-1848) und dessen Schüler und Nachfolger Johann Michael Keller (1800-1865), der 1852 erstmalig in kirchlichem Rahmen Beethovens Missa solemnis im Dom zur Aufführung brachte. Kellers Schüler und späterer Domorganist Karl Kempter (1819-1871) ist Verfasser der

Violin Ferdinand Gagliano (1719-1787), Kunsthistorisches Museum, Wien

noch heute im schwäbischen Raum bekannten „Kempter-Messe".

Die Fugger traten zu Beginn des 19. Jhs. noch einmal als Förderer eines „Wunderkindes" auf, wenn auch eher zufällig: denn nachdem der von seinem Vater hoffnungslos ausgebeutete Klaviervirtuose und Komponist Stephen (István) Heller (1813-1888) in Augsburg einen Zusammenbruch erlitten hatte, nahm sich Friedrich Fugger-Kircheim-Hoheneck seiner an, bis der Musiker 1838 nach Paris weiterzog.

Im 19. Jh. wurde das städt. Musikleben durch Johannes Rösle (1813-1891), der die Augsburger Liedertafel 1843 gründete und Hans Michael Schletterer (1824-1893), der einen Oratorienverein ins Leben rief, wiederbelebt. Beide Einrichtungen fusionierten 1970 zum Philharmonischen Chor. Schletterer richtete daneben 1873 eine Musikschule ein, die 1925 zum Konservatorium und 1998 zur Staatlichen Hochschule erhoben wurde. Am Konservatorium lehrten u. a. Otto Jochum (1898-1969), Bruder des Dirigenten Eugen Jochum, sowie Arthur Piechler (1896-1974), dessen Oper „Pedro Crespo" 1947 in Augsburg uraufgeführt wurde. Bekannte Absolventin des Konservatoriums war die Sopra-

nistin Irmgard Seefried (1919-1988).
Eine städt. Sing- und Musikschule gründete 1905 Albert Greiner (1867-1943) – sein Modell wurde zum Vorbild für zahlreiche andere Singschulen. Während Werner Egk (1901-1983) über seine Schulzeit am Gymnasium St. Stephan mit Augsburg verbunden war, lehrte Erna Woll (1917-2005), Komponistin liturgischer Gesänge, an der Pädagogischen Hochschule (heute Institut für Musikpädagogik, Universität-Augsburg).

Auch wenn Carl Maria von Webers (1786-1826) 1803 im Komödienstadel (s. Stadttheater) uraufgeführte Oper „Peter Schmoll" kein Kassenschlager wurde, ließ sich der Siegeszug von Oper, Operette und Ballett auch in Augsburg nicht mehr aufhalten, sodass das Stadttheater immer größere Bedeutung innerhalb des städt. Kulturlebens erlangte. Neben den lokalen Musikheroen und -heroinen gaben Franz Liszt, Nicolò Paganini, Clara Schumann, Johann Strauß und Henri Vieuxtemps Gastspiele in der Stadt.

Das Musikleben in Augsburg ist bis heute rege: Es gibt ein Philharmonisches Orchester und den Philharmonischen Chor, sowie das Solistenensemble des Stadttheaters. Die nach der Gründung 1990 in Augsburg einige Zeit in München verschollene Bayerische Kammerphilharmonie führt ein ambitioniertes Programm auf, ebenso das Ensemble für Frühe Musik und die Augsburger Kammersolisten. Mozart-Festival, Leopold-Mozart-Wettbewerb und Konzerte im Frohnhof bereichern den Augsburger Kulturkalender.

Neben der klassischen Musik werden im künftigen Kulturpark Augsburg-West auch experimentelle Zugriffe und Unterhaltungsmusik gepflegt. In Augsburg lebt und arbeitet zudem der Komponist und Bandleader Wolfgang Lackerschmid (geb. 1956), der seit den 1970er Jahren zu den Mitgliedern der europäischen Jazzszene gehört.

Dennoch möchte mancher Augsburger Musikfreund mit Schumanns Lied über das hohe Haus in Augsburg ausrufen: „Stirb Lieb und Freud". Denn der aus dem Konservatorium herausgewachsene Augsburger Zweig der Musikhochschule Nürnberg-Augsburg wird sein zehnjähriges Jubiläum nicht mehr erleben. Mit der Schließung verliert Augsburg eine wichtige Kultureinrichtung. Ob die Nachfolgeinstitutionen, Bläser-Institut und Zentrum für Musikpädagogik, sich ähnlich befruchtend auf das Augsburger Kulturleben auswirken werden, bleibt abzuwarten. Die Augsburger mögen jedoch aus ihrer langen (Musik)-Geschichte den Schluss ziehen, dass auch in Cäcilias Reich der Töne alles im Fluss ist. *gn*

Tipp > Wer zudem auf der Suche nach einem Klassik- und Notengeschäft mit kompetenter Beratung ist, ist bei „Toccata" (Philippine-Welser-Str. 9 in der Welserpassage) gut aufgehoben. Klassik und Jazz gibt es bei „Zauberland" (Maximilianstr. 14). *gn*

Bert-Brecht-Str.

Franziskanergasse

Riedlerstr.

Gänsbühl

Oblatter-waldstraße

Pulvergässchen

Henisiusstr.

Gänsbühl

Lauterlech

Hasengasse

Paracelsusstraße

Rauwolfstraße

Untere Jakobermauer

Mittlerer Graben

L.Sachseng

eonhardsberg

Pilgerhausstr.

Jakoberstr.

Jakober-
platz

Argo

Jakoberstraße

Rosengasse

Ob.Jakobermauer

Katrengässchen

Jakobs-
platz

Lochgässchen

Wamslergässchen

Paradiesgässchen

Kappeneck

Oberer Graben

Vogelmauer

Jakoberwallstr.

Jakobervorstadt

7 St. Jakobs Wasserturm

6 Fünffingerlesturm

8 St. Maximilian

2 Fuggerei

4 St. Jakob

5 Jakobertor

3 Neptunbrunnen

1 Vogeltor

Pilger und Profanes

In der Jakobervorstadt fand sich einst alles, was man in der „oberen" Stadt nicht haben wollte: die Armen, die Kranken, die Pilger, die Trinker, die Dirnen. Und das über Jahrhunderte. Der Begriff „Vorstadt" macht schon deutlich: Hier haben sich Menschen angesiedelt, die in der Stadtgesellschaft unerwünscht waren. Gegenüber der Oberstadt war die Jakobervorstadt ein Viertel der Handwerker und der Unterschichten, die etwa in der Fuggerei ihre „Stadt in der Stadt" erhielten. Erst um 1340 wurde die Vorstadt mit Wällen und hölzernen Palisaden gesichert und schließlich, Mitte des 15. Jhs., ließ sich der Magistrat sozusagen herab, die gemauerte Befestigungskette auch um dieses beträchtliche Gelände zu ziehen. Doch der Makel blieb, nur eine Vorstadt zu sein.

Lange Zeit bot der dünn besiedelte Stadtteil Raum für große Märkte, von denen sich die Jakoberkirchweih und die „Dult" erhalten haben. Das ganze Areal war aber so üppig bemessen, dass noch Platz für weiträumige Gärten blieb: für Nutzgärten als auch Lustgärten. Hier zogen sich die reichen Patrizierfamilien zurück, wenn es mal etwas sinnenfroher zugehen sollte. Neckische Wasserspiele und freizügige Gartenskulpturen schmückten den ehem. berühmten Fuggergarten. Doch gleich daneben lagen die Bewahranstalten für die Kranken und die nicht mehr reisefähigen Pilger. Bis vor wenigen Jahrzehnten war das Alte Hauptkrankenhaus die Nachfolgeinstitution dieser Fürsorgeeinrichtungen.

Geistliches Zentrum des Viertels und namensgebend ist die Jakoberkirche, St. Jakob. Sie teilt den Verkehr, der vom Jakobertor Richtung Innenstadt fließt. Durch das gegenüberliegende Jakobertor traten einst die Jakobspilger in die Stadt ein, auf ihrem Weg nach Santiago. Daher sind hier von alters her zahllose Kneipen: einstmals für die leiblichen Belange der Pilger, heute für die Bewohner und deren Gäste. Ebenfalls den Bedürfnissen von Pilgern und Ansässigen diente das in der Jakobervorstadt traditionell betriebene horizontale Gewerbe. Trotz jahrhundertelanger einschlägiger Tradition versprüht die Hasengasse – deren vorderer Teil treffenderweise in Jägergässchen umbenannt wurde – heute aber ein wenig den angestaubten Charme der 1950er Jahre. Und natürlich kennt kein Augsburger irgend jemanden, der jemals in der Hasengasse war ... *uh*

Legende

Geheimtipp

Kirche

Museum

Turm/Tor

Brunnen

Profanbau

1 Vogeltor

Vogeltorplatz

Das Vogeltor ist eines der ältesten erhaltenen Tore der Stadt. Der 1445 errichtete, viergeschossige Backsteinbau auf quadratischem Grundriss hat im Erdgeschoss eine spitzbogige Durchfahrt, durch die eine Straße, der Obere Graben, führt. An der Feldseite, Richtung Citygalerie, befindet sich über der Durchfahrt ein Wandgemälde mit der Darstellung einer Kreuzigung Christi; die beiden oberen Geschosse sind mit Lisenen und Dreipassfries gegliedert. Beim Wiederaufbau 1954 wurde der ausgebrannte Turm, von dem nur die Außenmauern und das Untergeschoss erhalten blieben, mit einem ahistorischen Walmdach eingedeckt. An der Dachtraufe erkennt man noch den Erkerfuß eines ehem. Aussichtserkers. In der Durchfahrt ist ein dreijochiges Sternrippengewölbe über Wandkonsolen mit kleinen Büsten und hängendem Schlussstein aus Terrakotta erhalten. Der unterhalb der Konsolen umlaufende Dreipassfries wird an der Außengliederung des oberen Turmgeschosses wieder aufgegriffen.

Der angebaute Laufgang ersetzt ein Wohnhaus an dieser Stelle. Das kleine Wasserrad erinnert an das von Caspar Walter hier errichtete Brunnenhaus mit Wasserturm, das dieser 1766 in seinen „Anweisungen vor einen jederweiligen Stadt-Brunnen-Meisters" erläutert. ct

Das Vogeltor von der Stadtseite aus gesehen

(Bildbeschriftungen: Dreipassfries, Laufgang, Laufgang)

2 Fuggerei

Fuggerei 56, Eingang von der Jakoberstr. 💶 2€ / 1€ (inkl. Museum) 🕐 Apr.-Sept. tägl. 8-20, Okt.-Mär. 9-18 🚇 0821-31988114 📞 www.fuggerei.de 🅿 ja 🚻 ja 🚼 ja

Kein anderes Bauwerk der Fugger hat eine solch volkstümliche Berühmtheit erlangt wie die 1514-25 in der Jakobervorstadt errichtete Fuggerei. Allein der Ehrentitel „älteste Sozialsiedlung der Welt" bezeugt die Bedeutung der geschlossenen Reihenhaussiedlung für die Entwicklung des sozialen Wohnungsbaus, blieb sie doch vorbildlich bis ins 20. Jh. hinein, z. B. für Arbeiterkolonien der Industrialisierung. Einrichtungen für Arme gab es bereits im Mittelalter, z. B. die Gängeviertel in Lübeck oder die sog. „Sieben Zeilen" in Nürnberg. Meist waren sie vergleichsweise uniform gestaltet. Doch keine dieser Siedlungen erreichte die Größe und die klare Grundrissstruktur der Fuggerei, die sinnfällig an ein Antoniuskreuz erinnert – denn Antonius Abbas gilt als Schutzpatron der Armen. Und keine dieser Einrichtungen erfüllt ihren Stiftungszweck, Bedürftige zu unterstützen, bis heute – und dies im Sinne historisch verbürgter Regelungen des Zusammenlebens. Noch immer leisten die unverschuldet verarmten Bewohner eine Miete, die aus zwei Komponenten besteht: der symbolischen Zahlung eines Jahresbeitrags von 0,88 € (urspr. ein rheinischer Gulden) und dem täglichen Gebet des „Vaterunsers", des „Ave Maria" sowie des Glaubensbekenntnisses. Wo aber liegen die Vorbilder dieser nur durch Tore betretbaren „Stadt in der Stadt"? Hatte der geistige Urheber der Anlage die niederländischen Höfe der Beginen vor Augen oder die Stiftung des Marco Lando in Padua? Hatte er sich mit dem Idealstadtgedanken Albertis (1404-1472) und Filaretes (1400-1469) befasst oder doch bestehende mittelalterliche Anlagen studiert? Diese Fragen konnten bisher nicht restlos geklärt werden.

Geschichte

Bekannt ist dagegen, dass die Geschichte der Fuggerei 1514 im Jahr der Erhebung Jakob Fuggers des Reichen in den Reichsgrafenstand mit dem Ankauf mehrerer Häuser in der Jakobervorstadt begann. Nicht alle Bewohner Augsburgs hatten vom unerhörten wirtschaftlichen Aufschwung profitiert, den das Bürgertum Augsburgs seit dem Ende des 15. Jhs. erlebte. Die sozialen Unterschiede schürten Spannungen innerhalb des Gemeinwesens. Zins zu nehmen, wie es die Fugger praktizierten, galt als Sünde; „fuggern" stand gleich bedeutend für wuchern. Die Fugger beteiligten sich zudem am Ablasshandel, der am Vorabend der Reformation blühte. Der Glaube, sich von Sünden freikaufen zu können, und sei es durch Stiftungen, war weit verbreitet. So zielte Jakob Fuggers Idee einer Armensiedlung sicherlich auch auf die Verbesserung seines Ansehens im Diesseits sowie auf sein eigenes Seelenheil im Jenseits. Die Stiftung, die Jakob auch im Namen seiner

verstorbenen Brüder Ulrich und Georg ins Leben gerufen hatte, nahm durch Grundstücksankäufe und erste Neubauten schnell Gestalt an. Denn die Fugger hatten unter dem Stichwort „St. Ulrich" ein eigenes Konto zur Unterstützung Bedürftiger eingerichtet, aus dem nun Geld in die Fuggerei floss. Bis 1523 waren durch den vermutlich nur ausführenden Maurermeister Thoman Krebs 52 Häuser mit 106 Wohneinheiten für ca. 350 Bewohner fertiggestellt. Den Zweck der Stiftung als Armensiedlung regelte Jakob Fugger 1521 in einem Stiftungsbrief. Aufgrund der Gemeinnützigkeit verzichtete die Stadt Augsburg auf eine Besteuerung der Anlage, sofern der jährliche Mietzins einen rheinischen Gulden (= 0,88 €) nicht überschritt. Profitieren sollten von der Reihenhaussiedlung „arm dürftig Bürger und Inwohner, zu Augsburg, von Handwerker, Taglöhner und andern, so öffentlich das Almosen nicht suchen", d. h. die Einwohner blieben weiterhin berufstätig. Als Gegenleistung für die günstigen Wohnbedingungen verlangte der reiche Handelsherr drei Gebete – u. a. das „Ave Maria". Da an dieser Tradition auch nach der Reformation nichts geändert wurde, können Protestanten bis heute nicht in den Genuss der Stiftung gelangen, weil sie aus Glaubensgründen kein „Ave Maria" beten. In seinem zweiten Testament gewährleistete Jakob Fugger zudem die Unterhaltspflicht der Fuggerei „solang der mannlich namen und stammen der Fugger verhanden und leben ist". Jakobs Neffen Raymund, Hieronymus und Anton

Fugger erweiterten die Armensiedlung im Sinne des Stifters um die sog. Ochsengasse. Ihre Aktivitäten bekräftigten sie 1548 durch einen erneuten Stiftungsbrief. Zunächst lösten die Bewohner ihre Gebetsschuld in St. Jakob ein, das seit 1649 prot. war. Im Jahre 1581 stifteten Markus und Philipp Eduard Fugger eine eigene, dem Hl. Markus gewidmete Kapelle in der Fuggerei. Schwere Zeiten erlebten deren Bewohner im Dreißigjährigen Krieg; 1632 wurden sie von schwed. Soldaten aus ihren Häusern vertrieben. Die Anlage wurde schwerst beschädigt, jedoch nach Abzug der Schweden wiederaufgebaut. Erweiterungen fanden 1880 und 1938 statt, bald darauf sank die Fuggerei 1944 ein zweites Mal zu großen Teilen in Schutt und Asche. Den behutsamen Wiederaufbau übernahm Raimund von Doblhoff. Bereits 1948 war die Fuggerei in ihren alten Grenzen wieder erstanden, bis 1973 kam es zu Erweiterungen der Siedlung, v. a. um das „Seniorats- und Administrationsgebäude" zur Jakoberstraße und um die „Neue Gasse". Heute besteht die Fuggerei aus 67 Häusern mit 140 Wohnungen. Sie wird von ca. 150, meist älteren Menschen bewohnt.

Beschreibung

Die Fuggerei ist auf dem Grundriss eines Antoniuskreuzes mit der Herrengasse als Rückgrat sowie sieben weiteren Gassen errichtet und mit fünf Haupttoren ausgestattet. An drei Toren sind Stiftertafeln angebracht, die auf Jakob, Ulrich und Georg Fugger verweisen. Heutzutage ist die

Fuggerei nur noch durch das Tor von der Jakoberstraße erreichbar. Auch dieser Zugang wird nach alter Tradition ab 22 Uhr selbst für Bewohner verschlossen. Nur das Ochsentor zum Sparrenlech wird dann gegen eine Abgabe von 0,50 € vom Nachtwächter geöffnet.

Senioratsgebäude

Höchstetter-Erker am Senioratsgebäude

Vor dem Eintritt in die Fuggerei lohnt jedoch der Höchstetter-Erker sicherlich mehrere Blicke. Der mehreckige Erker von Gregor Erhart (1504-1507) und Burkhard Engelberg (1447-1512) wächst mit seiner Netzrippenkonsole förmlich aus dem Senioratsgebäude heraus. Sein ausgesprochen filigran aus Sandstein gearbeitetes Stab- und Maßwerk rahmt rund- und kielbogige Fenster und darunterliegende Wappen. Im ersten Stock sind mittig das Allianzwappen Ambrosius Höchstetters und seiner Ehefrau Barbara Rehlinger zu sehen sowie die Wappen Höchstetter-Peutinger (links) und Rehlinger-Henninger (rechts). Im Stockwerk darüber prangt das Habsburger Herrschaftswappen, gerahmt von den Hll. Sigismund und Andreas. Als letzter Rest des 1944 zerstörten Höchstetter-Hauses am Kesselmarkt erinnert dieser Prunkerker an Ambrosius Höchstetter, der zu den schärfsten Konkurrenten Jakob Fuggers zählte. Dagegen gemahnt die edle Leonhardskapelle an die Welser, eine weitere, mit den Fuggern konkurrierende Familie. Der Innenraum mit seiner Mittelsäule, die ein graziles sechsteiliges Gewölbe (1503) wie einen Schirm aufspannt, geht auf das 13. Jh. zurück. Im Jahr 1962 wurde die Kapelle aus dem kriegszerstörten Welser-Haus an der Karolinenstraße hierher übertragen. An ihren alten Standort erinnert noch der Name Leonhardsberg. Da auch aus dem ehem. Fuggerhaus am Rindermarkt mehrere Türgewände und -stürze und aus dem Fuggerschloß Kirchheim ein geschnitztes Prunkportal von Wendel Dietrich (1535-1622) eingebaut sind, ist das Senioratsgebäude ein Schaustück Augsburger Wohnkultur (nicht zugänglich).

Tipp> In Haus Nr. 35, direkt neben der Markuskirche, lebt der Geistliche der Armensiedlung; im 17. Jh. diente es als Schule. gn

St. Markus

Die Markuskirche, gleich hinter dem Tor zur Jakoberstraße gelegen, wurde 1581/82 von Johannes Holl (1512-1594) errichtet, jedoch im Zweiten Weltkrieg zerstört. Die heutige Ausstattung wurde großteils nach 1945 angekauft oder aus kriegszerstörten Wohn- und Sakralbauten hierher versetzt. Blickfänger sind die Holzdecke, wohl aus dem Fugger'schen Stiftungshaus bei St. Anna vom Ende des 16. Jhs., sowie der Altar (Anf. 17. Jh.), vielleicht aus St. Ulrich und Afra. Die hölzerne Retabelarchitektur rahmt ein Altarblatt, das eine Kreuzigung (um 1595) von

Jacopo Palma il Giovane (1548-1628) zeigt. Wiederum aus St. Anna wurde der Grabstein für Ulrich Fugger (gest. 1510) in die Markuskirche versetzt. Hans Daucher (1460-1523/24) führte das Epitaph mit einer Liegefigur des Toten, auf Delphinen reitenden Putten und einer Inschrifttafel wohl nach einem Entwurf von Albrecht Dürer (1471-1528) aus.

St. Markus in der Fuggerei

Tipp > Die Häuser Nr. 40, 41 und 42 dienten im 16. Jh. als Holz- oder Blatterhaus. Hier wurde die Syphilis mit Guajakholz, das ausgekocht wurde, behandelt. Bereits seit 1638 waren diese Häuser mit fließendem Wasser ausgestattet. gn

Wohnzeilen

Die einzelnen Wohnhäuser der Fuggerei sind zu Reihen zusammengefasst. Sockel, Traufen und Firste folgen dem unebenen Gelände. Die Zeilen der Seitenstraßen stoßen mit ihren Treppengiebeln direkt an die Herrengasse, wodurch ein rhythmischer Wechsel zwischen Trauf- und Giebelständigkeit entsteht.

Tipp > In Haus Nr. 14 lebte seit 1681 der Maurer Hans Mozart, ein Vorfahre von Wolfgang Amadeus Mozart. gn

Jedes Haus besteht aus zwei übereinander liegenden Wohnungen und weist deshalb zwei benachbarte Eingänge auf. Ein Zugang führt in den Flur der Erdgeschosswohnung, der andere über eine Treppe ins Obergeschoss. Fast alle Wohnungen haben eine Größe von 60 qm und sind in drei Zimmer und eine Küche gegliedert – zur Erbauungszeit der Fuggerei eine üppige Wohnungsgröße. Zu den Erdgeschosswohnungen gehören Gärten mit kleinen Schuppen, zu den Wohnungen in den Obergeschossen Dachböden. Heiligenfiguren, geschmiedete Klingelzüge in unterschiedlichen Formen und Klappläden in den Erdgeschossen akzentuieren die ansonsten uniform gestalteten Wohnbauten.

Das Proportionsverhältnis der geradlinigen Gassenräume zur Höhe der Gebäude ist harmonisch und geradezu luftig verglichen mit den oft engen, dunklen Handwerkergassen. Wo Mittlere Gasse und Ochsengasse auf die Herrengasse treffen, befindet sich ein einfacher Brunnen als Akzent.

Tipp > Seit 1520 war im Haus Nr. 1 eine Krankenstation untergebracht, die nur von Dienern und Angestellten der Fugger genutzt werden durfte. Ganz in der Nähe, jedoch außerhalb der Fuggerei, lag das von Anton Fugger installierte „Fugger'sche Schneidhaus", eine der frühesten chirurgischen Einrichtungen Europas. gn

Fuggereimuseum

Mittlere Gasse, Nr. 14, Südseite

Das Fuggereimuseum ist das einzige Haus der Fuggerei, dessen his-

Geheimtipp >
Wer das Atmosphärische von echtem Gaslicht sehen möchte, muss wenn es Dunkel ist, die Fuggerei besuchen: Denn die Straßenbeleuchtung besteht tatsächlich noch aus mit Gas betriebenen Lampen. ys

torische Bausubstanz von ca. 1520 im Großen und Ganzen erhalten geblieben ist. Mit ungefähr 60 qm Wohnraum waren diese Häuser für damalige Begriffe äußerst großzügig bemessen. Die Beschaffenheit der Behausung gibt dem Besucher relativ genau mit, wie sich ein Bewohner seit Jakob des Reichen (1459-1525) Zeiten bis weit in das 19. Jh. hinein an diesem Ort gefühlt haben muss.

Tipp > Ungewöhnlich, aber noch vollfunktionstüchtig ist der „automatische" Türöffner in der Wohnstube, sodass vermieden werden konnte, bei kalter Jahreszeit an die Haustür zu treten. Von der Stube aus öffnet ein Hebel die Tür. ys

---

Der gesamte innere Holzausbau, Wände, Decken, Türen, der Flur und auch der Kamin stammen aus der Gründungszeit der Fuggerei. Die Einrichtung besteht aus altem Hausrat, der sich auf drei Zimmer und eine Küche verteilt. Die Wohnstube war in der guten Jahreszeit nicht nur Aufenthaltsort der ganzen Familie, sondern auch Arbeitsbereich für einzelne Familienmitglieder, sofern Alter und Gesundheit dies zuließen. Auf dem

Ofen zeigte das allgegenwärtige Stifterwappen – die Fugger'sche Lilie –, wem man diese komfortable Situation zu verdanken hatte. Im Schlafzimmer fällt neben der Einrichtung besonders die Lichtnische neben dem Bett ins Auge. Eine Eigenart der Fuggereihäuser ist die von einer Art Holzverschlag umgebene Treppe zum Obergeschoss. Der Rauchfang in der Küche ist als einziger in der Fuggerei übriggeblieben und zeigt den originalen Zustand zusammen mit dem Herd (urspr. offenes Herdfeuer!). Die Küche war früher ein „Multifunktionsraum" – Wohnraum in der kalten Jahreszeit, Waschküche und Badezimmer zugleich. Als jedoch klar wurde, dass die aufsteigende Dampf die Holzwände an-

griff, wurden ab 1617 ein Gemeinschaftsbad und gesonderte Waschküchen errichtet. Sogar die Toilette stand früher in der Regel in der Küche. Es waren tragbare Stühle, die abends in den nahen Lauterlech entleert wurden. Bald jedoch wurden Sickergruben errichtet und im beginnenden 20. Jh. wurde die Fuggerei an die Kanalisation angeschlossen. Reizvoll sind die alten Stadtpläne, aus denen die bauliche Entwicklung der Fuggerei ersichtlich wird. Das hübsche Modell der ersten Sozialsiedlung der Welt zeigt den Zustand vor dem Zweiten Weltkrieg. cvb

---

Tipp > Neu eingerichtet und für den musealen Zweck nutzbar gemacht sind die unter der Fuggerei liegenden Bunkeranlagen, welche nicht nur für die Fuggereibewohner zum Zufluchtsort während der Bombennächte geworden waren. cvb

---

3 Neptunbrunnen ⚓

Jakobsplatz
1537 ließ der Rat der Stadt Augsburg den Ulrichsbrunnen auf dem Fischmarkt (Platz zwischen Perlach-

turm und Rathaus) durch einen Neptunbrunnen ersetzt, der 1888 auf den Jakobsplatz neben der Fuggerei versetzt wurde. Seit 2006 steht dort ein Abguss, das Original wurde ins Maximilianmuseum verbracht (heute im Sparda-Forum des Museums). Diese erste Großbronze im Stadtraum, die Hans Daucher zugeschrieben wird, zeigt den ganz antikisch aufgefassten nackten Gott mit Dreizack in der Linken und Delphin in der Rechten. Die mythologische Figur des Wassergottes, der den Hl. Ulrich ersetzt hatte, wird dazu gedient haben, die konfessionellen Konflikte am Vorabend der Reformation neutralisieren zu wollen. Man behielt allerdings das Attribut des Fisches bei, das sowohl den Hl. Bischof auszeichnet wie auch den Gott des Meeres. Der Augsburger Bischof Christoph von Stadion machte im Jahr der Aufstellung „widersinnig leut" (Protestanten) dafür verantwortlich, dass des „abgots Neptuni bildtnus" aufgestellt worden sei. So wird Neptun zur Symbolfigur des prot. Stadtregiments. ct

Wasserspeier am Neptunbrunnen

Die angeblich ältesten Hausnummern der Welt

An nicht wenigen historischen Gebäuden der Augsburger Altstadt fallen kleine Hinweisschilder ins Auge, die seltsame Codes mitteilen, etwa „C 152", „D 281" oder „A 512/13". Die Schildchen mit ihren rätselhaften Aufschriften können als emaillierte Plaketten, als Gravuren in Stein oder sogar als regelrechte „Kunst am Bau" gestaltet sein. In aller Regel sind sie mit neuzeitlichen Hausnummern kombiniert (in unseren Beispielen Schmiedberg 4, Philippine-Welser-Str. 20, Geißgässchen 5). Dem aufmerksamen Beobachter wird auffallen, dass sich gleiche Initialbuchstaben auch nur in einem jeweils begrenzten Gebiet der Altstadt finden und daraus wahrscheinlich korrekt schließen, es handle sich um ein altes Nummerierungssystem.

Hausnummern sind uns als Orientierungshilfe heute so selbstverständlich, dass wir uns über ihren

Ursprung kaum Gedanken machen. Das spätmittelalterliche Augsburg kannte bereits eine Vielzahl an Straßen- und Platznamen, die sich meist auf wichtige Gebäude („Beym Heilig Kreutzer Thor"), bemerkenswerte Eigenschaften der jeweiligen Örtlichkeit („Finstere Kreth", heute Schönefelder Gasse) oder eine Berufsgruppe (Schmiedberg) bezogen; prägnante öffentliche Gebäude oder Handelsniederlassungen, auch Wirtschaften und Apotheken hatten einen Hausnamen; ein wirkliches Findesystem für den einzelnen Haushalt, letztlich für jedes einzelne Individuum, existierte indessen nicht. Bei den jährlichen Steuerumgängen (die Steuer wurde per Haussammlung direkt erhoben) arbeiteten sich die Eintreiber über Jahrhunderte nach genau festgelegten „Umgängen" von Haus zu Haus vor. Wer sonst noch mit der Obrigkeit in Kontakt kam, war wahrscheinlich mehr oder weni-

ger persönlich bekannt oder es genügte zur Legitimierung der Person die Nennung des Wohnorts und nur in Ausnahmefällen eine präzisere Angabe zum Wohnsitz. Das Wissen um die Adresse verblieb somit im lokalen und privaten Bereich.

Die Suche nach den Ursprüngen der Hausnummerierung führt nicht weit: nach Augsburg. Ein frühes Beispiel dieser einfachen Adressierungstechnik findet sich in der Fuggerei. Ob die 1516 durch Jakob Fugger den Reichen und seine Brüder gestiftete Fuggerei nun wirklich die „älteste Sozialsiedlung der Welt" ist, bleibt schon ein wenig Auslegungssache. Unter solchen und ähnlichen Stiftungen ist sie aber sicherlich die ihrerzeit umfangreichste; und schon durch ihre wohlgeordnete Stadtstruktur mit weltlicher Administration, Kirche, einem komplexen Gassensystem und eigener Ummauerung samt strenger Hausordnung ist sie ein Sozialreservat innerhalb der spätmittelalterlichen Reichsstadt. So wundert es nicht, bereits aus dem Jahr 1519 zu hören, dass dort die Gebäude mit gotischen Zahlen nummeriert worden sein sollen. Angesichts der völlig gleichartigen Häuser wäre es durchaus denkbar, dass die Nummern hier schon zur leichteren Identifizierung und Verwaltung verwendet wurden. In diesem Sinne handelt es sich vielleicht um die ältesten Hausnummern,

da die wenigen Vorläufer – etwa auf der Pariser Pont Notre Dame – mehr dem Abzählen städtischen Besitzstandes dienten.

Ihren Durchbruch erlebten die Hausnummern aber erst im Zeitalter des Absolutismus und der Aufklärung. Ihre Herkunft liegt im Grenzgebiet von Militär, Fiskus und vormoderner „Policeywissenschaft": Für die Beamten der sich in der frühen Neuzeit formierenden Staaten und städtischen Gemeinwesen waren die Häuser und die darin lebenden Untertanen samt ihrer fiskalisch relevanten Besitztümer mangels eines Adressierungssystems in gewisser Weise abgeschottet. Eine Hausnummerierung weist nun jedem Haus eine eigene, unverwechselbare Stelle zu. Der Bürger wird allmählich gläsern. Eine Nummerierung wird also nicht etwa eingeführt, um den Menschen die Orientierung zu erleichtern, sondern um den staatlichen Beamten die Kontrolle und den Zugriff auf ihre Bürger zu vereinfachen. Eine erste Welle der Hausnummerierung setzte – selbstverständlich – in Preußen ein, per Dekret von 1737. 1750 folgt Madrid, 1754 Triest, 1762 London. 1770 zieht das Habsburgerreich anlässlich eines neuen Rekrutierungssystems nach. Um nun auf Augsburg zurückzukommen: Hier erfolgte die Einführung der Hausnummern ab dem 19. Jun.

1781 anlässlich der Sammlung für die neue Armenanstalt, damit die Spendeneintreiber klare Sammeldistrikte hatten. Der Ingenieur Vogg wurde damit beauftragt, die Stadt in acht Pflegedistrikte aufzuteilen und innerhalb dieser Gebiete fortlaufend zu nummerieren. Die bevorzugten ersten Stellen des Alphabets erhielten die „Obere und mittlere Stadt" (Litera [lat. für Buchstabe] A, B: links und rechts der Maximilianstr.; C, D: Moritzkirche bis Dom). Die folgenden entfielen auf die „Untere Stadt" (E, F: Nördlich des Doms), die Jakobervorstadt musste sich mit G und H begnügen – separat gezählt wurde weiterhin die Fuggerei. Alle Baulichkeiten außerhalb der Ummauerung wurden fortlaufend durchgezählt und erst 1836 unter dem Buchstaben J subsumiert. Dort wurden die Litera-Nummern auch zuerst wieder aufgehoben: Seit 1879 wurden in den unaufhaltsam wachsenden Erweiterungsgebieten außerhalb der Altstadt Straßennamen mit eigener Nummerierung eingeführt. Zum 1. Apr. 1939 wurde das unflexible Litera-System auch im Altstadtbereich abgeschafft und die Adressen nach Straßennamen festgeschrieben, die, von zeitbedingten Ausnahmen abgesehen (Benito-Mussolini-Platz, heute Theodor-Heuss-Platz), bis heute existieren. *cm*

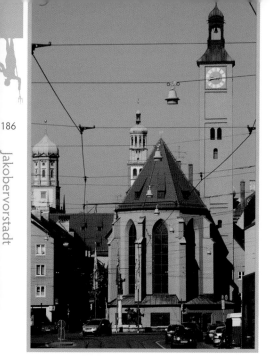

4 St. Jakob

Ev. Pfarrkirche, Bei der Jakobskirche
tägl. 9-18 ✆ 0821-551244
🌐 www.st-jakob-augsburg.de
♿ ja

Die heute ev. Pfarrkirche St. Jakob bildet das bauliche und geistige Zentrum des nach ihr benannten Stadtteils im Osten der Augsburger Altstadt. Mit großer Geste stößt die Kirche von Westen her in den dreieckigen Straßenplatz vor, den im Osten das Jakobertor im wörtlichen Sinne abschließt. Turm und Chorpolygon markieren somit die Gabelung der Jakoberstraße, die zur Oberstadt emporführt: im Süden noch als die alte, mittelalterlich enge Gasse, im Norden als moderner mehrspuriger Straßendurchbruch der Nachkriegszeit. Den von Osten Ankommenden bereitet das Bauensemble um die Jakobskirche auf den überaus wirkungsvoll im Hintergrund ansteigenden Stadtprospekt mit Rathaus und Perlachturm vor. Im Westen ist das Langhaus mit verschiedenen spitzgiebeligen Bürgerhäusern zu einem malerisch verwinkelten Komplex verbaut. Urspr. lag hier eine Pilgerherberge, die den auf dem Jakobsweg Wallfahrenden Obdach bot und sich auch der Pflege von Kranken und Armen widmete, später aber als „Paritätische St. Jakobsstiftung" in das Barfüßerkloster verlegt wurde. Bereits 1521 reformiert, ist die Kirche erst seit 1649 endgültig protestantisch.

Aus den Anfängen der Pilgerkirche, die bis ins 6. Jh. zurückreichen soll, sicherlich aber 1080 bestand, sind keinerlei bauliche Reste auf uns gekommen. Ein Neubau ist aus dem 12. Jh. belegt, aber archäologisch nur in Fragmenten nachweisbar. Von dem schließlich 1348 gestifteten gotischen Bau ist noch der Chor mit seinen Spitzbogenfenstern und schlanken Strebepfeilern erhalten. Bereits in den Jahren ab 1356 konnte dank großherziger Spenden Ulrich Ilsungs d. Ä. und Jakob Haustetters eine bauliche Verschönerung der Kirche in Angriff genommen werden, die mit dem 1364 errichteten Turm zum Abschluss kam. Nach Umbauten im Jahr 1533 erhielt der nördlich an den Chor angelehnte Turm sein charakteristisches Zeltdach mit Laterne; das gotische Langhaus wurde im 18. Jh. zu einem Predigtsaal mit umlaufenden Emporen umgebaut. Der Zweite Weltkrieg brachte in der gesamten Jakobervorstadt schwerste Verwüstungen und hinterließ auch St. Jakob als Ruine, die bis 1949 in schlichter Architektursprache wiederaufgebaut wurde. Das Langhaus präsentiert sich heute als flach gedeckter, stützenloser Saal; im Chor blieb indessen das spätgotische Rippengewölbe unzerstört.

Ausstattung

Von den wenigen Überbleibseln der historischen Ausstattung sind zwei Tafelbilder des frühen 16. Jhs. hervorzuheben: an der Südwand eine dem Ulmer Martin Schaffner (um 1478-1546) zugeschriebene „Beweinung Christi" und auf dem Choraltar die um 1520-30 gemalte „Verkündigung an Maria", deren fast bizarre malerische Üppigkeit am ehesten in der zeitgenössischen Augsburger Buchmalerei Parallelen hat. Ein ausführender Künstler konnte bislang nicht namhaft gemacht werden.

Brunnen

Östlich der Kirche wurde 1961 über modernem Brunnenbecken die bronzene Georgsfigur von der einstigen Herrnstube aufgestellt, die aber 1992 auf den Metzgplatz umzog. Seit 1994 stehen auf der zum „Jakobsbrunnen" umgewidmeten Anlage Figuren ihres neuen Namenspatrons und von Pilgern; den plastischen Schmuck hat der an der Hochschule für Künste in Bremen lehrende Professor Bernd Altenstein geschaffen. *cm*

5 Jakobertor

Jakoberstr. 79

Das wuchtige Backsteintor aus dem 15. Jh. markierte jahrhundertelang die östliche Stadtgrenze, als markanter Blickpunkt der breiten, für Märkte genutzten Jakoberstraße. Es war der Hauptzugang zur umwehrten freien Reichsstadt für Reisende aus Richtung Salzburg und München. Auch heutzutage wähnt der Reisende sich erst in Augsburg angekommen, wenn er das Jakobertor passiert hat und sich am Horizont Rathaus und Perlachturm abzeichnen.

Der Torbau besteht aus einem rechteckigen Unterbau mit spitzbogiger Durchfahrt, den darüber gelegenen Wohnräumen des Torwächters, einem quadratischen Vortor sowie oktogonalen Obergeschossen, die schließlich von einem 1512 vollendeten Zeltdach bekrönt werden. Wandvorlagen und Dreipassfries gliedern das Tor äußerst sparsam. In der Durchfahrt ist vermutlich Kaiser Sigismund zu sehen, der den Bau der Augsburger Stadtmauern gefördert hatte. Sollte das Jakobertor Ende des 19. Jhs. noch dem Verkehr geopfert und abgebrochen werden, wurde es nach starker Beschädigung im Zweiten Weltkrieg wieder aufgebaut. Seitdem schmückt ein Bildfeld mit dem Hl. Christophorus, dem Schutzpatron der Reisenden, die Feldseite. Zum Vorwerk des Jakobertors gehörte auch das kleine Fachwerkhaus am Stadtgraben. *gn*

Pfefferbüchsen

Tipp > Im Rahmen des Wiederaufbaus wurde 1951 von Stanislaus Lachenmair eine Wohnanlage an das Jakobertor angebaut, die mit ihren Blankziegelwänden, dem platzsparenden Laubengang und einem turmartigen Baukörper an die alte Stadtmauer erinnert. Ein gutes Beispiel für den „schöpferisch-rekonstruierenden" Wiederaufbau Augsburgs. *gn*

6 Fünffingerlesturm

Untere Jakobermauer 30
Zugang nur nach Voranmeldung, altaugsburggesellschaft., An der Blauen Kappe 18
0821-511701

Der Fünffingerlesturm wurde wahrscheinlich um die Mitte des 15. Jhs. errichtet, als die Mauer zwischen dem Jakobertor und der Bastion am Oblatterwall ausgebaut und um mehrere Türme verstärkt wurde. Es handelt sich um einen Backsteinturm mit vier Eckerkern, sog. Pfefferbüchsen oder Scharwachttürmchen, die auf der Mauerkrone des quadratischen Unterbaus sitzen und dem Turmwächter einen Rundblick ohne jeglichen toten Winkel erlaubten. Alte Ansichten und die eindrucksvollen Befunde

im Inneren zeigen, dass es sich um einen ehem. Torturm handelt, der später zum Geschützturm ausgebaut wurde, um den schmalen Zwingerbereich zwischen Mauer und Stadtgraben zu schützen. Eine von dem einstigen Wehrgang zugängliche Wendeltreppe aus führt in die früher beheizbare Wachstube im dritten Obergeschoss mit ihrem imposanten spätgotischen Dachstuhl, wo sogar die Winde des spätmittelalterlichen Fallgatters sichtbar ist. 1867 wurde die anstoßende Stadtmauer auf Abbruch versteigert und in den Folgejahren restlos beseitigt. Erst damals wurde der Fünffingerlesturm zum Solitär und bildet seither einen pittoresken Blickfang am wassergefüllten Stadtgraben.

Seinen Namen (gepflegtere Zungen nennen ihn, warum auch immer, „Fünfgratturm") hat er von seinen vier „Pfefferbüchsen", die zusammen mit dem steilen Spitzhelm die Fünfzahl, vor allem aber seine pittoreske Silhouette ergeben. Der Bautypus wurde seinerzeit häufig realisiert und zeigt, dass auch schon in früherer Zeit praktischer Nutzen mit baulicher Schönheit verbunden wurde. Neuerdings ist geplant den Fünffingerlesturm zum Ausgangspunkt der Erforschung und Sanierung der Wall- und Befestigungsanlagen

zu machen. Zur Erschließung seiner vier Geschosse wurde, um die historische Substanz unangetastet zu belassen, eine Außentreppe beauftragt, die formal an den urspr. Zugang vom einstigen Wehrgang aus anknüpft, deren kompromisslos moderne Material- und Formensprache aber – zwangsläufig – nicht jedermanns Geschmack treffen konnte und eine lebhafte Diskussion über die Verbindung alter und neuer Architektur ausgelöst hat.
cm

7 St. Jakobs Wasserturm

Eingang: Gänsbühl 32 Zugang nach Vereinbarung mit der Buchhandlung Am Obstmarkt, Obstmarkt 11 0821-518804
www.buchhandlung-am-obstmarkt.de

Der anmutig am Oblatterwall gelegene Wasserturm wurde 1609 von Elias Holl zur Versorgung der nördlichen Jakobervorstadt errichtet. Er hatte einen „Zwillingsbruder" am Jakobertor, der 1944 zerstört wurde.

Der Turm besteht aus einem Sockel mit Rustikaquadern und einem oberen Teil mit Wandvorlagen. Diese bilden vorgestellte Adikulen, wodurch eine reiche Licht-Schatten-Wirkung entsteht. Die Wechselzone zur flachen Haube ist mit Dreiecksgiebeln betont. Im obersten Stockwerk sind die Fenster von gesprengten Giebeln auf Konsolen bekrönt.

Im Anbau mit Pultdach befand sich das Wasserrad. Mittels einer Pumpe wurde das Wasser in ein Becken in die Obergeschosse befördert. Von dort aus konnte es mit dem nötigen Druck in die Wasserleitungen fließen, die 46 Anwesen, einschließlich der Fuggerei, mit fließendem Wasser versorgten. Der kleine Wasserturm war bis 1879 in Betrieb und wurde zum Vorbild für die Türme am Roten Tor. *gn*

Tipp > Der Wasserturm war lange in verwahrlostem Zustand, ehe sich der Leiter der Büchergilde, Kurt Idrizovic, seiner annahm. Seitdem dient der Turm als stimmungsvoller Rahmen, z. B. für Lesungen. Termine für Führungen und Veranstaltungen können in der Buchhandlung am Obstmarkt erfragt werden. Dabei lohnt ein Blick in den „Brecht-Shop" der Buchhandlung. *gn*

↕ Adikulen

8 St. Maximilian ✝

Ehem. Franziskanerkloster Kirche zum Hl. Grab, heute Kath. Stadtpfarrkirche, Franziskanergasse 8
🕐 tägl. 9-18 ☎ 0821-3432230 🌐 www.bistum-augsburg.de

Die letzte große dt. Dynastie von

Steinfigur des Hl. Maximilian im Pfarrgarten, die 1808 die Portalfigur des Hl. Franz ersetzte

Kirchenbaumeistern, die Kölner Architektenfamilie Böhm, gründet mit ihrem Stammvater Dominikus Böhm ganz in der Nähe, im schwäbischen Jettingen. In Augsburg selbst konnte Dominikus allerdings nur mit zwei Wiederaufbauten kriegszerstörter Kirchen Fuß fassen: St. Max und (originellerweise) St. Moritz. Beide Bauten – vor allem aber St. Max – gehören sicher nicht zum Bedeutendsten im Lebenswerk des genialen Rauminszenators. Woran liegt es?

Wer beim Durchschreiten der hohen, in Holl´scher Manier gestalteten Fassade einen kompliziert durchgestalteten, mit Licht und Schatten inszenierten Innenraum des großen Expressionisten Dominikus Böhm erwartet, sieht sich ernüchtert. Man betritt einen weiten, weißen Raumkubus, hell, mit kaum merklicher Lichtregie mittels der sich nach vorne verdichtenden Fensterreihe. Lediglich die klaustrophobisch engen, tunnelartigen Seitenschiffe erinnern noch an die großen Böhm'schen Kirchenbauten der Vorkriegszeit. Ein Blick in die Baugeschichte bringt ganz andersartige Planungen zutage: Böhm hatte urspr. einen Zentralbau mit 24 Türmen entworfen, eine architektonische Lösung, die alle Erwartungen an Dramatik und Gestik erfüllt hätte. Doch die Bauzeit von St.

Max lag noch vor der Währungsreform. Es handelt sich hier um einen echten „Trümmerziegelbau": Über eine dreiviertel Million Ziegel wurde dazu von Trümmermännern und -frauen aus dem Bauschutt der Kriegsruine geschält, die urspr.

Geheimtipp > Schräg gegenübe des St. Jakob Wasserturms sind zwei Porträtreliefs aus dem 16. Jh in die Fassade des Hauses Gäns bühl 31-33 eingelassen. Als Runc medaillons zeigen sie jeweils in strengen Profil Kaiser Maximilian und seinen Enkel Kaiser Karl V. *ys*

worden. Elias hatte kurz vorher die Hl.-Grab-Rotunde in der gleichnamigen Gasse zugunsten seines Kaufhausneubaues abreißen lassen. Der Bau bei St. Max war wohl als Ersatz gedacht. Weitere Hl.-Grab-Nachbauten finden sich – in großem Maßstäb – in St. Anna und als kostbar dekoriertes, handliches Baumodell im Maximilianmuseum. Diese Miniaturkapelle stammt aus St. Max und dokumentiert die große Bedeutung der hiesigen Hl.-Grab-Verehrung. Mit seinem ersten Entwurf, einem Zentralbau, wollte Dominikus Böhm mit modernen Formen an diese alte Tradition anknüpfen. uh

1609 bis 1613 wohl von Esaias Holl (ein Bruder des Elias H.) erbaut worden war. In diesen Zeiten war die schlichte Raumform die finanziell und technisch einzig adäquate Lösung und erinnert auch an die Ursprünge des Gotteshauses als Klosterkirche des Franziskanerordens. Gemäß franziskanischer Baugesinnung war die Kirche schon damals eine schlichte „Gebetsscheune", ohne ausgewiesene Seitenschiffe, ohne Querhaus, ohne Turm.

Chornische breitet. Der ausführende Künstler, Akademieprofessor Franz Nagel aus München, liefert mit diesen Wandmalereien die erste monumentale Kirchenausstattung der Nachkriegszeit in Augsburg. Es gelingt ihm, die in der NS-Zeit korrumpierte Monumentalmalerei von aller Schwere zu befreien, ohne aber auf barocke oder mittelalterliche Formen zurückgreifen zu müssen. uh

„Hl. Sebastian" von Georg Petel (zugeschrieben), um 1629/30, Lindenholz, ältere Fassung, südliches Seitenschiff.
Besondere Aufmerksamkeit verdient die Georg Petel zugeschriebene Figur des Hl. Sebastian, die früher auf dem Choraltar der Sebastianskapelle stand. Wohl 1809 wurde sie hierher überführt. Die überlebensgroße Figur zeigt den an einen Baumstamm gefesselten Märtyrer in vitaler Körperlichkeit mit erhobenem Arm und in sich versunkener Haltung, gleichsam eine „figura serpentinata". Seine Körperlichkeit wie auch das Schrittmotiv sind mit Petels Figuren des „Christus Salvator" und des Hl. Sebastian in St. Moritz eng verwandt. ct

In diesem Geist gestaltet Böhm seine Neuinterpretation. Der Innenraum ist ein scharfkantiger, angenehm hoch geschnittener Schachtelraum, weiß gestrichen und hell belichtet. Einziger Schmuck ist die monumentale, großflächige Wandmalerei, die sich über die gesamte Kirchendecke und die

Geheimtipp > „Allerheiligenbild" von Johann Rottenhammer (1564-1625), südliches Seitenschiff.
Das 1614 vollendete, monumentale Altarblatt (465 x 285 cm) wurde 1611 von Graf Marx Fugger, dem Stifter des Franziskanerklosters Hl. Grab, in Auftrag gegeben. Dargestellt ist der Moment der Vorbereitung zur Krönung der in den Himmel aufgenommenen Gottesmutter Maria durch die Dreifaltigkeit in Gegenwart zahlreicher Vertreter des Alten und Neuen Testaments unter dem Jubel der Engel, verehrt von männlichen und weiblichen Heiligen des Franziskanerordens (darunter der Hl. Franziskus selbst). Das Altarblatt ist ein herausragendes Zeugnis des Spätstils des seit 1606 in Augsburg tätigen und in Venedig (unter Tintoretto) geschulten Münchner Hofmalers, der mit der geschossartigen Wolkenkomposition ein überfiguratives, „ornamentales Netz" (Hubala) erzeugt. Die Vorzeichnung zu dem 1968 restaurierten und seither wieder präsentierten Altarblatt befindet sich in der Crocker Art Gallery in Sacramento (USA). ct

Tipp > Der Vorkriegsbau hielt als Überraschung einen Nachbau der Hl.-Grab-Kirche in Jerusalem bereit. Er war von Esaias Holl, dem jüngeren Bruder des Elias Holl, errichtet

190

Ansicht des Jakobertores von Franz Thomas Weber, 1817, Radierung

Stadtbefestigung

Augsburg ist eine der letzten Großstädte mit einem noch über große Teile intakten Befestigungsring aus Mauern, Bastionen, Türmen und Toren. Zu unterscheiden sind die Befestigungen der römischen Civitas, der im frühen und hohen Mittelalter gebildeten Domstadt und der Reichsstadt. Einem späteren Chronisten zufolge habe Claudius Drusus, als er im Jahr 15 v. Chr. das Militärlager zur Provinzhauptstadt Augusta Vindelicum erhob, mit „guten Mauern" und „starken Thürn" gesichert. Von jenen römischen Sicherungsanlagen stehen freilich keinerlei Reste mehr aufrecht und selbst ihr präziser Verlauf ist nicht in allen Einzelheiten gesichert. Im südlichen Bereich des römischen Municipium richtete sich nach dem Zusammenbruch der Römerherrschaft die frühmittelalterliche Domstadt mit Kathedralkirche und bischöflicher Burg ein. Sie war zunächst mit Wällen, Holzzäunen und Gräben gesichert; als aber um 950 die Ungarn zur zunehmenden Bedrohung wurden, ließ Bischof Ulrich feste Mauern und Tore errichten. Die Domstadtummauerung des 10. Jhs. folgte partiell, nämlich im Westen und Süden, der antiken Befestigungslinie. Restliche Mauerzüge sind in den Äußeren Pfaffengässchen zu sehen.

Im hohen Mittelalter wuchs mit dem geistlichen und dem weltlichen Bezirk der Stadt dann allmählich das zusammen, was nicht wirklich zusammen gehört: Spätestens 1272 umschloss eine gemeinsame Mauer die Domburg und die reichsstädtischen Stadtquartiere. Die Frauenvorstadt nördlich der Domimmunität wurde erst im frühen 14. Jh. mitsamt der Jakobervorstadt, die zunächst lediglich mit Graben und Palisaden gesichert war, in den Mauerring einbezogen. Die bischöfliche Befestigung war damit zur Verteidigung nach Außen überflüssig geworden. Um 1300 wurde die Südmauer der Bischofsstadt und 1351-55 das Südtor, das Schwalbenecker- oder Alte Burgtor, abgebrochen. Als Wachturm überdauerte das Frauentor nördlich des Doms, das erst im 19. Jh. mit den anderen inneren Stadttoren (dem Barfüßertor und dem Heiligkreuzertor) aus verkehrsplanerischen Gründen abgerissen wurde.

Bis zur Mitte des 14. Jhs. war die Befestigung dann etwa in dem Umfang vollendet, wie sie bis ins mittlere 19. Jh. erhalten blieb. Anfangs über hundert Türme, drei innere und elf äußere Tore sowie mehrere Kilometer Mauern, Wälle und teilweise mit Wasser gefüllte Gräben boten der reichen Handelsmetropole ein Höchstmaß an Sicherheit und dokumentierten Herrschaft und Macht seiner Bürgerschaft. Mauern, Türme und Tore prägten seither die Silhouette der Stadt und kennzeichneten ihren staatlichen Charakter: Durch sie wurde die Stadt erst zur Stadt. Folglich war die Befestigung mehr als nur ein bloßes Nutzbauwerk und sollte auch immer in größtmöglicher Schönheit gestaltet sein. Ihre unablässige Erneuerung gehörte zu den Obliegenheiten der städtischen Werkmeister, und deren routinemäßige Baumaßnahmen sollten nicht nur neuen Waffen- und Kriegstechniken, sondern auch baukünstlerischen Strömungen Rechnung tragen. Umfangreiche Ausbauten erfolgten im frühen 16. Jh., als neue Basteien errichtet und ein großer Teil der Wehrtürme abgebrochen wurden. Elias Holls zwischen 1605 und 1625 durchgeführte Umbauten zielten hingegen auf ein zeitgemäßes Erscheinungsbild der Haupttore der bürgerlichen Oberstadt; die Tore der an den Lechkanälen liegenden Handwerkerquartiere mussten ihre altmodische gotische Fasson behalten. Weitere Erneuerungen und Ausbauten erfolgten um 1700, 1732-45 und 1809, als Augsburg bereits zur königlich-bayerischen Garnisonstadt avanciert war.

Vom Wall zum Wandel

Jahrhundertelang garantierten die Wallanlagen der Reichsstadt Augsburg ihren Bürgern Schutz und Sicherheit. Die Einengung auf ein begrenztes Areal hatte man dafür gerne in Kauf genommen und vielleicht auch gar nicht als störend empfunden. Grenzenlose Mobilität und Freizügigkeit war kein Anliegen vormoderner Lebensführung. Erst das friedliche 18. Jh. wurde wieder eines von etlichen Goldenen Zeitaltern, die Augsburg in seiner wechselvollen Geschichte erleben durfte. Umliegende Fürstenhöfe, vor allem aber die Hofhaltung der Augsburger Fürstbischöfe, ließen die mittlerweile meist selbst adelige Oberschicht der Reichsstadt mit aristokratischem Lebensstil wetteifern. Nicht wenige der oft noch spätmittelalterlichen Patrizierhäuser wurden zu barocken Adelspalästen aus- oder neu gebaut und auch vor den Mauern entstanden elegante Landhäuser mit Lustgärten. Die einst unüberwindliche Mauer war in beide Richtungen durchlässig geworden und markierte nicht mehr allein den Eintritt in einen Schutzraum, sondern den Austritt in den neu entdeckten Naturraum.

Das Tagebuch des späteren Stadtbaurats Sebastian Balthasar von Hößlin (1759-1845) aus den 1790er Jahren gibt einen Einblick, wie immens der Drang war, die einengenden Stadtmauern zu verlassen: Wochenendpartien führen „zu den Sieben Tischen" oder an den sog. „Hochablass", zwei Ausflugsziele im Süden der Altstadt, in der Nähe des Lechs. Regelmäßig ging Hößlin in die „Rosenau", wo Gaukler auftraten und vor allem die „Bürgerliche Schießstätte" lag. Mindestens zweimal die Woche unternahm die Familie aber einen ausgedehnten „Wandel" um die Stadtmauer, zumindest um „einige Thore", etwa zum Gögginger Tor hinaus und zum Wertachbrucker Tor wieder hinein in die Stadt. Mauern, Türme und Tore hatten ihre abschreckende Wirkung verloren und wurden zunehmend zur romantischen Kulisse – noch unmittelbar in das jenseits der Wälle beginnende Grün eingebettet.

Gegen Ende der Epoche wurde der wirtschaftliche und gesellschaftliche Niedergang des neureichen Augsburg freilich unaufhaltsam und erreichte im Verlust der Reichsfreiheit sein Finale. Das bayerische Königreich proklamierte im Jahr 1813 den bis 1866 bestehenden Festungsstatus Augsburgs. Der mittelalterliche Bering, der einer wirklichen Belagerung mit moderner Kriegsmaschinerie indessen kaum standgehalten hätte, sollte daher bewahrt werden. Als dann ab 1860 die Befestigungswerke zum Abriss freigegeben waren, wurden glücklicherweise nur jene Tore und Mauerzüge niedergelegt, die der Fortentwicklung zur modernen Großstadt hinderlich schienen, die übrigen aber pietätvoll belassen. Zwar wurden auch in den konservierten Abschnitten Wälle und Gräben zugunsten moderner Verkehrsprojekte – die Altstadt sollte eine Art Ringstraße umschließen – meist eingeebnet, die verbliebenen Flächen aber in gepflegte Parks und Anlagen umgewandelt.

Die Grenzen um die Altstadt waren damit gefallen und überschreitbar geworden. Eine Entwicklung zur modernen Großstadt war aus damaliger Sicht anders überhaupt nicht denkbar. Gravierendste Einschnitte erfuhr die Befestigung an der Süd- und der langen Westflanke der Altstadt, wo sich die ersten neuen Wohnquartiere etablierten. Doch ist die ehem. Führung des Berings im Zug des Eserwalls, der Konrad-Adenauer-Allee, entlang der Schießgrabenstraße, Fuggerstraße und Volkhartstraße noch heute deutlich ablesbar; restliche Wallanlagen bestehen mit der Grünanlage an der Schießgrabenstraße. An der Nordseite sind zunächst das von Elias Holl 1605 erneuerte, im Kern spätgotische Wertachbrucker Tor und geringe Mauerreste erhalten; weiter östlich folgen das modern wiedergeschaffene Fischertor von 1924/25 und anschließend ein bemerkenswerter Zug der Stadtmauer bis zu der 1702-04 zur Zitadelle ausgebauten spätmittelalterlichen Bastion Lueginsland. Die Ostseite der Stadt weist entlang der Hangkante noch die in längeren Mauerzügen, mehreren Befestigungstürmen und in den Grabenanlagen anschauliche innere nord-südliche Befestigungslinie auf. Von dem ostwärts anschließenden jüngeren Bering der Jakobervorstadt sind mit dem monumentalen Jakobertor am östlichen Stadtausgang, mit dem Oblatter- und Jakoberwall, dem wassergefüllten Grabensystem, vier Befestigungstürmen und dem Vogeltor im Süden wichtige Teile der spätgotischen Ummauerung erhalten. Das Rote Tor am Südostseck der Altstadt ist die bedeutendste erhaltene Befestigungsanlage der Stadt. Zu dem 1622 von Elias Holl ausgebauten älteren Torbau gehören das Vortor von 1546, anschließende Mauerzüge, Wall und die mächtige Wallbastei mit den Kasematten von 1611, Brücke, Kanal und Graben und schließlich mehrere im frühen 17. Jh. zu Wassertürmen ausgebaute Befestigungstürme. Für den Funktionsverlust der historischen Befestigung ist Holls Rotes Tor das bezeichnendste Beispiel: Als Bühne sommerlicher Freilichtaufführungen wurde aus gebauter Macht romantische Kulisse. So darf sich die Augsburger Altstadt heute von einem grünen Wall geschützt sehen, der zum Wandel einlädt und bestenfalls noch die „Neustadt" auf respektvolle Distanz hält. *cm*

Gassenschenke in der Fuggerei

Jakob Fugger in der Goldenen Schreibstube

192

Vom Weber zum Finanzgenie oder ein Hauch Italien in der Reichsstadt

1367 wanderte der Weber Hans Fugger (gest. 1408/09) aus Graben (bei Schwabmünchen) im Lechfeld nach Augsburg ein. Die Devise „Stadtluft macht frei" mag auch für ihn gegolten haben, ließen sich doch die beengten Verhältnisse auf dem Land so gegen eine weit größere Möglichkeit, sich zu entfalten, eintauschen. Kaum ein Jahr nach seiner Ankunft 1368 erhoben sich die Zünfte gegen den ausschließlich patrizischen Rat und erkämpften sich eine Zunftverfassung und damit auch mehr wirtschaftliche Freiheit. Die erste Frau des Hans Fugger, Klara Widolf, die Tochter eines Zunftmeisters der Weber, hatte ihrem Mann durch die Heirat den Eintritt in die Augsburger Bürgerschaft ermöglicht. Nach ihrem frühen Tod heiratete er ein weiteres mal günstig, diesmal Elisabeth Gfattermann, ebenfalls Tochter eines Zunftmeisters der Weber. Schon 1396 nahm er den 41. Platz unter den 2.930 Steuerzahlern Augsburgs ein und konnte, ohne zu zögern, 500 ungarische Goldgulden für ein Haus ausgeben. Ob er wohl ahnte, dass sein Enkel Jakob Fugger (1459-1525) einst den Beinamen „der Reiche" tragen und als einer der tüchtigsten und vermögendsten Männer des Heiligen Römischen Reiches Geschichte schreiben würde, weil nämlich ohne sein Geld fast nichts in der damaligen bekannten Welt lief? So bedeutete der Ausdruck „fuggern" in der damaligen Zeit „gut wirtschaften" und wurde anerkennend gebraucht!
Die innige Verbindung der Fugger mit dem Haus Habsburg begann, als sich 1473 Kaiser Friedrich III. (1415-1493) mit seinem Sohn Maximilian (1459-1519) auf der Brautwer-

bungsfahrt nach Burgund in Augsburg aufhielt und der junge Prinz ausstaffiert werden musste. Da die kaiserliche Familie schon bei mehreren Augsburger Familien mit viel Geld in der Kreide stand, wollte ihnen niemand mehr etwas leihen. Doch der ältere Bruder Jakobs, Ulrich (1441-1510), sah seine Stunde und diejenige seines Hauses gekommen. Ohne Geld zu verlangen, wurden die Habsburger kostbar eingekleidet. Der Kaiser verlieh Ulrich und seiner ganzen Familie daraufhin zum Dank das Lilienwappen.
Ein unaufhaltsamer Aufstieg in die Hochfinanz der damaligen Zeit begann, da sich Ulrich und später vor allem Jakob mit handfesten Sicherheiten das Geldausleihen honorieren ließen: Bergwerke in Tirol und Kärnten, Thüringen und Böhmen, in der Slowakei und Spanien, in denen nicht nur Silber, sondern auch Kupfer, Zinn und Quecksilber gefördert wurde. Dazu kamen ganz automatisch die Privilegien im Metallhandel. Doch auch die angestammten Kaufmannsgeschäfte hatte man nicht vernachlässigt: Handel mit Gewürzen, Tuchen und kostbaren Waren aus Italien. Und ganz nebenbei waren damit Bankgeschäfte verbunden. 1484 erhielten die Fugger eigene Kammern – modern: Büros – im Fondaco dei Tedeschi, der deutschen Handelsniederlassung in Venedig. Nachdem die Brüder Ulrich und Georg nicht mehr alleine zurechtkamen und einige der weiteren Brüder früh verstorben waren, schlug 1478 die Stunde Jakobs. Seine geringe Eignung zur geistlichen Laufbahn hatte sich schon bald abgezeichnet und so schickte man ihn zur Ausbildung nach Venedig, wo er u. a. auch die doppelte Buchführung lernte. Er übernahm als Erstes die Innsbrucker Faktorei (modern: Filiale) und heiratete im Jahre 1498 Sibylla Arzt (um 1480-1546), was ihm gute

Eingangsportal der Fürst Fugger Privatbank im Fuggerhaus

Bildnis Jakob Fuggers von Albrecht Dürer,
um 1520, Staatsgalerie Alte Meister, Augsburg

Beziehungen zum Augsburger Patriziat einbrachte. Jakob baute die Geschäftskontakte vor allem zu Kaiser Maximilian I. aus. Nach dem Tod seiner beiden Brüder Ulrich und Georg wurde er alleiniger Verantwortlicher – „Regierer" – genannt.

Nicht alle Geschäfte können hier aufgezählt werden, aber besonders einträglich war die Beteiligung am Ablasshandel, dessen Abwicklung ihm eine hohe prozentuale Beteiligung einbrachte. Er wurde damit auch Bankier der hohen Geistlichkeit und lebte komfortabel zwischen weltlich-geistlichem Geschäft und Zinsverbot. Sogar die Zecca (Münzprägestätte) Roms wurde von den Fuggern übernommen und päpstliche Münzen trugen eine Zeit lang auch die Handelsmarke des Augsburger Handelshauses. Nicht umsonst begann man zu munkeln, dass alles, was Jakob anfasse, zu Gold werde. Zwei Kaiserwahlen bzw. -krönungen (diejenigen Maximilians 1508 und Karls V. 1530) finanzierte er – die Erhebung in den Adelsstand war eine der Belohnungen. Obwohl er fast zwei Jahrzehnte im Augsburger Rat saß, hielt er sich in politischen Dingen, welche die Stadt betrafen, eher zurück. Über den Bürgermeister Ulrich Arzt, Verwandter seiner Frau, erlangte er jedoch wo nötig genügend Einfluss. Von seinen Reisen nach Italien, besonders aus Venedig, brachte Jakob Eindrücke künstlerischer Natur mit, die er in seiner Heimatstadt umzusetzen trachtete. Er ließ im neuen Stil bauen und setzte auch damit Maßstäbe (Damenhof, Grablege St. Anna!). Mit dem Stiftungsbrief der Fuggerei 1521 und seinem Testament 1525 wird auch seine ablehnende Haltung gegenüber der Reformation deutlich. Er war sich auch nicht mehr sicher, ob er noch in der von ihm in Auftrag gegebenen Grablege in St. Anna begraben sein wollte, da sich der Konvent von St. Anna mit seinem Prior an der Spitze lutherfreundlich zeigte. Doch da hatte er schon

nicht mehr mitzureden, seine Frau Sibylla war dem reformatorischen Gedankengut sehr zugeneigt und ließ ihren Mann wie geplant in St. Anna begraben. Nur sieben Wochen nach seinem Tod heiratete sie den verwitweten Patrizier Konrad Rehlinger auf die „lutherische Art". Da Jakob und Sibylla kinderlos geblieben waren, ging sein Vermögen an die Neffen Raymund (1489-1535) und Anton (1493-1560). Anton übernahm die Führung des Unternehmens, da ihn Jakob (gegen den erbitterten Widerstand Raymunds) testamentarisch zum „Regierer" bestimmt hatte. Anton gelang es, die Firma auch weiterhin florieren zu lassen. 1546 erreichte die Handelsfirma der Fugger den Höhepunkt ihres Gesellschaftsvermögens – Anton Fugger war der reichste Mann der Welt!

Die Nachkommen Raymunds und Antons (sog. Raymund- bzw. Antonlinie) waren weit weniger geschäftstüchtig, dafür umso interessierter an Kunst und Musik. Schon Anton besaß eine weithin berühmte Musikaliensammlung und förderte nachhaltig das Musikleben in Augsburg. Johann Jakob Fugger (1516-1575), der Sohn Raymunds, besaß eine der damals bedeutendsten humanistischen Bibliotheken, die er aber, hoch verschuldet, 1571 nach München an Herzog Albrecht V. (1528-1579) von Bayern verkaufen musste und die heute Teil der Bayerischen Staatsbibliothek ist. Schon 1557 hatte der spanische Staatsbankrott die Firma Fugger schwer getroffen, aber man erholte sich noch einmal für kurze Zeit. Mit dem Dreißigjährigen Krieg wird auch sie in den wirtschaftlichen Untergang gerissen. 1657/58 gilt das Handelsimperium der Fugger als erloschen.

Die Familie teilt sich heute in drei Zweige: die Grafen Fugger-Kirchberg, die Fürsten Fugger von Glött und die Fürsten Fugger-Babenhausen. *cvb*

Lech

Berliner Allee

Lechhauser Straße

Johannes-Haag-Straße

Argonstraße

Otto-Lindenmeyer-Straße

Proviantbachstraße

Lech

Berliner Allee

Jakoberwallstraße

Amagasaki-Allee

Beim Glaspalast

Hanreiweg

Forsterstraße

Nagahama-Allee

Provinostraße

Schäfflerbachstraße

Reichenbergerstraße

Fritz-Vogth-Straße

Herrenbachstraße

Berliner Allee

Waldstraße

Schwibbogen-platz

Provinostraße

Prinzstraße

Reinbo ldstr.

Lotzbeckstraße

Roter Torwall

Rote-Torwall-Str.

Friedberger Straße

Alter Heuweg

Haunstetter Str.

Schulestr.

Baumgartner Straße

Im Osten - Textilvierte

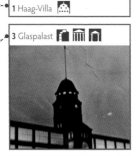

1 Haag-Villa

3 Glaspalast

2 Schlacht- und Viehhof

5 Bayr. Textil- u. Industriem.

6 Fabrikschloss

4 Färberturm

9 „Familie" von Kecskeméti

7 Koellefiguren

10 Schüle'sche Fabrik

11 Straßenbahndepot

8 Don Bosco

12 Silbermann-Park

Legende

Geheimtipp

Kirche

Museum

Galerie

Skulptur

Profanbau

Park

Turm/Tor

Industrie

Industriekultur und moderne Kunst

Ludwig I., König von Bayern, hatte einen Plan für sein Königreich: In München, seiner Residenzstadt, sollten die Künste blühen, wachsen und gedeihen, die Museen, die Theater, die Wissenschaft. Industrie aber sollte es in München keine geben. Kein rauchender Schlot durfte die kunstgeschwängerte Luft über dem Isar-Athen, die heiter weißblauen Wölkchen über der Musenstadt verdüstern. Visionär, wie ein Mann in einer Zeit, als rauchende Fabrikschornsteine doch zum positiven Signal einer prosperierenden Gesellschaft wurden, bereits eine kritische Haltung zur Industrialisierung einnahm. Ludwig sah die neuen Länder, aber auch die alten Reichsstädte in Franken und Schwaben als Fabrikstandorte vor. Hier sollten die Fabriken entstehen, das Steueraufkommen produziert und Gelder erwirtschaftet werden. So entstand auch in Augsburg in wenigen Jahrzehnten ein vitaler Wirtschaftsstandort mit den Schwerpunkten auf Textil und Maschinenbau. Vor allem die Spinnereien und Webereien im Osten der Stadt sorgten für den erhofften wirtschaftlichen Erfolg. Die Stadt wuchs, immer mehr einfache Arbeitskräfte wurden magnetisch angezogen, die Dörfer am Stadtrand mutierten zu Schlafstädten, Arbeiterquartiere schufen ganz neue soziale Strukturen.

Nur ganz selten riecht es bei Martini im Textilviertel noch ein wenig süßlich, chemisch. Hier werden noch Stoffe ausstaffiert und imprägniert, ein letzter Rest der ehem. Größe der Textilstadt Augsburg. Alle anderen Fabriken sind abgerissen oder umgenutzt. Lediglich zwei der großen Fabrikbauten haben seit dem Rückgang in den 1970er überlebt: Fabrikschloss und Glaspalast. Die beiden architektonisch anspruchsvollen Bauten spiegeln die zwei Möglichkeiten der Umnutzungen wider: Kommerz oder Kultur. Es bleibt unentschieden, welche Nutzung dem Baudenkmal verträglicher ist. Während die Kunst das Baudenkmal adelt, umweht die leeren Räume linde Traurigkeit. Da bringt z. B. ein Baumarkt viel von der alten Betriebsamkeit zurück, und lässt das Baudenkmal im Meer der Supermarktarchitektur zu schönem Kontrast reifen. In der Kammgarnspinnerei entsteht hingegen derzeit das Bayerische Textil- und Industriemuseum. *uh*

Der ehem. Schlacht- und Viehhof

1 Haag-Villa

Johannes-Haag-Str. 14, nicht zugänglich

Während des wirtschaftlichen Aufschwungs im Augsburg der zweiten Hälfte des 19. Jhs. zählte auch die Maschinen- und Röhrenfabrik (1851) von Johannes Haag (1819-1887) zu den zahlreichen privaten Großbetrieben der Stadt. Zum Fabrikgelände gehörte eine großflächige Parkanlage, in deren Mitte sich auch heute noch die Direktorenvilla befindet. Der Neorenaissance-Bau von 1885 wurde von Jean Keller entworfen. Die Vorderseite dominiert eine großzügige Auffahrt zum Eingang, der durch einen Portikus mit vier Säulen betont wird. Übergiebelte Eckrisalite verleihen der Frontseite des zweigeschossigen Baus zusätzlich Gewicht. Auf dem flachen Zeltdach befand sich urspr. ein Bellevedere, dessen Gitterreste im Vorgarten Verwendung gefunden haben. Zum T-förmigen Grundriss gehörte nach Süden, hinter dem Hauptgebäude, ein mittelachsiger Querflügel, in dem sich ehedem die Büroräume und ein Wintergarten befanden. Der den Querflügel abschließende Wintergarten wurde 1951 abgebrochen. Die Pracht der Formensprache der Neorenaissance, mit kräftiger Eckrustika an den Seitenrisaliten,

Ädikulafenstern und Kassettenfriesen über den Rundbogenfenstern des Mitteltraktes im Obergeschoss, lässt die Direktorenvilla ausgesprochen ital. wirken. Eine Besonderheit ist der als Blendwerk des Ziegelbaus verwendete rote und gelbe fränkische Sandstein, der in Augsburg nicht oft zum Einsatz kam. Die Innenausstattung konzentriert sich auf das zentrale Vestibül: Terrazzoboden mit eingelassenen Wappen und Monogrammen, mehrfarbige Marmorsäulen und Spiegelgewölbe, eine Kassettendecke. Solche Wohnkultur diente im 19. Jh. großbürgerlicher Repräsentation – zumal einem Augsburger Fabrikanten. *shs*

2 Schlacht- und Viehhof

Proviantbachstr. 1

Im Umgang mit geschlachteten Tieren hatte die Stadt immer größte Sorgfalt an den Tag gelegt. Privatschlachtungen waren bereits im mittelalterlichen Augsburg verboten. Großtiere durften ausnahmslos nur unter städt. Aufsicht in der Stadtmetzg getötet und verwertet werden. Die erste Metzg stand noch in direkter Nachbarschaft des Rathauses. Im Rahmen der Stadtverschönerung

um 1600 wurde die Metzg dann aus der vornehmen Oberstadt in die weniger repräsentative Unterstadt verlegt. Der neue Standort hatte aber den Vorzug, dass mit den hindurchfließenden Lechkanälen frisches Brauchwasser für die Reinhaltung des Schlachthauses zur Verfügung stand.

Ähnliche Beweggründe lagen auch vor, als in einem dritten Schritt der Schlachtbetrieb nun aus der Stadt heraus und an den Proviantbach, einen der großen Industriekanäle, verlegt wurde. Der neue Städt. Schlacht- und Viehhof, erbaut zwischen 1898-1900 durch den Stadtbaurat Fritz Steinhäußer, unterstützt durch einen Facharchitekten, unterstützt durch einen Facharchitekten, unterstützt durch einen Facharchitekten... vereint die Aufgaben einer zentralen Viehmarkthalle mit einem neuzeitlichen Schlachthaus. Fest umzäunt und ummauert, öffnet sich die Anlage über ein Zufahrtsrondell mit den Verwaltungsräumen und der Schlachthofgaststätte zu beiden Seiten. Im Inneren stehen freigestellt die einzelnen Funktionshallen. Parallelen zur Pavillonbauweise für Sanatorien und Krankenhäuser der gleichen Zeit klingen an. In all diesen Fällen liegen den Grundzügen der architektonischen Gestaltung die Bedürfnisse der Hygiene und die Ordnung der Betriebsabläufe zugrunde. Heute ist die detailgenau erhaltene Kälberhalle das Prunk-

Historische Ansicht des Glaspalastes
zu Beginn des 20. Jhs., Zeichnung

stück der Anlage. Hier lässt sich die einst durchgehend angewandte Architektur mit ihrer zeitgemäßen Gusseisen- und Blankziegelästhetik erleben. Die weiträumige, mit altem Baumbestand durchgrünte Anlage wird im südlichen Teil als privater Schlachthof genutzt. Die Kälberhalle wurde sorgfältig und vorbildlich zurückhaltend restauriert und steht heute kulturellen Nutzungen zur Verfügung. *uh*

3 Glaspalast 🏛 🏚 🏠

SWA Werk IV, Beim Glaspalast 1

Der Glaspalast befindet sich im Osten des Stadtzentrums, in der sog. Aumühle. Als viertes und letztes Werk der Mechanischen Baumwollspinnerei und Weberei Augsburg (SWA) wurde die Fabrik 1909/10 von dem Augsburger Bauunternehmen „Thormann & Stiefel" nach den Plänen des Stuttgarter Architekten Philipp Jakob Manz (1862-1936) gebaut und markierte den Endpunkt „schlossartiger" Fabrikbauten in Augsburg. Der Bau gilt als das besterhaltene Hauptwerk des Architekten – er wirkte in Augsburg bei acht Industriegebäuden mit – und als die erste Stahlskelettkonstruktion in der Industriearchitektur innerhalb Deutschlands. Um das Werk so schnell wie möglich in Betrieb zu nehmen, arbeiteten zu Baubeginn im Apr. 1909 rund 600 Mann auf der Baustelle. Bereits im März 1910 begann die Produktion. Als erstes der vier SWA-Werke wurde die Fabrik nicht an einem Lechkanal gebaut, da man mit der 2.500 PS starken Dampfmaschine der MAN (Maschinenfabrik Augsburg-

Nürnberg) ganz auf Wasserkraft verzichten konnte. 1956 ersetzten Elektromotoren die Dampfmaschinen. Produziert wurde bis 1989.

Baustruktur

Der Gesamtkomplex setzt sich aus drei Einheiten zusammen: Zum Kesselhaus gehörten ebenfalls Kamin und Kohlelager. Nach Süden, in unmittelbarer Nähe lagen die Bahngleise. Links folgte das Maschinenhaus mit der Dampfmaschine. Nach Norden schloss das Maschinenhaus an die Spinnerei an. Die Dampfmaschine war über 78 Seile mit den einzelnen Etagen der Spinnerei verbunden.

Die Spinnerei ist das größte und architektonisch dominanteste Glied der Fabrikanlage. In ost-westlicher Ausrichtung erstreckt sich der fünfstöckige Hochbau auf einer Fläche von 100 x 45 m (13 x 9 Achsen). Die südwestliche Begrenzung hat Manz so konstruiert, dass der Bau im Falle des Produktionssteigerungsbedarfs erweitert werden konnte. Die Hauptseite liegt im Norden. Den Komplex überragen insgesamt drei aus der Bauflucht vorspringende Türme, die in die Funktionen der Fabrikanlage integriert waren. Der Staubturm liegt an der Ostseite, der Aufzugsturm an der Nordostecke und der Wasserturm (achteckiger Turm mit Tambourkuppel), der zugleich der höchste der drei Türme ist, erhebt sich, leicht nach hinten versetzt, über dem Treppenhaus des Haupteingangs an der Nordseite. Das Wasserreservoir wurde für die Heizungs-, Lüftungs- und Befeuchtungsanlage benötigt. Der Haupteingang – wieder der Funktion des Gebäudes folgend – liegt nicht genau in der Mitte, sondern

weiter östlich. In der linken (kleineren) Hälfte waren die stauberzeugenden und daher in erhöhtem Maße feuergefährlichen Arbeitsgänge untergebracht: Magazin, Mischerei und Batteur. Im rechten Trakt befand sich die Produktion. Hinter dem Treppenhaus war der Seilgangsschacht untergebracht, der wiederum nach Süden mit dem Maschinenhaus verbunden war.

Fassade der Spinnerei

An die vom Boden aufgehenden Mauerpfeiler schließen die Fensterflächen bündig an. Horizontal teilt sich die Fassade in ein Sockelgeschoss und zwei darüberliegende, mit hellgrauem Klinker verblendete Doppelgeschosse. Das erste Obergeschoss schließt mit einem einfachen geometrisierenden Ornamentfries ab, das zweite hingegen endet mit einem Kranzgesims. Dominiert wird die Fassade jedoch durch die die Waagerechte betonenden, großen Fensterflächen, die nicht immer gleich breit (zwischen 5,96 m und 6,77 m an der Langseite) und von der Konstruktion des Skelettbaus abhängig sind. Gerade wegen des tragenden Skelettbaus aus Walzeisen war es möglich, die tragenden Außenwände aufzulösen und durch große Fensterflächen, die in die Stützen eingehängt sind, den sog. „curtain wall", zu ersetzen. Urspr. waren die Fensterrahmen, wie so oft in den Bauten von Manz, aus Holz. Erst nach dem Ersten Weltkrieg wurden die zum Teil zerstörten Rahmen durch Stahlrahmen ersetzt.

Die einstöckige Weberei (2001 abgebrochen) lag etwa 10 m östlich der Spinnerei. Der zweiteilige

Shedbau war durch einen unterirdischen Gang mit der Spinnerei verbunden.

Aktuelle Nutzung
Nach der Restaurierung (2001/02) entwickelte sich der Gebäudekomplex zu einer Kulturstätte. In den beiden Erdgeschosshallen der Spinnerei befinden sich heute Museen: Das H2 (Halle 2) Zentrum für Gegenwartskunst wurde 2006 als Museum für zeitgenössische Kunst der Kunstsammlungen und Museen Augsburg eröffnet. Gleichzeitig wurde in der nebenan liegenden Halle (Halle1) die Staatsgalerie der Moderne – mit Schwerpunkt auf der Kunst des 20. Jhs. – eröffnet. Des Weiteren befinden sich in den oberen Stockwerken die Galerie Noah und das Kunstmuseum Walter, eine Ballettschule und Büroräumlichkeiten. Im ehem. Kesselhaus und im Maschinenhaus befindet sich heute das Restaurant Magnolia. *shs*

H2 Zentrum für Gegenwartskunst im Glaspalast 🏛

€ 7 / 5,50€ (inkl. Staatsgalerie der Moderne) Mi-So 10-17, Di 10-20 0821-3244155 www.augsburg.de ja ja
Das H2 (Halle 2) Zentrum für Gegenwartskunst im Glaspalast wurde im Jahre 2006 in der Westhalle des Erdgeschosses als Ausstellungs- und Experimentierzentrum für zeitgenössische Kunst der Kunstsammlungen und Museen Augsburg eingerichtet. Die großzügige, rund 2.000 qm große Ausstellungsfläche, die internationalen Künstlern für disziplinübergreifende Inszenierungen zur Verfügung steht, zeichnet sich aufgrund ihrer Offenheit und der waldartigen Stützen durch eine einzigartige Atmosphäre aus. Hier fanden spektakuläre ortsbezogene Ausstellungen, wie etwa Fabrizio Plessis „Lava" (2006) und Magdalena Jetelovás „Abflug" (2008), statt. Das H2 verwahrt zudem eine Sammlung zeitgenössischer Kunst, die in eigenen Sonderausstellungen präsentiert wird, darunter etwa Werke von Rupprecht Geiger, Carsten Nicolai, Bernd Koberling, Tony Cragg und Felix Droese. Ein dreigeteiltes Kabinett ermöglicht Grafikausstellungen ebenso wie mediale Installationen. Zudem steht ein Raum für museumspädagogische Zwecke zur Verfügung, ferner eine Bibliothek. *ct*

Artothek

Di 14-18 0172-9179916
Im zweiten Raum der Bibliothek unterhält die Gesellschaft für Gegenwartskunst e. V. eine Artothek. Gegründet 1998, ist die Artothek seit 2006 im Glaspalast ansässig. Für jedermann zugänglich können hier Werke u. a. von Georg Baselitz, Günther Förg, Nikolaus Gerhart, Felix Weinold für je zwei Monate und gegen eine Gebühr von 15 Euro ausgeliehen werden. Die GfK zeigt hier auch eigene kleinere Ausstellungen. *ys ct*

Staatsgalerie Moderne Kunst im Glaspalast 🏛

€ 7 / 5,50 € (inkl. H2) Mi-So 10-17, Di 10-20 0821-3244155 www.pinakothek.de ja ja
In der Osthalle des Erdgeschosses ist seit 2006 die Staatsgalerie Moderne Kunst eingerichtet, die als Filialgalerie der Bayerischen Staatsgemäldesammlungen betrieben wird. Mit wechselndem Programm werden hier Meisterwerke moderner Kunst aus den Beständen der Pinakothek der Moderne präsentiert. 2007 war es „Ein Spaziergang durch New York" mit Werken von Warhol bis Lichtenstein, ab 2008 bildet Skulptur des 20. Jhs. mit Werken von Henri Moore bis Stefan Balkenhol den Schwerpunkt. *ct*

Galerie Noah und Kunstmuseum Walter 🏛 🏛

Di-Fr 10-17, Sa und So 11-18 0821-8151163 www.galerienoah.com ja
€ 6 /5€ Museum Walter Di-Fr 10-17, Sa und So 11-18 0821-8151163 www.

weitverbreiteten Typus vor den Toren der Jakobervorstadt. Auf einem gemauerten rechteckigen Sockel (10 x 7 m) ist eine zweigeschossige Holzkonstruktion mit überkragendem Galeriegeschoss und Walmdach errichtet. Der um 1760 erbaute Turm gehörte seit 1763 Georg Jacob Koepf, 1772 Johann Heinrich Schüle, seit 1836 zur Augsburger Kammgarnspinnerei und wurde 1972 instand gesetzt. Das über ein innenliegendes Treppenhaus zu erreichende Galeriegeschoss war urspr. offen, um die langen Stoffbahnen über die durch Konsolen gestützten Stangen hinunterzuhängen. Im frühen 19. Jh. wurden Färbertürme obsolet, da man dazu überging, witterungsunabhängige Trockenhäuser zu bauen. *ct*

5 Bayerisches Textil- und Industriemuseum (tim) 🏛

Provinostr. 46, im Aufbau, voraussichtlich ab Frühjahr 2009 geöffnet 📞 0821-3244688 ♿ www.tim-bayern.de

Das Bayerische Textil- und Industriemuseum (tim) nimmt den Faden der Textilindustrie wieder auf. 2009 wird eines der innovativsten Museumsprojekte Bayerns an originalem Schauplatz eröffnet. Mensch – Maschine – Mode – Muster: Diese vier M sind im tim Programm, das auf dem Gelände der ehem. Augsburger Kammgarnspinnerei (AKS) einziehen

galerienoah.com 🔊 nein 🔊 ja
Im ersten Stockwerk des Glaspalastes befindet sich die Galerie Noah, eine kommerzielle Galerie des Bauunternehmers Ignaz Walter, die ein internationales Programm mit bedeutenden Künstlern wie Nitsch, Baselitz, Lüpertz u. a. in rasch wechselnder Folge präsentiert. Auf dieser Etage ist auch das Kunstmuseum Walter untergebracht, die umfangreiche private Sammlung des Eigentümers des

Glaspalastes, darunter Werke von Norbert Tadeusz, Willi Sitte, Jörg Immendorff und Günther Förg.

♦4 Färberturm 🖼 📷

Schäfflerbachstr. 26
Der Färberturm ist ein einzigartiges Denkmal der Textilindustrie in Augsburg und das letzte Beispiel für einen in Augsburg einst

wird. Die AKS wurde 1835 von Friedrich Merz gegründet und ist eine der ältesten Textilfabriken Bayerns. Die Textilindustrie war es, die den Motor der Industrialisierung in Bayern in Gang brachte. In der Stadt Augsburg, als textilem Hauptzentrum, wurde eine Fabrik nach der anderen erbaut. Das Gesicht der Stadt und die Lebenswelt der Menschen veränderten sich im 19. Jh. rapide.

Mensch

Von Aufbruch, Boom und Niedergang, von Wiederaufbau, Globalisierung und neuem Branchenbewusstsein der Textilindustrie erzählt ab 2009 das Bayerische Textil- und Industriemuseum (tim). Im Mittelpunkt steht der Mensch. Es geht um die Tausende von Arbeiterinnen und Arbeitern, deren Leben ab dem 19. Jh. vom Takt der Maschinen bestimmt wurde. Es geht aber auch um all die politischen und wirtschaftlichen Drahtzieher, um Unternehmerpersönlichkeiten, Politiker und Bankiers, die die Geschicke der Textilbranche lenkten.

Maschinen

Der Bereich der Maschinen ist im tim in einer eigenen Museumsfabrik zu erleben. Dort stehen Oldies aus dem 19. Jh. neben modernen High-Tech-Maschinen. Laut geht es hier zu, denn tim fertigt im Schaubetrieb seine eigene Museumskollektion an. Seit 2006 machen sich Produkte wie das Schlossertuch und hochwertige Frottierbadehandtücher als Verkaufsschlager und Kultartikel bayernweit einen Namen.

Mode

Für die Mode ist in der tim-Dauerausstellung ein eigener Laufsteg reserviert. In der tim-Restaurierungswerkstatt geht es zurzeit um den Körper nach Maß. Auf Hochtouren wird hier an Figurinen gearbeitet, die für jedes Modell, das im tim in Szene gesetzt wird, individuell angefertigt werden müssen. Die tim-Modekollektion besteht aus Stücken, die im Laufe der letzten drei Jahre von Bürgerinnen und Bürgern abgegeben und Bestandteil einer inzwischen einzigartigen Textilsammlung geworden sind. Die Kleider erzählen Geschichten. Egal ob es sich um das Biedermeierkleid aus den 1830er Jahren handelt, um das Hochzeitskleid aus Fallschirmseide aus der Zeit kurz nach dem Zweiten Weltkrieg, das Ballkleid für die Bayreuther Festspiele aus den frühen 1950er Jahren, oder um das Flower-Power-Kleid aus einem Stoff der ehem. Neuen Augsburger Kattunfabrik (NAK) – ihre Trägerinnen haben darin viel erlebt und verbinden damit ein Stück persönliche Geschichte, die im tim auf dem Museumslaufsteg miterzählt wird.

Von Zeit zu Zeit gibt es im tim auch brandaktuelle Trends zu erleben. Glamour zieht ins Museum ein, wenn junge Designer oder die Schülerinnen und Schüler der Deutschen Meisterschule für

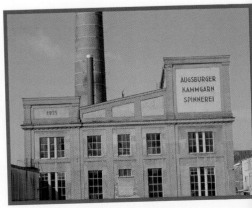

Mode aus München ihre neuesten Kollektionen im Scheinwerferlicht präsentieren. Das Obergeschoss steht im tim für Veranstaltungen aller Art zur Verfügung, wie beispielsweise für Modenschauen, Sonderausstellungen, Messen, Kongresse und Präsentationen.

○ Muster
Hinter dem Stichwort Muster verbirgt sich im tim Nationales Kulturgut. Dazu wurde 1997 die Stoffmustersammlung der NAK erklärt, die ein Feuerwerk der Kreativität darstellt und über 200 Jahre europäische Mode- und Designgeschichte dokumentiert. Über vier Meter große Frauenfiguren stehen in der kreativen Schatzkammer des tim Pate für die Stoffmuster. Sie erwarten den Besucher in ständig wechselndem Gewand, denn herausragende Muster aus der NAK-Sammlung werden wechselweise auf ihre Kleider projiziert. *nz*

6 Fabrikschloss 🏭

Proviantbachstr. 30 🅿️ ja
Der wirtschaftliche Boom der Textilindustrie brachte den Bau größerer und effizienterer Fabriken mit sich. Die „Spinnerei und Weberei Augsburg" (SWA) – unter der erfolgreichen Leitung von Ferdinand Groß – verwirklichte im ausgehenden 19. Jh. ihr drittes Werk, das „Fabrikschloss" im Textilviertel der Stadt. Nach Plänen des Schweizer

Architekten Carl-Arnold Se'quin-Bronner (1845-1899) wurde das Gebäude in nur zwei Jahren (1896-98) fertiggestellt. Der Name und die architektonische Disposition beschreiben neben den funktionellen Absichten des Bauherrn den repräsentativen Charakter des Gebäudes. Der Gesamtkomplex bildet eine offene Vierflügelanlage über unregelmäßigem Grundriss. Das dreigeschossige „Schlossgebäude" besitzt drei überhöhte Ecktürme und ist durch pilasterartige Lisenen vertikal gegliedert. Oberhalb der Rundbogenfester des dritten Geschosses – drei in jeder Achse – schließt ein Flachdach mit einer Balustrade das Gebäude ab. Die Fassadenverkleidung in rot-gelben Blankziegeln ist ein weit verbreitetes Kennzeichen für den Fabrikbau des 19. Jhs. Das Batteurgebäude befindet sich südlich der Fabrik, im Westen – direkt am Proviantbach – das Turbinenhaus. Seit seiner Sanierung, mit der 1998 begonnen wurde, wird das „Fabrikschloss" als Einkaufszentrum und Bürogebäude genutzt. *shs*

Tipp > Im „Fabrikschloss" befindet sich das Atelier von Max Kaminski. Der 1938 in Königsberg geborene Künstler gehört zu den herausragenden dt. Malern der Gegenwart. *shs*

---

7 „Betender Saarbergmann" von Fritz Koelle (1895-1953), Bronzeguss, 1934 🏛️

Fritz-Koelle-Str., Ecke Reichenberger Str.
Der 1895 in Augsburg geborene Bildhauer Fritz Koelle studierte an der Münchner Akademie und war Mitglied der Münchener Sezession. 1925 heiratete er die Malerin Elisabeth Karmann (1890-1974) aus St. Ingbert im Saarland, in deren Heimat er die landschaftsprägende Kohle-, Stahl- und Glasindustrie kennen lernte, die zu einem künstlerischen Hauptthema in seinem Werk avancierte. 1933 begann Koelle mit seinen Studien zum Betenden Saarbergmann, angeregt durch die seit dem Grubenunglück in Maybach verstärkt wieder aufgelebte Sitte des Betens

im Zechensaal vor der Einfahrt ins Bergwerk. Die in Bronze gegossene, lebensgroße Figur zeigt einen in sich gekehrten, im Gebet versunkenen Bergmann, der sich mit beiden Händen auf eine Keilhaue stützt. Im Habitus der Figur verschmelzen tiefe Religiosität mit Schicksalsergebenheit. Koelles Figur ist 1934, ein Jahr nach Hitlers Machtergreifung entstanden. Ein Abguss wurde anlässlich der Saarabstimmung 1935 an Hitler geschenkt, der sie in der Berliner Reichskanzlei aufstellen ließ. Die Nazis sahen darin das „schwere Bergmannslos" der Arbeit Untertage verkörpert, das sich schicksalhaft mit der „Saarfrage" verbinde (Rückgliederung 1935 an das Deutsche Reich). Dieses Pathos, auf das sich die nationalsozialistischen Interpreten bezogen und das deren Kunstauffassung entgegenkam, ist in Koelles Werk vor dem Hintergrund zeitspezifischer Kunstströmungen zu betrachten, die sich auf große Vorbilder wie etwa den belgischen Bildhauer Constantin Meunier (1831-1905) rückbezieht. Der Habitus unseres Bergmanns und dessen politische Deutung bewegt sich auf einem Grat zwischen pathetischer Religiosität und nationalsozialistischer

Ideologisierung. *ct*

„Der Bergmann" von Fritz Koelle (1895-1953), Bronzeguss, 1930 Fritz-Koelle-Str. 25-27, auf einer Wiese zwischen zwei Wohnblocks Für die Figur „Der Bergmann" von 1930 (auch „Der Saarbergmann") stand der St. Ingberter Bergmann Hermann Weber im Verlesesaal der St. Ingberter Grube Modell. Dargestellt ist ein stehender Arbeiter vor oder nach der Schicht, der am Gürtel obligatorische Grubenlampe trägt. In klassischer Standbein-Spielbein-Pose stehend, hat er die Hände mit einer gewissen Lässigkeit in der Hosentasche vergraben und trägt ein großes Selbstbewusstsein zur Schau. Sein von Arbeit gezeichneter Körper, die etwas eingefallene Brust sowie der sich leicht vorwölbende Bauch und das zerfurchte Gesicht prägen das expressiv vorgetragene Menschenbild. Diesen Verismus wird Koelle in der Zeit des Dritten Reiches zugunsten einer einseitigen Heroisierung des Menschen aufgeben. Eine weitere Fassung des Bergmanns wurde 1961 vor dem Hallenbad in St. Ingbert aufgestellt. *ct*

8 Don Bosco ✚

Don-Bosco-Platz 3 ⏰ tägl. 8-19
📞 0821-552144 🅿 ja

Am Ende einer höchst erfolgreichen Karriere als Kirchenbaumeister zieht der Augsburger Architekt Thomas Wechs beim Bau der Don-Bosco-Kirche (1961-1965), benannt nach dem Hl. Don Giovanni Bosco (1815-1888), Gründer des Salesianerordens, noch einmal alle Register. Es ist der Höhepunkt seines Schaffens, aber zugleich auch Schluss- und Wendepunkt. Höhepunkt, weil Thomas Wechs (1893-1970) in Don Bosco die Diskussion Im Kirchenbau des 20. Jhs. um die Frage nach dem Zentralbau unter einer 20 Meter breiten Betonkuppel zu Ende führt, weil er hier das neue Material des Sichtbetons im Kirchenbau zu größter Selbstverständlichkeit steigert und vor allem weil Thomas Wechs die zwei Themen des abendländischen Kirchenbaus, Kuppelkirche und doppeltürmige Kathedralfassade, monumental miteinander verbindet.

Eine derart optische, architektonische, aber auch inhaltliche Dominanz einer kath. Kirche, thronend über der Stadt, hatte Thomas Wechs kurz nach dem Krieg in einer Schrift „Die Stadt Ypsilon" ausgemalt: eine kath. Idealstadt mit einem beherrschenden Dom und sich unterordnenden Wohnflächen und Bildungseinrichtungen. Alles weltliche Leben unterwirft sich hier ganz selbstverständlich der geistlichen Oberherrschaft der Kirche. Wechs sah diesen Entwurf einer Idealstadt als Antwort auf Albert Speers Megastadt-Phantasien. In verkleinertem Maßstab, aber weg verkleinertem Anspruch, plant und realisiert Thomas Wechs rund

um die Doppeltürme von Don Bosco seine Idealstadt. Die gotische Kathedralfassade und die antike Kuppel sind zusammen schon recht viel für eine Neubaukirche in einer Vorortspfarrei. Doch für Thomas Wechs und den regierenden Bischof Josef Freundorfer war die triumphierende kath. Kirche noch immer das alleinige Maß. Den fast 70 Meter hohen Türmen sollte sich der umgebende Stadtteil unterordnen. Ganz geduckt schließen sich die kirchlichen Bildungseinrichtungen an, der Kindergarten, der Pfarrsaal, das Schülerheim. Auch die Wohnbauten des Kirchenvolks sollten sich demütig unterordnen. Dafür entwickelte Thomas Wechs jun., der Sohn des Architekten, eine schachbrettartige Bungalowsiedlung, die wie ein Teppich der Kirche zu Füßen lag. Das Gesamtensemble Don Bosco ist heute – trotz einiger Verluste – einer der eindrucksvollsten Beiträge zur Nachkriegsarchitektur in Augsburg. *uh*

in München geboren, lebend und arbeitend in Kiel. Eine sechs Meter hohe Kunststoffblüte erhebt sich und ihren Nektar saugt über einen Plastikstrohhalm ein Schwein. Braucht jemand angesichts dieser knallbunten Pracht, dieser barocken Lebensfreude, dieser prallen Sinnlichkeit eine Interpretation? Dann bitte: Die Blüte ist eine Baumwollblüte, Baumwolle war der Grundstoff für die ehem. Kattundruckerei. Und das Schwein gibt´s obendrein (s. www.martinwolke.de). *uh*

Tipp > „Blüte" heißt das Werk, geschaffen im Jahr 2007 vom Bildhauer Martin Wolke, 1971

◆ Kopfbau

9 „Familie" von Sándor Kecskeméti ⚐

Wolfsgässchen 1, vor der Deutschen Bundesbank

Die aus Keramik geschaffene Plastik „Familie" von 1986 ist das älteste der drei in Augsburg aufgestellten Werke des ungarischen Künstlers Sándor Kecskeméti. Die archaische Form spricht die elementarste Einheit der menschlichen Gemeinschaft an und versinnbildlicht durch die Verflochtenheit der Figuren die enge Verbindung der Familie. Die angedeutete Teilung in eine untere und eine obere Hälfte nähert sich dem Begriff der Familie auf zwei verschiedene Weisen an: Der komplexere Oberteil setzt sich aus drei Bereichen zusammen, die mit Vater und Mutter um das Kind – runder Stein in der Mitte – eine geschlossene Formation bilden. Im Gegensatz zur oben verbildlichten Metapher des Schutzes ruht die untere Hälfte auf drei gleich großen und damit gleichberechtigten vertikalen Sockeln. Diese Stütze ist so als Fundament die Grundlage der Einheit „Familie". shs

10 Schüle'sche Fabrik 🏚 🏞

Ehem. Kattunfabrik, heute Fachhochschule Augsburg, Friedberger Str. 2/Rote-Torwall-Str./Baumgartnerstr. 16 🕐 Mo-Fr 7:30-18:30 📞 0821-55 860 ♿ www.fh-augsburg.de 🅿 ja
Innenhof: immer zugänglich
Nur noch wenig ist zu erahnen von der einstigen Pracht dieser schlossähnlichen Anlage der Schüle'schen Kattunfabrik, die am Ende der Friedberger Straße vor den Wallanlagen der Innenstadt lag. Nur der Kopfbau zur Friedberger Straße hin ist noch erhalten. Einst war sie eine dreiflügelige Anlage nach dem Vorbild franz. Schlösser mit einem Prachtgarten im Innenhof. Wäre sie in ihrer Gänze erhalten geblieben, so wäre sie heute eines der bedeutendsten Industriedenkmäler Europas. Erbaut im 18. Jh., sollte sie Reichtum und Erfolg ihres Besitzers Johann Heinrich Schüle (1720-1811) dokumentieren.

Johann Heinrich Schüle

1720 in Künzelsau geboren, heiratete er in eine Stoffhandlung in Augsburg ein. Bald betätigte er sich als Verleger, d. h. er kaufte Rohware und ließ sie von seinen Angestellten bedrucken. Der wirtschaftliche Erfolg stellte sich ein. Seine Kattune waren bald auch im Ausland gefragt. Aufgrund seiner hohen Anforderungen an die Rohware geriet Schüle mit den Augsburger Webern in Streit. Die Weber beschuldigten ihn beim Magistrat, ausländische Waren importiert zu haben, was bei Strafe verboten war. Schüle verließ daraufhin Augsburg und ging zuerst nach Württemberg und dann nach Wien. 1768 erging der Schiedsspruch des Hofes aus Wien im Streit mit den Webern

an den Magistrat der Reichstadt, Schüle wieder das Bürgerrecht zurückzugeben, die Weber hätten sich „friedlich zu betragen". Schüle kehrte nach Augsburg zurück und beantragte die Zulassung als Fabrikant.
Warum er Augsburg als Standort wählte? Es waren wohl die damals hervorragenden Handelsbeziehungen Augsburgs durch den Silberhandel und den Kupferstichdruck. Außerdem war Augsburg der bedeutendste Börsenplatz in Süddeutschland und hatte eine Handwerkerschaft, die mit Textilien umgehen konnte. Die Standortwahl für die Kattunfabrik innerhalb Augsburgs war vor allem bestimmt durch die Nähe zum Wassers und den Bleichen. vs

Baugeschichte
Baumeister Leonhard Christian Mayr
Baubeginn 1770-72
dreigeschossige, dreiflügelige Anlage
Kopfbau konkav geschwungen und reich gegliedert mit Pilastern, Lisenen und drei Portalen, Flachdach mit Pfeilern und Attikagittern
Länge 55 m, Breite 10 m
Im Inneren ist durch zahlreiche Umbauten nichts mehr aus der Zeit Schüles zu finden.

Tipp > Das reich verzierte Gitter zum einstigen Garten befindet sich heute am Fronhof, Sitz der Regierung von Schwaben. vs

Baupraxis
Dem Schloss wurden zwei lange schmale Flügelbauten angehängt, sodass etwas wie ein Ehrenhof la Versailles entstand. Neben repräsentativen hatte dies auch ganz praktische Gründe. Der Kattundruck verlief an langen schmalen Tischen, auf denen die Baum

bahnen der Baureihen seit 1898. Auch Rundfahrten mit diesen Oldtimern werden angeboten. *uh*

wollbahnen aufgelegt waren, die dann in zahllosen Arbeitsschritten immer wieder mit neuen Modeln bedruckt, getrocknet, imprägniert, gefestigt und wieder getrocknet wurden. Über lange Strecken reihte sich hier Tisch an Tisch. Das ergab die lange Ausdehnung der Werkräume. Ihre Schmalheit verdanken die Werkräume dem Bestreben, möglichst viel Tageslicht in die Arbeitsräume zu bringen, um die Tageszeit optimal ausnutzen zu können, elektrisches Licht gab es noch nicht, Kerzen und Öl waren für die diffizile Drucktechnik zu schwach. Richtig schlossartig war dann wieder das barocke Abschlussgitter, das noch existiert. *uh*

Niedergang

Gründe für den Niedergang der Fabrik zu Beginn des 19. Jhs. waren die franz. Revolutionskriege, die Kontinentalsperre sowie der technologische Vorsprung Englands in der Textilindustrie. 1811 ging die Schüle'sche Kattunfabrik in Konkurs.

Wechselnde Besitzer
1812
Tabakfabrik Lotzbeck
1828
Eröffnung eines Hotels im Seitenflügel
1857
Fischbeinfabrik Dellefant & Co.
1863
Textilfabrik Nagler
1989
Immobilienfirma Graf und Maresch
1993
Genehmigung der Stadt Augsburg zum Abbruch des Nordflügels, weiterer Verfall, Abriss des Südflügels

Seit der Renovierung des Kopfbaus und seit dem Anbau der beiden modernen Nord- und Südflügel im Jahre 2007 beherbergt die einstige Schüle'sche Fabrik heute die Fachhochschule Augsburg. *vs*

11 Straßenbahndepot

Baumgartnerstr. 9

Ein besonderer Glücksfall beim alten Straßenbahndepot ist, dass es noch als solches genutzt wird. Das ist immer das Beste für ein Baudenkmal, wenn es wie hier möglichst nah an seiner urspr. Bestimmung genutzt werden kann und nicht das so häufige Schicksal einer Umnutzung zum Kulturzentrum, Seniorentreff oder Erlebnisgasthaus ereilt.

Ganz genau ist die Nutzung allerdings nicht die alte, denn der Kernbau der breiten Halle bildet der erste Augsburger Bahnhof. Die Bahnlinie Augsburg-München von 1839 wurde – wie damals üblich – nicht ganz in die Stadt hineingeführt, sondern endete, auch aus Brandschutzgründen, vor den Toren der Stadt. Der Augsburger Baumeister Johann Georg Gollwitzer (1810-1890) errichtete als Unterstellhalle für die Dampfloks und als Einstiegshalle eine einschiffige Halle mit hölzernem Dachstuhl, die Seitenwände mit vorgelegten Pfeilern und tiefgezogenen, runden Fensternischen funktional strukturiert. Der Neubau des Augsburger Durchgangsbahnhofs an heutiger Stelle und der Verbund mehrerer Bahnlinien zu einem Schienennetz nahm dem alten Kopfbahnhof seine Funktion. Nach einer Zwischennutzung als Militärreitschule zog nach 1920 die Straßenbahn in die Halle ein. Dazu wurde der Kernbau beidseitig erweitert und liegt nun als dreischiffige Depothalle breit gelagert da. Eine einheitliche Schaufassade aus den 1920er Jahren fasst die Bauteile optisch zusammen. Der gleichzeitig gebaute Turmbau mit Wohnungen für das Depotpersonal gibt dem breiten Bau das nötige vertikale Gegengewicht. *uh*

Tipp > Als fahrende Denkmäler verwahrt das Depot Straßen-

12 Silbermann-Park

Am Silbermannpark 2-6 und Haunstetter Str. 35/35a

Das Ensemble aus Direktorenvilla, Direktionsgebäude und Wohnhaus mit angeschlossener niedriger Kolonnade bildet zusammen mit der zugehörigen Gartenanlage ein einmaliges neoklassizistisches Ensemble, das den stadtnahen Rückzugsort eines wohlhabenden großbürgerlichen Industriellen im ausgehenden 19. Jh. markiert.

Der Chemikalienfabrikant und Kommerzienrat Franz Baptist Silbermann (1843-1924), der 1868 in Augsburg eine Handelsfirma gründete, erwarb 1872 das frühere Gartengut der Anna Barbara Gignoux (1725-1796), wo diese schon 1735 eine Färberei und Bleicherei betrieben hatte. Sein über kreuzförmigem Grundriss errichtetes Wohnhaus ist dreigeschossig und in klassizistischer Tradition mit flachem Dach und Eckrustika gestaltet. Der nach Südwesten ausgerichtete Park wird vom Brunnenbach durchquert und ist mit gusseisernen Gartenplastiken bestückt, darunter eine „Reitende Amazone" von August Kiss (1832-42) sowie der „Löwenkämpfer" von Albert Wolff (1854-61). Beide Plastiken wurden für die Treppenwangen des Alten Museums in Berlin als Gegenstücke gegossen und wurden, vielfach nachgegossen, zum Sinnbild eines erwachenden bürgerlichen Pathos. Der Park ist nicht zugänglich. *ct*

Im Westen

Im Westen viel Neues

Es war der Befreiungsschlag aus den Zwängen der mittelalterlichen Stadt, als mit den 1860er Jahren im Westen der Stadt die alte Stadtmauer niedergelegt und in gehörigem Abstand dazu der neue Bahnhof errichtet wurde. Zwischen diesen beiden Fixpunkten konnte sich die Stadt endlich modern erweitern.

Mit schnurgeraden Achsen werden die neuen Stadtviertel gegliedert, Bahnhofstraße, Stettenstraße, Prinzregentenstraße und Bismarckstraße fächern die Wohnquartiere auf. Sparsam werden einige wenige repräsentative Plätze angelegt, der Kaiserplatz (heute Theodor-Heuss-Platz) und der Prinzregentenplatz, im Zentrum der Königsplatz, über den der Großstadtverkehr mit den Straßenbahnen geführt wird, und natürlich der Bahnhofsplatz als Foyer der Stadt.

Dazwischen wurden in wenigen Jahrzehnten bürgerliche Geschosswohnungen hochgezogen, deren Formenvokabular gängigen Großstadtstandards zwischen Historismus und gemäßigtem Jugendstil folgt. Neue Bauaufgaben für Kultur und Kultus fanden dazwischen ihre Bauplätze und gaben den Architekten größeren Spielraum.

Hinter den Wohnquartieren bleibt Freiraum für weniger renditeträchtige Bauaufgaben, für Park und Kaserne, für soziale Wohnungsbau und Industrie. Damit wächst die Stadt um die alten Freiräume der vormodernen Stadt herum, um die alten Friedhöfe und überwuchert die barocken Gartengüter. Die erste Bebauung lässt genug Platz für eine Nachverdichtung im 20. Jh., Platz für einige Beispiele entschiedener Sichtbetonästhetik, damals neu, heute bereits ein Fall für den Denkmalpfleger. *uh*

1 Königsplatz

Nach Niederlegung des Gögginger Tores im Jahre 1860 und Beseitigung der letzten Festungsreste entstand ein neuer Platz, der die Verbindung zum Bahnhof einleitete. Der sog. Gögginger-Tor-Platz wurde 1869 nach dem bayerischen König Ludwig II. in Königsplatz umgetauft. Mit dem Durchbruch der Bürgermeister-Fischer-Straße wurde der Königsplatz 1905 zum Hauptumsteigeplatz für die Straßenbahn und damit zum wichtigsten Verkehrsknotenpunkt der Innenstadt. 1976/77 erhielt der Platz mit dem 1880 hier zentral errichteten Springbrunnen eine reiche Baumbepflanzung und damit das heutige Aussehen. Die östliche Bebauung bildet das Riegele-Haus in der Bürgermeister-Fischer-Straße 12 (heute McDonald's), errichtet in neobarocken Formen von Hans Schnell in den Jahren 1912/13, im Westen befindet sich das 1952 erbaute und 1984 umgebaute Gebäude der LEW (Lech-Elektrizitätswerke), zur Halderstraße hin die ebenso mehrfach umgebaute Zentrale der Stadtsparkasse (zuletzt 1995). Eine neuere Debatte um die verkehrstechnische Neugestaltung des Platzes ist noch nicht abgeschlossen. *ct*

Brunnen von Alfred Thormann: Das erste Betonbauwerk in Augsburg

Tipp > Der durch eine diagonale Wegeführung zentrierte Springbrunnen wurde 1880 von Alfred Thormann als das erste Betonbauwerk Augsburgs überhaupt errichtet (1985 renoviert). Das große Brunnenbassin mit flachem, gewulstetem Rand weist einen zentralen Findling auf, aus dem das zulaufende Wasser sprudelt. Alfred Thormann (gest. 1895) gründete 1876 gemeinsam mit dem Maurermeister Tobias Schneller eine Baufirma, die zahlreiche industrielle Großbauten in Augsburg realisierte (Glaspalast, Fabrikschloss, Mechanische Baumwoll-Spinnerei und Weberei). Aus der Baufirma ging die Walter-Bau-AG hervor, die 2005 in Insolvenz ging. *ct*

Manzù-Brunnen
Am Beginn der Bürgermeister-Fischer-Str.

Der Manzù-Brunnen wurde anlässlich der 2.000-Jahrfeier der Stadt Augsburg im Jahre 1985 auf Initiative der Industrie- und

Handelskammer errichtet. Ein Entwurf des Schweizer Bildhauers Max Bill (1908-1994), der eine 13 m hohe Skulptur aus Granitblöcken vorsah, konnte sich nicht durchsetzen. Der Brunnen besteht aus einem flachen, rechteckigen Brunnenbecken mit aus dem Hintergrund zuströmendem Wasser und einer darin watenden, leicht überlebensgroßen (2,20 m), in ein Gewandtuch gehüllten Mädchenfigur von Giacomo Manzù (1908-1991), die im Volksmund auch „Kammer-Fräulein" genannt wird. Manzù, der als Professor an der Akademie in Mailand tätig war und der u. a. ein Bronzeportal für den Petersdom in Rom gestaltet hat, steht in der Tradition der klassisch figürlichen Bildhauerei Italiens, die auf der Kunst Rodins und Maillols gründet. *ct*

2 Einstiegsbauwerk für eine unterirdische Trafostation

Königsplatz
Unter der Grünanlage des Königsplatzes befindet sich eine 240 qm große Trafostation zur Versorgung des Straßenbahnnetzes mit Strom. Um den Treppenzugang zu schützen, ummantelte ihn Regina Schineis im Jahr 2000 mit einem transparenten Quader aus Metallstrickgewebe. Dadurch kann die von den Trafos erzeugte Wärme entweichen. Das Funktionsbauwerk ist jedoch zugleich ein effektvoller gestalterischer Eingriff: Scheinen tagsüber Bäume und Gebäude der Umgebung chimärenartig durch die reflektierenden, durch-

Am wirkungsvollsten bei Nacht: Das Einstiegsbauwerk am Königsplatz von Regina Schineis

lässigen Wände hindurch, lässt die Beleuchtung des Abgangs in der Nacht ein markantes Lichtzeichen entstehen. *gn*

3 „Verbindung" von Kecskeméti

Schaezlerstr. 3

„Verbindung", das jüngste Werk des ungarischen Künstlers Sándor Kecskemétis in Augsburg, wurde im Jahr 2000 von den Lechwerken Augsburg erworben und befindet sich rechts neben dem Haupteingang des LEW-Gebäudes. Die

Kurioses > Das pyramidale Gebilde neben der Skulptur von Kecskeméti ist ein Lüftungsschacht – weder ein Springbrunnen noch ein Werk des Minimalisten Sol Lewitt. *shs*

viergeteilte, aber augenscheinlich aus einem einzigen Granitblock gefertigte, rechteckige Skulptur thematisiert die Beziehung zwischen Individualität und Einheit. Trotz der deutlichen Trennung der Einzelblöcke – sie sind in verzahnter Struktur auseinandergesägt – bringen sie von allen Seiten eine unzertrennliche Zusammengehörigkeit zum Ausdruck. Der aus dem gleichen dunklen Granit bestehende Sockel und die glatte Oberfläche verstärken die Einheit der „Verbindung". *shs*

4 Schaezler'sches Gartenhaus

Schaezlerstr. 9
nicht öffentlich zugänglich, heute Bäko Schwaben eG

Im Jahre 1769-71 hatte sich der Bankier Johann von Halder (1732-1800) dieses elegante Gartenpalais durch Gottfried Schiffter erbauen lassen. Bereits 1813 aber verkauften seine Nachkommen das Palais für 22.500 Gulden an Johann Lorenz von Schaezler, der damit

nicht nur über ein repräsentatives Stadtpalais (Schaezlerpalais, Maximilianstr. 46), sondern zusätzlich über ein riesiges Gartenanwesen verfügte. Die zugehörige engl. Parkanlage erstreckte sich in etwa zwischen der heutigen Bahnhofstraße, dem Prinzregentenplatz, der Frölichstraße und der Schaezlerstraße. Sie wurde vollständig überbaut, nachdem der Bahnhof 1846 vom Roten Tor an den Rosenauberg verlegt worden war.

Außen
Einziges Relikt des Gartenanwesens ist somit das dreistöckige Rokokopalais mit seinem „französischen" Mansardendach. Das niedrigere Untergeschoss diente dazu, das Bauwerk aus der im 18. Jh. noch unbefestigten, feuchten Umgebung herauszuheben. Zum dritten Stock hin reichert sich die sehr zarte Putzgliederung mit Rocaillen über den Fenstern merklich an.
Die Mitte ist durch einen höheren Risalit betont. Dieser ist nicht nur mit Pilastern stärker gegliedert, sondern auch mit größeren Fenstern versehen, die auf einen Saal im Innern schließen lassen. Ein Balkon mit graziös geschwungenem Eisengitter und ein Zwerchhaus mit Segmentgiebel akzentuieren zusätzlich die Mittelachse. Unter dem Balkon führte ehem. eine Stiege von der Straße direkt in den ersten Stock hinauf zum Haupteingang. Dieser wurde später jedoch zum Fenster rückgebaut.

Tipp > Auf einem Porträt Johann Lorenz von Schaezlers im Schaezlerpalais ist im Hintergrund das Gartenhaus mit seiner ausgedehnten Parkanlage zu sehen. Auf dem Dach prangte ehedem ein Morgenstern als Zeichen der Schaezler. Und wenn man genauer hinschaut, sieht man eine Frauenfigur, die sich aus dem Fenster lehnt … *gn*

Geheimtipp > Die heute im Bayerischen Nationalmuseum aufbewahrte Mars und Venus-Gruppe von Hubert Gerhard (vollendet 1595), die Johann Lorenz von Schaezler 1822 aus dem Fuggerschloss Kirchheim vom dortigen Brunnen erwarb, hatte ehem. ihren prominenten Platz im engl. Landschaftsgartenteil des Schaezler'schen Gartenhauses. Die Nachfahren verkauften die bedeutende Plastik, die an Giambolognas manieristische Skulpturenschöpfungen anknüpft, schon 1858 an das Bayerische Nationalmuseum. *ct*

Staats- und Stadtbibliothek

Innen

So liegen die Zugänge heute ausschließlich auf der ähnlich gegliederten Gartenfront. Zwei Portale mit fein geschnitzten Türflügeln und geschmiedeten Oberlichtgittern führen ins Innere, das nördliche (linke) ins Stiegenhaus. Dort fällt eine Türe mit Feldern in zarter Grisaillemalerei auf, die wahrscheinlich nach grafischen Vorlagen entstanden ist. Dargestellt sind hier Dorfszenen (innen), Ruinen- und Parklandschaften. Die dreiseitig umlaufende Treppe mit ihren Sternintarsien windet sich einem Fresko von Josef Christ entgegen, das jedoch nur noch fragmentarisch erhalten ist. Erkennbar sind noch Merkur und Minerva, die über die Zwietracht (mit Schlange) triumphieren. Den Höhepunkt der Raumfolge bildet der Gartensaal mit Stuck in zierlichen Rocaille- und Blattformen, der vielleicht von Franz Xaver d. J. und Simpert Feichtmayr stammt. In vier seitlichen Deckenfeldern sind Putten zu sehen, die mit Anker, Warenballen, Fässern oder Briefen den Handel versinnbildlichen und damit auf den Hausherren anspielen. Die vier Supraporten sind jüngeren Datums. Sie zeigen u. a. das Bäckerzunfthaus und den Brotwurf des Konrad Hacker (s. Steinerner Mann), denn heutzutage dient das edle Gartenhaus als Sitz der Bäcker-Innung. *gn*

5 Staats- und Stadtbibliothek

Schaezlerstr. 25
🕐 Mo/Di/Fr 10-12:30, 13:30-17, Mi 10-17, Do 10-12:30, 13:30-17:30
✆ 0821-3242739
🌐 www.augsburg.de 🔊 nein

Die Staats- und Stadtbibliothek (urspr. Kreis- und Stadtbibliothek) wurde in den Jahren 1892/93 als Hochbaueisenkonstruktion nach Plänen des Architekten Fritz Steinhäuser gebaut. Das neobarocke Gebäude gilt mit dem Stadttheater, dem Justizgebäude (1872-75, Am Alten Einlass 1) und der Volksschule St. Anna (1873, Schaezlerstr. 26) als ein städtebauliches Zentrum Augsburgs aus dem 19. Jh. Die „Stabi" war der Nachfolger der 1562 von Jakob Zwitzel erbauten Bibliothek des Annagymnasiums, die als die erste freistehende Bibliotheksbau Deutschlands gilt. Zwitzels Bibliothek wurde nach dem Umzug in das neue Gebäude 1893 abgerissen.

Der neobarocke Komplex erstreckt sich auf der Nord-Süd-Achse, die Hauptfassade ist nach Osten, zur Schaezlerstraße, gerichtet. Der Bau setzt sich aus hochgelagertem Keller- und Erdgeschoss und den folgenden beiden Obergeschossen zusammen. Dem Haupteingang sind zwei kleine Grünflächen vorgelagert, die 1914 mit einem schmiedeeisernen Zaun umgeben wurden.

Fassade

Der Eisenskelettbau besteht aus einem hohen Keller- bzw. Sockelgeschoss, einem zentralen Mittelrisalit mit Dreiecksgiebelverdachung sowie flachen Eckrisaliten. Das Hauptgeschoss wird durch hohe rundbogige Fenster gegliedert, die von kolossalen Pilastern flankiert werden.

Tipp > Im Katalogsaal befinden sich mehrere Gemälde des 19. Jhs. mit biblischen, mythologischen und historischen Themen aus dem Bestand der Kunstsammlungen und Museen Augsburg. Des Weiteren eine über drei Meter große Kreidezeichnung von Ludwig Kramer, „Augsburg in der Renaissance" (1870-80), auf der die Zusammenkunft namhafter Persönlichkeiten der Reichsstadt zu Beginn des 15. Jhs. dargestellt ist, die sich auf dem Rathausplatz um Kaiser Maximilian I. versammelt haben. Darunter befinden sich Konrad Peutinger, Bartholomäus Welser und Christoph von Stetten. Eine neben dem Werk angebrachte Legende benennt die einzelnen Personen. *shs*

Geheimtipp > Am Mietshaus Prinzregentenstraße 2 – ein anspruchsvoller Jugendstil-Baukubus, der 1902 von Albert Jack und Max Wanber errichtet wurde –, befindet sich n der straßenseitigen Hausecke ine Hausmadonna unter einem aldachin. Die neugotische Madonna folgt dem Vorbild der berühmten „Vierge dorée" vom Südquerausportal der Kathedrale von miens aus der Zeit um 1235-45.

211

Im Westen

Innen

Die Pfeiler des Treppenhauses im hochgelagerten Erdgeschoss sind jeweils mit einem Karyatidenpaar geschmückt. Das Treppengeländer ist im Stil des Rokoko gehalten. Die oberen zwei Geschosse dienen als Magazin und sind daher unzugänglich. Im Kellergeschoss befindet sich heute der Lesesaal, der urspr. im südlichen Trakt des Erdgeschosses untergebracht war. Heute ist dort der Katalogsaal. *shs*

Treppenhaus der Staats- und Stadtbibliothek

6 Prinzregentenbrunnen

Prinzregentenplatz

In der Mitte des großen oktogonalen Brunnenbeckens aus Muschelkalk erhebt sich ein monumentaler Brunnenpfeiler, der von der überlebensgroßen Bronzefigur des Prinzregenten Luitpold von Bayern (1821-1912) im Ornat des St.-Hubertus-Ordens bekrönt ist. Gewissermaßen zu seinen Füßen befinden sich am Brunnenpfeiler die Büsten seiner Vorgänger: Max I. Josef, Ludwig I., Max II. und Ludwig II. Die Figur und die gesamte Anlage wurden von dem Münchener Bildhauer Franz Bernauer entworfen und 1901 eingeweiht. Urspr. befanden sich am Rondell die heute nicht mehr erhaltenen gusseisernen Kandelaber mit Gaslaternen. Ein schweres Schicksal sollte die Figur im Zweiten Weltkrieg ereilen: Sie wurde demontiert und sollte eingeschmolzen werden – sollte, wurde aber nicht! Im Jahr 1950 entdeckte man sie zufällig – übrigens gemeinsam mit der Bronzefigur vom Augsburger Goldschmiedebrunnen und der Figur des Brunnenjünglings – auf dem Hamburger „Glockenfriedhof". Die Figuren wurden zurückgeholt und seitdem steht der Prinzregent wieder an seinem Platz. *ys*

7 Haus Wechs

Burgkmairstr. 14, nicht zugänglich

In den 1920er Jahren zählte Otto Holzer (1874-1933) zu den Stadtbauräten, die sich offen gegenüber dem „Neuen Bauen" zeigten. Holzer förderte den damals aufstrebenden Architekten Thomas Wechs (sen., 1893-1970), der zu den herausragenden Protagonisten des neuen Baustils im süddeutschen Raum wurde. In den Jahren 1929-31 errichtete sich Wechs sein eigenes Wohn- und Bürohaus als Reiheneckhaus. Mit seinen vollkommen ornamentlosen Wänden, der dafür lebendigen, asymmetrischen Verteilung der Baukuben und der an den Belichtungsbedürfnissen der Innenräume orientierten Durchfensterung steht es in deutlichem Kontrast zur angebauten Reihenhauszeile (1905) des Architekturbüros Krauß & Dürr. Das Gebäude ist ganz in Weiß gehalten, nur die Fensterprofile sind rot gefasst, was den Eindruck von Klarheit noch unterstreicht. gn

Wohn- und Bürohaus des Architekten Thomas Wechs

Tipp > In unmittelbarer Nachbarschaft befinden sich mehrere anspruchsvolle Wohn- und Mietshäuser, die meist vom Büro Krauß & Dürr konzipiert wurden. Das Eckhaus Frölichstraße 4 errichtete Fritz Landauer (1883-1968) für seinen Bruder, den Unternehmer Otto Landauer 1910/11. Die Baukörper sind asymmetrisch zusammengesetzt und spiegeln mit ihren Fenstern die Innenräume. Auch das gesamte Mobiliar war von Fritz Landauer entworfen worden. Noch früher hatten Walter Krauß (1873-1951) und Hermann Dürr (1875-1930) das Haus Pölnitz (1908-10) und die Villa des Getreide- und Hopfenhändlers Hesselberger (Frölichstr. 2, 1903/1904) mit Elementen des Jugendstils, wie stilisierte Blüten, errichtet. Hesselberger ließ sich als Gipfel der Extravaganz – zumindest für Augsburger Verhältnisse – ein maurisches Zimmer einrichten, das heute noch erhalten ist. gn

8 Postbauten

Im traditionsgeprägten Bayern liegt der Verdacht nahe, dass die moderne Architektur der 1920er Jahre dünn gesät sei. Neben dem Kirchenbau gibt es aber eine zweite, überraschende Nische, in der zahlreiche und qualitätvolle Bauwerke in expressiver und klassisch-moderner Bauweise entstehen konnten – bei den Bauten der Post. Durch eine landesweite Umstrukturierung des Postwesens und befördert durch die technische Entwicklung von Telefon, Telegrammwesen und Postbus-Verkehr wurden in Bayern schlagartig ab ca. 1920 hunderte neuer Bauten und technischer Einrichtungen benötigt.

Ein nicht zu überschätzender Glücksfall ließ den Münchner Architekten Robert Vorhoelzer (1884-1954) zum Leiter dieser Baukampagne werden. Vorhoelzer entwickelte mit einem Team junger Architekten 1924-26 einen ganz eignen Baustil für die Postbauten: Die Bayerische Postbauschule entstand. Ihre Hinterlassenschaften, die in nahezu jeder Bayerischen Gemeinde zu finden sind, gehören zum Besten, was die Baumoderne in Bayern hinterlassen hat.

Geheimtipp > Nicht weit vom Wechs-Haus steht ein weiterer, fas unverändert erhaltener Privatba im Stil des „Neuen Bauens" de 1920er Jahre (Nibelungenstr. 17). E handelt sich um die Villa des Justiz rats Eugen Strauß. Dieser bat seine Architekten Fritz Landauer (1883 1968), in der Krisenzeit der späte Weimarer Republik auf eine allz prächtige Architektursprache z verzichten. Das 1930 errichtet Wohnhaus wurde als Kombinatio eines turmartigen Baukörpers un eines breit gelagerten Kubus m vorkragendem Balkon errichtet. D asymmetrische Anordnung de Fenster ist Ergebnis einer Planun die von der Funktion und Belich tungssituation der Innenräume au geht und nicht von einer hierarch schen Fassadenstruktur. gn

Sudhaus der Brauerei S. Riegele

Telegrafen- und Fernsprechbezirksgebäude
Langenmantelstr. 1

Für Augsburg wurde der Mitarbeiter Georg Werner zur prägenden Persönlichkeit. Zwei seiner Hauptwerke aus verschiedenen Stilentwicklungsphasen stehen nahe beieinander, so dass sie sich zum vergleichenden Studium eignen. Am Auslauf von Klinkerberg und Gesundbrunnen bildet das Telegrafenamt die schlossartig dreiflügelige Kulisse zum Kleinen Exerzierplatz, dem heutigen Plärrergelände. Der Bau ist ein in seinen Details perfekt erhaltenes Beispiel für den „Zick-zack-Stil" in der dt. Architekturgeschichte. Diese „Inflationszacken", angesiedelt zwischen Art-Deco und dt. Expressionismus, dekorieren einen noch traditionell gegliederten Bau. Die Fenstereinteilung mit den querliegenden, schmalen Sprossenfeldern ist das Leitmotiv und Erkennungszeichen aller bayerischen Postbauten landauf, landab.

Telegrafenamt und ehem. Kraftwagenhalle
Stadtjägerstr. 10

Kaum ein Jahr später hat sich Georg Werner von den dekorativen Formen der 1920er Jahre abgewendet und ist beim Formenschatz der klassischen Moderne angekommen. Aufgeglaste Ecken sowie Flach- und Flugdächer signalisieren, dass es sich bei dem sauber verklinkerten Gebäude um einen Stahlbetonbau handelt, der die statischen Regeln eines traditionellen Mauerbaus beiseite lassen kann. Vormodern sind allerdings die strenge Symmetrie und die auf Blickachse gestellten Bauteile im Hofinneren. Auf solche Pathosformeln verzichtet die Postbauschule nur ungern, ging es doch bei dem gesamten Bauprogramm darum, den einfachen Funktionsbauten für Telegrafie und Telefon strenge architektonische Bedeutung und Würde zu verleihen. *uh*

9 Brauhaus S. Riegele

Frölichstr. 26

Wer von Richtung Ulm in den Augsburger Hauptbahnhof einfährt, erblickt rechts die Brauerei S. Riegele. Die Geschichte der Brauerei lässt sich bis ins Jahr 1386, Gründungsdatum der Brauerei „Zum Goldenen Roß", zurückverfolgen. Seinen heutigen Namen erhielt der Betrieb von dem Braumeister Sebastian Riegele, der 1884 die am Königsplatz gelegene Brauereischenke erwarb. In den folgenden Jahrzehnten konnte durch den Ankauf weiterer Gaststätten die Brauerei zu einer der größten im bayerischen Raum ausgebaut werden. Als die Brauerei infolge der Umgestaltung des Königsplatzes 1905 ihren dortigen Standort aufgeben musste, entschied sich der damalige Besitzer und Sohn des Gründers, Sebastian Riegele (jr.), für eine Neuerrichtung des Stammsitzes auf einem bereits zuvor erworbenen Grundstück nahe dem Hauptbahnhof. Den Entwurf hierzu lieferte der Freisinger Professor Theodor Ganzenmüller. Nach modernstem technischen Standard wurde die Fabrik 1911-14 im Heimatstil errichtet.

Sudhaus

Glanzstück der Anlage ist das direkt an den Schienen gelegene Sudhaus, das 2005/06 saniert wurde. Das über einem quadratischen Grundriss errichtete Gebäude ist mit einem hohen Giebel versehen, auf dem das Schopfwalmdach mit Zwerchhäusern, Dachgauben und einem polygonalen Dachreiter ruht. Die Fassade ist schlicht gehalten und wird allein durch die Fensterreihen gegliedert. Durch die großen Rundbogenfenster, die mit einem ornamentierten Stuckrahmen versehen sind, kann man einen Blick auf die großen Sudkessel werfen. An dem sich im Osten anschließenden rechtecki-

Hauptbahnhof

● Kollonade

gen Anbau ist ein goldfarbenes Pferd angebracht, das auf den Ursprung der Brauerei hinweist. *hh*

Tipp > Den besten Blick auf das Sudhaus hat man vom nördlichen Ende des Bahnsteigs E. Im Sudhaus erfolgt noch heute die Bierherstellung etagenweise: Vom Malzboden bis zum Keller, wo das fertige Bier gelagert und zum probieren bereit gestellt wird. *hh*

---

10 Hauptbahnhof

Viktoriastr. 1

Der Augsburger Hauptbahnhof von Friedrich Bürklein (1813-1872) ist der älteste noch in Betrieb befindliche Bahnhofskomplex Deutschlands. Den ehem. Bahnhof der Privatstrecke „Augsburg-München" am Roten Tor – 1845 hauptsächlich von prot. Großunternehmern und Bankiers gegründet und finanziert – sollte ein neuer Bau ablösen und die Linie mit der Ludwig-Süd-Nordbahn zusammengelegt werden.

Das heutige Empfangsgebäude geht auf den Vorgängerbau von Eduard Rüber aus dem Jahr 1846 zurück. Bürkleins Veränderungen von 1871 sorgten für eine Vereinheitlichung des Bahnhofskomplexes: Das etwa 70 m lange, sich in nordsüdlicher Richtung erstreckende eingeschossige Gebäude wurde um ein Stockwerk erhöht.

Zwei vorspringende Pavillons und ein erhöhter Mitteltrakt gliederten den Bau. Bürklein fasste alle Teile unter einem Walmdach zusammen, entwarf für das Erdgeschoss durchgehend Fenstertüren im Rundbogenstil. Eine gusseiserne, feingliedrige Kolonnade mit Freitreppe wurde dem Komplex, mit Ausnahme der Pavillons, vorgesetzt. Die urspr. (1846) in gelben und roten Blankziegeln ausgeführte Fassade musste 1930 wegen Schäden am Mauerwerk verputzt werden. 1985 wurden im Zuge der Sanierung nach originalen Plänen die Säulen der Kolonnade – damals durch einfache Stahlröhren ersetzt – bei der Firma MAN nachgeformt und erneuert. Ebenso wurde auf dem Dach des Mittelbaus die Laterne wiedererrichtet. Von der Innenausstattung hat sich bis auf eine Wendeltreppe im nördlichen Teil des Mittelbaus nichts mehr erhalten. *shs*

Brunnen von Theo Bechteler Bahnhofsvorplatz

Der monumentale Schalenbrunnen auf dem Bahnhofsvorplatz ist das letzte und zudem größte

Werk des Augsburger Bildhauers Theo Bechteler (1903-1993) von 1986/87. Er besteht aus einem oktogonalen Brunnenbassin mit hohem, zentral eingestelltem oktogonalem Pfeiler, auf den eine runde Brunnenschale mit erhöhtem Wasserpfeiler aufgesetzt ist. Auf vier breiteren Seiten des unteren Pfeilers befinden sich je eine bronzene Reliefplatte von Bechteler, auf den restlichen, schmäleren Seiten je ein bronzener Wasserspeier, zwei davon sind als mit Händen gehaltene Amphoren gestaltet, die beiden anderen als antikisierende Masken. Die vier Darstellungen zeigen unterschiedliche bukolische Themen aus der Antike: Die Hauptseite, das Relief in Richtung Bahnhofsgebäude, zeigt eine lebendige Szene mit nackten musizierenden Figuren, die Seite zum Fuggercenter hin eine stehende griechische Göttin (Athena); die Seite in Richtung Bahnhofstraße eine Säule, eine Zypresse und einen Torso; das zur Halderstraße hin orientierte Relief eine ruinöse Tempelfront, einen Torso und eine Zypresse.

Der in Immenstadt im Allgäu geborene, überwiegend kleinformatig arbeitende Bildhauer Theo Bechteler entfaltet mit seinen Relieftafeln am Bahnhofsbrunnen ein arkadisches Panorama mit versteckter Symbolik. Die nackten Musiker, die antiken Accessoires wie Amphoren und Architekturfragmente, entwickeln sich als freiplastische Elemente aus dem Reliefgrund. Ihre teils stelenartig reduzierten Formen – z. B. die

Zypressen – erhalten eine surreale Dimension. Diese Formensprache leitet sich aus Bechtelers Werdegang her: In den 20er Jahren besuchte er zunächst eine Schnitzschule in Oberammergau, dann die Vereinigten Staatsschulen für Freie und Angewandte Kunst in Berlin (Meisterschüler von Ludwig Gries); 1959 hielt er sich als Preisträger der Villa Roma in Florenz auf, wo ihn die toskanische Landschaft besonders beeindruckte und unter dem Einfluss von Giacometti und Max Ernst zahlreiche plastische Arbeiten entstanden. ct

11 Synagoge ✡ 🏛

Halderstr. 6-8

Ausgerechnet im Kriegsjahr 1914 begann die Jüdische Gemeinde Augsburg mit dem Bau einer großen Synagoge. Ein Architekturwettbewerb hatte Heinrich Lömpel und Fritz Landauer zum Sieger gekürt, die einen gemeinsamen Entwurf eingereicht hatten. Lömpel brachte als Büroleiter des Münchner Großarchitekten Friedrich von Thiersch Erfahrung im Kuppel- und Hallenbau ein. Er war als verantwortlicher Architekt 1909 im Büro Thiersch mit dem Bau der Frankfurter Festhalle an der Messe betraut gewesen. Auch eine Dissertation über den antiken Kuppelbau machte ihn zum prädenten Architekten für die Augsburger Synagoge. Gebaut wurde

ein monumentaler, in Eisenbeton errichteter Pendentif-Kuppelraum, ganz nach römischem Vorbild. Nach Außen zur Halderstraße versteckt sich der Hauptbau hinter zwei in Zeile gestellten Wohn- und Bürobauten, in denen Platz für die Gemeindeverwaltung und den Rabbiner geschaffen wurde. Erst über einen intimen Innenhof gelangt man in den eigentlichen Synagogenbezirk.

Innen

Alles ist bei diesem Bau auf die eindrückliche Wirkung des Inneren ausgerichtet, die Kuppel bleibt trotz ihrer realen Höhe im Stadtbild unwirksam. Der Überraschungseffekt beim Betreten des Innenraums ist auch heute noch unübertroffen. Durch das Jüdische

● Pendentifkuppel

Das eindrucksvolle Innere der Synagoge

Friedhofskapelle St. Michael auf dem Kath. Friedhof mit brunkvoller Innenausstattung

Kulturmuseum folgt der Besucher außerhalb der Gottesdienstzeiten dem Weg der weiblichen Gemeindemitglieder früherer Tage. Die Augsburger Gemeinde war eine liberale, doch sah die Synagogenordnung eine Trennung der Frauen auf den Emporen und der Männer im eigentlichen Synagogenraum vor.

Die eindrückliche Atmosphäre wird bestimmt durch den klassisch proportionierten, würdevoll ruhenden Kuppelraum, dann aber vor allem durch die verschwenderisch reiche und geschmackssichere Jugendstilausstattung. Hier muss man dem zweiten Architekten Fritz Landauer als maßgeblichem Baukünstler die Ehre zuteilen. Landauer entstammte einer angesehenen Augsburger Familie, Mitglied der hiesigen Gemeinde. Die Synagoge ist ein frühes Werk in seiner Karriere. Dennoch tritt uns Landauer mit erstaunlicher Sicherheit bei der Auskleidung des großen Betonraums entgegen. Der tiefblaue Putz wird effektvoll mit wenigen goldenen Mosaikleisten gefasst, der Einsatz von grauem Stein und stucco lustro wirkt vornehm, die orientalischen Anleihen erscheinen keineswegs historisierend. Gewaltige Reliefs in den Kuppelzwickeln lassen das Bilderverbot des Judentums vergessen, die herrlichen Greifenleuchter erinnern geradezu an große Oper.

Landauers Schaffen

Landauer konnte sich in den 1920er Jahren, nach diesem pompösen Frühwerk, in München als moderner Architekt im Bereich des Siedlungsbaus einen Namen machen. Ein zweiter Synagogenbau, in Plauen, diesmal in alleiniger Verantwortung, war ganz dem neuen Bauen verschrieben und erreichte seine emotionale Wirkung allein durch zweidimensionale, malerische Mittel. Der Terror des Nationalsozialismus vertrieb Fritz Landauer nach London, wo er zwar noch weitere, allerdings bescheidene Synagogen errichten durfte, ansonsten aber kaum mehr entsprechende Aufgaben fand.

Die Augsburger Synagoge überdauerte beschädigt und geschändet den Nationalsozialismus nur deswegen, weil das geplante Gauforum, in dessen Zug die Synagoge abgerissen werden sollte, erst im Planungsstadium war, als der faschistische Wahnsinn sein Ende fand. *uh*

Jüdisches Kulturmuseum Augsburg-Schwaben

Halderstr. 6-8   4€ / 2€
Di/Do/Fr 9-16, Mi 9-20, So 10-17
0821-513658
www.jkmas.de   nein

Das 1985 als erstes jüdisches Museum in Bayern im Westtrakt der Synagoge eröffnete Jüdische Kulturmuseum Augsburg-Schwaben wurde im Jahre 2006 neu geglie-

dert und gestaltet. Das Museum dokumentiert auf einer Ausstellungsfläche von rund 250 qm die reiche Kultur und wechselvolle Geschichte der Juden in Augsburg und Schwaben (Landjudentum) vom Hohen Mittelalter bis in die Gegenwart. Im Zentrum der Konzeption stehen das beeindruckende Synagogengebäude sowie die kostbaren Ritualgegenstände der Sammlung, einige davon Dauerleihgaben des Bayerischen Nationalmuseums München.

Tipp > Der Museumsshop, der von der renommierten Literaturhandlung Rachel Salamander betrieben wird, und das kleine „Lesecafé Landauer" laden zum längeren Verweilen ein. Dabei eröffnet die räumliche Nähe zur Kultusgemeinde besondere Möglichkeiten der Begegnung und bietet die Gelegenheit zu Kontakten und Chancen für eine gelebte Integration der überwiegend russisch-sprachigen Gemeinde. *ct*

Herausragend ist die Judaica Sammlung von Silbergegenständen für Synagoge und häusliche Feiern vom 17. bis ins 20. Jh., die aus den zerstörten jüdischen Gemeinden Schwabens stammen und die von renommierten Augsburger Silberschmieden herge stellt wurden (v. a. Thoraschilder). Alle Kultgegenstände sind in ihren historischen, sozialen und lokalen Entstehungs- und Verwendungs-zusammenhängen präsentiert. Exemplarische Biografien erzählen m. H. moderner interaktiver Medien-stationen (PC- und Hörstationen), Klapptafeln, hands-on-Bereichen und großen Alben vom Exil und der Suche nach neuer Identität. Eigene Kinderstationen wenden sich an die kleinen Besucher. *ct*

Tipp > In der Schalterhalle der Stadtsparkasse Augsburg (Halderstr. 1-5) finden regel-mäßig Kunstausstellungen statt. In den Büroräumen und im Schalterbereich werden zudem zeitgenössische Werke aus den Beständen der Sparkasse, darunter Gemälde und fotografi-sche Arbeiten von Karl Kunz, Felix Weinold usw., ausgestellt. Weitere Werke sind als Dauer-leihgaben im H2-Zentrum für Gegenwartskunst im Glaspalast gezeigt. *ct*

12 Kath. Friedhof

Hermanstr. 12 🕐 Nov.-Jan. 8-17, März/Apr./Sept./Okt. 7-18, Mai-Aug. 7-19, So bis 19 🖱
0821-329030
Der alte kath. Friedhof liegt we-nige hundert Meter südwestlich des Konigsplatzes, des einstigen Gögginger Tores, an der Ausfall-straße nach Süden. Die „Gögginger Landstraße" ist heute nach dem Augsburger Juristen Ulysses Frhr. von Herman (1813-1871) be-nannt, der im Volksmund schließ-lich auch zum Taufpaten des hier gelegenen kath. Gottesackers, des „Hermanfriedhofs", wurde. Das unregelmäßige, etwa rechteckige Gelände im Südwesten von der Bahnlinie und den angrenzen-den Ladehöfen begrenzt, nördlich lagen urspr. patrizische Lustgärten, später (ab 1871/72) die Schran-nenhalle; heute stehen hier Wohn-und Geschäftsbauten.
in allein Katholiken vorbehaltener Friedhof war 1600 u. a. auf Betrei-ben der Augsburger Jesuiten ge-ründet worden. Die erste Anlage war ein kleiner, rechteckiger Cam-o Santo, den eine hohe Mauer

mit gewölbten Grüften einfriede-te. Nach späteren Erweiterungen ist die historische Abgrenzung der urspr. Anlage mittlerweile aber völlig verschliffen; die heutige Umfassungsmauer stammt aus dem Jahr 1872. Gräber datieren – sieht man von einigen in die Kapellen-mauer eingelassenen Platten ab – nicht vor 1800; begraben ist hier u. a. die Industriellenfamilie Haindl.

Friedhofkapelle St. Michael
Im Zentrum des historischen Fried-hofs erbaute Esaias Holl 1603 bis 1605 nach Plänen seines Bruders Elias die Friedhofskapelle St. Mi-chael als längsovalen, turmlosen Zentralbau, der nach Südwesten gerichtet ist. Eine in Bronze gegos-sene Weihinschrift von 1604 ist an der Nordseite eingelassen.

Ausstattung

Für die Ausstattung steuerten Joseph Heintz und Matthias Ka-ger drei kostbare Altargemälde bei, die heute zu den größten Leistungen des süddeutschen Ma-nierismus und Frühbarock zählen. Nach schwerer Beschädigung im Spanischen Erbfolgekrieg konnte das Gotteshaus 1712 samt neuem Zwiebeltürmchen wieder geweiht werden; eine grundlegende Modernisierung des Inneren erfolgte um 1772. 1944 wurde St. Michael schwer beschädigt und bis 1951 unter Verzicht auf das Kuppelfresko wiederaufgebaut. Höhepunkt der Ausstattung sind die drei Altarbilder der Holl-Zeit, die um 1710 in neue Aufbauten eingelassen wurden. Für den Hochaltar, den die Fugger gestiftet hatten, malte Matthias Kager um 1613 „Michaels Sieg über Luzifer" und für den östlichen Seitenaltar um 1600 die „Sebastianspflege" (Zuschreibung nicht sicher). Den westlichen Seitenaltar – dargestellt ist eine Pietà mit Engeln – steuerte 1608 der Prager Hofkammermaler Joseph Heintz bei. Zum Erstinven-

tar zählen auch die bronzenen Wandleuchter mit Engelsköpfchen. Von 1719 stammen zwei große Gemälde Johann Georg Bergmül-lers in reich geschnitzten Rahmen: „Der Tod als Herr aller Stände" und die „Auferstehung Christi". Die vier kleineren, geschweiften Bilder von Franz Joseph Maucher – ein Paar flankiert den Hochaltar, das andere die Orgelempore – thematisieren die Lebensalter. Die 15 Stationen des Kreuzwegs malte 1772 Joseph Anton Huber. Letzterer wurde gleichzeitig beauftragt, die Flachkuppel zu freskieren und das Leben und Tod gewidmete Bildprogramm mit einer gewaltigen Vision vom „Jüngsten Gericht" zu komplettie-ren. Hubers Deckenbild wurde 1944 schwer beschädigt und 1951 abgenommen; Fragmente verwahren die Kunstsammlungen und Museen Augsburg. Auf der Grundlage erhaltener Reste und des Huber'schen Entwurfs gelang 2001-06 dem Augsburger Kunst-maler Hermengild Peiker eine Kopie des Verlorenen, die das Originalwerk zwar keinesfalls zu er-setzen, wohl aber eine Vorstellung vom Raumideal des späten 18. Jhs. zu rekonstruieren vermag. *cm*

Geheimtipp > Gleich bei dem mo-numentalen Holzkreuz in der Mitte des Friedhofs liegt Sybille Meilhaus verh. von Leonrod, die sieben Jahre die Erzieherin des späteren Königs Ludwig II. war; nach ihrem Tod 1881 ließ der „Kini" auf dem Herman-friedhof ein neugotisches Grabmal im Gedenken an die „treue Pflege-rin seiner Kinderjahre" aufrichten. *cm*

13 Stetten-Hößlin'sches Gartenhaus

Schießgrabenstr. 20, Besichtigung des Saals nach Voranmeldung

Das Hößlin'sche – vormals Stetten'sche – Gartenhaus wurde im 18. Jh. am höchsten Punkt des Stadtwalls, am Schießgraben, errichtet, etwa auf halbem Weg zwischen Eserwall und heutigen Theodor-Heuss-Platz und dem Gögginger Tor am Königsplatz. Der nahe gelegenen Stadt kehrt es seine vornehme klassizistische Fassade zu; nach Westen bot sich aber ehedem der weite Blick ins Wertachtal mit den am Horizont begrenzten Hügeln der „Westlichen Wälder". Künstlich gestaltete und freie Natur konnten so, ganz im Sinne des sentimentalen Gartens des späten Rokoko, in fließendem Übergang eine Symbiose eingehen. Freilich sind die alten Gartenanlagen der alten „place de repos" heute längst überbaut und vergessen. Seither sieht sich die vornehme aufklärerische Schlichtheit des Hößlin'schen Gartenguts mit vorlauter gründerzeitlicher Präpotenz konfrontiert – auffallend ist es heute in seiner leisen Unauffälligkeit.

Seine Geschichte reicht bis lange vor den Dreißigjährigen Krieg zurück, als das vermögende Augsburger Patriziat begonnen hatte, neben seinen Stadtresidenzen vor den Toren der Stadt Gärten und Lusthäuser anzulegen. Viele Augsburger Geschlechter waren im Laufe des 16. Jhs. nicht nur zu märchenhaftem Reichtum, sondern auch zu klangvollen Adelstiteln gelangt. Die Trias aus Stadthaus, Lustgarten und Landsitz wurde damit zum Kennzeichen patrizischen Selbstverständnisses und kompensierte, zumindest architektonisch, nicht selten den Mangel an feudaler Familientradition.

Das Gartengut an der Schießgrabenstraße 20 ist seit der Mitte des 16. Jhs. bekannt. Damals, 1544, war hier ein „großer Garten vor Gögginger Thor [heute Königsplatz] zwischen dem Schießgraben gelegen", der sich im Besitz der Familie des Hauptmanns Hans Wal befand. Im 17. Jh. wechselten mehrfach die Eigner des Anwesens, das mittlerweile aus einem „Sommerhaus, kupfernem Becken, Brunnen" bestand. Als Eigentümer zeichneten über 100 Jahre die Rehlinger und die Imhof, bis 1778 Stadtpfleger Paul von Stetten d. J. (1731-1808) den mittlerweile 6.755 qm umfassenden Garten für 5.400 Gulden erwarb, da das eigentliche Stetten'sche Gartengut am Roten Tor seinem Bruder zufallen sollte. Hier nun gedachte der vielseitig interessierte ev. Stadtpfleger seine Vorstellungen zeitgemäßer Gartenpflege umzusetzen. Da die Anlagen „bißher fast nichts als nur ein leerer Plaz geweßen" waren und überdies die erworbene Immobilie „sehr ungeschickt und baufällig war", sah sich der neue Eigentümer gezwungen – allerdings durchaus zu seinem Vergnügen –, den verwahrlosten vormals Imhof'schen Garten „zu unßerm und jedermanns Gefallen" wiederherzustellen, das Haus aber sogar von Grund auf neu zu erbauen. Dabei unterstützten ihn der greise Gärtnermeister Franz Anton Manz und der in Jena und Berlin geschulte Werkmeister Johann Kaspar Mair. Das 1779 vollendete Werk war „einer der schönsten, aber nicht prächtigsten Garten um die Stadt", der neben dem Haupthaus „Küh- und Pferdt-Stall, auch Glashauß ... Grottenwerke, Röhrkasten ... in äußerer Zierde doch ohne Pracht und Verschwendung" umfasste. Das damals nur zweistöckige Wohnhaus und die zwei symmetrisch flankierenden Wirtschaftsgebäude lagen unmittelbar an der Schießgrabenstraße, der Garten erstreckte sich nach Westen, fast bis zur heutigen Hermanstraße.

Gartensaal

Anlässlich seines 50. Ehejubiläums ließ Paul von Stetten den durch die ganze Haustiefe gehenden Gartensaal im ersten Obergeschoss von dem befreundeten letzten Augsburger Akademiedirektor Johann Joseph Anton Huber (1737-1815) ausmalen. Huber entwarf für die Wände eine in vornehmer, pastelliger Grisaillemalerei konzipierte Pilastergliederung mit klassizistischen Girlanden und Vasen auf illusionistisch gemalten Konsoltischen, für die verhältnismäßig niedrige Flachdecke eine perspektivisch stark verkürzte Gartenlandschaft, über der Bacchus, Flora (mit Blumenkörben) und Amber (mit Gießkanne) als Allegorie des Sommers schweben.

1833 gelangte das Gartengut an Stettens Tochter Jacobina, die mit Philipp Albrecht von Hößlin verheiratet war. Deren Sohn Paul von Hößlin bewohnte das Gartengut ständig und ließ deshalb um 1860 das Gebäude um ein drittes Geschoss aufstocken und die Fassade mittels flachem Dreiecksgiebel und Pilastern am Mittelrisalit und an den Ecken neu gliedern. In Besitz seiner Nachkommen blieb das Anwesen bis in die Mitte der 1930er Jahre, als Bauspekulationen im Beethovenviertel schon längst den größten Teil des Gartens aufgezehrt hatten. Wären damals die größenwahnsinnigen Planungen für ein nationalsozialistisches Gauforum realisiert worden, wäre der Stetten-Hößlin-Garten vollständig verschwunden. Heute sind in dem zuletzt 1987 restaurierten Gebäude und dem südlich angrenzender modernen Gebäudekomplex die Kassenärztliche Vereinigung Bayerns und die Ärzte- und Apothekerbank untergebracht. Es schein[t] als seien Paul von Stettens Gebet[e] zumindest teilweise erhört wor[den], der sich in seinen Lebenser[innerungen] nur das eine wünscht[e]

Loge Augusta im ital. Renaissancestil

dass „unsere lieben Kinder auch dieße und geschenkte Gabe nicht mißbrauchen, sondern uns solche in Liebe, Friede und Ruhe, so wie und so lange es ihm [Gott] gefällig ist, mit Dankbarkeit genießen". *cm*

14 Loge Augusta

Schießgrabenstr. 30

Der Schießgraben wird nach dem Abbruch der Befestigungsanlagen zur neuen, modernen Prachtstraße der aufstrebenden Industriestadt Augsburg. Das westlich anschließende Beethovenviertel ist das erste großbürgerliche Wohnquartier neuen Zuschnitts. Die moderne, liberale Stadtgesellschaft öffnet sich hier städtebaulich, aber auch sozial. Eine ehedem verfolgte Gruppe, die Freimaurer, beziehen hier öffentliche Stellung und errichten sich eine repräsentative Loge, ein Vorgang, den traditionelle, kirchlich orientierte Schichten der Stadtgesellschaft als bis dahin unvorstellbare Provokation empfunden haben müssen.

Das Logengebäude der Loge Augusta, eine von drei Augsburger Logen, wird 1896/97 von dem Augsburger Architekturbüro

Jack & Wanner im ital. Neorenaissancestil errichtet. Es ist ein zweigeschossiger Saalbau mit dem klassischen Formenrepertoire einer ins Flachrelief gepressten römischen Hochrenaissance. Auffallend sind die großen, zur Straßenseite hoch geöffneten Fenster, die eine neue, ungeahnte Offenheit dieser ehem. Geheimbruderschaft nach außen demonstrieren. Einmal im Monat treffen sich noch heute an einem Sonntag um 16 Uhr die Logenbrüder zur Tempelarbeit, deren Ablauf durch ein althergebrachtes Ritual bestimmt wird. In diesem feierlichen Rahmen findet auch die Aufnahme eines neuen Mitglieds statt. Inwieweit Feierlichkeit und Ritual noch an die Initiation Paminos aus Mozarts Zauberflöte erinnern, wäre zu überprüfen. Jedoch leidet der geheimnisvolle Zauber des Gebäudes, seitdem man die Loge zu privaten Partyzwecken mieten kann. *uh*

15 Lettl-Atrium – Museum für surreale Kunst in der Industrie- und Handelskammer

Stettenstr. 1-3 frei Mo-Fr 8-18, Sa 8-15, So und Feiertage 11-17 0821-551642 www.lettl.de ja

Das 1993 eröffnete Lettl-Atrium im Untergeschoss der Industrie- und Handelskammer präsentiert das malerische Werk des Augsburger Surrealisten Wolfgang Lettl (1919-2008).

Nach seiner ersten Berührung mit surrealistischer Kunst als dt. Besatzungssoldat in Paris begann sich der Autodidakt in der Nachkriegszeit konsequent dem surrealen Sujet zu verschreiben. Bis an sein Lebensende schuf er mit großer Beharrlichkeit teils ironische, teils tiefsinnige surreale

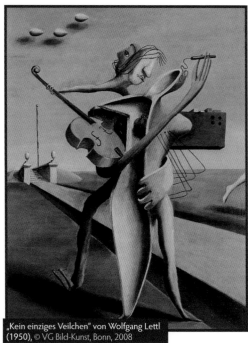

„Kein einziges Veilchen" von Wolfgang Lettl (1950), © VG Bild-Kunst, Bonn, 2008

Bildwelten. Lettls Sohn, Florian Lettl, setzte eines seiner Bildmotive als skulpturale Installation eines Portals („Der Augenblick") 1993 im Gartengelände vor dem Gebäude der IHK um. *ct*

16 Prinz-Karl-Kaserne

Schertlinstr. 39/II.

Die ehem. Kaserne des königl.-bayerischen 3. Infanterie-Regiments Prinz Karl wurde zwischen 1882-84 als ein unverputzter Backsteinbau in Rot und Gelb errichtet. Sein Südtrakt an der Schertlinstraße begrenzt ein ca. 8 ha großes Geviert zwischen Schertlin-, Hochfeld-, Von-der-Tann-Straße und Bahnlinie, letztere eine strategische Anbindung nach München. Der mit dem Königreich Bayern verbundene, verspätete „Maximilianstil" ist auch an dem ca. 200 m entfernten Gebäude an der Von-der-Tann-Straße 37 angewendet. *ct*

Tipp > In der Mitte des Geviertes, des ehem. Exerzierplatzes, wurde 1898 eine offene, oktogonale Pfeilerarkade aus Backsteinen als Kriegerdenkmal errichtet, an dessen einer Seite ein kauernder bronzener Löwe, der eine Fahne verteidigt, auf einem Sockel platziert ist. Bronzene Inschriftentafeln gedenken der Gefallenen des Inf. Regiments. Der Bronzelöwe, der als Symbol der Stärke und Wachsamkeit im Kriegergedenken eine wichtige Rolle spielt, wurde im Jahre 1914 im Rahmen der damals durchgeführten Metallsammlungen zersägt, jedoch holte man das unsignierte Denkmal nie ab! So blieb dem Löwen das Los erspart, zum Geschütz umgeschmolzen zu werden, was man noch heute an den Sägespuren erkennen kann. *ct*

17 Prot. Friedhof

Haunstetter Str. 36 🕐 **Nov.-Feb. 8-17, März-Apr. 7-18, Mai-Sept. 7-19, Okt. 7-18** 📞 **0821-576018** 🌐 **www.protestantischer-friedhof.de**

Im Mittelalter hatte jede Pfarrei der Stadt ihren eigenen Begräbnisplatz, meist unmittelbar beim Gotteshaus, also innerhalb der mittelalterlichen Ummauerung. Patrizische Begräbnisse und diejenigen hoher geistlicher und weltlicher Würdenträger wurden in aller Regel in den herausragenden Kirchen begangen: Bischöfe und Domherren wurden im Dom oder in St. Ulrich und Afra beigesetzt, Angehörige des Patriziats bevorzugt in St. Anna, der Dominikanerkirche St. Magdalena oder in der Barfüßerkirche. Aufgrund von akutem Platzmangel – mit der Einwohnerschaft wuchs auch die Zahl ihrer Toten – wurde ab 1494 zwischen St. Stephan und dem Lueginsland der letzte Friedhof der Altstadt eingerichtet, der nun allen Pfarreien offenstand und bis zum endgültigen Verbot von Bestattungen innerhalb der Stadt im Jahr 1806 belegt wurde. Seuchen und erste Ansätze hygienischen Bewusstseins veranlassten viele Städte in der ersten Hälfte des 16. Jhs. innerstädt. Begräbnisplätze aufzulassen und vor die Stadt zu verlegen. Ein entsprechendes Schreiben Kaiser Maximilians I. „die Gotsacker vor der Stat belangent" datiert aus dem Jahr 1518. In Augsburg folgte man solchen Überlegungen 1534, als der Rat den sog. Oberen Friedhof vor dem Roten Tor anlegen ließ und der prot. Gesamtgemeinde zum Gebrauch übergab. Heute ist der Friedhof an der Haunstetter Straße der älteste noch bestehende der Stadt.

Aus der Frühzeit des prot. Friedhofs haben sich – etwa im Gegensatz zu den berühmten Nürnberger Gottesäckern – keine Gräber oder Bauten erhalten. Wolfgang Kilian gibt den Friedhof auf seinem Stadtplan von 1626 aber bereits als jene rechteckige Anlage wieder, die bis heute ihren Kern der Anlage bildet: ein barockes Gräberfeld, das vom heutigen Hauptportal an der Haunstetter Straße (der frühere Zugang liegt neben dem Verwaltungsgebäude des 17. Jhs. an der Nordostecke) nach Westen ansteigt und seitlich von historischen Mauern mit teils bis ins 18. Jh. zurückreichenden Monumenten begrenzt wird.

Die Friedhofskirche

Geheimtipp > Die Wechselplatt form für aktuelle Kunst in de Schertlinstraße 17 lohnt immer wie der einen Blick: Die Idee stamm von Anette Urban und Wolfgang Reichert (Inhaber der designwerkg mbh und Galeristen der „Ecke Gale rie"), die mit wechselnden Skulptu ren einen deutlichen Akzent au temporäre aktuelle Kunst im öffent lichen Raum setzen. Seit Juni 200 befindet sich auf dem fest installie ten, niedrigen Sockel – die Doppe deutigkeit des Wortes „Plattform ist offenkundig – die achtteilig Skulptur des Künstlerpaares Heik und Jiri Mayr. Zuvor waren be spielsweise Großskulpturen vo Willi Weiner und Tobias Freud über längere Zeit ausgestellt. *ys*

Westwerk von St. Anton

Links des Eingangs steht Franz Joseph Kollmanns (1800-1894) im Jahr 1837 erbautes Leichenhaus, im Zentrum die gräzisierend-klassizistische Friedhofskirche, die 1825 durch den königlichen Kreisbauinspektor Johann Michael Voit (1771-1846) und seinen Sohn August von Voit (1801-1870) ganz im Geiste Klenzes und Schinkels errichtet wurde. Voits entwarfen den einzigen Kirchenbau des Klassizismus in Augsburg als dezent dekorierte Saalkirche mit flachem Satteldach und westlicher Turmfassade; sein Inneres birgt einen flach gedeckten, salonartigen Raum mit damastierten Scheintapeten und vornehm zurückhaltender Einrichtung. Gleichzeitig plante Johann Michael Voit die mustergültige „Umwandlung" des Gottesackers

„in heitere Ruhegärten der Abgeschiedenen". Im prot. Friedhof Augsburg konnte er sein mittels einer Kampfschrift verbreitetes Programm freilich nur teilweise verwirklichen, doch wurde gemäß seiner Vorgaben im Leichenhaus neben der Aufbahrungshalle ein Zimmer für den Wächter eingerichtet, der den „Scheintodten zur Hülfe" eilt und Wiederbelebungen versucht.

Berühmte Augsburger

Der prot. Friedhof bietet bis heute ein begehbares „Who was who" des neuzeitlichen und modernen Augsburg: Im westlichen Teil finden sich vor allem die Gräber und Grüfte der großen prot. Patrizierfamilien der Stetten, Hößlin, Schaezler und Schnurbein.

Tipp > An der westlichen Abschlussmauer liegen der Stadtbaumeister Elias Holl (gest. 1646) und der Bildhauer Fritz Koelle (gest. 1953) begraben, und ganz in der Nähe befindet

Kongresssaal in der
Kongresshalle

Zollinger Lammeltenwerk

sich das pompöse Monument der Industriellenfamilie Riedinger. *cm*

Erweiterungen nach Norden bis zur Bahntrasse und nach Süden erfolgten seit dem frühen 19. Jh. Hier, in der äußersten Südostecke, liegt das Grab von Sophie und Berthold Friedrich Brecht (gest. 1920 bzw. 1939), den Eltern des Dichters Bert Brecht. Zuletzt, 2002, wurde im Nordwestteil neben dem neuen Zugang an der Hochfeldstraße ein Urnengräberfeld samt Urnenwand errichtet. Deren Entwurf war von dem Bildhauer Anton Kirchmair womöglich als bewusster Kontrast zur mahnenden Ernsthaftigkeit des historischen Gottesackers gedacht. Er geriet im Endergebnis vielleicht ein wenig zu läppisch – durchaus aber als ein „heiterer Ruhegarten". *cm*

18 St. Anton 🏛

Imhofstr. 49 🕐 tägl. 10-18 📱 0821-1571006 🌐 www. st-anton-augsburg.de 🅿 ja

Die angemessene Würdigung von St. Anton ist am besten mit einem Besuch der Herz Jesu Kirche in Pfersee zu verbinden. Ein bequemer Spaziergang von vielleicht 20 Minuten durch den Wittelsbacher Park und über die Wertach verbindet diese beiden Bauten. Beide stammen vom selben Architekten, Michael Kurz (1876-1957), beide trennen nur wenige Jahre, Herz Jesu 1909-17, St. Anton 1924-27. Doch beide trennen Welten. Den Stilwechsel vom späten Historismus zum Jugendstil meisterte Michael Kurz innerhalb der Bau-

und Ausstattungsgeschichte von Herz Jesu bereits meisterlich. In St. Anton aber hat Kurz den Gipfel des dt. Backstein-Expressionismus erklommen. Der Bau ordnet sich in die erste Reihe dieser Epoche ein. Der Kirchenbau war nötig geworden, weil durch die großen Kasernen im Süden der Stadt umfangreiche Neubauviertel mit Militärangehörigen entstanden waren. Mit Ausrichtung zum Park erwuchs dem Vorort eine sehr große, mit zwei massiven Türmen höchst anspruchsvoll instrumentierte Neubaukirche.

Außen

Das Westwerk steht in seiner behäbigen Masse eigenständig vor dem viel leichter und schneller rhythmisierten Langhaus. Auffällig ist die für Süddeutschland unübliche Verwendung des hart gebrannten Klinkers. Augsburgerisch wäre ein Mauerwerk aus unglasierten, einfach gebrannten, unverputzten Ziegeln gewesen, wie am Dom oder an der Stadtbefestigung. Die norddeutsche Art des fast blau schimmernden, doppelt gebrannten Klinkers übernahm Kurz direkt aus dem Mekka dieses Baumaterials, aus Hamburg. Von dort engagierte er extra den Polier des gerade fertiggestellten Chile-Hauses (1922-24), eines der prominentesten Kontorbauten des Backsteinexpressionismus von Fritz Höger. Hamburgisch ist daher nicht nur das Klinkermaterial, sondern auch die sparsame, aber bewusste Verwendung von Fehlbränden innerhalb des Mauerverbundes, die der Fassade eine lebendige Licht- und Schattenwirkung verleihen. Ganz hamburgisch ist vor allem aber ein wichtiges Detail, der Mörtelstrich, der mit der Kelle den

Mörtel zwischen den Steinlagen jeweils abfallend anschrägt, sodass das Regenwasser – das in Hamburg gerne auch mal horizontal kommt – besser abfließen kann. Zudem sorgt der schräge Kellenstrich für eine viel schönere, sattere Schattenfuge. Dass bei den letzten Renovierungen diese Fugen von den Augsburger Handwerkern zugestrichen wurden, zeugt von einer gewissen Verrohung heutiger Handwerker und Bauherren. *uh*

Tipp > Beim Betreten der Kirche befindet sich in der rechter Hand gelegenen Marienkapelle im Turmuntergeschoss ein Andachtsbild. Das farbig gefasste Relief der „Mater gratiae" von 1675 zeigt die mit zwölf Sternen nimbierte Muttergottesbüste, umgeben von einer Puttenwolke und einem theatralischen Vorhang. *ct*

Innen

Das Innere überrascht mit einer bauhistorischen Sensation. Michael Kurz überwölbt das betonierte Kirchenschiff mit einem Zollinger

Lamellenwerk. Der Merseburger Stadtbaurat Friedrich Zollinger (1880-1945) hatte in den Inflationsjahren ein materialsparendes Holzstecksystem, das nach ihm benannte Zollinger Lamellenwerk, entworfen. Zur Bauzeit der Antonskirche war seine Erfindung brandneu, erst 1923 war sie als Patent veröffentlicht worden. Zollinger-Tragwerke sollten vor allem im Messebau für fliegende Bauten, also für Hallen, verwendet werden, die immer wieder auf- und auseinandergebaut werden konnten. Micheal Kurz übernimmt diese für den profanen Nutzbau entwickelte Technik erstmals für einen Würderaum. Das Lamellenwerk entfaltet im Kirchenbau überraschende Qualitäten, erinnern doch die schmal geführten Holzleistenrauten intuitiv an ein spätgotisches Netzgewölbe. Angemessen würdevoll ordnet sich die qualitätvolle, plastische Ausstattung des Münchner Bildhauers Karl Baur der detailreichen Architektur unter. Der mystisch beleuchtete Kirchenraum steigert sich sinnvoll zum golden schimmernden Altar und dem alles dominierenden Großkruzifix. *uh*

Der Hotelturm – liebevoll auch „Maiskolben" genannt – ist 1972 erbaut worden

Im Westen

Tipp > Der Skulpturenschmuck der Kirche wurde von dem Münchner Bildhauer Karl Baur (1881-1968) entworfen, im Langhaus die zwölf Apostel und Maria, im Chor ein monumentaler Kruzifixus. Die vergoldete Antoniusfigur am Portalvorbau stammt von dem Augsburger Bildhauer Kurt Beck. Besondere expressive Eindringlichkeit kommt dem gewaltigen Lindenholzkruzifix im Chor zu, der als Triumphkreuz über dem Hochaltar schwebt und das Leiden Christi plastisch in Erinnerung ruft. Die Chorfenster mit der Legende des Hl. Antonius gehen auf Paul Thalheimer (1884-1948) aus München zurück. *ct*

19 Konggresshalle

Göggingerstr. 10 ⏰ Nur zu Veranstaltungen zugänglich
0821- 25720 🌐 www. messeaugsburg.de

Die im ehem. Stadtgarten im Westen Augsburgs befindliche Kongresshalle ersetzte einen Vorgängerbau, den Ludwigsbau (1915), der in den 1950er Jahren als abrissfällig beurteilt wurde. Der Stuttgarter Architekt Max Speidel gewann mit seinem Entwurf unter 206 Bewerbern im Juni 1964 die Ausschreibung der Stadt für eine Kongress- und Konzerthalle. Die Verwirklichung des Projekts sollte sich aber als eine gleichermaßen technische wie politische Herausforderung erweisen: Bereits nach einem Jahr waren die Meinungen so gespalten, dass ein neuer Standort – unmittelbar auf dem Rathausplatz an Stelle des städt. Verwaltungsgebäudes – vorgeschlagen, jedoch glücklicherweise wieder verworfen wurde. Die Baukosten und die Anpassung der Infrastruktur der Umgebung verzögerten zusätzlich die Fertigstellung der Kongresshalle. Im Juni 1972 wurde das Gebäude schließlich, fast gleichzeitig mit dem benachbarten, funktionell und optisch eng mit der Halle verbundenen Hotelturm, eröffnet. Max Speidel folgt in seiner Konzeption dem Minimalismus der 1970er Jahre und reduziert das äußere Erscheinungsbild des Gebäudes auf die Funktionen des Innenraums. Charakterisiert ist der Bau durch das Material Beton, das sowohl im Inneren, besonders aber außen sichtbar ist (Sichtbeton!). Stilistisch greift Speidel auf Elemente der fernostasiatischen Architektur zurück, wie durch einen Vergleich der Kongresshalle mit der Tokyoter Konzerthalle (1961) von Kunio Maekawa deutlich wird. Gerade die Überdachungen der Eingangsbereiche lehnen sich deutlich an den japan. Funktionalismus an. Das Innere wird durch den zentralen Kongresssaal mit 1.401 Sitzplätzen dominiert. Für kleinere Veranstaltungen stehen der Mozartsaal mit 350, das Fuggerzimmer mit 80 und das Welserzimmer mit 60 Plätzen bereit. Highlights der Innenarchitektur sind die Holzverkleidung der Wände (amerikanischer Rüster), die orangefarbenen Schalensitze des Kongresssaals – hierbei orientierte man sich an Design und Ergonometrie von Alfa Romeo – und das konstruktivistisch angehauchte Leuchtobjekt des Foyers, das mit seinen 3.500 Glühbirnen wie ein Sternenhimmel über den Besuchern schwebt. Auch die Sitzschlangen, angelehnt an die Objekte des dän. Designers Verner Panton, drücken in Kombination mit dem Teppichfliesenboden den Zeitgeist der 1970er Jahre aus. *shs*

○ **Tipp >** An der Nordseite des Gebäudes befindet sich ein Teich, der in die Architektur integriert ist. Eine Terrasse über dem Wasser ermöglicht Veranstaltungen im Freien. Eine Besonderheit ist der über einen Steg erreichbare Pavillon, der anlässlich der Kreisausstellung des Jahres 1885 gebaut wurde und in die Gestaltung des Teichs miteinbezogen wurde. Unmittelbar neben dem Teich ist, im Schatten hoher Bäume, die Terrasse des Parkhausrestaurants ebenerdig zum Wittelsbacher Park angelegt. Liegesessel und Leuchtlampions sorgen im Sommer für eine geschmeidige Atmosphäre eines gemütlichen Cocktailabends. *shs*

20 Hotelturm 🏨

Imhofstr. 6
Der Hotelturm bildet mit der Kongresshalle ein Ensemble am östlichen Rand des Wittelsbacher Parks. Der Bau war bereits im März 1972 nach nur elf Monaten Bauzeit fertiggestellt. Konzipiert von der Architekturfirma Brockel und Müller, galt er als stadtplanerisches Vorzeigeobjekt zur Olympiade München 1972, deren Wasserwettbewerbe teilweise in Augsburg stattfanden. Dem Hotelturm des Bauherrn Schnitzenbaumer waren bereits zwei andere

Holiday-Inn-Hotels in München vorangegangen.
Das kolbenartige und im Querschnitt rosettenförmige Hochhaus – in Augsburg trägt es den Spitznamen „Maiskolben" – lehnt sich in seiner Konzeption an Bauten des amerikanischen Architekten Bertrand Goldberg an. Gerade der funktionalistische Zwillingsbau „Marina City Towers" in Chicago mit Parkhausetagen im unteren Drittel wird als Vorbild für Brockels Projekt gedient haben. Die Räume des Augsburger Hotelturms folgen der Gliederung einer Rosette und formieren sich wie „Blütenblätter" (jeweils 24 qm) um den zentralen Transportschacht der Aufzüge. Fast jedem der Glieder ist ein Balkon im Halbkreis vorgelagert, was den äußeren Charakter des Gebäudes bestimmt.

Tipp > Der Augsburger Künstler Otto Geiss (1939-2005) äußerte sich zum Hotelturm folgendermaßen: „Zunächst stand ich dem Hotelturm-Projekt sehr skeptisch gegenüber. Jetzt muß ich sagen: Die Optik gefällt mir. Interessanter wäre der Turm noch, wenn er eine gewisse Schräglage aufweisen würde." Ein originelles Wandbild von Otto Geiss mit der Darstellung einer Eidechse in Schräglage können Sie im jetzigen Café Follmanns (Elias-Holl-Platz), direkt neben der Ecke Galerie betrachten, wo der Maler sich des Öfteren zum feucht-fröhlichen Künstlerdiskurs aufhielt. *shs*

Mit 35 Stockwerken und einer Höhe von 118,5 m ist der Hotelturm das höchste Gebäude in Augsburg und konnte sich bei seiner Fertigstellung als „höchstes Hotel Europas" rühmen. Das Hochhaus sollte neben bzw. mit der Kongresshalle im Zuge des Weltwirtschaftswunders den Beginn der architektonischen Moderne in Augsburg einläuten, es sollte das „Wahrzeichen für das neuzeitliche Augsburg" sein. Aber nicht nur das Äußere, sondern der Komfort, der sowohl im Hotelareal als auch in den darüber liegenden Wohnebenen angeboten wurde, sollte einem Fullservice-Lifestyle entsprechen. Die Vorteile des Zimmerwäsche- und Reinigungs-

services, den man in den ersten elf Stockwerken des Hoteltraktes in Anspruch nehmen konnte, wurden ebenfalls in den vollmöblierten Wohnungen des Boardingshouses – 12. bis 17. Stockwerk – und im Appartementhouse – 20. bis 33. Stockwerk – angeboten. Je nach Größe erstrecken sich die Wohnungen über ein oder mehrere „Blütenblätter". Im 18. und 19. Stockwerk befand sich das „Bürotel-Gesundheit-Center": Arztpraxen, Anwaltskanzleien und Besprechungsräume. Auf den 34. Stock, eine Aussichtsterrasse, folgte die nach Außen vollständig verglaste Ebene mit einem Grillrestaurant und Konferenzräumen. Zur Olympiade 1972 gebaut, war die Funktion des Turms – urspr. auch Kongresshotel genannt – stark an die angrenzende Kongresshalle gebunden. Ein „unterirdischer Promenadengang" ermöglichte den direkten Zugang zum benachbarten Gebäude und die kulinarische Versorgung über das Hotel. *shs*

Tipp > An der Terrasse der Parklounge befinden sich vier Figuren aus dem späten 19. Jh., die auf die barocke Tradition der vier Jahreszeiten zurück-

Kurioses > Ein besonders trauriges Kapitel Augsburger Stadtgeschichte bescherte dem Wittelsbacher Park eine Erweiterung. Als nach den Bombenangriffen 1944 die halbe Stadt in Trümmern lag, erinnerte man sich der Methode, gewaltige Mengen an Bauschutt über der Abbruchkante der Wertach abzuladen, verlegte eine Schmalspurbahn durch den Wittelsbacher Park und setzte die Abraumarbeit an selbiger Stelle fort. Hier unter den Bäumen im Westen des Parks, liegt das kriegszerstörte Augsburg, die Reste des echten Goldenen Saals, das barocke St. Moritz, die Bürgerhäuser am Rathausplatz und die Maximilianstraße und vom Hohen Weg. In diesen Bauschutt wurde das neue Fußballstadion, das Rosenaustadion, hineinmodelliert, ein wunderbar harmonischer, friedlicher Bau, dessen Zukunft ungewiss ist. *uh*

Wittelsbacher Park um 1900
als er noch Stadtgarten hieß -
mit „Kaffeehaus" und Pavillon.

greifen. So stehen hier Frühling (Blumen), Sommer (Füllhorn), Herbst (Trauben) und Winter (Pelzmütze und Muff). *ys*

21 Wittelsbacher Park

Der entscheidende Akt Augsburgs auf dem Weg von der mittelalterlichen Stadt zur modernen Großstadt war die Niederlegung des Mauerrings an der Westseite ab 1860. Nach diesem Befreiungsschlag konnte die eingeschnürte Stadt ausatmen, einen modernen Boulevard (Konrad-Adenauer-Alle, früher Kaiserstr.) anlegen, einen Verkehrsknotenpunkt für den zunehmenden Verkehr ausbilden (Königsplatz) und neue, großbürgerliche Wohnviertel planen (Beethovenviertel, Bismarckviertel). Die gewaltigen Mengen an Abraum, die die niedergelegten Wallanla-

gen am Roten Tor, am Eserwall, am Gögginger Tor, am Alten Einlass und am Klinkertor hervorbrachten, wurden in Abertausenden Wagenladungen an der Abbruchkante zum Wertachtal, oberhalb des ehem. Schießgrabens, abgeladen. Mit dem Ziegelschutt wurde ein neues Terrain gewonnen.

Auf dieser neuen Freifläche konnte anschließend ein moderner, großstädt. Park angelegt werden, eine Mischung aus regelmäßiger franz. Anlage am Übergang von Stadt und Bahnbrücke und einem engl. Park im Bereich der Wertachkante. Er wurde nach der bayerischen Königsfamilie, der man letztlich die Entfestigung und die Entwicklung zur modernen Großstadt verdankte, Wittelsbacher Park genannt.

Neben der Aufgabe als Ort des gepflegten Spazierengehens, das ab 1800 in Mode gekommen war, diente der Park auch regelmäßig als Ausstellungsgelände. So fand am Südrand des Wittelsbacher Parks bis zur Gründung der Neuen Messe, im Jahr 1987, die jährliche Frühjahrsausstellung statt. Doch war diese Verbrauchermesse nur noch spärlicher Nachklang würdi-

gerer Veranstaltungen. Höhepunkt war sicherlich die Große Kreisausstellung von 1885, eine Art Schwäbische Weltausstellung. Wie in Paris oder London prunkte die Kreisausstellung mit historistischen Bauten, kühne Mischungen aus Gusseisen und Dachpappe. Letzter Rest ist der kleine eiserne Pavillon am neuen Betonteich vor der Kongresshalle. Zentrales Gebäude war die große Sängerhalle, ein provisorischer Holzbau, überbordend gründerzeitlich dekoriert. Hier fand die Kunst- und Gewerbeausstellung statt, hier wurden, wie es sich für eine Weltausstellung en miniature gehört, die Medaillen für besondere Leistungen auf dem Gebiet der Industrie und des Gewerbes überreicht.

Nach 1914 wurde die Sangerhalle durch den Ludwigsbau ersetzt, eine großstädt. Konzerthalle, deren gewaltige Kinoorgel Aufsehen erregte. Hat ihr Abbruch 1968 manch Augsburger bedauert, so hat heute bereits der Nachfolger, die Kongresshalle, zu Recht Denkmalcharakter erreicht. *uh*

Architekturmuseum Schwaben

Rudolf-Diesel-Gedächtnishain

Im Wittelsbacher Park

Der Gedächtnishain wurde 1957 von Magokichi Yamaoka, dem Präsidenten der Yanmar-Diesel-Werke in Osaka/Japan gestiftet. Yamaoka, der zugleich Begründer der Städtepartnerschaft Augsburgs mit Amagasaki und Nagahama war, lebte als junger Student in München und besuchte 1953 zum ersten Mal Augsburg, um mehr über Rudolf Diesel und die Erfindung des Diesel-Motors zu erfahren.

Der Entwurf des Gedächtnishains stammt von dem berühmten japan. Architekten Junzo Sakakura (1901-1969).

Der von einer hohen Eibenhecke eingefasste Garten hat eine rechteckige Grundform. Die Eingänge sind jeweils so angelegt, dass der Besucher keinen direkten Einblick in das Hainterrain erhalten kann. Betritt man den Hain, so öffnet sich der typische japan. Steingarten in der Art eines Zen-Gartens mit asymmetrisch angeordneten Felsbrocken. In einen monumentalen monolithischen Felsen im Zentrum ist das bronzene Profilporträt Rudolf Diesels eingelassen. Charakteristisch für solche japan. Gärten sind zum einen die Abgeschlossenheit von der restlichen Natur, zum anderen die unterschiedlichen Eindrücke, die der Besucher aus jeder Perspektive aufs Neue erhält. *ys ct*

22 Architekturmuseum Schwaben 🏛

Thelottstr. 11 💶 frei 🕐
Während der Ausstellungen Di-So 14-18, Bibliothek und Archiv nach Vereinbarung ☎0821-2281830
🌐 www.architekturmuseum.de
♿ nein

Das Architekturmuseum Schwaben wurde 1995 im ehem. Wohnhaus des Architekten Sebastian Buchegger (1870-1929) eingerichtet. Allein wegen des Bauwerks mit seinem holzvertäfelten Geschäftszimmer, in dem Buchegger Kaufinteressenten für die Häuser im Thelottviertel empfing, und des weitläufigen Gartens lohnt ein Besuch. Seit 1999 wird dieser ehem. Nutzgarten mit Bildwerken zeitgenössischer Künstler ausstaffiert (bisher Arbeiten von Will Weiner, Terence Carr, Ingeborg Prein, Christoph Bechteler, Sándor Kecskeméti, Norbert Zagel, Katja von Lübtow, Erika Berckhemer und Tobias Freude).

Das Museum ist eine Zweigstelle des Architekturmuseums der TU-München und wird von der Arno-Buchegger-Stiftung finanziert. Zum einen wird über Sonderausstellungen schwäbische und überregionale Architektur vermittelt, zum anderen werden Nachlässe prägender Augsburger Architekten (z. B. Thomas Wechs, Wilhelm Wichtendahl, Walther Schmidt, Raimund Dobl-hoff, Karl Albert Gollwitzer) und Nachlässe am Bau tätiger Künstler (z. B. Hans Härtel, Hanns Weidner) archiviert und wissenschaftlich aufgearbeitet. Neben den Plansätzen verfügt das Museum über eine Fachbibliothek, basierend auf den Beständen der ehem. Bauamtsbibliothek, sowie über eine Sammlung Augsburger Druckgrafik (16.-18. Jh.) und Fotografie. *gn*

23 Wohnhöfe

Rosenaustr.

Die Augsburger Wohnbaugenossenschaft sorgte in den Jahren der Weimarer Republik für einen regelrechte Boom im öffentlichen Wohnungsbau. An den Einfallstraßen in die Stadt entstanden im Jahresrhythmus große Wohnanlagen mit oft demonstrativ moderner Architektur. Im Bereich der Rosenaustraße lassen sich die Entwicklungsschritte gut nachvollziehen.

Die frühesten Beispiele stehen entlang der Pferseer Straße. Es sind noch traditionelle Geschossbauten, sparsam instrumentiert mit Baudetails, die dem Formenschatz historischer Augsburger Architektur entnommen sind. Typische Holl'sche Giebelformen stehen für eine bewusste Erinnerung an glanzvollere Augsburger Tage, auch bei dieser wenig prominenten Bauaufgabe in wirtschaftlich schwieriger Zeit.

Wohnhöfe von Otto Holzer
Rosenaustr. 59-63

Ganz neue Formen wählten dagegen Stadtbaurat Otto Holzer sowie der städt. Architekt Eduard Feldpausch beim Richard-Wagner-Hof, Rosenaustraße 59, erbaut ab 1927. Ein langezogener, ungegliederter Baukörper wird allein durch zwei hochgezogene Turmbauten ausgezeichnet. Mit steilen Pultdächern heben sie sich signalhaft über die Wohnzeilen hinaus. Zwei große Uhren an den Wandflächen dieser expressiven Baukörper sind der einzige Schmuck. Der Wunsch ist spürbar, einer einfachen Wohnbebauung zusätzliche Dramatik zu verleihen. Deutungsversuche der Bevölkerung, die in den beiden funktional nicht zu erklärenden Turmbauten Bezüge zum Namensgeber Richard Wagner erkennen wollten (Notenpulte, ein großes W), zeigen, wie wenig die expressive Geste bei den Wohnungssuchenden verstanden wurde.

Wohnhöfe von Thomas Wechs
Rosenaustr. 52-68, 70-74

Noch weniger Verständnis erlebte anfangs die letzte Stufe des Siedlungsbaus entlang der Rosenaustraße. Thomas Wechs schuf ab 1928 mit dem Schubert- und Lessinghof zwei der seltenen Beispiele einer konsequenten weißen „Bauhaus-Moderne" in Bayern. Die beiden Wohnhöfe für gehobene Wohnansprüche ziehen sich in erstaunlicher Länge entlang eines Straßengevierts. Die Fassaden sind glatt verputzt, strahlend weiß gestrichen und nur durch die farbigen Fensterrahmen akzentuiert. Auch die Türen sind farbig gefasst und Farbe bestimmt im Innern die Treppenhäuser. Der Vorbildcharakter Berliner Wohnzeilen eines Bruno Taut wird in mehrerer Hinsicht deutlich. So wird hier wie dort die schiere, nahezu ungegliederte Länge des Baukörpers zur eigentlichen Qualität der Architektur. Der Einsatz aller gängiger Leitmotive des Neuen Bauens wie Flachdach, aufgeglaste Ecken, weißer Wandanstrich, frei gewählter Grundriss zeigt, wie vertraut der junge Thomas Wechs mit den Gepflogenheiten der aktuellen Moderne war.

Zur Bauzeit noch ähnlich verspottet wie die fast zeitgleich entstandene Weißenhofsiedlung in Stuttgart, fanden die Höfe, vor allem wegen ihres modernen Wohnstandards, den Respekt des Publikums. Die letzte Renovierung gelang im Detail beim Schuberthof (der nördliche, halbrund gebogene) besser als beim Lessinghof, denn bei dieser extremen Reduzierung der Baudetails kann ein zu breites Abschlussblech an der Dachkante bereits die feinen Proportionen empfindlich stören. *uh*

Stadtbachquartier

Erfindergeist und Literaturgeschichte

Konnte man an der historischen Stadt Augsburg die Macht und den Anspruch von Bürgerschaft und Kirche an ihren repräsentativen Bauten ablesen, so ist das in der Industriestadt Augsburg nicht anders. Statt Kirchtürmen und kupfernen Rathaushauben haben die Fabrikschornsteine die Lufthoheit über die Stadtsilhouette erobert. Die modernen Stadtansichten bieten ein eindrückliches Bild der industriellen Potenz. Ein ganzer Ring rot geziegelter Kamine lagert sich, oft in direktem Anschluss an die Stadtmauer, rings um die Altstadt.

Im Osten und Westen sind es die großen Textilfabriken, die Augsburgs Entwicklung von der handwerklichen Weberstadt in die großindustrielle Baumwollverarbeitung signalisieren. Im Norden der Stadt aber entsteht ein zweiter Industrieschwerpunkt mit der Papierfabrik Haindl, der Metallgießerei Riedinger und der Maschinenfabrik Augsburg Nürnberg, MAN.

Die Industriekanäle, von denen der Stadtbach dem Viertel seinen Namen gab, liefern Energie und Brauchwasser. Die Localbahn – eine Augsburger Besonderheit – stellt als Privatbahn im Zusammenschluss der wichtigen Fabriken ein innerstädt. Schienennetz zur Verfügung. Innerhalb dieser Koordinaten entwickelt sich in Augsburg eine neue Qualität des Stadtviertels, das Quartier. Planmäßig werden für die vom Land zuziehenden Arbeiter fabrikeigene Siedlungen errichtet. Für die höheren Lohngruppen stehen nah am Stadtgraben kleinere, großzügig ausgestattete Familienhäuser. In einem solchen reift, behütet von einer treusorgenden Mutter und umsorgt vom Dienstmädchen der Familie, als Sohn eines gut situierten Haindl-Prokuristen die proletarische Lebenseinstellung eines Bert Brecht heran.

Anders als die Textilindustrie haben die Motoren- und Papierherstellung die Wirtschaftskrisen gut überstanden. Das erspart dem Stadtbachquartier alle museale Starre. Ohne die üblichen Bemühungen, in alten Industrieregionen durch denkmalpflegerische Maßnahmen einen vagen Geruch von Fabrikluft zu erhalten, strömen hier wirklich noch die Arbeiter aus dem Werkstor der MAN, rauchen die Schlote und liegen noch immer die Siedlungshäuser entlang der Sebastianstraße in direkter Nachbarschaft zu den dunklen Parks der Direktorenvillen. *uh*

Die Kahnfahrt am Oblatterwall

1 Kahnfahrt

Riedlerstr. 11 🕑 Mo-Sa 11-23 Uhr, So 10-23 Uhr 🚫 0821-35516 🌐 www.augsburger-kahnfahrt.de 🚪 ja 🚪 ja

Im Jahr 1901 fand in Augsburg die Hauptversammlung des „Vereins zur Hebung der Fluss- und Kanalschifffahrt" statt. Augsburg sollte in die Reihe der Industrie- und Handelsstädte mit direktem Anschluss an die internationalen Seewege etabliert werden. Dazu war jedoch zuerst eine Verbindung zur Donau vonnöten. Der Augsburger Visionär und Architekt Karl Albert Gollwitzer (1839-1917) wurde zum Motor dieser Idee. Zur Versammlung der Kanalbefürworter legte er ein Werbeposter auf, das unter dem Titel „Das Donau-Schiff im Augsburger Stadtgraben" Augsburgs Rolle als Hafenmetropole in bilderbuchhafter Genauigkeit vor Augen führte. Am Oblatterwall sollte nach Gollwitzers Plan eine Speicherstadt mit Bahnanschluss, Kran- und Kaianlagen rund um den mittelalterlichen Fünffingerlesturm entstehen.

Heute sind die einzigen Wasserfahrzeuge in diesem idyllischen Stadtviertel die Ruderboote der „Augsburger Kahnfahrt", einer Terrassenwirtschaft, angelehnt an die Stadtmauer. Vom Ruderboot aus und das Werbeplakat Gollwitzers, des Abenteurers unter den Augsburger Architekten vor Augen, der gerne groß, ja im Weltformat dachte, lässt sich der Gedankenübungsplatz aber geruhsam erfahren. Der moderne Industriehafen sollte die angrenzenden Fabriken über einen Lechkanal mit der Donau und über den Rhein-Main-Donau-Kanal mit der ganzen Welt verbinden.

Bedenkenträgern, die einen zu geringen Tiefgang des Stadtgrabens ins Feld führten, antwortete Gollwitzer mit der Erfindung flachliegender Propellerboote.

Die vorgelegte Planzeichnung hatte zwar Werbecharakter, war aber durchaus ernst gemeint. So realitätsfremd, wie es heute erscheint, war die Planung nicht. Lediglich die Hafenbauten an der „Kahnfahrt" wären wohl schwer zu dimensionieren gewesen. Gebaut wurde tatsächlich am Lechkanal, heute noch gut zu verfolgen zwischen Gersthofen und Langweid. Dort sind die Wasserkraftwerke immer auch mit begleitenden Schleusenanlagen für einen Lastschiffverkehr versehen, sodass Augsburgs Karriere als Hafenstadt zumindest durch die Kraftwerksbauten nicht behindert worden wäre. *wb*

2 Wohnhaus Brecht

Bleichstr. 2
Bertold Brecht wurde 1898 in

Mit der Papierfabrik Haindl, heute UPM-Kymmene, und der MAN, der Maschinenfabrik-Augsburg-Nürnberg, liegen zwei der traditionsreichen Augsburger Industrieunternehmen nachbarschaftlich nebeneinander. Verwunderlich, dass zwei international tätige Betriebe immer noch die Standorte unmittelbar am Rand der historischen Altstadt besetzen. Die Gründe hierfür liegen gerade in den Vorteilen des historischen Standorts: Immer noch werden für die Papierproduktion große Wassermengen gebraucht, immer noch ist der Anschluss an das Netz der Localbahn ein Standortvorteil, immer noch sind die alten Gussgruben der MAN in Betrieb, und immer noch wird der mühsame Straßentransport der Schiffsmotoren für die jahrhundertelang gewachsene Infrastruktur in Kauf genommen.

Von der Stadtmauer am Lueginsland lässt sich ein Blick in diese Industriegeschichte werfen. Unterhalb der steil abfallenden Stadtbefestigung am Stephinger Graben schaut man ungehindert auf die Gründungszelle und die Direktorenvilla der Industriellenfamilie Haindl. Das Gebäude an der Georg-Haindl-Straße, im Kern von 1790, ist die erste Papierfabrik, aus der allerfrühesten Phase der Augsburger Industrialisierung (s. Gignouxhaus, Schüle'sche Fabrik). Der durchquerende Lechkanal zeigt, dass hier urspr. die erste Papiermühle stand, auf der die weitere Firmengeschichte letztlich gründet. Das zweite Gebäude, nä-

einem Handwerkerhaus im Lechviertel geboren. Kurz nach der Geburt zog die Familie für knapp zwei Jahre in das Haus „Bei den sieben Kindeln" (Oberer Graben 3) um, bis sie im Jahr 1900 in das Haus Nr. 2 in der Bleichstraße wechselte. Dieses Haus gehört zu dem Ensemble der Haindl'schen Stiftungshäuser (insgesamt vier Häuser mit 24 Wohnungen), die 1880 in der Nähe der Papierfabrik erbaut wurden. Nach dem Vorbild der Fuggerei konnten hier finanziell schwach gestellte Familien und Angestellte der Papierfabrik für eine geringe Miete eine Wohnung beziehen. Fortan bewohnte die Familie Brecht – der Vater war seit 1900 Prokurist bei Haindl und zugleich Verwalter der Haindl'schen Stiftungshäuser – den gesamten ersten Stock des Gebäudes. Hier verbrachte Brecht Kindheit und Jugend und ab 1910 bewohnte

er die Mansarde, den „Zwinger", wie er sie nannte, mit eigenem Wohn- und Schlafraum. Neben einer eisernen Liege, seiner Gitarre, einem Tisch, der unter einer Anhäufung von Büchern, Zeitungsausschnitten und Manuskripten zu verschwinden drohte, befand sich beispielsweise seit 1918 auch ein Totenschädel in diesem Raum. Die Mansarde avancierte zum wichtigsten Treffpunkt des frühen Freundeskreises um Brecht. *ys*

Tipp >1966 wurde die Straße entlang des Hauses Bleichstraße 2, die Frühlingsstraße, in Bert-Brecht-Straße umbenannt. Streckenweise ist diese Straße identisch mit der von Brecht beschriebenen Kastanienallee in seinem Essay „Bei Durchsicht meiner frühen Stücke". *ys*

Blick über die Haindl'schen Häuser zur MAN

her am Park gelegen, ist die eigentliche Fabrikantenvilla, 1899 vom Münchner Architekten Gabriel von Seidl erbaut, im Krieg jedoch zerstört und 1948 von Raimund Baron von Doblhoff wieder aufgebaut. Hinter dem MAN-Hochhaus erstrecken sich die Hallenflächen des Dieselmotoren-Herstellers. *uh*

Tipp > Im Gebäude kurz vor der Lechbrücke lädt eine Glasfassade ein, in das Schulungszentrum zu blicken. Dort steht nicht nur einer der ältesten Motoren überhaupt, es werden auch laufend die neuesten Modelle vor Publikum zusammengebaut. *uh*

---

4 St. Sebastian 🏛

kath. Kirche, Sebastianstr. 24
🕐 tägl. Mo-Fr 9-18
📞 0821-416178
🌐 www.franziskanisches-zentrum.de 🅿 nein

Der Kirchenneubau aus dem Jahre 1907 des Architekten Hans Schurr ist bereits der dritte Bau an dieser Stelle: Den ersten schuf Elias Holl, ein Neubau entstand nach Zerstörung im Dreißigjährigen Krieg bereits 1643. Immer waren es Bauten für die Ärmsten der Bevölkerung, für Kranke, Siechen und Pestopfer. Für diese war innerhalb der Mauer kein Platz, aus Gründen der sozialen Ausgrenzung ebenso wie aus praktischen Erfahrungen der Seuchenvorsorge. Männer des Bettelordens der Kapuziner kümmerten sich um diese Menschen. Sie errichteten ein Siechenhaus und

eine Sebastianskapelle. Sebastian war als Pestheiliger der traditionelle Patron solcher Einrichtungen. Man darf in Siechenhäusern eine Vorform heutiger Krankenhäuser sehen, in denen es allerdings weniger um das mögliche Gesunden ging es, sondern nur noch um das menschenwürdige Sterben der Insassen.

Spätestens um 1907 war diese Aufgabe glücklicherweise durch die Verbesserung der Gesundheitsfürsorge nach dem Bau des Alten Hauptkrankenhauses überflüssig geworden. Dafür hatte sich rund um die benachbarte MAN und die Papierfabrik Haindl ein bevölkerungsstarkes Fabrikquartier entwickelt. Für diese neue Bevölkerungsschicht baute der Kapuzinerorden eine neue Kirche als Mittelpunkt ihrer Arbeiterseelsorge.

Der Bau hält sich akademisch an den Formenkanon eines neuromanischen Kirchenbaus. Architekt Schurr leistet sich hier kaum modische Freiheiten, weder in den Bauformen noch bei der Dekoration im Inneren, was die Kirche gegenüber anderen Bauten aus der Zeit des Jugendstils in Augsburg in unserer heutigen Wertschätzung zurückfallen lässt. Nach einer kürzlich erfolgten Innenrenovierung hat der düstere

und legendär schlecht gelüftete Raum etwas an Leuchtkraft und Charme gewonnen. Interessant bei der Altarinszenierung durch den Architekten ist, wie zwei einfache Spiegel an den Innenseiten des Triumphbogens zwischen Chor und Langhaus das Morgenlicht einfangen und mit verbesserter Leuchtkraft auf das Chorscheitelfresko lenken. Immerhin ein verblüffender Theatereffekt, in der ansonsten mit Lichtreizen geizenden Architektur. *uh*

„Madonna" aus dem Weilheimer Kunstkreis, um 1600

Überraschend innerhalb der Ausstattung ist die monumentale Madonna im Vorraum der Kirche, ein Werk der Zeit um 1600 aus dem Weilheimer Kunstkreis, aus dem die Schnitzer der großen Altäre von St. Ulrich und Afra (Schnitzerfamilie Degler), aber auch der große Meister Georg Petel stammten. Dessen große Sebastiansfigur (heute in St. Max) stammt aller Wahrscheinlichkeit

Eines der vier MAN-Stahlhäuser

nach aus dem im Dreißigjährigen Krieg zerstörten Vorgängerbau der heutigen Sebastianskirche. Im Typus der „Patrona Bavariae" ist die „Madonna" mit einer Lüstertechnik gefasst. *uh*

5 MAN-Stahlhäuser

Sebastianstr. 29 d, e, f, i

Dipl.-Ing. Heinz Brauer regte an, die Erfahrungen der MAN im Eisenbahnwaggonbau zu nutzen und nach ähnlichem Muster Fertighäuser aus Stahl zu montieren. Ab 1946 wurden im Werk Augsburg verschiedene Typen dieser Häuser entwickelt und ab 1948 im Werk Gustavsburg in Serie gebaut.

Die Außenwände bestanden aus doppelschaligen Stahlplatten, die mit Glaswolle als Dämmmaterial gefüllt wurden. Die Wärmedämmung versprach Werte einer 60 cm dicken Vollziegelwand, bei regelmäßiger Lackierung der äußeren Platten wurde eine 30- bis 50-jährige Lebensdauer der Häuser veranschlagt. Die Innenwände bildeten Einbauschränke aus Holzfaserplatten. Dem MAN-Stahlhaus lag ein Baukastensystem zugrunde. Es konnte von ungelernten Arbeitskräften an einem Tag aufgebaut und verschraubt werden. Fundament und Kamin hatte der Käufer vorher in Eigenregie zu erstellen. Der erste Prototyp mit flach geneigtem Dach erinnerte noch stark an eine Baracke und fand kaum Käufer. Ein verbesserter Typ mit steilem Satteldach entsprach dagegen der Vorstellung von einem deut. Einfamilienhaus. Der Werbeprospekt mit dem Titel „Das MAN-Stahlhaus – ein Weg aus den

Trümmern" fächerte das Angebot auf: von Typ 8b für 21.000 DM mit einfacher Grundausstattung und 64 qm Wohnfläche bis Typ 12 mit 96 qm Wohnfläche. Höhepunkt war die Luxusausführung Typ 13a für 28.950 Mark mit 104 qm Grundfläche, die „auch sehr hohen Ansprüchen genügt. Das Wohnzimmer mit 5 x l0 m ermöglicht geselliges Leben in größerem Stil." Die Ausstattung war modern und in der „Rundumküche" geradezu futuristisch, mit Kühlschrank, amerikanischen Schiebefenstern, rotierenden Spülbürsten, Abfallschacht und versenkbarer Dunstabzugsscheibe am Herd.

Ein Verkaufserfolg war das Stahlhaus nicht. Die Vorbehalte gegen das ungewöhnliche Baumaterial waren nicht auszuräumen. Die vier in Augsburg erstellten Häuser sind in sehr gepflegtem Zustand, kein Besucher würde hinter den weißen Fassaden und den grünen Läden vorgefertigte Stahlplatten vermuten. Die Lebensdauer von maximal 50 Jahren wurde längst überschritten. Gerade weil so wenige Häuser dieser Art gebaut wurden und noch weniger erhalten geblieben sind, sind die Augsburger MAN-Stahlhäuser wichtige Zeitzeugen, deren Denkmalwert unbestritten ist. *uh*

6 MAN-Museum

Heinrich-von-Buz-Str. 28 ⏰
Mo-Fr 9-16 nach telefonischer Vereinbarung ✆ 0821-4243791
🌐 www.man.de

Das 1953 eröffnete MAN-Museum ist das einzige Firmenmuseum in Augsburg. Es zeigt das breite

Produktspektrum der gesamten MAN-Gruppe mit ihren acht Firmen aus den Bereichen Nutzfahrzeuge, Industriedienstleistungen, Drucksysteme, Dieselmotoren, Turbomaschinen und aus weiteren Maschinenbausparten. Auf 1.800 qm sind historische und aktuelle MAN-Erzeugnisse ausgestellt: Von dem ältesten Exponat, einer Schnellpresse aus dem Jahr 1846, über den originalen Versuchsmotor von Rudolf Diesel (1858-1913) aus den Jahren 1893-95 bis hin zum neuen Nutzfahrzeugmotor D20 mit Common-Rail-Technik (gemeinsame Kraftstoffleitung) von 2004 spannt sich ein technikhistorischer Bogen. In sechs Hallen sind unterschiedliche Schwerpunkte gesetzt, u. a. widmet sich eine Halle dem Thema Nutzfahrzeuge, die Lkw-Halle zeigt ein Feuerlöschfahrzeug von 1921, das noch bis 1983 in der Augsburger Kammgarnspinnerei im Einsatz war. Die Augsburg-Halle wird auch als Tagungsraum genutzt. Die Ausstellung gliedert sich in folgende Sektionen: Rudolf Diesel, Dieselmotor, die historische MAN, Augsburg und Diesel, Gesellschaft und Kultur, Dieselmotoren weltweit, Dieselkompetenz heute, MAN Gruppe und Umwelt und Zukunft. Die Raumfahrtsparte der MAN Technologie ist mit einem Modell der europäischen Träger-Rakete ARIANE vertreten. Das angeschlossene historische Archiv verwahrt über 1,5 Millionen Dokumente zur Firmengeschichte. *ct*

234 Bertolt Brecht in Augsburg

So bescheiden das Geburtshaus Bertolt Brechts (1898-1956) im Lechviertel ist, so unspektakulär scheinen seine literarischen Anfänge. Das früheste überlieferte literarische Dokument ist das sog. Tagebuch No. 10, das über den Zeitraum von Jun. bis Dez. 1913 berichtet. Es zeigt einen Fünfzehnjährigen, der von dem Gedanken, ein berühmter Schriftsteller werden zu wollen, beseelt war und diesem Ziel alles andere unterordnete. Erste Beiträge erschienen ab August 1913 in der von Brecht selbst herausgegebenen Schülerzeitschrift Die Ernte.

Die frühesten literarischen Texte in Zeitschrift und Tagebuch sind zunächst nüchterne Versuche, alle möglichen literarischen Gattungen und Schriftsteller zu imitieren. Außerordentlich früh ausgeprägt war ein strategisches, kühl kalkulierendes Vorgehen beim Voranbringen seiner „Dichterkarriere", das für ihn kennzeichnend bleiben sollte. Entgegen jeglicher kommunistischen Vereinnahmung des Dichters, setzt sich in der Wissenschaft immer deutlicher die Ansicht durch, dass Brechts Werke von Anfang an tendenzlos waren, es um Literatur und deren Effekte, nicht um die Vermittlung moralischer oder politischer Botschaften ging.

Seit August 1914 hatte der Gymnasiast Gelegenheit, in zwei Augsburger Tageszeitungen zu veröffentlichen. Bis Anfang 1916 schrieb er knapp vierzig Beiträge. Diese scheinen dem kriegsverherrlichenden, national-euphorischen Zeitgeist zu entsprechen und sind überdies von einem hohen Maß an Lokalkolorit bestimmt. Tatsächlich jedoch war Brecht der Krieg eher gleichgültig. Die Texte schrieb er, um veröffentlichen zu können, wozu er sich der herrschenden Stimmung anpasste.

Der Großteil der Lyrik, die in Brechts bekannteste Gedicht-Anthologie Die Hauspostille (1927) eingehen sollte, entstand in Augsburg. Neben ihrer herausragenden literarischen Virtuosität und Vielschichtigkeit und ihrer artifiziellen Unverwechselbarkeit zeigen diese Gedichte, wie sehr ihr Autor mit seiner Heimatstadt verwoben war, die in ihnen allenthalben präsent ist. Auch die dramatische Produktion Brechts, vielen in erster Linie als „Stückeschreiber" bekannt, nahm in Augsburg ihren Anfang. Mit Baal (1918) und Trommeln in der Nacht (1919) begann er, Literaturgeschichte zu schreiben, legte damit die Basis für die Verleihung des Kleist-Preises an ihn im Jahre 1924.

Augsburg erwies sich indessen als zu klein, wollte Brecht seine Ziele verwirklichen. Er zog im September 1924 nach Berlin; im Sommer war er nach wie vor einige Wochen in Augsburg. In Berlin ging er unbeirrbar seinen Weg, gehörte rasch zu den exponiertesten Künstler- und Intellektuellenkreisen der Weimarer Republik. Aufsehenerregende Werke entstanden, wie die Oper Aufstieg und Fall der Stadt Mahagonny (1927-1929). 1932, nach dem Welterfolg mit der Dreigroschenoper (1928), erwarb Brecht ein Haus in Utting am Ammersee, im bedeutsamen Naherholungsgebiet Augsburgs. Auch war inzwischen die Theorie des „Epischen Theaters" entstanden, desgleichen hatte sich seine experimentelle Beschäftigung bzw. Annäherung an den Marxismus vollzogen, aus der u. a. die Reihe seiner Lehrstücke resultierte.

Die Machtübernahme der Nationalsozialisten zwang ihn mit seiner Familie Ende Feb. 1933 ins Exil, das ihn, über mehrere skandinavische Länder, bis in die USA führte. Seine bedeutendsten Theaterstücke entstanden nun: Leben des Galilei (1938/1939), Der gute Mensch von Sezuan (1939-41), Mutter Courage und ihre Kinder (1939), Herr Puntila und sein Knecht Matti (1940), Der kaukasische Kreidekreis (1944). Auch ein großer Teil der Lyrik Brechts entstand im Exil. Viele der

Gedichte sind vor dem Hintergrund seiner Auseinandersetzung mit dem NS-Barbarismus zu sehen, andere jedoch gerade in ihrer Zeitlosigkeit herausragend. Die bedeutendste Sammlung dieser Zeit sind die Svendborger Gedichte (1939).

1947 nach Europa zurückgekehrt, baute Brecht ab 1949 gemeinsam mit seiner zweiten Frau Helene Weigel das Berliner Ensemble auf, mit dem unter anderem Modellinszenierungen seiner großen Stücke erarbeitet wurden. In kurzer Zeit erlangte dieses Theater Weltruhm; nicht zuletzt verschiedene Gastspiele im Ausland mit spektakulären Erfolgen belegen dies und Brechts herausragende Fähigkeiten als Regisseur.

Während in dieser Zeit keines seiner großen Dramen entstand, ging die lyrische Produktion unvermindert weiter; die Buckower Elegien (1953) zeugen in großer poetischer Schönheit von der Melancholie eines früh gealterten Brecht, der nicht zuletzt aufgrund der ihn einschränkenden politischen Situation in der DDR zu resignieren schien.

Brecht starb am 14. Aug. 1956 an den Folgen eines Herzinfarkts und wurde auf dem Dorotheenstädtischen Friedhof in Berlin beigesetzt. Er blieb in Ost- wie Westdeutschland umstritten. Seine frühzeitig ausgeprägte Anpassungsfähigkeit oder besser: moralische Indifferenz, sein Materialismus, der ihn in seiner Dichtung in erster Linie das artifizielle Gebilde, das Kunstwerk sehen ließ, nicht ein Vehikel politischer Maximen, verschaffte ihm einerseits Unabhängigkeit, ließ ihn andererseits allen unbequem erscheinen, die versuchten, ihm Klischees und Schablonen überzustülpen, ihn zum marxistischen Vorzeigedichter oder, je nach Blickwinkel, zum verpönten Repräsentanten der DDR zu machen. Die einzigartigen ästhetischen Qualitäten seines Werkes jedoch setzten sich durch, jenseits von Tendenzen und Ideologien, und machten ihn zu dem, was er von Jugend an sein wollte: ein Klassiker der dt. Literatur, weit über die Grenzen seines Heimatlandes hinaus.

Auch die Stadt Augsburg wurde sich ihres großen Erbes zunehmend bewusst, nachdem Ehrungen Brechts in der Zeit des „Kalten Kriegs" vornehmlich von privater Seite zu verzeichnen waren. 1966 wurde eine Straße nach dem berühmten Sohn benannt, 1991 wurde die Brecht-Forschungsstätte der Staats- und Stadtbibliothek Augsburg ins Leben gerufen und personell ausgestattet. Sie ist mit ihrer Vielzahl an Publikationen, Werkeditionen und anderen Forschungsprojekten weltweit eines der wichtigsten Zentren der wissenschaftlichen Beschäftigung mit Brecht. Seit 1995 wird in dreijährigem Turnus der Brecht-Preis der Stadt Augsburg verliehen. Des Weiteren ist die Stadt Veranstaltungsort international bedeutender Kongresse, Festivals und anderer „events". Nach wie vor spielen Vereine und private Initiativen eine wichtige Rolle, z. B. die Buchhandlung am Obstmarkt mit der Redaktion des seit über einem Jahrzehnt erscheinenden Dreigroschenhefts. *jh*

Umgebung

14 Lechmuseum Bayern

10 „Aphrodite" von Lüpertz

9 Gaswerk

11 Kulturhaus Abraxas

12 Westfriedhof

13 Herz Jesu

2 Zur schmerzh. Muttergottes

3 Neues Justitzgebäude

4 Hessingbauten

1 Bahnpark

5 Kurhaus/Parktheater

7 Botanischer Garten

8 Siebentischwald

Universität

6 Hochablass

Entdeckungen rund um Augsburg

Ins Dickicht der Vorstädte schlagen wir einige Ausflugschneisen. Nach Süden ins heute eingemeindete Göggingen mit wundersamen Bauten einer ehem. pompös gedachten Heilanstalt. Nach Westen über die Wertach in den Industrievorort Pfersee mit der spektakulären Jugendstilkirche Herz Jesu und einem Friedhof aus gleicher Zeit, der zum Spazierengehen einlädt. Oder noch nah an der Stadt in den Siebentischwald und den angedockten Botanischen Garten; der Zoo liegt auch gleich nebenan. Oder in eine der größten und besterhaltenen Industrieanlagen, das Städtische Gaswerk im Norden.

Und ganz im Norden steht recht einsam auf dem Firmengelände des örtlichen Zeitungsverlags Markus Lüpertz' „Aphrodite". Ein großes Stück Kunst im Exil. *uh*

Legende	
Friedhof	
Garten	
Geheimtipp	
Kirche	
Moderne Kunst	
Museum	
Park	
Profanbau	
Theater	

1 Bahnpark Augsburg

Firnhaberstr. 22, im Aufbau, nur bei Veranstaltungen zugänglich, Museumsnachmittage finden jeden 3. So von Mai – Okt. statt, 14-17 📞 0821-6507590 🌐 www.bahnpark-augsburg.de

Auf dem Gelände des 1906 fertiggestellten, einmalig gut erhaltenen Bahnbetriebswerks mit seinem beeindruckenden Ringlokschuppen in Sichtziegelbauweise entsteht gegenwärtig der „Bahnpark Augsburg". Im noch funktionstüchtigen Lokschuppen wird ein „Rundhaus Europa" eingerichtet, in dem historische Lokomotiven der 29 europäischen Staatsbahnen ausgestellt werden. Daneben nutzt der Bahnpark Augsburg drei Dampflokhallen und eine historische Schmiede u. a. für die Wartung der historischen Fahrzeuge. So wird die Technik von Lokomotiven und Architektur im „Werkstatt-Charakter" anschaulich. Der Bahnpark Augsburg wird damit neben dem Textilmuseum der zweite große Erinnerungsort für die Industriegeschichte in Augsburg sein.

Tipp > Für Musikfreunde empfehlenswert ist die Veranstaltungsreihe „Jazz im Bahnpark"; geplant ist auch eine Klassik-Reihe (Termine unter: www.bahnpark-augsburg.de). gn

Das angrenzende Hochfeld wurde lange Zeit als „Eisenbahnerviertel" bezeichnet. Viele der teils auch architektonisch interessanten Wohnhöfe mit ihren Art-déco-Elementen (z. B. der Zeppelinhof, Schertlinstr. 48-54,

1927 von Otto Holzer, und der Wohnhof Firnhaberstr. 27-31) entstanden für Mitarbeiter der Bahn und des Flughafens, der auf dem Gelände des heutigen Uni-Viertels lag. Seit einigen Jahren wird das Museumsprojekt von einem regen Veranstaltungskalender begleitet. Natürlich wird das konservierte Bahnbetriebsgelände von Nostalgiezügen angefahren. gn

Tipp > Von hier aus startet z. B. die Dampflokomotive 41018, der „König-Ludwig-Dampf-Express", über München nach Prien am Chiemsee. Zugbegleiter in historischen Uniformen, ein roter Teppich beim Einsteigen der Gäste der „König-Ludwig-Klasse" sowie eine Kapelle am Münchner Bahnhof mit Ludwig II. persönlich erwarten die Reisenden. Höhepunkt ist die Besichtigung des Schlosses Herrenchiemsee (Termine erfragen unter 09151-90550). gn ys

2 Kath. Kapelle zur Schmerzhaften Muttergottes 🔒

Gögginger Str. 96

Die neogotische Kapelle auf querrechteckigem Grundriss wurde 1840 am späteren Königsplatz errichtet. Im Zuge der Niederlegung der Stadtmauer im Bereich des Königsplatzes wurde das Bauwerk an den heutigen Ort versetzt. Die Gögginger Landstraße war zu jener Zeit als Allee mit Wegekapellen versehen.

Zur Straßenseite öffnen sich drei spitzbogige Arkaden, die den Blick zum qualitätvollen neogotischen Schnitzretabel freigeben. In der Predella befinden sich vier Passionsszenen, im dreiteiligen Schreinkorpus die Pietà, flankiert von dem auferstandenen Christus sowie dem Himmelfahrtschristus. Im Gesprenge ist eine Kreuzigungsgruppe mit Assistenzfiguren, begleitet von filigranem Maßwerk, aufgestellt. Der farbig gefasste, im Flachrelief geschnitzte Altar knüpft an die Kompositionen ländlicher Schnitzretabel des ausgehenden 15. und beginnenden 16. Jhs. an. ct

Tipp > Auf dem kleinen Vorplatz befindet sich linker Hand ein Grenzstein von 1670, mit der Augsburger Zirbelnuss auf

Neues Justizgebäude – im Eingangs- und Hofbereich zeitgenössische Skulpturen

der einen und dem Hochstiftswappen auf der anderen Seite versehen. Ferner ist eine monumentale römische Zirbelnuss hier aufgestellt, die ehem. als Bekrönung eines Pfeilergrabmals diente. *ct*

3 Neues Justizgebäude

Gögginger Str. 101

Das Neue Justizgebäude liegt an der Gögginger Straße, einer langen, chausseeartigen Ausfallstraße, deren Bebauung vorwiegend aus dem 19. Jh. stammt. Der von Hubert Schulz entworfene Gebäudekomplex (1998-2001) beweist, wie durch moderne Architektur neue städtebauliche Qualitäten entstehen können: Um das Strafjustizzentrum herum entstand eine Art Platz-Situation; der historische Zaun und ein Industriebau mit Sichtziegelfassaden kontrastieren zur geradlinigen, neuen Architektur.

Das Justizgebäude selbst besteht aus zwei langen Flügeln, dem Verhandlungstrakt zur Gögginger Straße und dem Verwaltungsriegel zur Depotstraße. Wo beide Flügel aneinanderstoßen, liegt die viergeschossige verglaste Eingangshalle mit ihrem Pultdach. Galerien und Brücken führen von

hier aus in die Verwaltungs- und Verhandlungsräume. Die Wandfarbigkeit (Grün-, Blau-, Braun- und Gelbtöne) ist in der Halle und in den Gängen als rhythmisierendes Motiv eingesetzt. Terrazzoböden, Industrieparkett und Buchenholz sind als ruhige Flächen dagegengesetzt. Das Justizgebäude erhielt eine besonders effektvolle künstlerische Ausgestaltung: Den vorkragenden Eckbereich Gögginger Straße/Depotstraße hüllte Christoph Brech in ein Buchstabenmosaik aus Klar- und Milchglas. Bei genauerem Hinsehen sind die Titel juristischer Kodizes lesbar – nicht fehlen darf hier natürlich der Augsburger Religionsfrieden.

Den Eingangs- und Hofbereich betonen große Steinquader von Josef Sailstorfer, deren Rillen an Buchrücken oder Aktenordner erinnern. In der Halle thematisiert Christoph Brech mit seiner Leuchtwand mit verschobenen Linien die Waage der Justitia. *gn*

Tipp > Augsburg ist zwar keine Hochburg innovativer zeitgenössischer Architektur. Dennoch finden Architekten auch hier immer wieder Nischen. Beispiele sind das neue Wohnheim für Studierende (Schlude & Ströhle, Stuttgart; Ernst-Lehner-Str. 8), die Erweiterung des Bayernkollegs (Kehrbaum-Architekten, Schillstr. 94) oder die Akademie der

Handwerkskammer (Jötten & Eberle, Siebentischstr. 54). Wurde die moderne Architektur bisher nur in einem Bannkreis um die Innenstadt errichtet, wie Titus Berhards Haus 9X9 (Maria-Hilf-Str., Stadtbergen) oder Wolfgang Otts Druckereigebäude (Amann-Str. 12), finden sich auch in der Innenstadt erste Ansätze für eine Neuerfindung. So hat das Büro Schaftel & Felber Wohn- und Geschäftshäuser an der Maximilianstraße (Nr. 16, Nr. 30, Nr. 57) umgebaut. Regina Schineis setzte in das idyllische Doktorgässchen mit ihrem noblen „Wohnhaus in der Altstadt" und ihrer skulpturalen Trafostation am Königsplatz frische Akzente. Vielleicht schärfen die Konzeption des Textilmuseums von Klaus Kada, das neue FCA-Stadion von Titus Bernhard und das Institut für angewandte Informatik von Volker Staab das Bewusstsein für neue Architektur in Augsburg? *gn*

4 Hessingbauten

In einer bilderbuchhaften Karriere der Gründerzeit wurde aus einem bettelarmen Orgelbauer namens Fritz Hessing (1838-1918) innerhalb weniger Jahrzehnte der Hofrat Friedrich Ritter von Hessing, Gründer eines weltstädtischen Kur- und Heilbades in Göggingen bei Augsburg, Pächter mehrerer bayerischer Staatsbäder und Begründer der mechanischen Orthopädie. Sein Lebenswerk besteht bis heute als Stiftung und inzwischen wieder als hochmoderne Klinik fort.

Startpunkt eines Rundgangs durch die Medizingeschichte sollte die Klinik sein. Dort, im neuen Eingangsfoyer, sind auf der Empore einige der abenteuerlichen Schienen-Hülsen-Apparate aus der Frühzeit Hessings aufgestellt. Mit solchen Gerätschaften ermöglichte es der geniale Handwerker verkrüppelten Menschen seiner Zeit, wieder ein selbstbestimmtes Leben zu führen. Basierend auf diesen Erfindungen erfolgte in den Jahren 1868-93 Schritt für Schritt der Ausbau der Heilanstalt.

ckenfenster das Licht in ganzer Stärke, aber veredelt durch farbiges Glas ins Innere. Bei schönem Wetter konnte das ganze Theater mit allen Sitzplätzen, aber auch mit der Bühne in den Innenhof gespiegelt werden. Die Plätze des Ersten Ranges fanden sich auf den Flachdächern der Flügelbauten wieder; das Parkett im Biergarten und die Bühne ließen sich durch ein breites Glasportal rückwärtig öffnen. Diese Form eines Doppeltheaters ist einzigartig und ohne Vorbild.

Kapelle o----

Innerhalb der Klinik führt der Weg in die Kapelle der Anlage, die eher schon eine kleine Schlosskirche ist. Dem Außenbau gibt der Hausarchitekt Hessings, Jean Keller (1844-1921), ein Kleid aus österreichischem Stiftsbarock. Innen aber lässt Hessing den Bau in schwelgerisch reicher Neugotik auskleiden, üppig in schwerer Spessart-Eiche geschnitzt. Eine großzügige Spende des russischen Zarenhauses hatte diesen Reichtum ermöglicht. Der russische Hochadel gehörte zur Klientel des Sanatoriums. Für diese und andere Gesellschaftsschichten war eigentlich geplant, den Altar als simultanen Wandelaltar zu konstruieren, der sich je nach Konfession in einen katholischen, evangelischen oder russisch-orthodoxen hätte modifizieren lassen. Eine typische, praktische Hessing-Idee, die vom Augsburger Ortsbischof nicht goutiert wurde. *uh*

5 Kurhaus und Parktheater 🏛 🎭

Klausenberg 6 🕐 Kurhaus: tägl. 9-18, Garten: Okt.-Feb. 9-17, März 9-18, Apr. 9-19, Mai-Aug. 9-21, Sept. 9-20 📞 0821-9062211 🌐 www. parktheater.de 🅿 ja 🚻 ja

Entlang der Straßenbahnschienen führt der Weg an den Fuß des Klausenbergs. Dort liegen, verborgen hinter einer dreiseitigen Hofanlage, die erste, bescheidene Hessing-Kuranstalt, der Park und das märchenhafte Kurhaustheater. Dieses hatte Hessing von seinem Hausarchitekten Jean Keller errichten lassen, um seinen Kurgästen die nötige Ablenkung bieten zu können. In nur einem Jahr Bauzeit erschufen Bauherr und Architekt

mit einfachsten Mitteln, neuen Baumaterialien, schneller Theatermalerei und billigem Buntglas einen märchenhaften Theaterraum, der alles in einem war: Palmenhaus und Wandelhalle, Gastronomie und Theater. Außerdem sah Hessing vor, dass seine oft an Rollstuhl und Liegen gefesselten Patienten sich mit dem nicht behinderten Theater- und Konzertpublikum aus der Stadt und dem Umland zwanglos mischen sollten. Dazu ist das Theater konsequent zweistöckig aufgebaut und auf beiden Geschossen, im oberen über Brücken und Stege niveaugleich, barrierefrei mit den Krankenzimmern in der zweigeschossigen Kuranstalt verbunden.

Möglich wurde diese funktionelle Einrichtung durch neue Baumaterialien. Das Theater ist ganz aus Eisen und Glas, mit wenigen gemauerten Füllwänden errichtet. Die Konstruktion wird vor allem beim Betreten des Inneren erlebbar. Urspr. sorgte ein weitaus üppigerer Bewuchs mit Palmen und Bananenstauden für den spontanen Eindruck, sich in einem Gewächshaus zu befinden. Das war nur einer der Tricks, um ein verwirrendes Vexierspiel zwischen Innen- und Außenraum zu inszenieren. So ließen die zahlreichen Wand- und De-

Das Theater hat wirtschaftlich nie wirklich funktioniert, die von Hessing engagierten Stagione-Truppen waren chronisch pleite, nur zwischen 1945 und der Währungsreform erlebte die Bühne unter dem Münchner Schlagerkomponist Ralph Maria Siegel ein legendäres Hoch. Letztlich ausgebrannt und lange vom Abriss bedroht, wurde es in den 1980er Jahren mit enormem finanziellen und perfektionistischem technischen Aufwand neu erfunden und präsentiert sich heute so edel, vornehm und unantastbar, wie es von seinem Erbauer Friedrich Hessing wohl nie gedacht war. *uh*

Der prunkvolle Theaterraum des Parktheaters

Stadtbach und Eiskanal. Dessen Namen rührt daher, dass in ihm das Treibeis durch Holzstammbühnen abgeleitet wird, damit es nicht in die sensiblen Turbinenwerke treibt. Die baukünstlerische Ausstattung mit einem kleinen Wärterhäuschen und einigen plastischen Arbeiten lenkt nur wenig vom eigentlichen Ereignis dieses beliebten Ausflugsziels ab, den herabstürzenden Wassermassen des Lechs. uh

Tipp > Vom Hochablass wurde ein künstlicher Nebenfluss des Lechs für eine 660 m lange Kanu-Slalomstrecke abgetrennt. Die anlässlich der XX. Olympischen Spiele in München 1970-72 von den Augsburger Architekten Reinhard Brockel und Erich R. Müller errichtete Anlage ist mit ihrer Landschaftsmodellierung, den Betonfelsen, Bootshallen und Restaurant bzw. Besuchergebäuden in zeittypischer Betonbauweise ein Denkmal der Sportkultur der 1970er Jahre. ct

6 Hochablass

Es war die alles entscheidende Idee der Augsburger, die geografische Lage ihrer Stadt dahingehend auszunützen, den Lech oberhalb der Stadt aufzustauen, einen kleinen Teil des Lechwassers abzuzweigen und als Kanal in die Stadt zu führen. Wann dies genau zum ersten Mal geschah, ist unklar. Vielleicht musste man ja auch nur einen natürlichen Seitenarm des weitverzweigten Flussbettes immer weiter ausbauen und technisch verfeinern. Die traditionelle Ableitung geschah weit im Süden der Stadt, auf Höhe zwischen Haunstetten und Königsbrunn. Dort wurde der Lechbach/ Lochbach abgezapft und in die Stadt geführt. Er speist die vielen schmalen Lechkanäle, die durch die Altstadt fließen und dort als Energielieferanten und Abwasserkanäle ihren Dienst tun. Ein weiteres Stauwerk entstand näher bei der Stadt: der Hochablass. Von hier wurden breitere Lechkanäle zum Flößen von Bauholz und Baumaterialien an die Stadt herangeführt. Diese Baumaterialien wurden traditionell „Proviant" genannt und gaben dem Proviantbach seinen Namen. Die Industrialisierung verlangte immer weitere und wasserreichere Kanäle, als Antriebskraft der Turbinenwerke und als Brauchwasser für die Textildruckindustrie.

Letztlich wurde nach einem verheerenden Hochwasser 1911 die Wehranlage des heutigen Hochablasses stabil und aus Eisenbeton errichtet (Architektur von Stadtbaurat Otto Holzer, Ingenieurbau durch Eduard von Hummel und Alfred Kunz, München, Schleusenbau durch die MAN). Auf ganzer Breite wird der Lech abgeriegelt, aufgestaut und nach Westen abgeleitet. Der Hauptkanal teilt sich in

...austufe am Hochablass

Druckwindkessel im Nordturm des Städtischen Brunnenwerks

Städtisches Brunnenwerk

🕐 Besichtigung nur mit vereinbarten Führungen 📱 0821-65008603 🌐 www.stadtwerke-augsburg.de

Das Pumpenhaus (Spickelstr. 31) wurde 1878/79 als Pfahlrostkonstruktion am sog. Neubach mit einer spätklassizistischen Zweiturmfassade und Portikus errichtet. Im Inneren beherbergt eine vierjochige, kupfergedeckte Maschinenhalle ein beeindruckendes Ensemble historischer, heute noch funktionstüchtiger Maschinen der Firma MAN. Die jochweise angeordneten Kolbenpumpen werden von Jonval-Wasserturbinen (1910 ersetzt durch leistungsfähigere Francis-Turbinen) angetrieben, die das Grundwasser aus zwei Saugbassins im Keller nach oben und in das Rohrnetz pressen. Die mit Farbfeldern und einem Delphinfries als Hinweis auf das Wasser gegliederte Wanddekoration wurde nach Befunden rekonstruiert. Im Nordturm befinden sich vier 10 m hohe Druckwindkessel (Dm. 1,75 m), die für einen gleichmäßigen Wasserdruck sorgen. 1885 kam am rechten, östlichen, Kanalufer ein Kessel- und Maschinenhaus mit Schornstein hinzu. Erst 1973 wurden im Keller Elektropumpen installiert. Seit der Inbetriebnahme des Werkes hat sich die Trinkwasser-Förderleistung von 240 auf 500 Liter pro Sekunde verdoppelt. ct

Tipp > Das neue Wasserwerk am Hochablass befindet sich genau gegenüber dem Brunnenwerk, auf der anderen Straßenseite. Der von Reinhold Streidl, Augsburg, entworfene Zweckbau übernimmt seit Frühjahr 2007 die Funktion des historischen Wasserwerks. Das Gebäude aus Beton, Glas und Stahl besteht aus zwei Kuben unterschiedlicher Größe und Funktion. Bestimmt wird das Äußere durch die rostende Stahlplattenverkleidung sowie die Ganzglas-Fassade der Ostseite mit quadratischen Gläsern, die wässrige Wellenformen zeigen. ct

---

7 Botanischer Garten 🅿️♿

Dr.-Ziegenspeck-Weg 10
💶 2,50€ / 2€ 🕐 März 9-18, Apr. 9-19, Mai-15. Aug. 9-21, 16. Aug.-15. Sept. 9-20, 16. Sept.-27. Okt. 9-18, 28. Okt.-Feb. 9-17 📱 0821-3246038 🌐 www.augsburg.de 🅿️ ja

Der Botanische Garten wurde als Ersatz für die Stadtgärtnerei an der Imhofstraße 1935/36 östlich des Siebentischwald angelegt. Zerstörungen im Zweiten Weltkrieg führten zur Schließung der Anlage bis 1950. Anlässlich der 2.000-Jahrfeier der Stadt Augsburg 1985 und der damit verbundenen Bayerischen Landesgartenschau wurde das Gelände des Botanischen Gartens von fünf auf zehn Hektar erweitert. Nachdem das Pflanzenschauhaus „Victoria-Regia-Haus" aus dem Jahr 1937 baufällig geworden war, wurde 2000-03 die „Pflanzenwelt unter Glas" mit einer Gesamtfläche von 600 qm errichtet. Als Erinnerung an den Vorgängerbau wurde in den Innenraum des einfach gehaltenen Glashauses das Oktogon des Victoria-Regia-Hauses integriert. Es wird seither als separater Schauraum unter anderem für die Schmetterlingsschau im Frühjahr genutzt.

Heute sind auf dem Gelände des Botanischen Gartens ca. 20 Themengärten eingerichtet, die nicht nur zur Erholung, sondern auch zum Entdecken einladen. So erblüht in der Nähe des Eingangs der „Römergarten" mit Pflanzen aus dem Mittelmeerraum und erinnert mit aufgestellten Kopien antiker Reliefs an die ersten Bewohner Augsburgs. Einblicke in eine fremde Kultur gibt auch der „Japanische Garten", der 1985 in Zusammenarbeit mit den Augsburger Partnerstädten Amagasaki und Nagahama nach Plänen des Gartenarchitekten Yoshikuni Araki angelegt wurde. Tropenklima erwartet den Besucher in der bereits erwähnten „Pflanzenwelt aus Glas", die eine Vielzahl von exotischen Blumen beherbergt. Die heimische Pflanzenwelt mit Silberdistel und Enzian findet sich in dem Gartenstück „Lechheide", das 1982 hierher verpflanzt wurde, nachdem es dem Bau einer Lechstufe weichen musste. Anregungen für den heimischen Garten finden sich im „Ökogarten", wo aufgezeigt wird, dass durch richtiges Anpflanzen ein Gartenbau auch ohne Chemie möglich ist. Und wer schon immer wissen wollte, welches Kraut gegen welche Krankheit gewachsen ist, der sollte unbedingt den „Apothekergarten" besuchen. Eine Besonderheit ist auch der Gesteinslehrpfad, au dem der Besucher sein Wisser über die einzelnen Gesteinsarten

Geheimtipp > Funkfeststation Dr.-Dürrwanger-Str.

Ist der Würfel aus Ätztonglas, der mit Kupferbändern umwickelt ist, ein skulpturales Kunstwerk oder eine Architektur? Es ist sogar eine äußerst funktionale Architektur! Glas und Kupferbänder schützen den technischen Kern, der den Mitgliedern der Stadtwerke Funkkontakt gewährleistet. Aber es ist auch ein Kunstwerk! Der Rhythmus der unregelmäßig um den Kubus „gewickelten" Kupferbänder wird in der Nacht, wenn das Innere beleuchtet ist, zum markanten Schattenbild von zeichenartiger Wirkung. Regina Schineis spielt über die Architektursprache ihres 2001 erstellten, mehrfach preisgekrönten Bauwerks mit Erwartungen und Sehgewohnheiten der Betrachter. Entlang der Straßenbahnlinie zum Park & Ride-Platz Augsburg West hat die Architektin mehrere Haltestellen und eine Trafostation als akzentuierende „Manipulationen" in dem teils tristen städt. Umfeld gestaltet. *gn*

erweitern kann. Speziell für Kinder wurde der „Erlebnispfad der Sinne" (gekennzeichnet durch bunte Holzmännchen) eingerichtet, der mit verschiedenen Objekten wie beispielsweise einem Oktoskop zum Spielen und Entdecken des Botanischen Gartens einlädt.

Ein architektonisches Kleinod, das es zu besichtigen gilt, ist der von dem Augsburger Architekten Karl

Albert Gollwitzer (1839-1917) im Heimatstil errichtete Gartenpavillon, dessen urspr. Standort bei den Direktorenvillen der Augsburger Kammgarnspinnerei war.

Neben den zahlreichen Gärten laden auch die vielen übers Jahr hinweg stattfindenden kulturellen Veranstaltungen wie Konzerte, Führungen oder Ausstellungen zu einem Besuch im Botanischen Garten ein. *hh*

Tipp > Aufgrund der längeren Öffnungszeiten im Sommer sollte auch ein Abendspaziergang eingeplant werden, um den Garten in einem anderen Licht zu sehen. *hh*

8 Siebentischwald

Heutigen Menschen ist wohl nur noch schwer vermittelbar, dass man eine so einfache und selbstverständliche Sache wie das Spazierengehen erfinden und lernen muss. Obwohl? Im Zeitalter des Joggens und Nordic-Walkens wären Grundkurse im heiter-besinnlichen Wandeln, im vergnügten Schlendern, im gemütlichen Spazierengehen dringender geboten denn je. Erst der moderne Bürger des 18. Jhs. entdeckte die Freizeit, den Feierabend, an dem sich Paare und Familien in guter Robe aufmachten, die Stadt zum gemeinsamen Spaziergang zu verlassen. Als Bilder dieser Ausflüge in die wundersame Welt vor den Stadttoren möge man sich die biedermeierlichen Landpartien eines

Carl Spitzweg vor Augen rufen.

In Augsburg entstand auf den eben abgebrochenen Stadtmauern im Westen der Stadt ein erster sog. Wandel, eine Baumallee nur für Fußgänger, die es heute zwischen Konrad-Adenauer-Allee und Schießgraben noch unverändert gibt. Dieser Wandel führte die Spaziergänger einfach nur immer auf und ab, oder aber hinaus aus der Stadt. Hinaus ging es über den zugeschütteten Eserwall, immer den schmalen Brunnenbächen entlang, in den Wald südlich der Stadt. In München hatte sich ein ganz ähnliches Bild ergeben, doch führte dort der Weg schon viel früher in die künstlerisch angelegten Englischen Garten. In Augsburg dauerte es Generationen länger, bis nach 1870 auch dem dortigen Großstadtpublikum ein bewusst gestalteter Englischer Garten angeboten werden konnte, der Siebentischwald (ca. 27 ha; Länge ca. 1,5 km; Breite bis zu 250 m). Wald, nicht Garten oder Park heißt diese Grünanlage bis heute, und tatsächlich hatte sich die Gartenbaukunst seit dem Münchner Englischen Garten (entworfen von Friedrich Ludwig von Sckell bis 1792) immer weiter den Idealen eines naturbelassenen Waldes angenähert und die gekünstelte Parkinszenierung wie in München längst verlassen. Der Augsburger Park wurde 1872 durch den königlich-bayerischen Gartenarchitekten Carl von Effner (1831-1884) geplant und in einer von Stadtbaurat Ludwig Leybold überarbeiteten, preiswerteren Variante realisiert.

Geblieben ist die Möblierung eines solchen Kunstwaldes mit al-

...eues Wasserwerk von ...einhold Streidl

erlei sentimentalen und nützlichen Einbauten. Im Siebentischwald reihten sich in den kommenden Jahrzehnten die Schillerlinde und der Schaezlerbrunnen an die Gastronomie des Parkhäusels und den künstlich angelegten Stempflesee. Die namensgebende Gaststätte zu den Sieben Tischen hinter dem Stempflesee wurde 1944 durch Fehlwürfe auf die nahegelegene Messerschmitt-Rüstungsfabrik zerbombt und nicht wieder aufgebaut.

Das Landgestüt im Osten des Parks entstand gleichzeitig, denn neben dem Spaziergang zu Fuß blieb der gepflegte Ausritt die zweite Möglichkeit würdevoller, eher aristokratischer Fortbewegung nach Feierabend. In der NS-Zeit kam der Botanische Garten als Ableger der Stadtgärtnerei und der Tennisclub als Satellit der Parkanlage hinzu, vor allem aber der Zoo, der im Kern ein Deutscher Tierhag ist, zur Hege und Rückzucht der nach deutschnationaler Rassevorstellung einheimischen Tiere, der erst in der Nachkriegszeit durch Zuzug exotischer Tiere erfolgreich entnazifiziert wurde. *uh*

Muschelornament am gusseisernen Brunnen im Siebentischwald

Tipp > Zwei typengleiche gusseiserne Brunnen aus der Zeit um 1900 befinden sich beim Parkhäusl und bei den Tennisplätzen. Ihre kannelierten Pfeiler haben einen Zirbelnuss abschluss und ein angehängtes Wasserbecken. *ct*

Schaezlerbrunnen

Der 1908 an der südlichen Grenze der Siebentischanlagen (Nähe Zoo) errichtete Schaezlerbrunnen wurde zu Ehren Edmund Freiherr von Schaezlers errichtet, der im Jahr zuvor zur Erweiterung der Siebentischanlage der Stadt Augsburg Geld gespendet hatte. Das von dem Augsburger Bildhauer Jakob Rehle entworfene, ca. 6 m hohe Brunnendenkmal aus Muschelkalk besteht aus einer gebogenen Wangenwand, zentralem Brunnenbecken sowie einem freistehenden steinernen Bogen, der von einer Zirbelnuss bekrönt wird. Davor befanden sich urspr. eine Eichenallee und eine symmetrisch angelegte Grünanlage, die heute noch rudimentär zu erkennen ist. *ct*

9 Gaswerk

August-Wessels-Str.
Besichtigung der Gebäude nur nach Vereinbarung mit Gaswerksfreunde e. V.
0821-585041 www.gaswerk.de

Nachdem die Stadt Augsburg 1907 die Leuchtgasproduktion aus privater Hand übernommen hatte, zeigte sich bald, dass mit den beiden bestehenden Gaswerken in der Innenstadt auf Dauer eine ausreichende Gasversorgung nicht gewährleistet war. Aufgrund fehlender Erweiterungsmöglichkeiten der Werke entschied sich der Magistrat, ein neues Gaswerk in dem seit 1911 eingemeindeten Stadtteil Oberhausen zu errichten. Die Entwürfe hierzu lieferte der auf Industriebauten spezialisierte Münchner Architekt Franz Rank (1870-1949). In Zusammenarbeit mit dem Münchner Gasfachingenieur Eugen Schilling wurde das neue Gaswerk 1913-15 errichtet. Rund 50 Jahre lang wurde hier Leuchtgas produziert, ein brenn-

bares Gasgemisch, das beim Erhitzen von trockenen organischen Stoffen, meist Kohle, entsteht und als Leucht- und Heizmaterial verwendet wird. Die Umnutzung zur Erdgasübernahmestation in den 1960er Jahren hatte den Abriss unnutzbarer Bauten bzw. Neubauten zur Folge. Im Frühjahr 2001 wurde die Anlage stillgelegt.

Überrascht wird der Besucher beim Betreten des Werkgeländes feststellen, dass der Anlage das an sich so typische Fabrikerscheinungsbild mit einfacher Aneinanderreihung schmuckloser Gebäude fehlt. Lediglich die drei großen Gasbehälter im Osten weisen darauf hin, dass hier ein Gaswerk steht. Räumlich getrennt von dem großen Scheibengasbehälter (1954) und den beiden Teleskopgasbehältern (1911 und 1915), aber auch abseits des Eingangsbereichs sind die Funktionsbauten, dem Produktionsablauf in östlicher Richtung folgend, um einen Hof angeordnet. Gerade diese Geschlossenheit erlaubt es dem Architekturensemble, neben den Gasbehältern zu bestehen. Die Hofarchitektur wird von dem Behälterturm dominiert, der als Sammelstätte für die bei der Gasproduktion anfallenden Nebenprodukte diente.

Gleich einem Stadtturm erhebt er sich über den Baukomplex und bezieht aufgrund seiner axialen Beziehung zum Eingangsbereich diesen mit ein. Um den Turm, dem der Sozialbau (1950er Jahre) und die Elektrozentrale als Annexbauten vor- und rückgelagert sind, gruppieren sich die restlichen Produktionsbauten. Ursprünglich stand im Westen das Kohlensilo (1969 abgerissen), von dem aus die Kohle zur Entgasung in das danebenliegende Ofenhaus per Förderband transportiert wurde. Dieses wurde als zweistöckiger Bau mit Tonnendach errichtet. Die Fassade, die sich konvex nach außen schwingt, ist mit einer

"Aphrodite" von Markus Lüpertz

Fensterordnung versehen, die entfernt an das Augsburger Rathaus erinnert. Und auch die zwischen den Fenstern angebrachten Augsburger Stadtwappen, die Zirbelnuss, lassen erkennen, welch bedeutsame Funktion dem Ofenhaus zukam. Denn von der Leistungskraft der Öfen hing die Produktionskraft ab. Nicht weniger dekorativ sind die Bauten, die sich dem Behälterturm östlich anschließen. So präsentiert sich das Kühlergebäude mit einer großformatigen Fensterfront und Dachreiter. Das danebenliegende, niedrigere Apparatehaus, wurde dagegen über einem im Halbrund abschließenden rechteckigen Grundriss errichtet. Seine dreigeteilte Fassade mit (Blend-)Arkaden weist auf die dreifache Nutzung des Gebäudes hin, da hier neben dem Gassauger sowie Mess- und Reglerstation auch die Apparate zur Reinigung des Rohgases (Teerscheider, Ammoniak- und Naphtalinwäscher) aufgestellt waren. Östlich wird die Hofanlage durch das Reinigergebäude begrenzt, in welchem die Kästen zur Reinigung des Rohgases von den Schwefelverbindungen standen und dessen repräsentative Außenfassade mit den seitenschiffähnlichen Anbauten im Kontrast zu den kargen, hallenförmigen Geschossen im Innenraum steht. Die nördliche Hof-

grenze bildet die an den Schienen gelegene Bauzeile, in deren Mitte der Wassergaszwischenbehälter steht, eingefasst von den Räumlichkeiten der Werkstätten, Laboratorien und der Ammoniakfabrik. Im Gewand eines Kirchenbaus mit Kuppeldach und Laterne diente der Rundbau als Ummantelung für den weltweit ersten Scheibengasbehälter.
Abseits der Produktionsbauten, zur Straßenseite hin, wurden in Einheit mit dem Torbogen das Meisterwohngebäude und der Verwaltungsbau errichtet. Auf einer Linie mit diesen liegend, steht weiter östlich das Beamtenwohnhaus. Im Gegensatz zu den Wohnbauten für die Meister und Werksleiter befanden sich die Wohnungen für die Arbeiter außerhalb der Anlage. Der noch heute bewohnte Zeilenbau steht östlich der Gasbehälter auf der anderen Straßenseite. *hh*

10 „Aphrodite" von Markus Lüpertz 🏃

2001, Bronzeplastik, vor dem Gebäude der Augsburger Allgemeinen Zeitung, Curt-Frenzel-Str. 2

Die Herausgeberin der Augsburger Allgemeinen, Ellinor Holland, bot zum 100. Geburtstag ihres

verstorbenen Vaters der Stadt eine Spende von einer Million DM zur freien Verfügung an. Die Stadt entschied sich einstimmig für den Ankauf einer großen Bronzeplastik der griechischen Schönheitsgöttin Aphrodite, die Markus Lüpertz für einen Aufstellungsort in der Maximilianstraße konzipiert hatte.
Die Plastik sah Lüpertz durchaus in der Reihenfolge der großen Brunnen, Augustus-, Merkur- und Herkulesbrunnen, der er jetzt eine weibliche Fortsetzung wünschte. Die Aufstellung sollte im Rahmen einer Umgestaltung des Ulrichsplatzes am Schlusspunkt der Maximilianstraße erfolgen. Den Bürgern wurde die Plastik in einer provisorischen Aufstellung im unteren Rathausfletz präsentiert.
Vielen Bürgerinnen und Bürgern, völlig unvorbereitet und ungeübt im Umgang mit moderner Architektur und Kunst im Bereich der historischen Altstadt, war die neue Skulptur jedoch nicht zu vermitteln. Heute an ruhigem Ort, lässt sich der wütende Protest im Anblick der gemütlich, leicht verhockt kauernden, schamhaften Venus noch weniger nachvollziehen. Der gelernte Maler Lüpertz ist als Plastiker zwar weniger frei als in seinem angestammten Milieu, er hangelt sich in ironischen Brüchen entlang des kunsthistorischen Zitatenschatzes und arbeitet sich an der Allansichtigkeit einer Figur in Torsion wacker ab. Das Ergebnis ist aber durchaus von bildhauerischer Wucht, von Stärke und Griffigkeit. Die Aphrodite hätte es vielleicht wirklich mit den drei Augsburger Großbronzen aufgenommen. *uh*

11 Kulturhaus Abraxas

Sommestr. 10 ☎0821-3246355 🌐www.abraxas.augsburg.de
1995 entstand aus der ehem. Reese-Kaserne das Kulturhaus. Neben Künstlerateliers, einem Theater mit 150 Sitzplätzen, einer Ausstellungshalle, einer Musik- und Druckwerkstatt beherbergt das Kulturhaus ein Zentrum für Kinder- und Jugendkultur. Der BBK e. V. hat hier auch seine Geschäftsstelle. *ys*

246

Paul Klee in Gersthofen

Der Maler Paul Klee (1879-1940) wurde gegen Ende des Ersten Weltkriegs als Rekrut in die neu zu errichtende Fliegerschule V in Gersthofen versetzt. Am 22. Feb. 1917 kam er als Schreiber in die dortige Kassenverwaltung: „Wir rechnen und rechnen. Wie auf der Schule". Klee blieb bis Kriegsende hier. Während und außerhalb des Dienstes nahm er sich Zeit zum Zeichnen und Malen, teils aquarellierte er auf Flugzeugleinen. Von Gersthofen aus besuchte er verschiedene Gastwirtschaften in Stettenhofen, auch „Riegele" am Bahnhof in Augsburg, und fuhr seine Familie nach München besuchen. Klee erkundete in dieser Zeit Augsburg, war von der „Herrlichkeit der Architektonik" des Domes tief ergriffen. In der Kaserne las er viel, u. a. Werke von Giacomo Ballà, Rousseau, die Tagebücher von Delacroix, Schriften von Rudolf Steiner und Theodor Däubler. Er aquarellierte und malte viel in und um Augsburg, z. B. in der Lechaue bei Langweid und auch im Gasthaus Ost (Ulmerstr. 15 in Augsburg/ Oberhausen). Es entstanden in poetischer Klee-Manier zarte Figurationen, darunter auch das Blatt „Erinnerung an Gersthofen" (1918). In den letzten Kriegstagen tauchen in seinen Kompositionen vermehrt abstrakte Zeichen, Zahlen und Buchstaben auf. *ct*

Tipp > In der Staats- und Stadtbibliothek ist der inzwischen vergriffene Ausstellungskatalog des Paul-Klee-Gymnasiums in Gersthofen von 1992 einzusehen, der seine dort entstandenen Arbeiten abbildet und kommentiert. *ct*

12 Westfriedhof 🏴

🕐 März-2. Nov. 7-20, 3.
Nov.-Feb. 8-17

Die Entwicklungslinien im Friedhofswesen sind in Augsburg noch in mehreren Phasen ablesbar. So sind die alten Friedhöfe beider Konfessionen, der kath. Hermanfriedhof und der Alte Prot. Friedhof, noch heute vielstimmige Zeugen alter Grabmalskultur. Mit der Industrialisierung wuchs nicht nur die Stadt, sondern naturbedingt auch die Zahl der Bestattungen sprunghaft an. Die alten konfessionellen Grablegen reichten dafür nicht aus und entsprachen in ihrer Struktur auch nicht mehr den Ansprüchen der Zeit.

1914 setzte die Stadt den Bau eines ersten kommunalen Friedhofs um. Dieser wurde nach damals gängiger Philosophie als Waldfriedhof konzipiert. Nicht mehr das strenge Raster steinerner Monumente sollte den Charakter des Friedhofs prägen, sondern die ruhige Stimmung eines natürlichen Waldes. Vorbild für diese Art der Friedhofsinszenierung war der ab 1905 in München angelegte Waldfriedhof nach den Plänen des damals führenden Friedhofsarchitekten, des Münchner Stadtbaurats Hans Grässel.

Auch in Augsburg wurde der bestehende Baumbestand einer Waldfläche genutzt, die an den alten Dorffriedhof des eingemeindeten Dorfes Pfersee angrenzte. In die Waldfläche wurde, anschließend an ein Auffahrtsrondell mit der Friedhofsverwaltung, eine strenge Zufahrtsachse zur Aussegnungs- und Aufbahrungshalle geschlagen. Von dieser Achse zweigen unregelmäßig, malerisch, natürlich geführte Wege durch den lichten Wald ab. Kreuzungspunkte der Hauptwege bieten die Möglichkeit zu besonders repräsentativen Grabanlagen. Bei der Materialwahl werden großporige Natursteine bevorzugt: Muschelkalk, Travertin und Nagelfluh. Der hochpolierte schwarze Marmor der alten Grabdenkmäler ist tabu. Hochwertige Bronzearbeiten, oft aus der Werkstatt von Jakob Kehle, Augsburg, haben die konfektionierten Galvanoplastiken der Württembergischen Metallwarenfabrik (WMF), wie sie vor allem auf dem Alten Prot. Friedhof anzutreffen waren, abgelöst. Eine Welle neuer Grabmonumente im gemäßigten Klassizismus der 1930er Jahre erreichte den Westfriedhof, als im Rahmen des geplanten Gauforums am Königsplatz der alte Hermanfriedhof aufgelöst und überbaut werden sollte. Die Grabbesitzer dort wurden aufgefordert, ihre Gräber an den Westfriedhof zu transferieren, was vielfach befolgt wurde. Vorschnell, wie man heute weiß.

Aussegnungshalle

Das zentrale Gebäude ist, wie die ganze Anlage, nach Entwurf des Augsburger Stadtbaurates Otto Holzer entstanden. Es gibt sich außen als moderat instrumentierter Würdebau. Innen aber überrascht die Aussegnungshalle mit originellem Jugendstildekor. Die farbig verputzten Wände sind mit Flussmuscheln reich ornamentiert, weiß gewandete Frauen – keine Engel – stehen Spalier, Rauchgefäße sind zu sehen. Dahinter verbirgt sich eine profane Symbolik der vier Elemente als grundreligiöse Basis. Jedes konfessionelle, ja selbst jedes christliche Zeichen wird vermieden. Die Aussegnungshalle ist für alle Religionen, vor allem aber für nichtkonfessionelle Feierlichkeiten, geeignet. Bei christlichen Aussegnungen kann fakultativ im Tor des großen mittleren Bronzetabernakels ein Kreuz aufgehängt werden. Dieses Bronzetor ist Mittelpunkt der Trauerinszenierung. Es öffnet sich zu Beginn einer Aussegnung, dann fährt auf Schienen lautlos der Sarg aus dem Inneren des Tabernakels heraus, für Musiker ist eine verdeckte Empore vorhanden. Bei Feuerbestattungen fährt der Sarg abschließend wieder hinein, die Türen schließen sich und der Sarg kann in das angeschlossene Krematorium weitergeschoben werden.

Krematorium

Dieses Krematorium war die eigentliche, die revolutionäre Neuerung des kommunalen Friedhofs, nachdem sich die kath. Kirche jahrhundertelang gegen die Feuerbestattung mit allen zu Gebote stehenden Mitteln gewehrt hatte. Den Sieg der freigeistigen Feuerbestattungsbewegung über die Amtskirche dokumentiert ein Glasgemälde an der Westseite der Aussegnungshalle. *uh*

13 Herz Jesu 🏴

Stadtpfarrkirche von Pfersee, Augsburger Str. 23a, Franz-Kobinger-Str. 2 🕐 tägl. 10-17 📞 0821-252730 🌐 www.herzjesu.com 🔔 ja

Die Industrialisierung lässt um die Jahrhundertwende zum 20. Jh. Augsburg explodieren. Der rasche Zuzug von Fabrikarbeitern und der massenhafte Bedarf an Textilarbeiterinnen aus den Landgemeinden machten aus Dörfern vor der Stadt schnell die bevölkerungsreichsten Stadtviertel. Das Dorf Pfersee, links der Wertach gelegen, wächst rund um die Textil- und Metallwarenfabriken stürmisch. Die alte barocke Michaelskirche ist für die Neubürgerschaft bald zu klein. Der Ortspfarrer gründet einen Kirchenbauverein, veranstaltet eine Lotterie und erreicht sogar staatliche Zuschüsse für einen der größten Kirchenneubauten Augsburgs.

Der Anspruch der Gemeinde belässt es aber nicht nur bei der schieren Größe. Der Bau, entstanden ab 1909, folgt zwar noch den historischen Vorbildern eines spätromanischen Kirchenbaus, lediglich der einprägsame Turmabschluss ist eine originelle Schöpfung seiner Zeit. Die Innenausstattung aber sollte ganz modern sein. Dem Architekten Michael Kurz gelingt, mit einem Trupp guter Kunsthandwerker und Künstler, eine der interessantesten Jugendstilkirchen in Bayern. Überraschend die streng geometrische Ornamentik der De-

cke und der hölzernen Einbauten, die so gar nichts mit dem floralen Münchner Jugendstil der Zeit zu tun haben und vielmehr auf den geometrischen Sezessionsstil Wiens oder Prags verweisen. Die vorhangartigen Lampen und viele der Metallarbeiten stammen vom Augsburger Kunstspengler Anton Rehle, der bis hin zu den Leuchtern und dem Kirchensilber die Kirche durchgestaltet.

Die Ausmalung begann im Chor durch den jungen Münchner Maler Christoph Böhner, einen Künstler aus dem Umfeld Franz von Stucks und Hans von Marées'. Hell leuchtend wird ein alles überstrahlender Christus ins Zentrum gesetzt, dem gemäß der Lehre vom Heiligen Herzen Jesu die Menschheit entgegenströmt, insbesondere diejenigen Menschen, die zwar noch heidnisch sind, sich aber auf dem besten Wege zum Christentum befinden: Da wäre die römische Sklavenfamilie kurz vor ihrer Bekehrung durch die römischen Apostel, dann der griechische Philosoph, der in seinen Idealen dem Christentum nahesteht, und zuletzt der monotheistische Indianer (s. Geheimtipp: Karl May in Augsburg). Die Idee, auch die nichtchristlichen Teile der Weltbevölkerung in das Gebet der kath. Kirche einzubeziehen, bekam durch die Herz-Jesu-Begeisterung Papst Pius' IX. in der zweiten Hälfte des 19. Jhs. neuen Schwung. In einer Enzyklika 1899 stellt der durch jahrelange Krankheit schwer gezeichnete Papst den ganzen Erdkreis unter das Herz Jesu und schließt dabei auch die Nichtchristen, die guten Willens sind, bewusst in das Gebet ein.

Diese friedliebende, optimistische und völkerverbindende Idee wird jäh unterbrochen durch den Ersten Weltkrieg. Und auch der Kirchenbau stockt. Christoph Böhner ist im Krieg gefallen. Ein neuer Maler übernimmt nach dem Krieg die Ausstattung des Kirchenschiffs, Theodor Baierl. Doch jetzt herrscht ein ganz anderer Geist. Vier Jahre Krieg haben ihre Spuren hinterlas-

Blick in der Innenraum von Herz Jesu

sen: Beherrschend ist jetzt der riesige Kreuzweg, eine Bildergeschichte voller Soldaten, voller Blut und Gewalt. Abgeschlossen werden die Bilderbänder durch zwei Militärheilige, Georg und Michael, wobei der Deutsche Michel in glänzender, goldener Uniform, Georg mit dt. Stahlhelm mit herabgezogener Krempe erscheint, während die römischen Kriegsknechte im Kreuzweg die römischen Helme mit aufgesetztem Mittelkamm tragen, wie ihn in vereinfachter Form die franz. Soldaten des Ersten Weltkriegs trugen. Auch in der plastischen Ausstattung greift das Militär nun Platz und setzt mit einer lebensgroßen Landserfigur am Kanzelstumpf, der als Kriegerdenkmal dient, einen beredten Schlusspunkt. uh

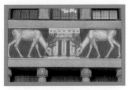

14 Lechmuseum Bayern 🏛

Wasserkraftwerk Langweid, Lechwerkstr. 19, 86462 Langweid 💶 frei 🕐 Das Museum kann nur im Rahmen von angemeldeten Führungen besichtigt werden; auch die Führungen sind kostenfrei 🚻 Marina Becht, Lechwerke AG, Unternehmenskommunikation ✆ 0821-3281651 🌐 www.lew.de ✉ marina.becht@lew.de

Am 18. Nov. 1907 ging das Wasserkraftwerk im schwäbischen Langweid nördlich von Augsburg ans Netz. Auch ein Jahrhundert später versorgt es noch tausende Haushalte mit Energie. Mit seiner Fassade im Stil des Historismus ist das Bauwerk ein beeindruckendes Denkmal bayerisch-schwäbischer Industriekultur des frühen 20. Jhs. Seit Ende Jun. 2008 ist in seinen Räumen das Lechmuseum Bayern beheimatet – ein interaktives Museum, das sich an alle Altersgruppen richtet. Besucher können sich dort über Kraftwerkstechnik, vo

den 34 Kraftwerken der Lechwerke, die deren Tochtergesellschaft BEW an den Flüssen Donau, Iller, Günz, Lech und Wertach betreibt. *vf*

allem aber über die Entwicklung des Lechs im Kontext von Umwelt, Kultur und industrieller Nutzung informieren. Vom Quellgebiet in Österreich bis zur Mündung in die Donau zeichnet das Museum den Weg des Flusses und die europä-ische Dimension des Naturraums Lechtal nach.

Eine besondere Attraktion ist die trocken gelegte historische Schauturbine, die in zwei Ebenen begehbar ist. Ein Lehrpfad zum Thema Wasserkraft im Außengelände des Kraftwerks und der Nachbau eines historischen Lechfloßes runden die Ausstellung ab. Das Wasserkraftwerk Langweid gehört zu

Geheimtipp > Das Leben des berühmten Romanschriftstellers Karl May war begleitet von Lügen, Skandalen, Gefängnisstrafen, Scharlatanerie und Titelmissbrauch. In seinem Alterswerk jedoch bemühte er sich, seine erfolgreichen Abenteuerromane ins Philosophische, Christlich-Esoterische umzudeuten.

Das Hauptwerk aus dieser Spätzeit ist der vierte, wenig gelesene Band aus der Winnetoureihe, "Winnetou IV" oder "Winnetous Erben". Dieser Roman erschien erstmals 1909 als Fortsetzungsroman in der Augsburger Postzeitung. Hier wird unter anderem geschildert, wie sich Winnetou, vor seinem Tod dem Christentum bereits sehr nahe tehend, in seiner Wohnung – ja, Winnetou hatte in einem Pueblo eine regelrechte Wohnung – einen Vorhang aus Passionsblumen, die ein Kreuz ausbildeten, vor seinem Schlaflager wachsen ließ. Seine Erben, es sind vor allem die Kinder von Old Shure-

hand, entwickeln außerdem die Idee, mithilfe eines lichtstarken Projektionsapparates ihre Porträts als Assistenz links und rechts eines riesigen Winnetoudenkmals auf den Wasserschleier eines Wasserfalls zu projizieren. Und dieser unglaubliche Schwulst erschien ab 1909 in der kath. orientierten Postzeitung. Im selben Jahr reiste Karl May nach Augsburg, um auf Einladung des Kath. Kaufmännischen Vereins Laetitia einen Vortrag zu halten. Wer eine saftige Wildwestgeschichte erwartet hatte, wurde enttäuscht. Karl May predigte über Sitara, das Land der Menschheitsseele – auch dies eine philosophische Weltbeglückungsgeschichte, die über Konfessionsgrenzen hinweg alle Menschen, die sich ideell den christlichen Maximen der Menschenliebe näherten, das Heil versprach.

In das gleiche Jahr fällt die Ausmalung des Chores von Herz Jesu. Dort schreitet als eine der größten und vor allem überraschendsten Figuren an der Altarwand ein großer, prächtiger Indianerhäuptling. Er steht nicht, wie oft behauptet, als Vertreter des Weltteils Amerika, denn die anderen Personen ergeben keine Weltkreisikonografie. Es ist ein Indianerhäuptling, Mitglied einer monotheistischen Religion, der nur noch den kleinen Schritt von Manitou zu Christus machen muss. In seiner Philosophie ist er bereits ganz nah am Christentum, er ist menschenfreundlich, erfüllt

von Feindesliebe, charakterstark, im Grunde pazifistisch: Es ist Winnetou, der Häuptling der Apatschen.

Dieses wundersame Konzept für eine Altargestaltung ist zurückzuführen auf den damaligen Ortspfarrer Anton Schwab, ein sicherer Abonnent der Postzeitung und wahrscheinlicher Besucher des Karl-May-Vortrags, einer der wenigen, der die Anregungen des Romanciers verstand und praktisch umsetzte. So ließ Schwab als zweite Übernahme einer Romanidee aus „Winnetous Erben" im Chorscheitel zwar eine große, weiße Christusfigur anbringen, diese hat jedoch, entgegen aller ikonografischen Vorgaben, kein brennendes Herz auf der Brust, wie es sich für einen Herz-Jesu-Christus gehört hätte. Das Herz entstand erst durch eine Lichtprojektion über das plastische Herz auf dem Altarbaldachin. Als Lichtquelle diente in der völlig abgedunkelten Kirche ein heute nicht mehr existierender Projektor oder ein ebenfalls verlorener großer Radleuchter, dessen Kerzen in der Christmette mit Hilfe einer Zündschnur schlagartig entfacht werden konnten. Passend dazu könnte das hochsentimentale „Ave Maria" erklingen, komponiert von Karl May, gesungen im Band IV der Winnetou-Reihe von einem Chor ernster Westmänner zu Ehren des verstorbenen Indianerhäuptlings Winnetou, Sankt Winnetou! *uh*

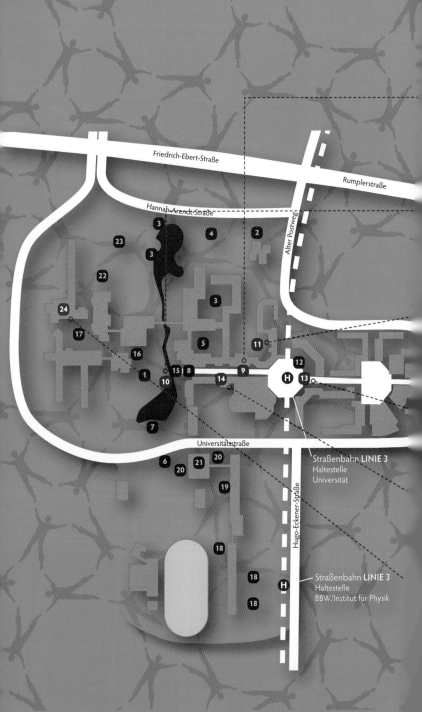

Friedrich-Ebert-Straße

Rumplerstraße

Hannah-Arendt-Straße

Alter Postweg

Universitätsstraße

Hugo-Eckener-Straße

H Straßenbahn **LINIE 3**
Haltestelle
Universität

H Straßenbahn **LINIE 3**
Haltestelle
BBW/Institut für Physik

Kunst an der Universit

1 Raoul Ratnowsky, „Räumever-
wandlung (Lukas 24)", 1973

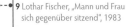

9 Lothar Fischer, „Mann und Frau
sich gegenüber sitzend", 1983

2 Walter Schelenz, „Vogel beim
Nestbau", 1976

3 Herbert Peters, „Stele, Lagerndes
Steinpaar, Brunnenschale", 1978

4 Wolfgang Bier, „Kopfform", 1978

Kunst an der Uni Augsburg

10 Michael Croissant, „Kopf", 1984

5 Alf Lechner, „Ohne Titel", 1978

6 Hans Jürgen Breuste, „Resterver-
sion Drogheda", 1982

Straßenbahnhaltestelle Universität, Linie 3 (Weg nach Westen)
Während in der Augsburger Innenstadt die Kunst im öffentlichen
Raum vorwiegend durch deren
stadtgeschichtliche Entwicklung
und die damit verbundene
historisch gewachsene Funktio-
nalität des Stadtraumes bestimmt
wird – in diesem Zusammenhang
erlangten insbesondere die
herausragenden Brunnenplas-
tiken von Hubert Gerhard und
Adriaen de Vries weltkünstleri-
sche Bedeutung –, eröffnete die
Neugründung der Universität
Augsburg im Jahre 1970 neue
Möglichkeiten künstlerischer
Akzentsetzung. Der Campus der
Universität wurde in kontinuierli-
cher Folge zu einem einmaligen
Ensemble von Architektur,
Skulptur und Landschaft. Der
so entstandene Skulpturenpark
Universitätscampus vereint heute
den bedeutendsten ortsbezo-
genen Bestand zeitgenössischer
Skulptur und Plastik in Bayerisch-
Schwaben und spannt einen
Bogen zwischen Abstraktion und
Gegenständlichkeit.

11 Leo Kornbrust, „Zerlegter
Kubus zum Thema menschliche
Figur", Kopfbereich 1984

7 Christa von Schnitzler, Stele
„Mädchen", 1983

8 Alf Schuler, „Rohr-Seil-Arbeit",
1983

12 Jürgen Goertz, „Archiva '87",
1989

15 Joachim Bandau, „Stele – Kern
und Hülle", 1989

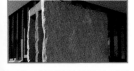

13 Nikolaus Gerhart, „Entkernter
Granit", 1989

16 Klaus Goth, „Ohne Titel", 1990

17 Erika Berckhemer, „Brunnen",
1995

Tipp > Der 2005 im Fink-
Verlag erschienene Kunstführer
„Kunst am Campus", hrsg. von
Constanze Kirchner und Hans-
Otto Mühleisen, bietet schöne
Rundgänge zu 24 sehenswerten
Kunstwerken und stellt deren
Inhalte in präzisen Einzelanaly-
sen vor (ISBN 3-89870-216-2).
www.uni-augsburg.de/kunst-
campus ct

14 Raimer Jochims, „Wandrelief",
1989

18 Edgar Knoop, „Mikado", 1996

19 Hermann Kleinknecht,
„Stahlband", 1998

20 Hiromi Akiyama, „Koordinaten
nach Süden und nach Norden
geöffnet", 1998

24 Jonathan Borofsky, „Flying Man",
um 1985, installiert 2000

21 Yoshiyuki Miura, „Wandel",
1998

22 Sabrina Hohmann von
Weizsäcker, „Gesetz", 1998

23 Nils-Udo, „Novalis – Hain",
1998

9 Lothar Fischer (1933-2004), „Mann und Frau sich gegenüber sitzend", 1983, Eisenguss, Stahlbeton

Das überlebensgroße Skulpturenpaar, das sich zwischen Sprachenzentrum und Mensa befindet, besteht aus zwei anthropomorphen Sitzfiguren auf schmalen, hohen Betonsockeln. Ihre streng symmetrische Anordnung, die Materialverschiedenheit und die Bezugnahme auf Architekturelemente aus der Umgebung fügen die beiden schlauchartigen Figurationen in ein Korsett von strenger Klarheit ein. In seinem Spätwerk findet der plastisch arbeitende Hauptvertreter und Mitgründer der Gruppe SPUR (gegr. 1958) zu einer archaisch reduzierten Formensprache.

10 Michael Croissant (1928-2002), „Kopf", 1984, Bronze

Die westlich der Teichbrücke unter einer Baumgruppe aufgestellte Plastik (links vor dem Treppenaufgang zur Zentralbibliothek) schöpft ihre Spannungskraft aus der formalen Reduktion und Verdichtung der menschlichen Kopfform. Große glatte Flächen und schmale Flanken bilden ein sphärisches Rechteck, das den menschlichen Kopf sehr weit abstrahiert und ihn auf seine Grundform reduziert. Die Plastik hebt sich nach einer Seite hin vom Boden ab, das Kinn assoziierend. Der lange Jahre an der Frankfurter Städelschule lehrende pfälzische Bildhauer Croissant konzentriert sich auf eine abstrahierende Formensprache, die die menschliche Figur geometrisch reduziert und sie oftmals auch geradezu panzerartig verschließt

11 Leo Kornbrust (geb. 1929), „Zwei Kuben": 1. Kubus geschlossen, 2. Kubus zerlegt, 1984, gelber Granit

Die nordwestlich des Rektoratsgebäudes (Durchgang Philosophische Fakultäten) aufgestellte Skulptur des saarländischen Bildhauers Leo Kornbrust ist zweiteilig: ein geschlossener Kubus, der durch Einschnitte und versetzte Einzelteile seine Zerlegbarkeit andeutet, davor ein zerlegter Kubus, der sich gleichsam spielerisch auseinanderfaltet und -schiebt und der als eine Art „Spur" zum vollendeten Würfel führt. Die architektonische Kubusform zeigt Kornbrusts Interesse an der Komplexität einfacher Formen; durch ihre Zerlegung bietet er einen Einblick in die Kompliziertheit dieser geometrischen Grundform. Der ehem. an der Münchner Akademie lehrende Bildhauer Leo Kornbrust schuf zahlreiche Kunstwerke im öffentlichen Raum und sucht hierbei stets nach skulpturalen „Verbindungsstücken" zwischen Umraum und Architektur.

13 Nikolaus Gerhart (geb. 1944), „Entkernter Granit", 1989, Granit
Unter den Arkaden der südlichen Gebäudeecke des Staatsarchivs befindet sich der hochkant gestellte Granitblock von Nikolaus Gerhart. Der zu zwei unterschiedlich großen Kammern ausgehöhlte Stein, dessen steinerne Struktur in der rauhen Oberfläche wie auch den ryhthmisch gliedernden Bohrlöchern der vorderen Schauseite zum Ausdruck kommt, vermittelt dem Betrachter einen Eindruck von Leichtigkeit. Der Bildhauer, der an der Münchner Akademie lehrt, sucht das Innere des Steinmaterials durch sensibles Öffnen erfahrbar zu machen.

14 Raimer Jochims (geb. 1935), „Wandrelief", 1989, Acryl auf Spanplatte
Im Treppenhaus des Rechenzentrums befinden sich zwei Wandarbeiten von Raimer Jochims, die allein schon aufgrund ihrer Form aus den klassischen Bildmaßen ausbrechen: Die eine hat trapezoide Gestalt, die andere ist als unregelmäßiges Rechteck angelegt. Jochims bewegt sich mit seinen Wandreliefs in einem Zwischenbereich zwischen Malerei und Objektkunst. Der ehemals an der Frankfurter Städelschule lehrende Maler und Philosoph enthebt die Malerei der Zweidimensionalität, definiert die Wandfläche, auf der das Werk angebracht ist, als Reliefgrund und begreift das Wandrelief als farblich differenziertes Gebilde. Jochims Objektkunst gründet in seiner Beschäftigung mit der sinnlichen Wahrnehmbarkeit von Farbe und deren energetischer Erscheinungsform.

24 Jonathan Borofsky (geb. 1942), „Flying Man / I dream I could fly", 1985, Fiberglas, farbig bemalt
Im Foyer der juristischen Fakultät ist ein lebensgroßer, barfüßiger Mann, bekleidet mit beigefarbener Hose und blauem Shirt, schwebend dort vom Künstler eigenhändig positioniert worden. Mit erhobenen Armen und nach hinten weggeklappten Füßen scheint er mitten im Raum zu fliegen. Das statische In-der-Luft-Sein irritiert den Betracher und konfrontiert ihn unweigerlich mit dessen Erdgebundenheit. Der seit der Dokumenta IX (1992) durch seinen Himmelsstürmer bekannt gewordene amerikanische Künstler ist in seinem gegenständlich orientierten Werk von der Pop Art ebenso geprägt wie von der Konzeptkunst der 1960er Jahre. *ct*

Museen, Galerien und Theater im Überblick

Museen

Kunstsammlungen und Museen Augsburg (Stadt Augsburg)

Römisches Museum in der Dominikanerkirche, S. 80 ff.
Dominikanergasse 15

Maximilianmuseum, S. 40 ff.
Philippine-Welser-Str. 24

Schaezlerpalais: Deutsche Barockgalerie, Grafische Sammlung, Karl und Magdalene Haberstock-Stiftung und Staatsgalerie Alte Meister in der Katharinenkirche , S. 68 ff.
Maximilianstr. 46

Mozarthaus, S. 114 f.
Frauentorstr. 30

H2 Zentrum für Gegenwartskunst und Staatsgalerie Moderne Kunst im Glaspalast, S. 197 ff.
Beim Glaspalast 1

Neue Galerie im Höhmannhaus, S. 78 f.
Maximilianstr. 48

Naturmuseum, S. 131 f.
Im Thäle 3

Weitere Museen

Architekturmuseum Schwaben, S. 226 f.
Thelottstr. 11

Bayerisches Textil- und Industriemuseum, S. 199 ff.Provinostr. 46

Brechthaus, S. 138
Auf dem Rain 7

Diözesanmuseum St. Afra, S. 110 f.
Kornhausgasse 3-5

Fuggerei-Museum, S. 182 f.
Mittlere Gasse 13

Jüdisches Kulturmuseum Augsburg-Schwaben, S. 216 f.
Halderstr. 8

Lettl-Atrium Museum für Surreale Kunst in der IHK Schwaben, S. 219 f.
Stettenstr. 1-3

MAN-Museum, S. 233
Heinrich-von-Buz-Str. 28

Puppentheatermuseum „Die Kiste", S. 167 f.
Spitalgasse 15

Schwäbisches Handwerkermuseum, S. 171 f.
Beim Rabenbad 6

Galerien

Galerie am Graben
Oberer Graben 13
86152 Augsburg

Ecke Galerie
Elias-Holl-Platz 6
86150 Augsburg
Tel. 0821-152049
www.eckegalerie.de

Galerie Cervino
Jesuitengasse 1
86152 Augsburg
Tel. 0821-38188
www.galeria-cervino.de

Galerie Format
Pfladergasse 4
86150 Augsburg
0175-9593541

Galerie Noah im Glaspalast
Beim Glaspalast 1
86153 Augsburg
Tel. 0821-8151163
www.galerienoah.com

Galerie Oberländer
Färbergässchen 5
86150 Augsburg
Tel. 0821-39893

Galerie Schröder Weinbar
Schlossermauer 10
86150 Augsburg
Tel. 0821-3433293 oder 3433295
www.galerieschroederweinbar.de

Galerie 2 Fenster
Kirchgasse 22
86150 Augsburg
Tel. 0170-6983563
www.thieler-kuechle.de/galeriezweifenster.htm

Theater

Theater Augsburg
Kasernstr. 4-6
86152 Augsburg
Tel. 0821-324-4900
www.theater1.augsburg.de
Das Theater hat folgende Spielstätten:
Großes Haus, Komödie, Hoffmann-Keller und die Freilichtbühne.

Augsburger Puppenkiste
Spitalgasse 15
86150 Augsburg
Tel. 0821-45034540
www.diekiste.net

Parktheater im Kurhaus Göggingen
Klausenberg 6
86199 Augsburg
Tel 0821-9062222
www.parktheater.de

Kulturhaus abraxas
Sommestr. 30
86156 Augsburg
Tel. 0821-3246355
www.abraxas.augsburg.de

Kulturhaus Kresslesmühle
Internationales Kulturhaus Augsburg
Barfüßerstr. 4
86150 Augsburg
Tel. 0821-37170
www.kresslesmuehle.de

s'ensemble Theater
Kulturfabrik
Bergmühlstr. 34
86153 Augsburg
Tel. 0821-3493666
www.sensemble.de

Junges Theater Augsburg
Sommestr. 30
86156 Augsburg
Tel. 0800-4442995

Wichtige Kontaktadressen

Stadt Augsburg
Maximilianstr. 4
86150 Augsburg
Tel. 0821-324-0
www.augsburg.de

Kulturbüro der Stadt Augsburg
Bahnhofstr. 18 1/3a
86150 Augsburg
Tel. 0821-3243251

Regio Augsburg Tourismus GmbH
Schießgrabenstr. 14
86150 Augsburg
Tel. 0821-502070
www.augsburg-tourismus.de
Eine von der Regio betriebene Tourismus-Information
befindet sich im Antoniushof, Maximilianstr. 57, nahe
dem Herkulesbrunnen. Hier sind kostenlose Stadtpläne
ebenso erhältlich wie alle touristisch wichtigen Informati-
onsmaterialien.

City Initiative Augsburg e. V.
Apothekergässchen 2
86150 Augsburg
Tel. 0821-5081414
www.cia-augsburg.de

Die wichtigsten kulturellen
Einrichtungen und Institutionen

Augsburger Kunstverein e. V.
Holbeinhaus, Vorderer Lech 20
86150 Augsburg
Tel. 0151-15714978
www.kunstverein-augsburg.de

Bistum Augsburg
Peutingerstr. 5
86152 Augsburg
Tel. 0821-3166322
www.bistum-augsburg.de

Ev. Kirche
Hooverstr. 3
86156 Augsburg
Tel. 0821-24011107
www.augsburg-evangelisch.de

Gesellschaft für Gegenwartskunst e. V.
Zeuggasse 7
86150 Augsburg
Tel. 0821-509580
www.gfg-augsburg.de
Die GfG betreibt eine Artothek im Glaspalast, H2 Zentrum für Gegenwartskunst.

Fachhochschule
An der Fachhochschule 1
86161 Augsburg
Tel. 0821-55860
www.fh-augsburg.de

Fachoberschule für Gestaltung
Alter Postweg 86a
86159 Augsburg
Tel. 0821-32418006
www.fosbosaugsburg.de

Kinder- und Jugendkunstschule Palette e. V.
Kulturfabrik
Bergmühlstr. 34
86153 Augsburg
Tel. 0821-36638
www.bildung.augsburg.de

Hochschule für Musik Nürnberg-Augsburg
Maximilianstr. 59
86150 Augsburg
Tel. 0821-45041611
www.hfm-n-a.de

Staats- und Stadtbibliothek
Schaezlerstr. 25
86152 Augsburg
Tel. 0821-3242739
www.augsburg.de
Mit Brecht-Forschungsstelle

Stadtbücherei
Gutenbergstr. 2
86150 Augsburg
Tel. 0821-3242707
www.stadtbuecherei.augsburg.de

Stadtarchiv
Fuggerstr. 12
86150 Augsburg
Tel. 0821-3243882
www.stadtarchiv.augsburg.de

Staatsarchiv
Salomon-Idlerstr. 2
86159 Augsburg
Tel. 0821-5996330
www.gda.bayern.de

Universität Augsburg
Universitätsstr. 2
86159 Augsburg
Tel. 0821-5980
www.uni-augsburg.de

Register & Bildnachweis

Bildnachweis

Alle Fotos von Ulrich Heiß außer:

Alte Silberschmiede S. 150 rechts unten – Augsburger Puppenkiste S. 167 rechts und unten – Bahnpark S. 238 oben – Oda Bauersachs S. 15, 16, 17 oben – Bayerische Staatsgemälde-sammlungen, Haydar Koyupinar S. 75 oben – Bayerisches Textil- und Industriemuseum S. 199 unten, 200 – Brauhaus S. Riegele S. 213 oben – Brecht Forschungsstelle Augsburg S. 138 Mitte – Capitol S. 60 unten links – Chocolaterie Bitter Süß S. 152 links unten   Designwerk GmbH S. 147 links, 220 unten rechts – Feinkost Kahn S. 39 unten, 85 oben – Flair City S. 65 – Il Gabbiano S. 80 unten – Galerie Format S. 150 links – Kunstsammlungen und Museen Augsburg S. 17 unten, 24 unten, 26 oben, 27 unten, 28 oben, Mitte, 38, 41, 42, 43, 44, 45, 46 unten, 51 Mitte, 57, 60 unten rechts, 61, 62 Mitte, 64 oben, 65 oben, 66, 67, 68 rechts oben, Mitte, S. 69, 70, 71, 74 oben, 75, 80 oben, 82 oben links, rechts, 85 oben rechts, unten rechts, 87 oben links, 89, 90 Mitte, 91 rechts, 92, 93, 100, 101, 106, 107, 111, 116 oben, 120 unten, 121, 125, 129 unten, 131 unten, 139, 140, 141, 148, 149, 150 Mitte, 152 oben links und Mitte, 158 unten, 169 oben u. unten rechts, 170 oben rechts, 171 oben, 175, 176, 190, 192 links, 193 rechts, 197, 198, 210 oben u. unten, 219 – LEW S. 249 oben – Eckart Matthäus S. 126 links, 209 oben, 243 oben – Moritzkirche Augsburg S. 62, 120 oben – Gregor Nagler, Zeichnung von Gregor Nagler S. 25, 37 rechts – Pantheon S. 79 unten – A. T. Schaefer, Theater Augsburg S. 131 oben – Schlossbrau-erei Scherneck S. 74 unten – Frank Schneider S. 39 oben, 73 Mitte, 74 Mitte, 80 Mitte, 81 Mitte, 82 unten links, oben rechts, 83 oben, 110 links, 112, 113 – Yvonne Schülke S. 6 Nr. 2, S. 32, 68, 78 Mitte, 79 Mitte, 86 unten links, 99, 102, 115 unten, 123 unten links, oben rechts, 125 unten, 128 rechts oben, 129 links, 132 unten, 146 Mitte, 167 oben, 177, 188 oben, 224 links, 225, 226, 233, 242 links, 244 links Mitte – Theater Augsburg S. 130 unten, 151 unten, 170 unten rechts – Felix Weinold S. 78 oben –Welser'sche Familienstiftung S. 28 unten

wir sind die "macher"...

... der stadtweiten Marktsonntage, der Shopping-Nights, von La Strada, des City Preises, von Augsburg Open, dem smart-BeachVolleyball Turnier auf dem Rathausplatz und natürlich der MAXstrassenfeste. Seit unserem Start 1998 ist unsere Mitgliederzahl auf über 270 gewachsen. Außerdem ist die Mitgliederstruktur sehr viel breiter geworden. Dies macht deutlich, dass sich in allen Bereichen des öffentlichen Lebens die Meinung durchsetzt, dass dringende Maßnahmen zur Stärkung unserer Augsburger Innenstadt notwendig sind und dass jeder dazu seinen Beitrag leisten kann. Die CIA versteht sich als ein wichtiges Stadtmarketinginstrument zur Belebung der Augsburger Innenstadt.

"Ich arbeite mit meinem Team für eine attraktive und aktive Augsburger Innenstadt.
Helfen Sie uns durch eine aktive Mitgliedschaft in der City Initiative Augsburg e.V."

sport

kultur

events

freizeit

familie

shopping

gastronomie

Herzlichst Ihr

Heinz Stinglwagner
Citymanager

modernes
stadtmarketing

www.sska.de

Menschen
Wirtschaft
Soziales
Kunst
Kultur
Bildung
Sport

Ohne uns bliebe so
manche Halle leer.

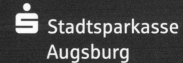 Stadtsparkasse
Augsburg

Wir sind Motor für unsere Region.

Wo sich Handwerk
& Kunst verbinden...

... entsteht besonders hohe Lebensqualität.
Darum bemühen wir uns jeden Tag, einen
geschmackvollen Beitrag zu leisten, der
dieser schönen Stadt gerecht wird.

GENUSS FÜR SIE   DEN GANZEN TAG

Achtung!
Klassik Radio
löst Träume aus.

Bücher Pustet - Karolinenstr. 12
86150 Augsburg

Schülke, Yvonne (Hg.)
artguide Augsburg. Kunst-Kultur- und
Gr.Tisch/ Kassen.   128
STADEN VERLAG
ISBN 978-3-935348-23-2 WG 025   **16.80** EUR

LS 527   v. 23.12.08
Z21LEW